Collection « L'esprit économique »

fondée par Sophie Boutillier et Dimitri Uzunidis en 1996
dirigée par Sophie Boutillier, Blandine Laperche, Dimitri Uzunidis

Si l'apparence des choses se confondait avec leur réalité, toute réflexion, toute Science, toute recherche serait superflue. La collection « L'esprit économique » soulève le débat, textes et images à l'appui, sur la face cachée économique des faits sociaux : rapports de pouvoir, de production et d'échange, innovations organisationnelles, technologiques et financières, espaces globaux et microéconomiques de valorisation et de profit, pensées critiques et novatrices sur le monde en mouvement...
Ces ouvrages s'adressent aux étudiants, aux enseignants, aux chercheurs en sciences économiques, politiques, sociales, juridiques et de gestion, ainsi qu'aux experts d'entreprise et d'administration des institutions.

La collection est divisée en six séries :

Dans la série *Economie et Innovation* sont publiés des ouvrages d'économie industrielle, financière et du travail et de sociologie économique qui mettent l'accent sur les transformations économiques et sociales suite à l'introduction de nouvelles techniques et méthodes de production. L'innovation se confond avec la nouveauté marchande et touche le cœur même des rapports sociaux et de leurs représentations institutionnelles.

La série *Economie formelle* a pour objectif de promouvoir l'analyse des faits économiques contemporains en s'appuyant sur les approches critiques de l'économie telle qu'elle est enseignée et normalisée mondialement. Elle comprend des livres qui s'interrogent sur les choix des acteurs économiques dans une perspective macroéconomique, historique et prospective.

Dans la série *Le Monde en Question* sont publiés des ouvrages d'économie politique traitant des problèmes internationaux. Les économies nationales, le développement, les espaces élargis, ainsi que l'étude des ressorts fondamentaux de l'économie mondiale sont les sujets de prédilection dans le choix des publications.

La série *Krisis* a été créée pour faciliter la lecture historique des problèmes économiques et sociaux d'aujourd'hui liés aux métamorphoses de l'organisation industrielle et du travail. Elle comprend la réédition d'ouvrages anciens, de compilations de textes autour des mêmes questions et des ouvrages d'histoire de la pensée et des faits économiques.

La série *Clichés* a été créée pour fixer les impressions du monde économique. Les ouvrages contiennent photos et texte pour faire ressortir les caractéristiques d'une situation donnée. Le premier thème directeur est : mémoire et actualité du travail et de l'industrie ; le second : histoire et impacts économiques et sociaux des innovations.

La série *Cours Principaux* comprend des ouvrages simples, fondamentaux et/ou spécialisés qui s'adressent aux étudiants en licence et en master en économie, sociologie, droit, et gestion. Son principe de base est l'application du vieil adage chinois : « le plus long voyage commence par le premier pas ».

Maîtriser la stratégie *Short-Put*

Volatilité implicite,
gestion du risque
et optimisation des positions

5-7, rue de l'École-Polytechnique ; 75005 Paris

http://www.editions-harmattan.fr/

ISBN : 978-2-336-64285-7
EAN : 9782336642857

Frédéric Valognes

Maîtriser la stratégie *Short-Put*

Volatilité implicite, gestion du risque et optimisation des positions

L'Harmattan

Du même auteur :

Ouvrages publiés en qualité d'auteur :

• Valognes, Frédéric, *Finance d'entreprise*, Coll. *Formation et Pratiques Pro*, Éd. Ellipses, 2024

• Valognes, Frédéric, *Finance*, Coll. *Formation et Pratiques Pro*, Éd. Ellipses, 2019

Direction de collection / direction éditoriale :

• *Devenir le profil irrésistible*, Éd. Ellipses, 2023

• *Coaching et management*, Coll. *Formation et Pratiques Pro*, Éd. Ellipses, 2023

• *Gestion du temps*, Coll. *Formation et Pratiques Pro*, Éd. Ellipses, 2023

• *Audit et contrôle interne*, Coll. *Formation et Pratiques Pro*, Éd. Ellipses, 2022

• *Stratégie*, Coll. *Formation et Pratiques Pro*, Éd. Ellipses, 2022

• *Contrôle de gestion*, Coll. *Formation et Pratiques Pro*, Éd. Ellipses, 2022

• *Manager son e-réputation*, Coll. *Formation et Pratiques Pro*, Éd. Ellipses, 2021

• *Finance de marchés*, Coll. *Formation et Pratiques Pro*, Éd. Ellipses, 2021

• *Gestion de projet*, Coll. *Formation et Pratiques Pro*, Éd. Ellipses, 2021

• *Consultant en entreprise*, Coll. *Formation et Pratiques Pro*, Éd. Ellipses, 2021

• *Marketing digital*, Coll. *Formation et Pratiques Pro*, Éd. Ellipses, 2021

• *Diagnostic d'entreprise*, Coll. *Formation et Pratiques Pro*, Éd. Ellipses, 2021

• *Action commerciale*, Coll. *Formation et Pratiques Pro*, Éd. Ellipses, 2021

SOMMAIRE

PARTIE 5 - Mettre en œuvre la stratégie *Short-Put*

PARTIE 1 - Les fondamentaux des options

Chapitre 1.1
Le transfert du risque entre acheteur et vendeur d'options

1.1.a - Pourquoi les options existent-elles ?

Les marchés financiers ont pour fonction essentielle de permettre la rencontre entre des agents économiques dont les besoins diffèrent. Certains souhaitent investir leur capital afin d'obtenir un rendement futur, tandis que d'autres recherchent des financements pour développer leurs activités. Derrière cette fonction de mise en relation se cache toutefois une autre mission, moins visible mais tout aussi fondamentale : l'organisation et la répartition du risque.

Toute décision économique comporte une part d'incertitude. Une entreprise ignore l'évolution future de ses coûts de production. Un exportateur ne connaît pas à l'avance le cours de change auquel il convertira ses recettes. Un investisseur ne peut prédire avec certitude le prix auquel une action sera cotée dans plusieurs mois. Dans chacun de ces cas, un risque existe. Celui-ci ne peut être supprimé ; il peut seulement être assumé, partagé ou transféré.

C'est précisément pour répondre à ce besoin qu'ont progressivement émergé les marchés dérivés, et notamment les marchés d'options. Contrairement à une idée répandue, les options n'ont pas été créées pour permettre la spéculation. Leur vocation première est beaucoup plus ancienne et beaucoup plus pragmatique : offrir aux acteurs économiques un moyen de se protéger contre des évolutions de prix qu'ils jugent défavorables.

L'histoire économique regorge d'exemples illustrant ce besoin. Un agriculteur qui craint une baisse du prix de sa récolte, un industriel inquiet d'une hausse du coût de ses matières premières ou encore un gestionnaire de portefeuille soucieux de préserver la valeur de ses investissements sont tous confrontés à une même problématique : comment réduire l'impact financier d'un événement incertain sans renoncer totalement aux opportunités futures ?

Les options apportent une réponse originale à cette question. Elles permettent de dissocier le risque économique de l'actif sous-jacent et de le négocier séparément. En d'autres termes, elles transforment le risque lui-même en objet d'échange. Là où le marché traditionnel permet d'acheter ou de vendre un actif, le marché des options permet d'acheter ou de vendre une protection contre certains mouvements de prix.

Cette caractéristique explique en grande partie le succès des marchés dérivés modernes. Un investisseur qui détient déjà une action peut acheter une option de vente afin de limiter ses pertes potentielles. À l'inverse, un acteur convaincu que ce risque ne se matérialisera pas peut accepter de fournir cette

Pour comprendre pleinement ce mécanisme, il convient de revenir à la nature même du contrat d'option. Lorsqu'un investisseur acquiert une option, il obtient un droit. Ce droit possède une valeur économique puisqu'il lui offre une flexibilité dont il ne disposait pas auparavant. Un détenteur de *put* peut se protéger contre une baisse du marché. Un détenteur de *call* peut profiter d'une hausse importante tout en limitant son risque initial. Dans les deux cas, cette faculté présente un intérêt économique réel. Il serait donc illogique qu'elle soit accordée gratuitement. La prime correspond précisément au prix de cette flexibilité.

Cette idée est essentielle car elle permet de dépasser la vision parfois simpliste selon laquelle la prime constituerait uniquement un coût pour l'acheteur ou un revenu pour le vendeur. En réalité, elle représente le point d'équilibre entre deux intérêts opposés. L'acheteur est prêt à payer afin d'obtenir une protection ou une opportunité. Le vendeur est prêt à fournir cette protection ou cette opportunité à condition d'être suffisamment rémunéré.

L'existence même d'une prime démontre que le marché attribue une valeur au risque transféré. Plus ce risque est considéré comme important, plus la prime tend à augmenter. À l'inverse, lorsque les investisseurs jugent un événement peu probable, la prime diminue. Les prix des options traduisent ainsi en permanence l'appréciation collective du risque par l'ensemble des intervenants.

Un parallèle peut être établi avec le secteur bancaire. Lorsqu'une banque accorde un prêt à une entreprise, elle exige le paiement d'intérêts. Ces intérêts rémunèrent notamment le risque que l'emprunteur ne rembourse pas intégralement sa dette. Plus le risque de défaut est élevé, plus le taux d'intérêt demandé sera important. Le même raisonnement s'applique aux marchés d'options. Plus le risque assumé par le vendeur est important, plus la prime exigée sera élevée.

Cette relation apparaît clairement lors des périodes de tensions financières. En temps normal, les investisseurs peuvent être relativement sereins quant à l'évolution future des marchés. Les primes demeurent alors modérées. En revanche, lorsqu'un événement exceptionnel survient ou lorsqu'une incertitude majeure apparaît, la demande de protection augmente brutalement. Les investisseurs cherchent alors à transférer davantage de risques. Les vendeurs d'options, conscients de cette évolution, exigent une rémunération plus importante pour accepter ces nouvelles obligations. Les primes progressent parfois de façon spectaculaire.

L'observation des marchés durant les grandes crises financières fournit de nombreux exemples de ce phénomène. Lors de la crise financière de 2008, de la crise sanitaire de 2020 ou encore lors de certains épisodes de forte volatilité géopolitique, le coût des protections a connu une hausse spectaculaire. Les investisseurs étaient alors prêts à payer des montants significatifs pour réduire leur exposition au risque. Les vendeurs d'options bénéficiaient potentiellement de primes très attractives, mais devaient également accepter une exposition à des risques beaucoup plus élevés.

Cette dualité est fondamentale. Une prime importante ne constitue jamais un cadeau offert par le marché. Elle traduit généralement l'existence d'une inquiétude, d'une incertitude ou d'un danger perçu par les autres intervenants. Le vendeur d'options doit donc constamment résister à la tentation de ne regarder que le montant de la prime sans s'interroger sur les raisons qui expliquent son niveau.

Cette réflexion conduit naturellement à une question essentielle : comment déterminer si une prime est suffisante ?

La réponse est loin d'être évidente. Deux investisseurs confrontés à la même option peuvent parvenir à des conclusions radicalement différentes. L'un estimera que la prime compense largement le risque encouru. L'autre considérera au contraire qu'elle demeure insuffisante. Toute la finance moderne peut être vue comme une tentative de répondre à cette question de la manière la plus rigoureuse possible.

Les modèles de valorisation, les probabilités, les statistiques et les indicateurs de volatilité n'ont finalement qu'un seul objectif : aider les investisseurs à apprécier si le prix proposé par le marché est cohérent avec le risque réellement transféré. Les travaux de *Black*, *Scholes* et *Merton*, qui seront étudiés plus loin dans cet ouvrage, s'inscrivent précisément dans cette logique.

Pour le vendeur de *puts*, cette problématique revêt une importance particulière. Son activité ne consiste pas simplement à vendre des options afin d'encaisser des primes. Elle consiste à sélectionner des situations dans lesquelles la rémunération offerte lui paraît suffisamment attractive au regard du risque accepté. Cette nuance peut sembler subtile, mais elle constitue souvent la frontière entre une gestion rigoureuse du risque et une simple recherche de rendement.

L'investisseur expérimenté comprend rapidement que le montant absolu d'une prime importe moins que la qualité de sa rémunération. Une prime modeste peut s'avérer extrêmement intéressante si le risque associé est faible. À l'inverse, une prime particulièrement élevée peut cacher une exposition disproportionnée à un événement défavorable. L'enjeu n'est donc pas de rechercher systématiquement les primes les plus importantes, mais d'identifier celles qui offrent le meilleur compromis entre rendement et risque.

Cette logique constitue le fil conducteur de nombreuses stratégies optionnelles professionnelles. Les meilleurs vendeurs d'options ne se considèrent pas comme des chasseurs de primes. Ils se voient davantage comme des gestionnaires de risques. Leur objectif consiste à évaluer en permanence si le marché rémunère correctement les risques qu'il leur propose d'assumer.

À mesure que le lecteur progressera dans cet ouvrage, il découvrira que la *volatilité implicite* joue un rôle central dans cette évaluation. Elle représente en quelque sorte le langage par lequel le marché exprime sa perception du risque. Comprendre cette information permettra de mieux apprécier si une prime est chère, bon marché ou simplement conforme aux conditions du marché.

Ainsi, la prime d'une option ne constitue pas seulement le prix d'un contrat financier. Elle représente avant tout le prix du risque transféré entre deux investisseurs. Derrière chaque prime se cache une interrogation fondamentale : combien vaut aujourd'hui une incertitude future ? C'est à cette question que les marchés tentent de répondre quotidiennement, et c'est cette question qui guidera l'ensemble des développements à venir.

1.1.f - Les limites de l'analogie avec l'assurance

L'analogie entre la vente d'options et l'activité d'assurance présente de nombreuses vertus pédagogiques. Elle permet notamment de comprendre pourquoi une prime est versée, pourquoi le vendeur est rémunéré pour accepter un risque et pourquoi la perception du risque influence directement le prix du contrat. Toutefois, comme toute analogie, elle possède ses limites. Les ignorer conduirait à une compréhension incomplète, voire parfois dangereuse, du fonctionnement réel des marchés d'options.

La première différence tient à la nature même des risques concernés.

Une compagnie d'assurance travaille généralement sur des événements dont la fréquence et la gravité peuvent être estimées à partir de longues séries statistiques. Le nombre d'accidents automobiles, d'incendies domestiques ou de dégâts des eaux observés sur plusieurs décennies permet de construire des modèles relativement robustes. Bien entendu, une part d'incertitude subsiste toujours, mais celle-ci demeure généralement encadrée par l'expérience accumulée.

Les marchés financiers évoluent dans un environnement sensiblement différent. Les crises boursières, les krachs, les faillites d'entreprises ou les événements géopolitiques majeurs ne se produisent pas selon des schémas aussi réguliers que les sinistres traditionnels. Les distributions statistiques observées sur les marchés financiers présentent fréquemment des événements extrêmes beaucoup plus importants que ceux prédits par les modèles classiques. Les économistes parlent alors de « queues épaisses » pour décrire cette propension des marchés à générer occasionnellement des mouvements exceptionnels.

Cette caractéristique constitue l'une des principales difficultés rencontrées par les vendeurs d'options. Pendant de longues périodes, les primes encaissées peuvent sembler confortables et les pertes relativement rares. Puis survient un événement exceptionnel capable d'effacer en quelques jours plusieurs années de gains accumulés. Cette asymétrie n'est pas propre aux options, mais elle y est particulièrement visible.

Une seconde différence concerne la mutualisation du risque. Une compagnie d'assurance dispose généralement de milliers, voire de millions de contrats répartis sur une vaste population d'assurés. Tous les assurés ne subissent pas simultanément un sinistre. Cette diversification permet à l'assureur de stabiliser ses résultats et de lisser les effets des événements individuels.

Le vendeur d'options ne bénéficie pas toujours d'un tel avantage. Même lorsqu'il détient plusieurs positions, celles-ci peuvent devenir fortement corrélées lors des périodes de stress financier. Un krach boursier affectera simultanément de nombreuses actions, de nombreux secteurs et parfois plusieurs marchés géographiques. Des positions qui semblaient indépendantes peuvent alors réagir de façon extrêmement similaire.

Cette augmentation brutale des corrélations constitue l'une des caractéristiques les plus redoutées par les gestionnaires de risques. Elle explique pourquoi certains investisseurs, pourtant diversifiés en apparence, découvrent lors des crises qu'ils étaient en réalité exposés à une même source de risque sous-jacente.

Une troisième différence réside dans la vitesse de matérialisation du risque. Dans le secteur de l'assurance traditionnelle, les événements se développent souvent progressivement. Les compagnies disposent généralement d'un certain délai pour évaluer les dommages, provisionner les pertes et ajuster leurs politiques tarifaires futures.

Les marchés financiers fonctionnent selon une logique beaucoup plus rapide. Une publication de résultats décevante, une décision inattendue d'une banque centrale ou un événement géopolitique majeur peuvent provoquer en quelques heures des variations de prix considérables. Les ajustements sont quasi instantanés. Le vendeur d'options ne bénéficie pas toujours du temps nécessaire pour réagir avant que le marché n'ait déjà intégré la nouvelle information.

Cette rapidité explique pourquoi la gestion du risque occupe une place centrale dans toute stratégie de vente d'options. Contrairement à certaines activités économiques où les erreurs peuvent être corrigées progressivement, les marchés financiers sanctionnent parfois très rapidement les positions mal calibrées.

Une quatrième différence importante concerne la transparence du risque. Lorsqu'une compagnie d'assurance établit le prix d'un contrat automobile, elle dispose généralement d'informations détaillées sur l'assuré : âge, historique de conduite, véhicule utilisé, zone géographique ou fréquence d'utilisation. Ces informations lui permettent d'affiner son évaluation du risque.

Le vendeur d'options travaille dans un environnement beaucoup plus incertain. Il ne connaît pas les événements futurs susceptibles d'affecter le sous-jacent. Il ignore les décisions stratégiques qui seront prises par les dirigeants de l'entreprise, les annonces réglementaires qui pourraient intervenir ou les chocs économiques susceptibles de modifier brutalement les anticipations des investisseurs.

Il doit donc prendre ses décisions sur la base d'informations imparfaites. Cette réalité explique l'importance accordée aux probabilités, aux statistiques et aux modèles de valorisation. Ceux-ci ne permettent pas de prédire l'avenir, mais ils offrent un cadre rationnel pour appréhender l'incertitude.

Enfin, il existe une différence psychologique majeure entre les deux univers. L'assureur traditionnel évolue généralement dans un environnement relativement stable. Ses revenus sont récurrents, ses contrats sont souvent renouvelés automatiquement et son activité est peu soumise aux fluctuations émotionnelles quotidiennes.

Le vendeur d'options opère au contraire dans un univers où les prix changent en permanence. Les valorisations évoluent à chaque instant, les informations circulent rapidement et les émotions collectives jouent un rôle considérable. La peur, l'euphorie, l'incertitude ou la panique influencent directement les prix observés sur le marché.

Cette dimension psychologique explique en grande partie pourquoi les opportunités apparaissent régulièrement sur les marchés d'options. Les investisseurs ne réagissent pas toujours de manière parfaitement rationnelle. Les périodes de stress peuvent conduire à des excès de pessimisme, tandis que les phases d'euphorie peuvent favoriser une sous-estimation des risques. Le vendeur d'options cherche précisément à identifier ces déséquilibres afin de déterminer si les primes proposées rémunèrent correctement les risques encourus.

Ces différences ne remettent pas en cause la pertinence de l'analogie avec l'assurance. Elles invitent simplement à l'utiliser avec discernement. Le vendeur d'options partage avec l'assureur une même logique économique : il accepte de prendre à sa charge un risque contre rémunération. Toutefois, il exerce cette activité dans un environnement plus volatil, plus réactif et souvent plus imprévisible.

Comprendre ces nuances est indispensable pour aborder sereinement la stratégie *Short-Put*. L'objectif n'est pas de reproduire mécaniquement le modèle économique d'une compagnie d'assurance, mais d'en retenir les principes fondamentaux : sélection rigoureuse des risques, discipline dans l'évaluation de la rémunération attendue et gestion prudente des expositions. Ce sont précisément ces principes qui permettront au vendeur d'options d'inscrire son activité dans une démarche durable.

1.1.g - Le transfert du risque au cœur de la finance moderne

À ce stade, le lecteur pourrait être tenté de considérer les options comme des instruments particuliers, réservés à certaines catégories d'investisseurs ou à des stratégies spécifiques de marché. Une telle vision serait réductrice. En réalité, le mécanisme de transfert du risque qui sous-tend les options constitue l'un des principes fondamentaux sur lesquels repose l'ensemble de la finance moderne.

Depuis plusieurs siècles, les marchés financiers se sont progressivement développés autour d'une idée simple : permettre aux acteurs économiques de répartir les risques de manière plus efficace. Chaque innovation financière majeure peut être interprétée comme une tentative de mieux organiser cette répartition.

Les marchés obligataires permettent aux entreprises et aux États de transférer une partie de leurs besoins de financement vers les investisseurs. Les marchés actions offrent aux entrepreneurs la possibilité de partager le risque économique de leurs activités avec un grand nombre d'actionnaires. Les marchés des changes permettent aux exportateurs et aux importateurs de gérer leur exposition aux fluctuations monétaires. Les marchés dérivés, quant à eux, offrent la possibilité de transférer des risques beaucoup plus spécifiques, liés notamment à l'évolution future des prix.

Dans cette perspective, les options ne constituent pas une anomalie au sein du système financier. Elles en représentent au contraire l'une des expressions les plus abouties. Elles permettent d'isoler un risque particulier, de lui attribuer un prix et d'organiser sa transmission vers les acteurs les plus disposés à l'assumer.

Cette capacité à répartir les risques produit des effets économiques considérables. Une entreprise industrielle peut sécuriser une partie de ses coûts d'approvisionnement. Un investisseur institutionnel peut protéger temporairement son portefeuille contre une baisse des marchés. Un gestionnaire d'actifs peut ajuster précisément son exposition à certains facteurs de risque. Dans chacun de ces cas, la possibilité de transférer une partie de l'incertitude facilite la prise de décision et favorise l'investissement.

La finance moderne repose ainsi sur une distinction essentielle entre la création de richesse et la gestion du risque. Une entreprise peut demeurer performante sur le plan opérationnel tout en souhaitant réduire certaines expositions financières. De même, un investisseur peut conserver une conviction forte sur la qualité d'une entreprise tout en cherchant à limiter temporairement son risque de marché. Les options offrent précisément cette flexibilité.

Cette observation est particulièrement importante pour comprendre la stratégie de vente de *puts*. Trop souvent, les options sont présentées uniquement comme des instruments spéculatifs. Cette perception est largement alimentée par certains comportements excessifs observés sur les marchés. Pourtant, dans leur essence, les options sont avant tout des outils de gestion du risque.

Lorsqu'un investisseur vend un *put*, il ne participe pas simplement à une opération financière destinée à générer un revenu complémentaire. Il prend position dans un mécanisme beaucoup plus large de redistribution des risques. Il accepte de devenir la contrepartie d'un investisseur qui souhaite se protéger, et contribue ainsi au bon fonctionnement du marché en apportant de la liquidité et en permettant à d'autres acteurs d'obtenir les couvertures dont ils ont besoin.

Cette fonction économique est souvent sous-estimée. Les vendeurs d'options jouent pourtant un rôle essentiel dans l'écosystème financier. Sans eux, il n'existerait pas de marché de la protection. Les investisseurs désireux de couvrir leurs positions ne trouveraient pas de contrepartie prête à accepter le risque qu'ils cherchent à transférer. Les primes deviendraient prohibitives et les possibilités de couverture se réduiraient considérablement.

L'histoire des marchés financiers montre d'ailleurs que les périodes de forte incertitude sont précisément celles où la valeur économique de ce service apparaît le plus clairement. Lorsque les investisseurs craignent une récession, une crise bancaire ou un choc géopolitique, leur besoin de protection augmente fortement. Les vendeurs d'options deviennent alors des acteurs indispensables au maintien de l'équilibre du marché.

Cette réalité permet également de mieux comprendre pourquoi la rémunération des vendeurs d'options peut parfois sembler attractive. La prime qu'ils perçoivent ne constitue pas seulement une source de rendement. Elle représente la contrepartie d'un service économique rendu à d'autres intervenants. Plus ce service devient précieux, plus le marché est disposé à le rémunérer.

Naturellement, cette rémunération n'est jamais garantie. Comme toute activité fondée sur l'acceptation d'un risque, elle expose à des pertes potentielles. La réussite durable repose donc moins sur la recherche de gains élevés que sur la capacité à sélectionner avec discernement les risques que l'on accepte de porter. Cette idée constituera l'un des fils conducteurs de l'ensemble de cet ouvrage.

Les chapitres qui suivent permettront progressivement d'approfondir cette réflexion. Le lecteur découvrira comment les options sont construites, comment elles sont valorisées et comment les marchés évaluent le risque qu'elles représentent. Il comprendra également pourquoi la *volatilité implicite* occupe une place centrale dans ce processus et comment elle peut être utilisée pour identifier des opportunités de vente de *puts*.

Avant d'aborder ces développements plus techniques, il convient néanmoins de conserver à l'esprit une idée simple. Derrière chaque option, derrière chaque prime et derrière chaque modèle mathématique se trouve toujours le même mécanisme fondamental : un investisseur cherche à transférer un risque qu'il ne souhaite pas conserver, tandis qu'un autre accepte de le porter en échange d'une rémunération. Toute la finance des options repose sur cet échange volontaire.

CE QU'IL FAUT RETENIR

Le marché des options permet d'organiser le transfert volontaire du risque entre des acteurs ayant des objectifs et des contraintes différents.

L'acheteur d'une option paie une prime afin d'obtenir un droit qui lui offre une protection ou une opportunité future. Son risque maximal est limité à la prime versée.

Le vendeur encaisse immédiatement cette prime mais accepte une obligation potentielle. Il agit, sous certains aspects, comme un assureur qui perçoit une rémunération en échange d'un risque qu'il accepte de prendre en charge.

La prime d'une option représente le prix du risque transféré. Son niveau dépend de la perception collective de l'incertitude et des besoins de couverture exprimés par les investisseurs.

Les options ne créent pas le risque ; elles permettent de le redistribuer entre des acteurs qui ne l'appréhendent pas de la même manière.

Comprendre cette logique de transfert du risque constitue un préalable indispensable à l'étude des mécanismes optionnels, des modèles de valorisation et de la stratégie *Short-Put* développés dans les chapitres suivants.

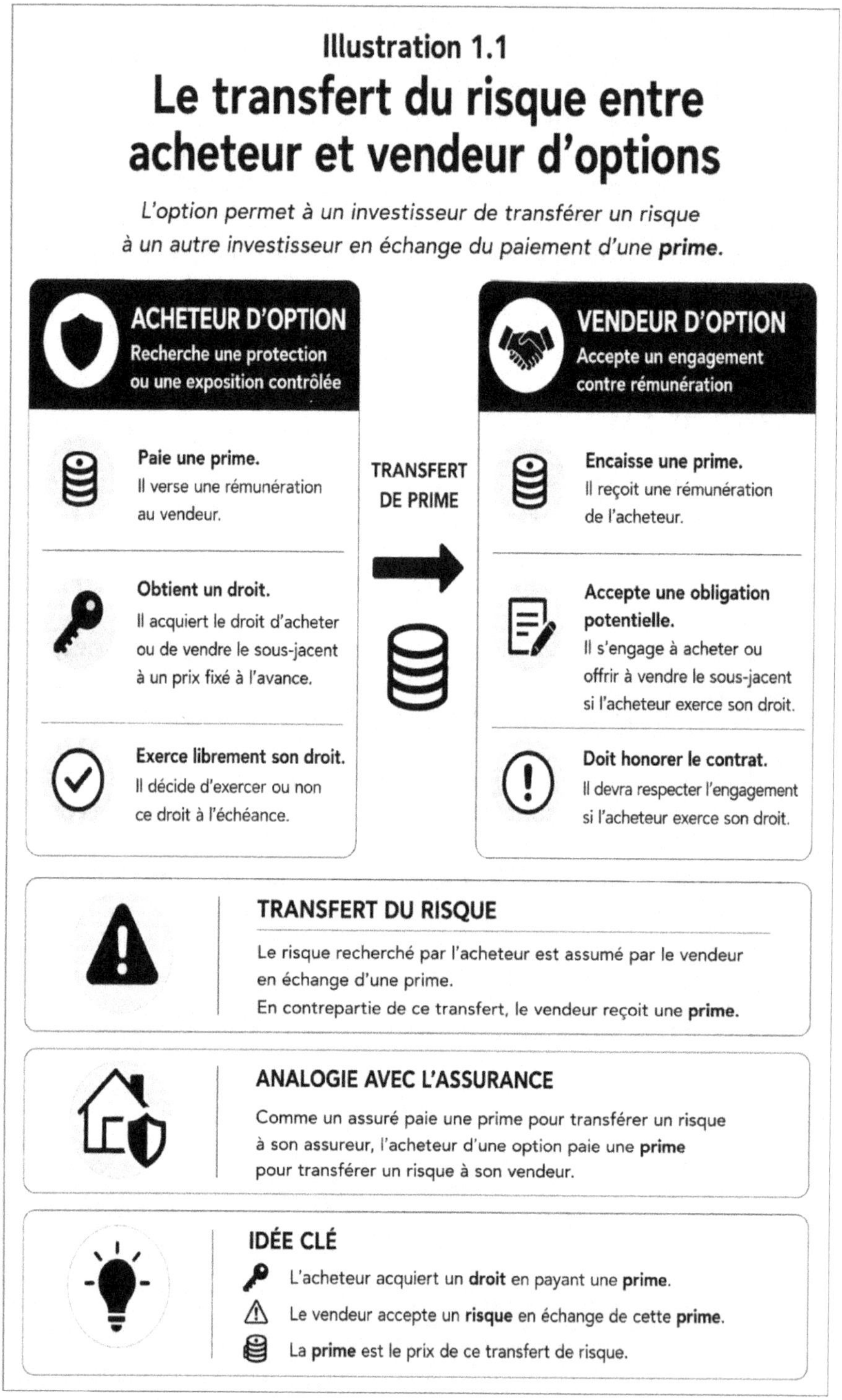
Illustration 1.1
Le transfert du risque entre acheteur et vendeur d'options
L'option permet à un investisseur de transférer un risque à un autre investisseur en échange du paiement d'une **prime.**
ACHETEUR D'OPTION
Recherche une protection ou une exposition contrôlée
Paie une prime.
Il verse une rémunération au vendeur.
Obtient un droit.
Il acquiert le droit d'acheter ou de vendre le sous-jacent à un prix fixé à l'avance.
Exerce librement son droit.
Il décide d'exercer ou non ce droit à l'échéance.
TRANSFERT DE PRIME
VENDEUR D'OPTION
Accepte un engagement contre rémunération
Encaisse une prime.
Il reçoit une rémunération de l'acheteur.
Accepte une obligation potentielle.
Il s'engage à acheter ou offrir à vendre le sous-jacent si l'acheteur exerce son droit.
Doit honorer le contrat.
Il devra respecter l'engagement si l'acheteur exerce son droit.
TRANSFERT DU RISQUE
Le risque recherché par l'acheteur est assumé par le vendeur en échange d'une prime.
En contrepartie de ce transfert, le vendeur reçoit une **prime.**
ANALOGIE AVEC L'ASSURANCE
Comme un assuré paie une prime pour transférer un risque à son assureur, l'acheteur d'une option paie une **prime** pour transférer un risque à son vendeur.
IDÉE CLÉ
L'acheteur acquiert un **droit** en payant une **prime.**
Le vendeur accepte un **risque** en échange de cette **prime.**
La **prime** est le prix de ce transfert de risque.

Chapitre 1.2
Le fonctionnement d'un *call* et d'un *put*

1.2.a - Deux contrats, deux droits fondamentaux

Après avoir étudié le mécanisme de transfert du risque qui constitue le fondement économique des marchés d'options, il convient désormais de s'intéresser à la nature même des contrats utilisés pour organiser ce transfert. Derrière la diversité des stratégies optionnelles se cachent en réalité deux instruments fondamentaux : le *call* et le *put*.

Toute option négociée sur les marchés financiers appartient nécessairement à l'une de ces deux catégories. Les stratégies les plus sophistiquées, les montages les plus complexes et les structures de couverture les plus élaborées ne sont finalement que des combinaisons de *calls* et de *puts*. Comprendre leur fonctionnement constitue donc une étape indispensable avant d'aborder des notions plus avancées telles que les *grecques*, la valorisation ou la *volatilité implicite*.

Le principe général est relativement simple. Une option est un contrat qui confère à son acheteur un droit portant sur un actif sous-jacent. Cet actif peut être une action, un indice boursier, une matière première, une devise ou tout autre instrument financier négociable. Le détenteur de l'option dispose alors d'une faculté particulière qu'il pourra exercer jusqu'à une date déterminée ou à cette date selon les caractéristiques du contrat.

Cette faculté peut prendre deux formes distinctes. Elle peut consister à acheter l'actif sous-jacent à un prix fixé à l'avance. Dans ce cas, il s'agit d'un *call*. Elle peut également consister à vendre l'actif sous-jacent à un prix fixé à l'avance. Dans ce second cas, il s'agit d'un *put*.

Ces deux contrats constituent les briques élémentaires de l'univers optionnel. Ils répondent à des besoins différents mais reposent sur une architecture juridique similaire. Dans les deux cas, l'acheteur bénéficie d'un droit tandis que le vendeur supporte une obligation potentielle. Dans les deux cas, une prime est versée à la conclusion du contrat. Dans les deux cas enfin, la valeur du contrat dépend de l'évolution future du sous-jacent.

L'illustration associée à ce chapitre présente ces deux mécanismes de manière synthétique. Elle met en évidence le fait que les options ne portent pas directement sur l'actif lui-même, mais sur un droit relatif à cet actif. Cette distinction est essentielle. L'acheteur d'une option n'acquiert pas immédiatement une action ou un indice ; il acquiert la possibilité d'agir ultérieurement dans des conditions définies à l'avance.

Cette flexibilité constitue précisément la valeur économique de l'option. Elle permet à son détenteur de bénéficier d'un scénario favorable tout en limitant son risque initial au montant de la prime versée. C'est cette asymétrie qui explique l'intérêt croissant des investisseurs pour les produits optionnels depuis plusieurs décennies.

Pour comprendre pleinement cette mécanique, il convient désormais d'étudier séparément le fonctionnement du *call* et celui du *put*.

1.2.b - Le *call* : acquérir un droit d'achat

Le *call* est probablement l'option la plus intuitive à comprendre. Son détenteur acquiert le droit d'acheter un actif sous-jacent à un prix fixé à l'avance, appelé *prix d'exercice* ou *strike*, pendant une période déterminée ou à une date précise selon les caractéristiques du contrat.

Cette définition, en apparence simple, recouvre pourtant un mécanisme particulièrement puissant. En effet, le détenteur du *call* n'est jamais obligé d'exercer son droit. Il conserve la liberté de décider, au moment opportun, si l'exercice de l'option présente ou non un intérêt économique. Cette liberté constitue précisément la valeur du contrat.

Prenons l'exemple d'une action cotée 100 €. Un investisseur anticipe une hausse future du titre mais préfère limiter le montant qu'il risque sur cette anticipation. Plutôt que d'acheter immédiatement l'action, il acquiert un *call* lui donnant le droit d'acheter ce titre à 100 € dans trois mois.

Plusieurs scénarios peuvent alors se produire. Si, à l'échéance, l'action cote 130 €, le détenteur du *call* dispose d'un avantage évident. Grâce à son contrat, il peut acheter l'action à 100 € alors que le marché la valorise à 130 €. Son droit possède donc une valeur économique importante.

À l'inverse, si l'action cote 90 €, le *call* perd tout intérêt. Pourquoi exercer un droit permettant d'acheter à 100 € un actif disponible sur le marché à seulement 90 € ? Dans ce cas, le détenteur abandonnera simplement son option. Sa perte sera limitée à la prime initialement versée.

Cette asymétrie constitue l'un des principaux attraits du *call.* L'investisseur bénéficie potentiellement d'une hausse importante du sous-jacent tout en limitant son risque maximal au montant de la prime payée lors de l'acquisition du contrat.

D'un point de vue économique, le *call* peut être interprété comme une réservation. Lorsqu'un acheteur verse un acompte afin de réserver un bien immobilier ou un véhicule, il paie pour conserver une possibilité d'achat future à des conditions préalablement définies. Si l'opération lui paraît finalement avantageuse, il concrétise son acquisition. Dans le cas contraire, il peut renoncer à son projet, quitte à perdre tout ou partie de la somme engagée. Le *call* repose sur une logique comparable.

Cette caractéristique explique pourquoi les *calls* sont fréquemment utilisés pour exprimer une anticipation haussière sur un actif. L'investisseur estime que le prix du sous-jacent pourrait progresser significativement au cours des semaines ou des mois à venir. Plutôt que d'immobiliser un capital important dans l'achat direct de l'actif, il choisit de payer une prime afin de bénéficier d'un potentiel de hausse tout en limitant son risque.

Toutefois, réduire le *call* à un simple instrument spéculatif serait une erreur. De nombreux investisseurs institutionnels l'utilisent également dans une logique de gestion du risque. Un gestionnaire de portefeuille peut par exemple acheter des *calls* afin de conserver une exposition à un marché qu'il ne souhaite pas acquérir immédiatement. Une entreprise peut également utiliser des options d'achat pour sécuriser à l'avance le coût futur de certains actifs nécessaires à son activité. Le *call* répond donc à des besoins variés, allant de la spéculation à la couverture en passant par la gestion tactique de portefeuille.

Pour le vendeur du *call*, la situation est naturellement différente. En acceptant de vendre ce contrat, il accorde à l'acheteur le droit d'acquérir ultérieurement l'actif au *prix d'exercice* convenu. En contrepartie, il encaisse immédiatement la prime. Son gain maximal est limité à cette prime, tandis que son exposition au risque dépend des modalités exactes de la position mise en place.

Cette différence de profil entre acheteur et vendeur illustre une nouvelle fois le principe de transfert du risque étudié dans le chapitre précédent. L'acheteur paie afin d'obtenir une opportunité potentiellement favorable. Le vendeur accepte de fournir cette opportunité en échange d'une rémunération immédiate.

Le *call* constitue ainsi bien davantage qu'un simple contrat financier. Il représente un outil permettant de dissocier le potentiel de hausse d'un actif de la détention immédiate de cet actif. Cette faculté explique son importance dans la finance moderne et son utilisation massive sur les marchés dérivés.

Comprendre le fonctionnement du *call* est indispensable pour appréhender les stratégies optionnelles. Néanmoins, la seconde grande famille de contrats, le *put*, joue un rôle tout aussi essentiel. Là où le *call* confère un droit d'achat, le *put* accorde un droit de vente. Cette différence apparemment simple ouvre la voie à des usages très différents, notamment en matière de protection et de gestion du risque.

1.2.c - Le *put* : acquérir un droit de vente

Si le *call* permet à son détenteur d'acquérir un droit d'achat, le *put* repose sur une logique symétrique. Son acheteur obtient le droit de vendre un actif sous-jacent à un prix déterminé à l'avance pendant une période définie ou à une date donnée selon les caractéristiques du contrat.

À première vue, ce mécanisme peut sembler moins intuitif que celui du *call*. Pourtant, le *put* répond à un besoin extrêmement répandu dans le monde financier : la protection contre une baisse des prix.

Imaginons un investisseur détenant une action cotée 100 €. Il est convaincu des qualités fondamentales de l'entreprise et souhaite conserver ses titres sur le long terme. Toutefois, il redoute qu'un événement temporaire puisse provoquer une baisse importante du cours au cours des prochains mois. Afin de limiter ce risque, il décide d'acquérir un *put* lui donnant le droit de vendre son action à 100 € pendant une période donnée.

Si le marché chute et que l'action ne vaut plus que 70 €, le détenteur du *put* conserve la possibilité de vendre à 100 €. Son droit prend alors une valeur importante puisqu'il lui permet d'éviter une partie significative de la perte subie par les actionnaires non protégés.

À l'inverse, si l'action progresse à 120 € ou 130 €, le *put* perd son intérêt économique. Dans cette situation, il serait absurde d'exercer un droit permettant de vendre à 100 € un actif dont la valeur de marché est supérieure. L'investisseur laissera alors simplement son option expirer sans l'exercer. Son coût se limitera à la prime versée lors de l'acquisition du contrat.

Le *put* agit donc comme une forme de garantie contre les baisses de prix. Cette caractéristique explique pourquoi il est souvent comparé à une police d'assurance. Tout comme un propriétaire assure son habitation contre le risque d'incendie, l'investisseur peut utiliser un *put* afin de protéger la valeur de son portefeuille contre une baisse importante des marchés.

Cette analogie est particulièrement pertinente car elle permet de comprendre la logique économique qui sous-tend le contrat. L'acheteur du *put* accepte de payer une prime afin de transférer une partie du risque qu'il supporte à un autre intervenant. Le vendeur du *put* encaisse cette prime et accepte en contrepartie de prendre à sa charge ce risque potentiel.

Le *put* constitue ainsi l'un des outils de couverture les plus importants de la finance moderne. Les investisseurs institutionnels, les fonds de pension, les compagnies d'assurance et les gestionnaires d'actifs utilisent régulièrement ces contrats afin de protéger des portefeuilles parfois composés de plusieurs milliards d'euros d'actifs financiers.

Toutefois, limiter le *put* à sa seule fonction de couverture serait réducteur. De nombreux intervenants l'utilisent également pour exprimer une anticipation baissière sur un actif. Un investisseur convaincu qu'une action va perdre de la valeur peut acheter un *put* afin de bénéficier financièrement de cette baisse. Dans ce cas, le contrat n'est plus utilisé comme une assurance mais comme un instrument de spéculation.

Cette dualité est caractéristique des marchés dérivés. Un même instrument peut être utilisé pour réduire un risque ou pour prendre une position directionnelle sur l'évolution future d'un actif. Tout dépend de l'objectif poursuivi par l'investisseur.

Pour le vendeur du *put*, la logique est naturellement différente. En vendant ce contrat, il accorde à l'acheteur le droit de lui céder l'actif sous-jacent au *prix d'exercice* convenu. En contrepartie, il perçoit immédiatement une prime. Cette situation mérite une attention particulière car elle constitue le fondement de la stratégie *Short-Put* étudiée dans la seconde partie de cet ouvrage.

Lorsqu'un investisseur vend un *put*, il accepte implicitement l'idée qu'il pourrait être amené à acquérir l'actif sous-jacent si celui-ci venait à baisser suffisamment. Cette perspective est souvent perçue comme un risque. Pourtant, elle peut également être envisagée comme une opportunité.

Prenons l'exemple d'un investisseur qui souhaite acheter une action actuellement cotée 100 €, mais qui estime qu'un prix de 90 € serait plus attractif. Plutôt que de placer un ordre d'achat à cours limité, il peut vendre un *put* ayant un *prix d'exercice* de 90 €. Deux situations peuvent alors se produire.

Si l'action reste au-dessus de 90 €, l'option expirera sans valeur et le vendeur conservera intégralement la prime encaissée.

Si l'action passe sous ce seuil, il pourra être assigné et devra acheter les titres à 90 €. Dans ce cas, il acquiert l'action au prix qu'il considérait initialement comme intéressant tout en ayant préalablement encaissé une rémunération.

Cette logique explique pourquoi de nombreux investisseurs de long terme utilisent la vente de *puts* comme un outil d'acquisition progressive de positions sur des entreprises qu'ils souhaitent détenir. Loin d'être une simple stratégie spéculative, la vente de *puts* peut alors devenir un mécanisme d'investissement discipliné.

Cette observation est fondamentale car elle annonce l'un des thèmes centraux de cet ouvrage. Pour beaucoup d'investisseurs, le *put* est essentiellement un instrument de protection. Pour d'autres, il représente un moyen d'obtenir une exposition à un actif dans des conditions jugées plus favorables. Toute la richesse de la stratégie *Short-Put* réside précisément dans cette seconde approche.

Avant d'explorer ces applications plus avancées, il reste toutefois nécessaire de comprendre les éléments constitutifs du contrat lui-même. Deux notions jouent à cet égard un rôle central : le *prix d'exercice* et l'échéance. Sans elles, aucun *call* ni aucun *put* ne pourrait exister.

1.2.d - Le *prix d'exercice* : la pierre angulaire du contrat

Toute option repose sur plusieurs caractéristiques contractuelles qui déterminent sa valeur et son comportement. Parmi celles-ci, le *prix d'exercice*, également appelé *strike*, occupe une place centrale. Il constitue en quelque sorte le cœur du contrat, puisque c'est autour de lui que s'organisent les droits accordés à l'acheteur et les obligations assumées par le vendeur.

Le *prix d'exercice* correspond au prix auquel la transaction pourra être réalisée si l'option est exercée. Dans le cas d'un *call*, il s'agit du prix auquel l'acheteur pourra acquérir le sous-jacent. Dans le cas d'un *put*, il s'agit du prix auquel il pourra le vendre. Cette définition paraît simple, mais ses conséquences sont considérables.

Reprenons l'exemple d'une action cotée 100 €. Un investisseur souhaitant acquérir un *call* dispose généralement de plusieurs possibilités. Il pourra choisir un *strike* de 90 €, de 100 €, de 110 € ou encore de 120 €. Chacun de ces contrats lui offrira des caractéristiques différentes.

Un *call* dont le *strike* est fixé à 90 € procure un droit particulièrement avantageux puisqu'il permet d'acheter à un prix inférieur au cours actuel du marché. En contrepartie, ce contrat sera relativement coûteux. Le marché reconnaît immédiatement la valeur de cet avantage.

À l'inverse, un *call* doté d'un *strike* de 120 € n'offre aucun avantage immédiat puisque le sous-jacent peut déjà être acheté sur le marché à un prix inférieur. Ce contrat sera donc moins onéreux. Son intérêt repose essentiellement sur l'hypothèse d'une hausse future suffisamment importante du sous-jacent.

Le même raisonnement s'applique aux *puts*. Un *put* doté d'un *strike* élevé procure une protection plus importante qu'un *put* dont le *prix d'exercice* est faible. Cette protection supplémentaire possède naturellement une valeur qui se reflète dans le montant de la prime.

Le *prix d'exercice* agit ainsi comme un curseur permettant de moduler la nature du risque transféré entre les deux parties. Plus le *strike* offre un avantage potentiel important à l'acheteur, plus la prime exigée par le vendeur sera élevée. À l'inverse, lorsque le *strike* confère un droit moins favorable, le coût du contrat diminue.

Cette relation explique pourquoi les marchés proposent simultanément une multitude de *prix d'exercice* pour une même échéance. Chaque investisseur peut ainsi sélectionner le niveau de risque qui correspond le mieux à ses objectifs et à ses anticipations.

Pour le vendeur d'options, le choix du *strike* revêt une importance particulière. Dans le cadre d'une stratégie de vente de *puts*, il détermine directement le prix auquel le vendeur pourrait être amené à acquérir le sous-jacent. Ce n'est donc pas un simple paramètre technique ; il s'agit d'une véritable décision d'investissement.

Supposons qu'une action soit cotée 100 €. Un investisseur convaincu de la qualité fondamentale de l'entreprise pourrait considérer qu'un achat à 95 € serait intéressant, tandis qu'un achat à 85 € lui semblerait particulièrement attractif. Selon le niveau qu'il retient, il vendra un *put* correspondant au *prix d'exercice* souhaité. Le *strike* devient alors le reflet direct de son exigence en matière de valorisation.

Cette approche distingue profondément le vendeur de *puts* discipliné du simple spéculateur. Le premier ne choisit pas son *prix d'exercice* uniquement en fonction du montant de la prime proposée. Il s'interroge également sur le prix auquel il serait réellement prêt à devenir actionnaire de l'entreprise concernée.

Le *strike* constitue également un élément essentiel dans l'évaluation du risque. Plus un *prix d'exercice* est proche du cours actuel du sous-jacent, plus la probabilité d'exercice de l'option est élevée. À l'inverse, lorsque le *strike* est éloigné du cours de marché, cette probabilité tend à diminuer.

Les marchés intègrent naturellement cette réalité dans la valorisation des options. Les contrats dont l'exercice apparaît plus probable affichent généralement des primes plus importantes que ceux dont l'exercice semble moins probable. Le vendeur est ainsi rémunéré en fonction du niveau de risque qu'il accepte de supporter.

Cette relation entre *strike*, probabilité et prime constituera l'un des thèmes majeurs de la cinquième partie de cet ouvrage. Le choix du *prix d'exercice* représente en effet l'une des décisions les plus importantes dans la mise en œuvre d'une stratégie *Short-Put*. Un *strike* trop proche du cours actuel peut générer des primes attractives mais accroître significativement le risque d'assignation. Un *strike* plus éloigné réduit généralement ce risque mais s'accompagne également d'une rémunération plus faible.

Le *prix d'exercice* apparaît ainsi comme un point d'équilibre entre rendement espéré et risque accepté. Il matérialise les anticipations de l'investisseur, son niveau d'exigence et sa tolérance au risque.

Toutefois, même le meilleur choix de *strike* ne suffit pas à définir complètement une option. Un second paramètre joue un rôle tout aussi déterminant : le temps. Car un droit ne possède de valeur que s'il peut être exercé pendant une période donnée. C'est précisément le rôle de l'échéance, seconde composante fondamentale de tout contrat d'option.

1.2.e - L'échéance : le temps comme composante de la valeur

Si le *prix d'exercice* constitue la pierre angulaire d'une option, l'échéance en représente le cadre temporel. Aucun contrat d'option n'est éternel. Tout droit accordé à l'acheteur est limité dans le temps et doit être exercé, le cas échéant, avant une date déterminée. Cette contrainte temporelle joue un rôle fondamental dans la valorisation des options et explique une grande partie de leur comportement sur les marchés.

L'échéance correspond à la date à laquelle le contrat cesse d'exister. Une fois cette date atteinte, l'option expire et le droit qu'elle conférait disparaît définitivement. Si l'option possède encore une valeur économique au moment de son expiration, elle pourra être exercée selon les modalités prévues par le contrat. Dans le cas contraire, elle expirera sans valeur.

Cette caractéristique distingue profondément les options des actions. Lorsqu'un investisseur acquiert une action, il peut théoriquement la conserver aussi longtemps qu'il le souhaite. Le temps n'affecte pas directement l'existence du titre. Une option, en revanche, possède une durée de vie limitée. Chaque jour qui passe rapproche inexorablement le contrat de son extinction.

Cette réalité confère au temps une importance particulière. Contrairement à ce que l'on pourrait penser, le temps n'est pas un simple paramètre administratif du contrat. Il constitue une véritable source de valeur.

Pour comprendre ce phénomène, il convient de se placer du point de vue de l'acheteur. Plus l'échéance est éloignée, plus il dispose de temps pour que le scénario qu'il anticipe se réalise. Un investisseur achetant aujourd'hui un *call* sur une action dispose de davantage de chances d'observer une hausse significative si l'échéance intervient dans six mois plutôt que dans deux semaines. De même, un détenteur de *put* bénéficie de davantage de temps pour qu'une baisse du marché se produise.

Cette flexibilité supplémentaire possède une valeur économique. Les marchés l'intègrent naturellement dans le prix des options. À caractéristiques identiques, une option disposant d'une échéance lointaine sera généralement plus chère qu'une option proche de son expiration.

Le temps agit ainsi comme une ressource. Plus cette ressource est abondante, plus les possibilités offertes au détenteur du contrat sont nombreuses. À mesure que l'échéance approche, cette ressource se raréfie progressivement. Les opportunités de mouvement du sous-jacent diminuent et certaines hypothèses deviennent de moins en moins probables.

Cette observation conduit à une conséquence essentielle : la valeur temporelle d'une option tend à diminuer au fil du temps.

Ce phénomène est parfois difficile à appréhender pour les investisseurs débutants. Dans de nombreux domaines, le temps constitue un allié. Un placement financier produit des intérêts au fil des années. Une entreprise peut développer son activité et accroître sa valeur avec le temps. Les options obéissent à une logique différente. Pour leur acheteur, le temps représente un actif qui se consomme progressivement.

Chaque journée écoulée réduit légèrement les possibilités futures offertes par le contrat. Cette dégradation est continue et irréversible. Un jour perdu ne peut jamais être récupéré. Une option qui disposait initialement de six mois d'existence n'en possède plus que cinq mois après trente jours, puis quatre mois, et ainsi de suite jusqu'à son expiration.

Cette caractéristique joue un rôle particulièrement important dans les stratégies de vente d'options. Là où l'acheteur subit l'érosion progressive du temps, le vendeur en bénéficie généralement. Chaque journée qui passe rapproche le contrat de son échéance et réduit une partie de la valeur potentielle du droit accordé à l'acheteur.

Cette opposition d'intérêts entre acheteur et vendeur constitue l'une des spécificités les plus intéressantes des marchés d'options. L'acheteur espère que le sous-jacent évoluera suffisamment vite pour compenser l'effet négatif du temps. Le vendeur compte au contraire sur cette érosion progressive pour voir la valeur du contrat diminuer.

Les marchés financiers ont d'ailleurs développé un indicateur spécifique afin de mesurer cet effet : le *Theta*, qui sera étudié en détail dans la deuxième partie de cet ouvrage. Cet indicateur permet d'estimer la sensibilité de la valeur d'une option à l'écoulement du temps. Bien que nous n'en abordions pas encore les aspects techniques, il est utile de retenir dès à présent que le temps constitue une variable essentielle dans la vie d'un contrat optionnel.

L'échéance influence également le niveau de risque supporté par les deux parties. Une option à très court terme offre peu de temps au sous-jacent pour évoluer fortement. Son comportement est généralement plus prévisible. À l'inverse, une échéance éloignée accroît les incertitudes puisque de nombreux événements peuvent survenir au cours de la période restante. Les marchés tiennent naturellement compte de cette réalité lorsqu'ils valorisent les contrats.

Cette dimension temporelle explique pourquoi le choix de l'échéance constitue une décision stratégique à part entière. Un investisseur ne choisit pas uniquement un *prix d'exercice* ; il choisit également une durée d'exposition à un risque donné. La combinaison de ces deux paramètres détermine largement les caractéristiques de l'option et son comportement futur.

Comprendre le rôle du temps est indispensable pour appréhender correctement les marchés d'options. Le *prix d'exercice* définit les conditions auxquelles le droit pourra être exercé. L'échéance fixe la période durant laquelle ce droit existera. Ensemble, ces deux éléments forment l'architecture fondamentale de tout contrat optionnel.

Une fois ces notions assimilées, il devient possible d'examiner plus précisément les droits et les obligations respectifs des acheteurs et des vendeurs. Car si les options accordent des droits précieux à certains investisseurs, elles imposent également des engagements spécifiques à ceux qui acceptent d'en être les contreparties.

1.2.f - Acheteurs et vendeurs : droits et obligations

L'une des caractéristiques fondamentales des options réside dans l'asymétrie qui existe entre les deux parties au contrat. Contrairement à de nombreux instruments financiers où les engagements des intervenants sont relativement similaires, les options établissent une distinction nette entre celui qui achète le contrat et celui qui le vend.

Cette asymétrie est au cœur même de la valeur économique des options. Elle explique à la fois l'existence de la prime, les différences de profil de risque observées entre les intervenants et les usages très variés qui peuvent être faits de ces instruments.

L'acheteur d'une option acquiert un droit. Ce droit lui offre une liberté d'action qu'il pourra utiliser si les conditions de marché lui sont favorables. Dans le cas d'un *call*, il bénéficie de la possibilité d'acheter le sous-jacent au *prix d'exercice* convenu. Dans le cas d'un *put*, il dispose du droit de vendre ce même sous-jacent à ce prix. Toutefois, il est important de souligner qu'il s'agit bien d'un droit et non d'une obligation.

L'acheteur demeure libre de sa décision. Si l'exercice du contrat présente un intérêt économique, il pourra l'utiliser. Dans le cas contraire, il pourra simplement laisser son option expirer. Cette faculté de choix constitue précisément ce qu'il a acheté lorsqu'il a payé la prime.

Le risque de l'acheteur est ainsi parfaitement connu dès l'origine. Quelle que soit l'évolution future du marché, sa perte maximale est limitée au montant de la prime versée lors de l'acquisition de l'option. Cette caractéristique explique pourquoi les options attirent de nombreux investisseurs désireux de bénéficier d'une exposition aux marchés tout en conservant un risque strictement borné.

La situation du vendeur est sensiblement différente. En vendant une option, celui-ci ne reçoit aucun droit particulier. Il accepte au contraire une obligation potentielle vis-à-vis de l'acheteur. Si ce dernier décide d'exercer son option, le vendeur devra honorer les engagements prévus par le contrat.

Dans le cas d'un *call*, il devra vendre le sous-jacent au *prix d'exercice* convenu. Dans le cas d'un *put*, il devra l'acheter à ce même prix. Cette obligation constitue la contrepartie du droit acquis par l'acheteur. Sans vendeur prêt à assumer cette responsabilité, aucun marché d'options ne pourrait exister.

La rémunération du vendeur provient de la prime qu'il perçoit dès la conclusion du contrat. Cette somme lui appartient définitivement, quelle que soit l'évolution future du marché. Elle représente le prix du risque qu'il accepte de porter. Cette différence de statut entre les deux parties explique pourquoi leurs profils financiers sont profondément asymétriques.

L'acheteur dispose généralement d'un potentiel de gain important pour une perte limitée à la prime versée. Le vendeur présente quant à lui une situation inverse : son gain maximal est limité à la prime encaissée tandis que son exposition au risque peut devenir significative selon la nature de la position et les conditions de marché.

Cette asymétrie constitue l'une des spécificités les plus importantes des marchés d'options. Elle influence directement le comportement des investisseurs et explique la diversité des stratégies observées.

Les acheteurs recherchent souvent une protection ou un effet de levier. Les vendeurs privilégient généralement la perception régulière de primes et l'exploitation de probabilités jugées favorables. Les premiers acceptent une perte certaine et limitée dans l'espoir d'un gain potentiellement important. Les seconds acceptent un risque futur en échange d'un revenu immédiat.

Cette opposition de logique ne signifie pas que l'une des approches soit supérieure à l'autre. Chacune répond à des objectifs spécifiques et peut être parfaitement rationnelle selon le contexte.

Un investisseur institutionnel gérant plusieurs milliards d'euros d'actifs peut considérer qu'une prime importante est un coût acceptable si elle lui permet de protéger son portefeuille contre un risque majeur. À l'inverse, un investisseur de long terme disposé à acquérir certaines actions à un prix donné peut voir dans la vente de *puts* une source de revenus complémentaires cohérente avec sa stratégie d'investissement.

Cette diversité d'approches contribue à la richesse et à la profondeur des marchés d'options. Elle permet la rencontre permanente entre des intervenants aux besoins différents, créant ainsi les conditions nécessaires à la formation des prix.

Il convient également de noter que les droits et obligations associés aux options ne doivent jamais être analysés isolément. Leur valeur dépend toujours du *prix d'exercice*, de l'échéance, de la volatilité attendue et de l'évolution future du sous-jacent. Une même obligation peut apparaître négligeable dans certaines circonstances et particulièrement contraignante dans d'autres.

C'est précisément pour cette raison que les marchés ont développé des modèles sophistiqués de valorisation et de gestion du risque. Ceux-ci visent à mesurer aussi précisément que possible les conséquences potentielles des engagements pris par les différentes parties.

Pour le lecteur qui découvre les options, l'idée essentielle à retenir est la suivante : l'acheteur paie pour obtenir une liberté de choix ; le vendeur est rémunéré pour accepter une contrainte potentielle. Toute la mécanique des options découle de cette répartition fondamentale des rôles.

Une fois cette distinction assimilée, il devient plus facile de comprendre pourquoi les investisseurs utilisent les options dans des contextes très différents. Certains cherchent à se protéger, d'autres à spéculer, d'autres encore à générer des revenus ou à optimiser leurs conditions d'acquisition. Les options constituent avant tout des outils. Leur utilité dépend des objectifs poursuivis par ceux qui les utilisent.

1.2.g - Pourquoi les investisseurs utilisent-ils des options ?

Les options occupent aujourd'hui une place essentielle dans le fonctionnement des marchés financiers internationaux. Chaque jour, des millions de contrats sont échangés par des investisseurs particuliers, des gestionnaires d'actifs, des fonds de pension, des banques d'investissement, des compagnies d'assurance et des entreprises industrielles. Une telle diversité d'utilisateurs s'explique par la remarquable flexibilité de ces instruments.

Contrairement à une idée largement répandue, les options ne sont pas réservées à la spéculation. Bien que certains investisseurs les utilisent effectivement pour exprimer des anticipations sur l'évolution future des marchés, leurs applications sont beaucoup plus vastes. Les options constituent avant tout des outils de gestion du risque, d'optimisation financière et de construction de stratégies adaptées à des objectifs très variés.

L'une des utilisations les plus anciennes des options concerne la couverture. De nombreux investisseurs souhaitent conserver leurs actifs tout en limitant leur exposition à certains événements défavorables. Une société exportatrice peut craindre une évolution défavorable des taux de change. Un gestionnaire de portefeuille peut redouter une correction temporaire des marchés actions. Une entreprise fortement consommatrice de matières premières peut souhaiter se protéger contre une hausse de ses coûts d'approvisionnement. Dans chacun de ces cas, les options permettent de transférer une partie du risque à une contrepartie prête à l'assumer.

Cette fonction de protection constitue l'une des principales justifications économiques de l'existence des marchés d'options. Les investisseurs acceptent de payer une prime parce qu'ils attribuent une valeur à la réduction de leur exposition au risque. La couverture n'élimine pas l'incertitude, mais elle permet d'en maîtriser les conséquences financières.

Les options sont également utilisées dans une logique d'investissement. Certains intervenants cherchent à acquérir ou à céder des actifs dans des conditions particulières. Les options leur permettent alors de structurer des opérations qui seraient plus difficiles à réaliser directement sur le marché au comptant.

La stratégie de vente de *puts* illustre parfaitement cette approche. Un investisseur souhaitant devenir actionnaire d'une entreprise à un prix inférieur au cours actuel peut utiliser les options pour tenter d'améliorer ses conditions d'entrée. Au lieu d'attendre passivement une baisse éventuelle du marché, il accepte de prendre un engagement en échange d'une prime. Cette démarche transforme une simple intention d'achat en une stratégie active de gestion du risque et du rendement.

D'autres investisseurs utilisent les options afin de générer des revenus complémentaires. En vendant certains contrats, ils perçoivent des primes qui viennent s'ajouter aux revenus traditionnels issus de leurs placements. Cette approche est particulièrement répandue chez les investisseurs expérimentés qui considèrent les options comme un outil de valorisation de leur portefeuille plutôt que comme un simple instrument spéculatif.

Toutefois, cette recherche de revenus ne doit jamais faire oublier que la prime constitue la rémunération d'un risque accepté. Les investisseurs les plus performants ne se concentrent pas uniquement sur le montant des primes encaissées. Ils évaluent également la qualité de la rémunération obtenue au regard du risque assumé. Cette discipline constitue l'un des fondements de toute utilisation durable des options.

Les options jouent également un rôle important dans la gestion tactique des portefeuilles. Les marchés financiers évoluent dans un environnement où les anticipations changent rapidement. Les investisseurs peuvent souhaiter ajuster temporairement leur exposition à certains risques sans modifier profondément la composition de leurs portefeuilles. Les options offrent alors une souplesse particulièrement appréciée.

Cette flexibilité explique en grande partie leur succès auprès des professionnels de la gestion d'actifs. Une option permet souvent d'obtenir un résultat économique spécifique avec une mobilisation de capital plus limitée que celle requise par une opération directe sur le sous-jacent. Cette caractéristique ouvre de nombreuses possibilités en matière d'allocation d'actifs et de gestion des risques.

Les options permettent également d'exprimer des anticipations de marché avec une grande précision. Un investisseur peut être haussier sur une action tout en anticipant une faible volatilité. Un autre peut prévoir une augmentation de l'incertitude sans conviction particulière sur la direction future du marché. Les stratégies optionnelles offrent la possibilité de traduire ces scénarios de manière beaucoup plus fine que les investissements traditionnels.

Cette richesse explique la diversité des approches observées sur les marchés dérivés. Deux investisseurs partageant la même opinion sur une entreprise peuvent construire des positions très différentes selon leur horizon d'investissement, leur tolérance au risque ou leurs objectifs patrimoniaux. Les options constituent ainsi un langage financier permettant d'exprimer des convictions nuancées.

Il convient néanmoins de rappeler que cette flexibilité s'accompagne d'une complexité accrue. Les options possèdent des caractéristiques qui leur sont propres et dont la maîtrise exige une compréhension rigoureuse des mécanismes sous-jacents. Le *prix d'exercice*, l'échéance, la *volatilité implicite* et les *grecques* influencent directement leur comportement. Ignorer ces éléments revient à prendre des décisions sur la base d'informations incomplètes.

C'est précisément pour cette raison que cet ouvrage adopte une progression pédagogique structurée. Avant d'aborder les stratégies avancées de vente de *puts*, il est indispensable de comprendre les mécanismes fondamentaux qui gouvernent les options. Une bonne stratégie repose toujours sur une bonne compréhension des instruments utilisés.

L'étude des *calls* et des *puts* constitue ainsi la première étape d'un parcours plus vaste. Le lecteur dispose désormais des notions nécessaires pour comprendre la structure élémentaire des contrats d'options. Il sait qu'un *call* confère un droit d'achat, qu'un *put* accorde un droit de vente, que le *strike* fixe les conditions de la transaction et que l'échéance détermine la durée de vie du contrat.

Il reste maintenant à examiner comment la position du prix du sous-jacent par rapport au *prix d'exercice* influence la valeur et le comportement d'une option. Cette question conduit naturellement aux notions de « *In The Money* », « *At The Money* » et « *Out Of The Money* », qui constituent le sujet du chapitre suivant.

CE QU'IL FAUT RETENIR

Les options reposent sur deux contrats fondamentaux : le *call*, qui confère un droit d'achat, et le *put*, qui confère un droit de vente.

Tout contrat d'option est défini notamment par un *prix d'exercice* (*strike*) et une échéance, qui déterminent respectivement les conditions de la transaction et la durée de vie du droit accordé à l'acheteur.

L'acheteur d'une option bénéficie d'un droit sans obligation. Son risque maximal est limité à la prime versée lors de l'acquisition du contrat.

Le vendeur encaisse cette prime en contrepartie d'une obligation potentielle. Il accepte ainsi de prendre à sa charge un risque que l'acheteur souhaite transférer.

Les options seraient utilisées à des fins de couverture, d'investissement, de source de revenus ou d'expression d'anticipations de marché.

La compréhension du fonctionnement des *calls* et des *puts* constitue le socle indispensable à l'étude des stratégies optionnelles et de la vente de *puts* développées dans la suite de cet ouvrage.

Illustration 1.2

Le fonctionnement d'un call et d'un put

Une option confère un droit à son acheteur.
Le vendeur reçoit une prime en contrepartie d'un engagement potentiel.

LE CALL : LE DROIT D'ACHETER

Le call donne à son détenteur le **droit d'acheter** un actif à un prix fixé à l'avance (prix d'exercice K).

EXEMPLE

Prix actuel de l'action : 100 €
Call avec prix d'exercice : 100 €

Si le cours monte à 120 €
L'acheteur peut acheter à 100 €.
Valeur économique du droit : 20 €.

- Marché : 120 €
- Call : 100 €
- Gain économique : +20 €

Si le cours baisse à 80 €
L'acheteur n'exerce pas son droit.
La perte se limite à la prime versée.

- Marché : 80 €
- Call : 100 €
- Non exercé

LE PUT : LE DROIT DE VENDRE

Le put donne à son détenteur le **droit de vendre** un actif à un prix fixé à l'avance (prix d'exercice K).

EXEMPLE

Prix actuel de l'action : 100 €
Put avec prix d'exercice : 100 €

Si le cours tombe à 80 €
L'acheteur peut vendre à 100 €.
Valeur économique du droit : 20 €.

- Marché : 80 €
- Put : 100 €
- Gain économique : +20 €

Si le cours monte à 120 €
L'acheteur n'exerce pas son droit.
La perte se limite à la prime versée.

- Marché : 120 €
- Put : 100 €
- Non exercé

À RETENIR

- **Call = droit d'acheter.**
- **Put = droit de vendre.**
- Dans les deux cas, l'acheteur paie une prime pour obtenir ce droit.

Chapitre 1.3
ITM, *ATM* et *OTM*

1.3.a - Pourquoi classer les options ?

Après avoir découvert le fonctionnement général des *calls* et des *puts*, ainsi que les notions de *prix d'exercice* et d'échéance, une question naturelle se pose : comment apprécier la position d'une option à un instant donné ?

En effet, deux options portant sur le même sous-jacent peuvent présenter des caractéristiques très différentes selon la relation qui existe entre le cours actuel du marché et le *prix d'exercice* prévu par le contrat. Cette relation influence directement la valeur de l'option, sa sensibilité aux variations du sous-jacent, son comportement face à l'écoulement du temps et, plus généralement, l'intérêt économique qu'elle représente pour son détenteur.

Les marchés financiers ont progressivement adopté une terminologie spécifique permettant de décrire cette situation. Les expressions *In The Money* (*ITM*), *At The Money* (*ATM*) et *Out Of The Money* (*OTM*) sont aujourd'hui utilisées quotidiennement par les professionnels des options afin de qualifier la position relative d'un contrat.

Ces termes peuvent sembler techniques lorsqu'on les découvre pour la première fois. Pourtant, leur logique est particulièrement intuitive. Ils permettent simplement de répondre à une question fondamentale : si l'option pouvait être exercée immédiatement, présenterait-elle un intérêt économique pour son détenteur ?

Cette approche mérite d'être soulignée car elle introduit une distinction essentielle entre la valeur potentielle d'une option et son intérêt immédiat. Une option peut posséder un prix élevé tout en n'offrant aucun avantage instantané à son détenteur. À l'inverse, une option peut présenter un avantage économique immédiat significatif tout en conservant encore un potentiel de progression supplémentaire.

La classification *ITM*, *ATM* et *OTM* permet précisément d'identifier ces différentes situations.

Cette distinction joue un rôle central dans l'univers des options. Elle influence non seulement le prix des contrats, mais également leur comportement face aux variations du marché. Les probabilités d'exercice, la sensibilité aux mouvements du sous-jacent, l'impact de la *volatilité implicite* ou encore l'effet de l'érosion temporelle dépendent largement de la position de l'option par rapport à son *prix d'exercice*.

Pour le vendeur de *puts*, cette notion revêt une importance particulière. Une option *OTM* ne présente pas le même profil de risque qu'une option *ATM* ou *ITM*. La compréhension de ces différences constituera l'un des fondements de la sélection des opportunités qui sera étudiée dans la cinquième partie de cet ouvrage.

Avant d'aborder ces applications pratiques, il convient toutefois d'examiner précisément ce que signifient les notions d'option *dans la monnaie*, *à la monnaie* et *hors de la monnaie*. Derrière ces expressions se cache une logique simple mais absolument fondamentale pour tout investisseur souhaitant comprendre le fonctionnement des marchés d'options.

1.3.b - Les options *In The Money* (*ITM*)

Une option est dite *In The Money* ou *ITM*, lorsqu'elle possède une *valeur intrinsèque* positive. Autrement dit, si son détenteur décidait de l'exercer immédiatement, il en retirerait un avantage économique direct.

Dans le cas d'un *call*, cette situation se produit lorsque le cours du sous-jacent est supérieur au *prix d'exercice*.

Imaginons une action cotée 120 € et un *call* dont le *strike* est fixé à 100 €. Le détenteur du contrat dispose du droit d'acheter cette action à 100 € alors que le marché la valorise à 120 €. Son droit possède donc une valeur immédiate de 20 € par action. Le contrat est alors considéré comme *In The Money*.

Le raisonnement est symétrique pour un *put*. Supposons qu'une action cote 80 € et qu'un investisseur détienne un *put* lui permettant de vendre cette action à 100 €. Ce droit présente lui aussi une valeur économique immédiate. L'investisseur peut théoriquement vendre à 100 € un actif dont la valeur de marché n'est plus que de 80 €. Son avantage immédiat est donc de 20 € par action. Le *put* est alors qualifié d'*In The Money*.

Cette notion de *valeur intrinsèque* est essentielle car elle permet de comprendre pourquoi certaines options affichent des primes particulièrement élevées. Une partie de leur valeur provient directement de l'avantage économique dont bénéficie déjà leur détenteur.

L'expression *dans la monnaie* trouve d'ailleurs son origine dans cette réalité. Le contrat contient déjà une valeur monétaire tangible. Il ne repose plus uniquement sur des anticipations futures ; il procure un avantage immédiat.

Les options *ITM* présentent généralement des comportements spécifiques. Leur prix évolue souvent de manière plus proche de celui du sous-jacent lui-même. Elles sont également plus susceptibles d'être exercées à mesure que l'échéance approche.

Pour cette raison, elles attirent souvent des investisseurs recherchant une exposition plus directe aux mouvements du marché tout en conservant certaines caractéristiques propres aux options.

Du point de vue du vendeur, une option *ITM* représente généralement une situation plus exigeante en matière de gestion du risque. L'avantage économique dont bénéficie déjà l'acheteur accroît la probabilité que le contrat conserve une valeur significative jusqu'à l'échéance.

Toutefois, une option ne possède pas nécessairement une *valeur intrinsèque* positive pour être intéressante. Certaines options n'offrent aucun avantage immédiat mais demeurent néanmoins très recherchées par les investisseurs. C'est notamment le cas des options dites *At The Money*, qui occupent une position particulière au sein des marchés dérivés.

1.3.c - Les options *At The Money* (*ATM*)

Entre les options qui possèdent déjà une *valeur intrinsèque* et celles qui n'en possèdent aucune se trouve une catégorie particulière de contrats : les options dites *At The Money*, généralement abrégées *ATM*.

Une option est considérée comme *At The Money* lorsque le cours du sous-jacent est très proche de son *prix d'exercice*. En pratique, il est relativement rare que les deux valeurs soient rigoureusement identiques à chaque instant. Les professionnels considèrent donc généralement comme *ATM* les options dont le *strike* est le plus proche du cours de marché.

Prenons l'exemple d'une action cotée 100 €. Un *call* doté d'un *prix d'exercice* de 100 € sera considéré comme *At The Money*. Il en ira de même pour un *put* dont le *strike* est également fixé à 100 €.

Dans cette situation, l'exercice immédiat du contrat ne procure aucun avantage économique significatif. Acheter à 100 € un actif qui vaut 100 € sur le marché n'apporte aucun bénéfice immédiat. De même, vendre à 100 € un actif coté 100 € ne génère aucun gain particulier.

L'option ne possède donc pratiquement pas de valeur intrinsèque. Pour autant, conclure qu'elle est dépourvue de valeur serait une erreur. Bien au contraire, les options *ATM* figurent souvent parmi les contrats les plus activement négociés sur les marchés. Cette apparente contradiction s'explique par le fait que leur valeur repose essentiellement sur le potentiel futur d'évolution du sous-jacent.

Lorsque le marché se situe au voisinage du *strike*, un simple mouvement de prix peut rapidement transformer une option *ATM* en option *ITM* ou *OTM*. Cette proximité avec le point d'équilibre confère au contrat une forte sensibilité aux anticipations des investisseurs.

D'une certaine manière, l'option *ATM* représente le point où l'incertitude est maximale. Le marché ne sait pas encore si le contrat terminera *dans la monnaie* ou hors de la monnaie. Les probabilités de chaque scénario demeurent relativement ouvertes. Cette incertitude explique pourquoi les options *ATM* sont généralement très sensibles aux variations de *volatilité implicite*.

Pour le vendeur d'options, cette caractéristique mérite une attention particulière. Une option *ATM* se situe précisément dans la zone où les évolutions futures du sous-jacent auront le plus d'impact sur la valeur du contrat. Elle représente donc souvent un compromis entre rémunération potentielle et niveau de risque.

Les marchés considèrent fréquemment les options *ATM* comme des références. De nombreux indicateurs de *volatilité implicite* sont calculés à partir de ces contrats, précisément parce qu'ils concentrent une part importante des anticipations collectives des investisseurs.

Cette position intermédiaire leur confère un rôle central dans l'écosystème des marchés dérivés. Elles constituent en quelque sorte le point de rencontre entre les options déjà favorisées par l'évolution du marché et celles qui nécessitent encore un mouvement significatif pour acquérir une valeur intrinsèque.

Pour comprendre pleinement cette distinction, il convient désormais d'étudier la troisième catégorie de contrats : les options *Out Of The Money*.

1.3.d - Les options *Out Of The Money* (*OTM*)

Une option est dite « *Out Of The Money* », ou *OTM*, lorsqu'elle ne possède aucune valeur intrinsèque. Si son détenteur décidait de l'exercer immédiatement, il n'en retirerait aucun avantage économique.

Dans le cas d'un *call*, cette situation se produit lorsque le *prix d'exercice* est supérieur au cours du sous-jacent.

Imaginons une action cotée 100 € et un *call* dont le *strike* est fixé à 120 €. L'acheteur dispose du droit d'acquérir l'action à 120 €, alors qu'il peut l'obtenir immédiatement sur le marché pour 100 €. Il n'a évidemment aucun intérêt à exercer son contrat. Le *call* est donc considéré comme *Out Of The Money*.

Le raisonnement est symétrique pour le *put*. Supposons qu'une action cote 100 € et qu'un investisseur détienne un *put* lui permettant de vendre cette action à 80 €. Là encore, le contrat ne présente aucun intérêt immédiat puisque le marché offre déjà un prix plus favorable. Le *put* est alors qualifié d'*Out Of The Money*.

Cette situation ne signifie toutefois pas que l'option est dépourvue de valeur. Même sans valeur intrinsèque, elle conserve souvent une *valeur temps* parfois significative. Tant que l'échéance n'est pas atteinte, le marché reconnaît la possibilité qu'une évolution future du sous-jacent puisse rendre l'option profitable. Cette dimension est fondamentale.

Un *call OTM* peut devenir *ITM* si le sous-jacent progresse fortement. Un *put OTM* peut à son tour devenir *ITM* si le marché recule suffisamment. L'option possède donc encore un potentiel qui justifie l'existence d'une prime.

Pour le vendeur de *puts*, les contrats *OTM* occupent une place particulière. De nombreuses stratégies de vente de *puts* reposent précisément sur la sélection d'options dont le *prix d'exercice* est situé sous le cours actuel du sous-jacent. Dans ce cas, l'investisseur estime que le marché devra connaître une baisse suffisamment importante avant que l'option n'acquière une valeur intrinsèque.

Cette approche permet généralement de réduire la probabilité d'assignation tout en conservant une rémunération sous forme de prime. Naturellement, cette diminution du risque apparent s'accompagne également d'une réduction du montant de la prime encaissée.

Nous retrouvons ici l'un des principes fondamentaux des marchés financiers : toute amélioration du profil de risque tend à s'accompagner d'une diminution du rendement potentiel.

Les options *OTM* illustrent parfaitement cette réalité. Elles offrent généralement une probabilité plus élevée d'expirer sans valeur, mais procurent également des primes plus modestes. À l'inverse, les options *ITM* présentent souvent des primes plus importantes mais s'accompagnent d'une exposition accrue.

Cette relation entre valeur intrinsèque, probabilité d'exercice et niveau de prime constitue l'un des éléments les plus importants à maîtriser pour tout investisseur utilisant les options. Elle permet de comprendre pourquoi deux contrats portant sur le même sous-jacent peuvent présenter des caractéristiques radicalement différentes selon leur position relative au *prix d'exercice*.

1.3.e - *Valeur intrinsèque* et *valeur temps*

Les notions d'options *ITM*, *ATM* et *OTM* prennent tout leur sens lorsqu'elles sont mises en perspective avec les deux composantes fondamentales de la valeur d'une option : la *valeur intrinsèque* et la *valeur temps*.

Ces deux notions sont omniprésentes dans l'univers des options. Elles permettent de comprendre pourquoi certaines options affichent des primes élevées alors que d'autres paraissent relativement peu coûteuses. Elles expliquent également pourquoi deux contrats portant sur le même sous-jacent peuvent évoluer de manière très différente malgré des caractéristiques apparemment proches.

La *valeur intrinsèque* correspond à l'avantage économique immédiat dont bénéficie le détenteur de l'option. Elle répond à une question simple : si le contrat était exercé immédiatement, quel gain pourrait être obtenu ?

Pour un *call*, cette valeur correspond à la différence positive entre le cours du sous-jacent et le *prix d'exercice*. Pour un *put*, elle correspond à la différence positive entre le *prix d'exercice* et le cours du sous-jacent.

Une option *OTM* ne possède aucune *valeur intrinsèque* puisque son exercice immédiat ne présente aucun intérêt économique. Une option *ATM* n'en possède pratiquement pas davantage. À l'inverse, une option *ITM* contient déjà une valeur économique tangible.

Toutefois, la prime observée sur le marché dépasse généralement cette seule valeur intrinsèque. Cette différence s'explique par l'existence de la *valeur temps*. La *valeur temps* représente la valeur attribuée par le marché aux possibilités futures offertes par le contrat. Tant qu'une option n'a pas atteint son échéance, le sous-jacent conserve la capacité d'évoluer. Cette incertitude crée un potentiel qui possède lui-même une valeur économique.

Prenons l'exemple d'un *call OTM* dont le *strike* est fixé à 120 € alors que l'action cote actuellement 100 €. Le contrat ne possède aucune *valeur intrinsèque* puisqu'il serait absurde de l'exercer immédiatement. Pourtant, il peut parfaitement être négocié sur le marché pour plusieurs euros.

Pourquoi ? Parce que les investisseurs savent que le titre pourrait progresser avant l'échéance. Même si cette hausse n'est pas certaine, elle demeure possible. Cette possibilité possède une valeur que le marché intègre dans le prix du contrat.

La *valeur temps* peut ainsi être considérée comme le prix de l'incertitude. Plus les perspectives d'évolution du sous-jacent sont importantes, plus cette composante tend à augmenter. Inversement, lorsque les probabilités de mouvements significatifs diminuent, la *valeur temps* se réduit progressivement. Cette distinction permet de mieux comprendre le comportement des différentes catégories d'options.

Les options fortement *ITM* tirent généralement une grande partie de leur valeur de leur composante intrinsèque. Leur comportement se rapproche souvent de celui du sous-jacent lui-même.

Les options *ATM* se situent dans une position particulière. Elles possèdent peu ou pas de *valeur intrinsèque* mais concentrent souvent une *valeur temps* importante. Elles représentent en quelque sorte le point où l'incertitude future joue le rôle le plus déterminant.

Les options *OTM* reposent quant à elles presque exclusivement sur leur *valeur temps*. Leur prix reflète essentiellement la possibilité qu'un mouvement futur du sous-jacent les fasse entrer *dans la monnaie* avant l'échéance.

Cette analyse permet également de comprendre pourquoi le temps joue un rôle si important dans l'univers des options. À mesure que l'échéance approche, les possibilités d'évolution du sous-jacent se réduisent. Les scénarios futurs deviennent progressivement moins nombreux. Cette diminution de l'incertitude entraîne naturellement une réduction de la *valeur temps*. L'option se rapproche alors de sa valeur intrinsèque.

À l'échéance, la *valeur temps* disparaît complètement. Le contrat ne vaut plus que sa *valeur intrinsèque* éventuelle. Une option *ITM* conserve alors une valeur économique. Une option *ATM* ou *OTM* expire généralement sans valeur.

Cette mécanique constitue l'un des éléments les plus importants à maîtriser pour comprendre les stratégies optionnelles. Elle explique pourquoi certains investisseurs préfèrent acheter des options tandis que d'autres privilégient leur vente.

L'acheteur cherche généralement à profiter d'un mouvement suffisamment important pour compenser la disparition progressive de la *valeur temps*. Le vendeur, à l'inverse, bénéficie souvent de cette érosion naturelle du contrat.

Cette opposition constitue l'un des fondements économiques de la stratégie *Short-Put* qui sera étudiée dans les chapitres ultérieurs. Avant d'en analyser les mécanismes en détail, il est toutefois nécessaire de comprendre pourquoi la classification *ITM*, *ATM* et *OTM* joue un rôle central dans le processus de sélection des contrats.

1.3.f - Pourquoi cette classification est-elle essentielle pour le vendeur de *puts* ?

Pour de nombreux investisseurs débutants, les notions d'*ITM*, d'*ATM* et d'*OTM* apparaissent comme un simple vocabulaire technique propre aux marchés d'options. Cette perception est trompeuse. En pratique, cette classification influence directement le niveau de risque assumé par le vendeur et constitue l'un des premiers critères de sélection d'un contrat.

Lorsqu'un investisseur vend un *put*, il accepte potentiellement d'acheter le sous-jacent au *prix d'exercice* convenu. La question centrale devient alors la suivante : quelle est la probabilité que cette obligation se matérialise ? La réponse dépend largement de la position du *strike* par rapport au cours actuel du sous-jacent.

Un *put ITM* présente déjà une *valeur intrinsèque* positive. Il se situe dans une zone où l'exercice du contrat présente un intérêt économique pour son détenteur. La probabilité d'assignation est donc généralement plus élevée. En contrepartie, ces contrats offrent souvent des primes plus importantes. Le marché rémunère davantage le risque accepté par le vendeur.

Les *puts ATM* occupent une position intermédiaire. Ils se situent au voisinage du point d'équilibre entre acheteur et vendeur. Leur comportement est souvent très sensible aux mouvements du sous-jacent. Ils représentent fréquemment un compromis entre montant de la prime et niveau de risque.

Les *puts OTM* sont généralement privilégiés par les investisseurs cherchant à réduire leur probabilité d'assignation. Tant que le cours du sous-jacent demeure au-dessus du *strike*, l'option ne possède aucune valeur intrinsèque. Le marché doit donc connaître une baisse supplémentaire avant que le contrat n'entre véritablement dans la monnaie.

Cette caractéristique explique pourquoi de nombreuses stratégies de vente de *puts* s'appuient sur des options *OTM.* Le vendeur accepte une prime plus faible mais bénéficie d'une marge de sécurité plus importante entre le cours actuel du marché et le prix auquel il pourrait être amené à acquérir les titres. Toutefois, cette approche ne doit jamais être appliquée de manière mécanique.

Une option très éloignée du cours du marché peut sembler rassurante, mais offrir une rémunération insuffisante. À l'inverse, une option plus proche du sous-jacent peut parfois présenter un rapport rendement-risque plus attractif.

L'investisseur expérimenté ne se contente donc pas d'observer si une option est *ITM, ATM* ou *OTM.* Il cherche à comprendre ce que cette classification implique en matière de probabilité, de rémunération et de gestion du risque.

Cette réflexion prendra une importance croissante à mesure que nous avancerons dans l'ouvrage. Les notions de *volatilité implicite*, d'*IV Rank*, de sélection du *strike* et de gestion des positions viendront progressivement enrichir cette première grille d'analyse.

Pour l'heure, il suffit de retenir que la position d'une option par rapport à son *prix d'exercice* constitue l'une des informations les plus importantes dont dispose un investisseur. Elle influence directement le comportement du contrat et conditionne une grande partie des décisions prises sur les marchés d'options.

1.3.g - Les erreurs les plus fréquentes des investisseurs débutants

Les notions d'*ITM,* d'*ATM* et d'*OTM* paraissent généralement simples lorsqu'elles sont présentées sous forme théorique. Pourtant, l'expérience montre que de nombreux investisseurs commettent des erreurs d'interprétation lorsqu'ils commencent à utiliser les options dans un contexte réel de marché. Ces erreurs ne résultent pas nécessairement d'un manque de connaissances techniques ; elles proviennent souvent d'une compréhension incomplète de ce que représente réellement la position d'une option par rapport à son *prix d'exercice.*

L'une des confusions les plus fréquentes consiste à considérer qu'une option *OTM* est systématiquement moins risquée qu'une option *ITM*. Cette conclusion paraît intuitive. Après tout, une option *OTM* ne possède aucune *valeur intrinsèque* et semble éloignée du point où elle pourrait être exercée. Pourtant, le niveau de risque ne peut être apprécié uniquement à travers cette classification.

Une option *OTM* très proche de l'échéance ne présente pas le même profil qu'une option *OTM* disposant encore de plusieurs mois d'existence. De même, une option *OTM* sur une valeur extrêmement volatile peut parfois être plus risquée qu'une option *ATM* portant sur une société mature et relativement stable. La classification *ITM*, *ATM* ou *OTM* constitue donc une information importante, mais elle ne saurait à elle seule résumer le risque global d'un contrat.

Une deuxième erreur consiste à confondre probabilité et certitude. Certains investisseurs considèrent qu'une option fortement *OTM* expirera nécessairement sans valeur. Cette croyance est dangereuse. Les marchés financiers sont capables de mouvements rapides et parfois inattendus. Une option qui semble aujourd'hui éloignée du cours du sous-jacent peut devenir *ATM*, voire *ITM*, à la suite d'une annonce de résultats, d'un événement géopolitique ou d'une révision brutale des anticipations des investisseurs.

L'histoire boursière regorge d'exemples de mouvements que peu d'observateurs avaient anticipés quelques semaines auparavant. Le rôle du vendeur d'options n'est donc pas de prédire avec certitude l'avenir, mais d'évaluer si la rémunération proposée compense correctement le risque accepté.

Une troisième erreur fréquente consiste à se focaliser exclusivement sur le montant de la prime. Face à plusieurs contrats disponibles, l'investisseur débutant est souvent attiré par les options offrant les primes les plus élevées. Or ces primes importantes traduisent généralement l'existence d'un risque plus élevé. Une option *ATM* ou *ITM* peut sembler très attractive en raison de la rémunération qu'elle procure, mais cette rémunération supplémentaire correspond rarement à un cadeau offert par le marché.

Les investisseurs expérimentés apprennent progressivement à raisonner autrement. Ils ne recherchent pas uniquement le niveau absolu de la prime ; ils évaluent également le rapport entre cette prime et le risque encouru. Cette approche constitue l'un des fondements de toute stratégie optionnelle durable.

Une quatrième erreur réside dans la confusion entre *valeur intrinsèque* et rentabilité. Une option *ITM* possède effectivement une *valeur intrinsèque* positive. Toutefois, cela ne signifie pas nécessairement qu'elle constitue le meilleur choix d'investissement. Son prix peut déjà intégrer une grande partie des avantages qu'elle procure. À l'inverse, une option *OTM* peut parfois offrir un profil plus intéressant selon les objectifs poursuivis.

Cette observation rappelle une réalité fondamentale des marchés financiers : un actif de qualité n'est pas toujours un bon investissement si son prix est excessif. Le même raisonnement s'applique aux options.

Une cinquième erreur consiste à négliger l'importance du temps. De nombreux investisseurs concentrent leur attention sur la position du *strike* et oublient que toute option évolue dans un cadre temporel limité. Une option *ATM* disposant de six mois avant son échéance ne présente pas les mêmes caractéristiques qu'une option *ATM* arrivant à expiration dans quelques jours.

Le temps agit constamment sur la valeur du contrat. Ignorer cette dimension revient à analyser une option de manière incomplète. Cette problématique prendra d'ailleurs une importance particulière dans le chapitre suivant consacré à l'érosion progressive de la *valeur temps*.

Enfin, une dernière erreur mérite d'être mentionnée. Certains investisseurs considèrent les classifications *ITM*, *ATM* et *OTM* comme des catégories figées. En réalité, ces statuts évoluent en permanence.

Une option *OTM* aujourd'hui peut devenir *ATM* demain puis *ITM* quelques semaines plus tard. À l'inverse, une option actuellement *ITM* peut perdre progressivement sa *valeur intrinsèque* à la suite d'un retournement du marché.

Cette dynamique constitue l'une des caractéristiques essentielles des marchés d'options. Les contrats ne sont pas des objets statiques ; ils évoluent continuellement au rythme des fluctuations du sous-jacent et de l'écoulement du temps.

Comprendre cette réalité permet d'aborder les options avec davantage de rigueur. Les classifications *ITM*, *ATM* et *OTM* ne doivent pas être perçues comme de simples étiquettes techniques. Elles constituent des outils d'analyse destinés à mieux comprendre la situation d'un contrat à un instant donné. Utilisées correctement, elles fournissent des informations précieuses sur le comportement potentiel d'une option et sur les risques associés à sa détention ou à sa vente.

CE QU'IL FAUT RETENIR

Les notions d'*In The Money* (*ITM*), *At The Money* (*ATM*) et *Out Of The Money* (*OTM*) permettent de qualifier la position d'une option par rapport à son *prix d'exercice*.

Une option *ITM* possède une *valeur intrinsèque* positive. Son exercice immédiat présente un intérêt économique pour son détenteur.

Une option *ATM* se situe au voisinage du *prix d'exercice*. Elle possède peu ou pas de *valeur intrinsèque* mais conserve généralement une *valeur temps* importante.

Une option *OTM* ne possède aucune valeur intrinsèque. Sa valeur repose essentiellement sur la possibilité qu'une évolution future du sous-jacent la fasse entrer *dans la monnaie* avant l'échéance.

La prime d'une option résulte de la combinaison de sa *valeur intrinsèque* et de sa *valeur temps*.

Pour le vendeur de *puts*, la position du *strike* par rapport au cours du sous-jacent constitue un élément fondamental d'appréciation du risque et de la rémunération attendue.

La classification *ITM*, *ATM* et *OTM* ne doit jamais être analysée isolément. Elle doit être mise en perspective avec l'échéance, la volatilité et les caractéristiques propres du sous-jacent.

La compréhension de ces notions constitue une étape essentielle avant d'aborder l'étude de l'érosion progressive de la *valeur temps*, sujet du chapitre suivant.

Illustration 1.3 – ITM, ATM et OTM

CALL – DROIT D'ACHETER

Le call donne le droit d'acheter le sous-jacent à un prix fixé à l'avance : K.
L'acheteur paie une prime P pour obtenir ce droit.

ITM (In The Money)	ATM (At The Money)	OTM (Out Of The Money)
Dans la monnaie	À la monnaie	Hors de la monnaie
S > K	**S = K**	**S < K**
Le sous-jacent vaut plus que K. Le droit a une valeur intrinsèque.	Le sous-jacent vaut exactement K. La valeur intrinsèque est nulle.	Le sous-jacent vaut moins que K. Le droit n'a aucune valeur intrinsèque.
Exercice immédiat potentiellement rentable.	Aucun gain à l'exercice, seule la prime compte.	Exercice non pertinent. Seule la prime peut être perdue.
Valeur intrinsèque : S – K	Valeur intrinsèque : 0	Valeur intrinsèque : 0
Seuil de rentabilité : K + P	Seuil de rentabilité : K + P	Seuil de rentabilité : K + P
Gain possible illimité à la hausse	Gain possible illimité à la hausse	Perte maximale limitée à la prime P
Exemple : S = 120, K = 100, P = 3	Exemple : S = 100, K = 100, P = 3	Exemple : S = 80, K = 100, P = 3
Valeur intrinsèque : 20	Valeur intrinsèque : 0	Valeur intrinsèque : 0
Seuil de rentabilité : 103	Seuil de rentabilité : 103	Seuil de rentabilité : 103

PUT – DROIT DE VENDRE

Le put donne le droit de vendre le sous-jacent à un prix fixé à l'avance : K.
L'acheteur paie une prime P pour obtenir ce droit.

ITM (In The Money)	ATM (At The Money)	OTM (Out Of The Money)
Dans la monnaie	À la monnaie	Hors de la monnaie
S < K	**S = K**	**S > K**
Le sous-jacent vaut moins que K. Le droit a une valeur intrinsèque.	Le sous-jacent vaut exactement K. La valeur intrinsèque est nulle.	Le sous-jacent vaut plus que K. Le droit n'a aucune valeur intrinsèque.
Exercice immédiat potentiellement rentable.	Aucun gain à l'exercice, seule la prime compte.	Exercice non pertinent. Seule la prime peut être perdue.
Valeur intrinsèque : K – S	Valeur intrinsèque : 0	Valeur intrinsèque : 0
Seuil de rentabilité : K – P	Seuil de rentabilité : K – P	Seuil de rentabilité : K – P
Gain possible illimité à la baisse	Gain possible illimité à la baisse	Perte maximale limitée à la prime P
Exemple : S = 80, K = 100, P = 3	Exemple : S = 100, K = 100, P = 3	Exemple : S = 120, K = 100, P = 3
Valeur intrinsèque : 20	Valeur intrinsèque : 0	Valeur intrinsèque : 0
Seuil de rentabilité : 97	Seuil de rentabilité : 97	Seuil de rentabilité : 97

S : prix du sous-jacent | **K** : prix d'exercice (strike) | **P** : prime de l'option

Chapitre 1.4
L'érosion progressive de la *valeur temps*

1.4.a - Une caractéristique unique des options

Les marchés financiers offrent aux investisseurs une grande variété d'instruments permettant d'investir, de spéculer ou de se couvrir contre certains risques. Parmi ces instruments, les options occupent une place particulière en raison d'une caractéristique qui leur est propre : elles sont soumises à l'écoulement du temps.

Lorsqu'un investisseur acquiert une action, le simple passage des jours n'altère pas directement son existence. L'entreprise continue d'exercer son activité, de produire des biens ou des services et de créer potentiellement de la valeur pour ses actionnaires. Une obligation conserve également son existence jusqu'à son remboursement final. Les options obéissent à une logique différente.

Une option est un droit temporaire. Dès sa création, ce droit possède une date de fin connue à l'avance. Quelle que soit l'évolution future du marché, le contrat cessera d'exister à son échéance. Cette limitation temporelle constitue l'une des caractéristiques fondamentales des marchés d'options et influence profondément le comportement de tous les intervenants.

Le temps devient ainsi une variable économique à part entière. À mesure que les jours passent, le détenteur de l'option dispose de moins en moins de temps pour voir se réaliser le scénario qui justifie son investissement. Les opportunités d'évolution du sous-jacent diminuent progressivement. Les probabilités de mouvements favorables se réduisent mécaniquement. Cette diminution du potentiel futur se traduit directement dans la valeur du contrat.

Cette réalité est parfois contre-intuitive pour les investisseurs découvrant les options. Dans de nombreux domaines de la finance, le temps agit en faveur de l'investisseur. Un capital placé produit des intérêts. Une entreprise peut accroître ses bénéfices. Un patrimoine immobilier peut prendre de la valeur au fil des années.

Les options introduisent une logique différente. Pour l'acheteur d'une option, le temps représente une ressource qui s'épuise continuellement. Chaque journée écoulée rapproche le contrat de son expiration et réduit une partie des possibilités futures qu'il contenait lors de son acquisition.

Cette propriété particulière explique pourquoi les professionnels accordent une attention considérable à la durée de vie résiduelle des contrats. Deux options possédant le même *prix d'exercice* mais des échéances différentes présenteront souvent des valorisations très différentes.

Une option disposant encore de plusieurs mois avant son expiration bénéficie d'un horizon temporel important. Le sous-jacent dispose de nombreuses opportunités pour évoluer favorablement. À l'inverse, une option arrivant à échéance dans quelques jours ne dispose plus que d'un temps limité pour devenir profitable. Le marché intègre naturellement cette réalité dans les prix observés.

L'existence même d'une échéance transforme donc le temps en une composante essentielle de la valeur des options. Comprendre ce mécanisme constitue un préalable indispensable à l'étude des stratégies optionnelles et plus particulièrement à la stratégie *Short-Put*, dont une partie importante de la rentabilité repose précisément sur l'exploitation de cette érosion temporelle.

1.4.b - La *valeur temps* : une composante invisible mais essentielle

Dans le chapitre précédent, nous avons distingué la *valeur intrinsèque* de la *valeur temps*. Cette distinction prend désormais toute son importance.

La *valeur intrinsèque* correspond à l'avantage économique immédiat procuré par l'exercice de l'option. Elle peut être observée directement à partir de la relation entre le cours du sous-jacent et le *prix d'exercice*.

La *valeur temps* est plus subtile. Elle ne correspond pas à un avantage existant aujourd'hui, mais à la possibilité qu'un avantage apparaisse demain.

Cette composante repose entièrement sur l'incertitude qui caractérise les marchés financiers. Tant que l'échéance n'est pas atteinte, le futur demeure ouvert. Une action peut monter ou baisser. Une annonce inattendue peut modifier les anticipations des investisseurs. Une publication de résultats peut provoquer un mouvement brutal du cours de Bourse.

Toutes ces possibilités futures possèdent une valeur. Lorsqu'un investisseur achète une option, il paie non seulement pour sa *valeur intrinsèque* éventuelle, mais également pour cette capacité du contrat à bénéficier d'événements futurs favorables. Cette composante supplémentaire constitue précisément la *valeur temps*. On peut considérer cette dernière comme le prix de l'incertitude.

Plus le temps disponible est important, plus les scénarios potentiels sont nombreux. Plus l'incertitude est élevée, plus la *valeur temps* tend à augmenter. À l'inverse, lorsque l'échéance approche, certaines possibilités disparaissent progressivement. Le nombre de scénarios envisageables diminue. Le contrat perd alors une partie de sa *valeur temps*.

Cette diminution ne résulte pas d'un événement particulier. Elle ne dépend pas nécessairement d'une variation du sous-jacent. Elle découle simplement du passage du temps.

Cette caractéristique distingue profondément les options de nombreux autres actifs financiers. Une action peut demeurer parfaitement stable pendant plusieurs semaines sans que sa valeur soit affectée par l'écoulement du temps.

Une option, en revanche, verra généralement sa *valeur temps* diminuer même si le sous-jacent ne bouge pas.

Cette réalité constitue l'une des premières surprises auxquelles sont confrontés les investisseurs débutants. Beaucoup découvrent qu'il ne suffit pas d'avoir raison sur la direction du marché ; encore faut-il que cette évolution se produise suffisamment rapidement pour compenser la perte progressive de *valeur temps*.

Le temps devient ainsi un adversaire naturel de l'acheteur d'options et un allié potentiel du vendeur. Cette opposition constitue l'un des fondements économiques de nombreuses stratégies optionnelles professionnelles. Certains investisseurs cherchent à acheter du temps lorsqu'ils anticipent un mouvement important du marché. D'autres préfèrent vendre ce temps et percevoir la rémunération associée sous forme de prime.

Pour comprendre pleinement cette dynamique, il convient désormais d'examiner la manière dont la *valeur temps* disparaît au fil de la vie d'une option.

1.4.c - Pourquoi la *valeur temps* diminue-t-elle ?

La disparition progressive de la *valeur temps* n'est ni une anomalie des marchés ni une imperfection des modèles de valorisation. Elle constitue au contraire une conséquence logique de la nature même des options.

Pour comprendre ce phénomène, il convient de revenir à la fonction économique de la *valeur temps*. Celle-ci représente la valeur attribuée à la possibilité qu'un événement favorable survienne avant l'échéance du contrat. Tant que cette échéance demeure éloignée, le sous-jacent dispose de nombreuses opportunités pour évoluer dans une direction avantageuse pour le détenteur de l'option.

Imaginons un *call* dont le *prix d'exercice* est fixé à 100 € alors que l'action cote actuellement 95 €. Si l'échéance intervient dans six mois, de nombreux scénarios demeurent envisageables. L'action peut progresser à 105 €, 110 € ou davantage. Le marché attribue donc une valeur à cette possibilité.

Supposons maintenant que cette même option arrive à échéance dans seulement trois jours. Les probabilités d'observer un mouvement suffisamment important deviennent beaucoup plus faibles. Les scénarios favorables existent toujours, mais leur nombre diminue fortement.

Cette réduction progressive des possibilités futures explique l'érosion de la *valeur temps*. Chaque journée qui passe élimine définitivement une partie des scénarios potentiels. Le contrat dispose de moins en moins de temps pour devenir profitable. Son potentiel économique se réduit donc mécaniquement.

Cette logique est comparable à celle d'un billet de loterie dont le tirage approche. Tant que la date du tirage demeure éloignée, le billet conserve toute sa valeur potentielle. À mesure que l'échéance approche, l'incertitude disparaît progressivement. Une fois le tirage effectué, le billet ne vaut plus que le résultat obtenu.

Les options suivent un mécanisme similaire. À l'échéance, toute incertitude disparaît. Le contrat possède soit une valeur intrinsèque, soit aucune valeur du tout. La composante temporelle cesse alors totalement d'exister.

Cette réalité explique pourquoi les investisseurs qui achètent régulièrement des options doivent faire face à une forme de coût permanent. Même lorsque le marché reste parfaitement stable, la *valeur temps* continue généralement de diminuer.

À l'inverse, le vendeur bénéficie souvent de cette dégradation naturelle. Tant que les autres paramètres demeurent relativement stables, l'écoulement du temps joue généralement en sa faveur.

Cette caractéristique constitue l'une des différences fondamentales entre l'achat et la vente d'options. L'acheteur doit souvent lutter contre le temps tandis que le vendeur peut, dans certaines circonstances, en tirer parti.

1.4.d - Une érosion non linéaire

Une erreur fréquente consiste à penser que la *valeur temps* disparaît de manière régulière tout au long de la vie du contrat.

La réalité est plus complexe. L'érosion temporelle n'est pas linéaire. Elle tend à s'accélérer à mesure que l'échéance approche. Cette observation est fondamentale pour comprendre le comportement des options.

Imaginons une option disposant initialement de six mois avant son expiration. La perte de *valeur temps* observée entre le sixième et le cinquième mois sera généralement relativement modérée. En revanche, la dégradation constatée au cours des dernières semaines précédant l'échéance sera souvent beaucoup plus rapide. Ce phénomène s'explique par la disparition progressive des scénarios possibles.

Lorsqu'une option dispose encore de plusieurs mois d'existence, une multitude d'événements peuvent influencer favorablement son évolution. Même après quelques semaines, le potentiel futur demeure important.

À l'approche de l'échéance, la situation change radicalement. Chaque journée devient plus précieuse car le temps restant se raréfie rapidement. La moindre réduction de l'horizon temporel exerce alors un impact proportionnellement plus important sur la valeur du contrat. Les marchés reflètent cette réalité dans les prix des options.

L'illustration associée à ce chapitre met précisément en évidence cette accélération progressive de l'érosion temporelle. La courbe observée ne suit pas une trajectoire rectiligne. Elle devient de plus en plus inclinée à mesure que l'échéance se rapproche.

Cette propriété possède des conséquences pratiques importantes.

Pour l'acheteur d'options, elle signifie que les dernières semaines précédant l'expiration peuvent être particulièrement pénalisantes si le mouvement attendu ne s'est pas encore produit.

Pour le vendeur, cette période représente souvent la phase durant laquelle l'érosion temporelle devient la plus favorable.

Cette asymétrie explique pourquoi de nombreuses stratégies professionnelles accordent une attention particulière à la gestion des positions lorsque l'échéance approche. Le comportement des options peut alors évoluer sensiblement plus rapidement que durant les premiers mois de leur existence.

Comprendre cette accélération est indispensable pour appréhender correctement les mécanismes de valorisation et éviter certaines erreurs d'interprétation fréquemment observées chez les investisseurs débutants.

1.4.e - Le *Theta* : mesurer l'effet du temps

Les marchés financiers ont développé différents outils afin de quantifier les facteurs influençant la valeur des options. Parmi ceux-ci figure le *Theta*, l'une des *grecques* les plus importantes pour les investisseurs utilisant régulièrement les produits dérivés.

Le *Theta* mesure la sensibilité théorique du prix d'une option à l'écoulement du temps. Plus précisément, il estime la variation de valeur susceptible d'être observée si une journée s'écoule sans modification des autres paramètres influençant le contrat.

Cette définition mérite quelques précisions. Dans la réalité, le prix d'une option dépend simultanément de nombreux facteurs : évolution du sous-jacent, *volatilité implicite*, taux d'intérêt, dividendes et temps restant jusqu'à l'échéance. Le *Theta* cherche à isoler l'effet spécifique du temps en supposant que les autres variables demeurent inchangées. Cette approche permet aux investisseurs de mieux comprendre la dynamique temporelle de leurs positions.

Pour l'acheteur d'une option, le *Theta* est généralement négatif. Cela signifie que l'écoulement du temps tend à réduire la valeur du contrat.

Pour le vendeur, la situation est symétrique. La diminution de la *valeur temps* lui est généralement favorable puisque la position vendue devient progressivement moins coûteuse à racheter.

Cette caractéristique explique pourquoi le *Theta* occupe une place centrale dans de nombreuses stratégies de vente d'options. Il convient toutefois de rappeler que le *Theta* ne constitue qu'une estimation théorique. Les variations réelles du marché résultent de l'interaction simultanée de plusieurs facteurs.

Une augmentation brutale de la *volatilité implicite* ou un mouvement important du sous-jacent peuvent largement compenser l'effet du temps.

Malgré cette limite, le *Theta* demeure un outil particulièrement précieux pour analyser les options. Il offre une mesure concrète de l'un des phénomènes les plus caractéristiques de ces instruments : la disparition progressive de leur *valeur temps*.

Dans la partie suivante de cet ouvrage, nous étudierons en détail l'ensemble des *grecques* et leur utilisation pratique. Pour l'instant, il suffit de retenir que le *Theta* constitue la traduction quantitative d'un phénomène déjà observé intuitivement : le temps possède un coût pour l'acheteur et une valeur potentielle pour le vendeur.

1.4.f - Pourquoi le temps favorise le vendeur de *puts*

Parmi les nombreuses caractéristiques qui distinguent la vente de *puts* de l'achat d'options, l'une des plus importantes réside dans la relation particulière entretenue avec le temps. Là où l'acheteur doit généralement lutter contre l'érosion progressive de la *valeur temps*, le vendeur peut souvent bénéficier de ce phénomène.

Cette différence constitue l'un des fondements économiques de la stratégie *Short-Put*.

Pour comprendre cette dynamique, il convient de se replacer au moment de la création du contrat. Lorsqu'un investisseur vend un *put*, il encaisse immédiatement une prime. Cette prime comprend généralement deux composantes : une éventuelle *valeur intrinsèque* et une *valeur temps*. Tant que l'option demeure en vie, cette *valeur temps* existe et contribue à la valorisation du contrat.

Or, comme nous l'avons vu précédemment, cette composante temporelle tend naturellement à diminuer avec le passage des jours. Le vendeur se trouve donc dans une situation particulière. Chaque journée écoulée réduit potentiellement la valeur du contrat qu'il a vendu. Si les autres paramètres demeurent relativement stables, le coût nécessaire pour racheter cette option tend progressivement à diminuer.

Cette mécanique peut être illustrée par une situation simple. Supposons qu'un investisseur vende aujourd'hui un *put* et encaisse immédiatement une prime de 5 €. Si le sous-jacent demeure relativement stable et que la *volatilité implicite* ne connaît pas de variation importante, la *valeur temps* du contrat diminuera progressivement. Quelques semaines plus tard, ce même contrat pourra éventuellement être racheté pour 4 €, puis 3 €, voire moins encore.

Le vendeur n'a alors pas nécessairement besoin que le marché évolue dans une direction particulière. Le simple passage du temps peut contribuer à l'amélioration de sa position.

Cette caractéristique distingue profondément la vente de *puts* de nombreuses autres approches d'investissement. Dans de nombreuses stratégies financières, l'investisseur dépend principalement d'une évolution favorable des prix. Le vendeur d'options bénéficie quant à lui d'un facteur supplémentaire : l'érosion naturelle du temps.

Cette observation ne doit toutefois pas conduire à une vision simpliste de la stratégie. Le temps ne constitue pas une garantie de succès. Une baisse importante du sous-jacent peut largement compenser les bénéfices liés à la disparition progressive de la *valeur temps*. De même, une hausse brutale de la *volatilité implicite* peut temporairement augmenter la valeur de l'option malgré l'écoulement des jours.

Le vendeur ne doit donc jamais considérer le *Theta* comme une source de profit automatique. Il s'agit plutôt d'un vent favorable qui agit en permanence, mais dont les effets peuvent être renforcés ou contrariés par d'autres facteurs de marché. Cette nuance est essentielle.

Les investisseurs expérimentés savent que la réussite durable d'une stratégie *Short-Put* repose sur la combinaison de plusieurs éléments : sélection rigoureuse des sous-jacents, choix judicieux du *prix d'exercice*, gestion prudente des échéances et compréhension des mécanismes de *volatilité implicite*. L'effet du temps constitue simplement l'un des avantages structurels dont ils cherchent à bénéficier.

Cette réalité explique également pourquoi de nombreux vendeurs d'options préfèrent éviter les échéances excessivement longues. Lorsque la durée de vie résiduelle du contrat est importante, l'érosion temporelle demeure relativement lente. À mesure que l'échéance approche, cette dégradation s'accélère progressivement, rendant l'effet du temps plus perceptible.

Cette accélération joue un rôle important dans la gestion pratique des positions. De nombreux investisseurs choisissent d'intervenir avant l'échéance finale afin de tirer parti d'une partie importante de la *valeur temps* déjà consommée, tout en limitant leur exposition aux risques susceptibles d'apparaître durant les derniers jours de vie du contrat.

Nous reviendrons en détail sur ces considérations dans les chapitres consacrés à la gestion des positions et aux décisions de rachat anticipé. Pour l'instant, il suffit de retenir que le vendeur de *puts* bénéficie d'un avantage structurel dont l'acheteur ne dispose pas : le simple passage du temps tend généralement à jouer en sa faveur.

Cette propriété explique en grande partie l'attrait exercé par les stratégies de vente d'options auprès de nombreux investisseurs. Elle ne supprime pas le risque, mais elle introduit un facteur supplémentaire susceptible de contribuer à la rentabilité de la position.

1.4.g - Les erreurs les plus fréquentes des investisseurs débutants

La compréhension de l'érosion temporelle constitue une étape importante dans l'apprentissage des options. Pourtant, de nombreux investisseurs commettent encore des erreurs d'interprétation qui peuvent conduire à des décisions inadaptées.

L'une des plus fréquentes consiste à croire que le temps agit toujours de manière favorable pour le vendeur. Cette affirmation n'est vraie qu'à condition que les autres paramètres demeurent relativement stables. Une baisse brutale du sous-jacent ou une augmentation importante de la *volatilité implicite* peuvent largement neutraliser, voire dépasser, les bénéfices liés à l'érosion temporelle. Le *Theta* ne doit donc jamais être considéré isolément.

Une deuxième erreur consiste à sous-estimer l'accélération de la dégradation temporelle à l'approche de l'échéance.

Certains investisseurs supposent que la *valeur temps* disparaît progressivement à un rythme constant. Cette croyance conduit parfois à des anticipations erronées concernant la vitesse de dépréciation des contrats. En réalité, l'érosion devient généralement beaucoup plus rapide durant les dernières semaines précédant l'expiration.

Une troisième erreur consiste à considérer qu'une option bon marché constitue nécessairement une bonne affaire.

De nombreuses options affichent des prix faibles précisément parce qu'elles disposent de peu de temps avant leur échéance. L'investisseur qui les achète peut alors découvrir que le scénario attendu doit se réaliser très rapidement pour compenser l'effet destructeur du temps.

Cette situation explique pourquoi certaines positions paraissent prometteuses sur le papier mais se révèlent décevantes dans la pratique.

Une quatrième erreur concerne l'interprétation du prix des options.

Beaucoup d'investisseurs débutants attribuent l'intégralité de la prime observée à une anticipation de marché. Ils oublient qu'une partie parfois importante de cette prime correspond simplement à de la *valeur temps*. Ignorer cette composante conduit à une lecture incomplète des mécanismes de valorisation.

Enfin, certains investisseurs découvrent tardivement qu'avoir raison sur la direction du marché ne suffit pas toujours.

Un acheteur de *call* peut anticiper correctement une hausse du sous-jacent tout en enregistrant une performance décevante si cette hausse intervient trop tardivement. De même, un acheteur de *put* peut avoir raison sur une baisse du marché mais constater que l'érosion temporelle a réduit une partie des gains potentiels.

Cette réalité constitue l'une des spécificités les plus importantes des options. Contrairement à de nombreux autres instruments financiers, le facteur temps joue un rôle actif dans la performance des positions.

Comprendre cette dimension temporelle permet d'aborder les marchés d'options avec davantage de rigueur et de réalisme. Elle rappelle que la valeur d'un contrat ne dépend pas uniquement de la direction future du marché, mais également de la vitesse à laquelle les événements se produisent.

CE QU'IL FAUT RETENIR

La *valeur temps* représente la part de la prime liée aux possibilités futures d'évolution du sous-jacent avant l'échéance.

Cette composante tend naturellement à diminuer au fil du temps. Ce phénomène est appelé érosion temporelle.

La disparition de la *valeur temps* n'est pas linéaire. Elle s'accélère généralement à mesure que l'échéance approche.

Le *Theta* mesure la sensibilité théorique du prix d'une option à l'écoulement du temps.

Pour l'acheteur d'options, le temps constitue généralement un facteur défavorable. Pour le vendeur, il représente souvent un avantage structurel.

L'érosion temporelle ne garantit toutefois aucun résultat. Les variations du sous-jacent et de la *volatilité implicite* peuvent largement influencer la valeur du contrat.

Comprendre le rôle du temps est indispensable pour appréhender les stratégies optionnelles et constitue l'un des fondements de la stratégie *Short-Put* développée dans la suite de cet ouvrage.

Le chapitre suivant s'intéressera aux profils de gains et de pertes des quatre positions élémentaires, permettant ainsi de visualiser concrètement les conséquences financières des différentes stratégies optionnelles.

Illustration 1.4 – L'érosion progressive de la valeur temps

Une option contient une **valeur intrinsèque** et une **valeur temps.**

La valeur temps **s'érode progressivement** et devient nulle à l'échéance.

La diminution de la valeur temps n'est pas régulière :

elle **s'accélère** à mesure que l'échéance approche.

ÉVOLUTION AU FIL DU TEMPS

LOIN DE L'ÉCHÉANCE (plusieurs mois)	TEMPS INTERMÉDIAIRE (quelques semaines)	TEMPS COURT (quelques jours)	VEILLE DE L'ÉCHÉANCE (1 jour avant)	ÉCHÉANCE (jour 0)
Beaucoup de temps avant l'échéance.	Le temps disponible se réduit.	L'incertitude sur l'évolution future devient plus limitée.	Presque plus d'incertitude temporelle.	Le temps est écoulé.
Valeur temps (importante) ▶	**Valeur temps (en baisse)** ▶	**Valeur temps (faible)** ▶	**Valeur temps (très faible)** ▶	Valeur temps = 0
Valeur intrinsèque	Valeur intrinsèque	Valeur intrinsèque	Valeur intrinsèque	Valeur intrinsèque
La valeur temps est élevée car de nombreux scénarios restent possibles.	La valeur temps diminue car l'incertitude sur le résultat final devient moindre.	La valeur temps continue de s'éroder rapidement.	La valeur temps est devenue marginale.	Il ne subsiste que la valeur intrinsèque (si l'option est dans la monnaie).

EXEMPLE CONCEPTUEL

Supposons un call hors de la monnaie (valeur intrinsèque = 0).

Moment	Loin de l'échéance (plusieurs mois)	Temps intermédiaire (quelques semaines)	Temps court (quelques jours)	Veille de l'échéance (1 jour avant)	Échéance (jour 0)
Niveau d'incertitude sur le résultat final	Élevé	Moyen	Faible	Très faible	Nul
Prime de l'option	Élevée (car la valeur temps est importante)	Moyenne (en baisse)	Faible (en baisse)	Très faible (proche de la valeur intrinsèque)	Égale à la valeur intrinsèque (0 ici)

Chapitre 1.5
Profils de gains et de pertes des quatre positions élémentaires

1.5.a - Pourquoi représenter graphiquement une stratégie ?

Après avoir étudié le fonctionnement des options, les notions de *strike*, d'échéance, de *valeur intrinsèque* et de *valeur temps*, il devient nécessaire d'aborder un outil fondamental de l'analyse optionnelle : le profil de gains et de pertes.

Les marchés financiers sont souvent complexes parce qu'ils confrontent simultanément l'investisseur à plusieurs variables. Le prix du sous-jacent évolue en permanence, la volatilité fluctue, le temps s'écoule et les anticipations des intervenants changent continuellement. Face à cette multiplicité de facteurs, il peut être difficile d'appréhender intuitivement les conséquences financières d'une position.

Le profil de gains et de pertes répond précisément à cette difficulté. Il permet de représenter visuellement le résultat potentiel d'une stratégie en fonction du prix du sous-jacent à l'échéance. D'un simple regard, l'investisseur peut identifier les zones de gain, les zones de perte, le point mort de l'opération ainsi que les limites théoriques de son exposition.

Cette représentation constitue l'un des outils pédagogiques les plus puissants de la finance optionnelle. Là où une description textuelle nécessite parfois plusieurs pages d'explications, un graphique bien conçu permet souvent de comprendre instantanément la logique économique d'une stratégie. Cette approche visuelle présente également un avantage pratique majeur.

Avant même d'envisager une opération, l'investisseur peut analyser précisément les conséquences potentielles de différents scénarios de marché. Il ne raisonne plus uniquement en termes d'opinion ou d'intuition ; il visualise concrètement les résultats financiers susceptibles d'être obtenus. Cette discipline contribue largement à une meilleure gestion du risque.

Les profils étudiés dans ce chapitre correspondent aux quatre positions fondamentales qui servent de briques élémentaires à toutes les stratégies optionnelles :

- l'achat de *call* ;
- la vente de *call* ;
- l'achat de *put* ;
- la vente de *put*.

Toutes les constructions plus sophistiquées rencontrées dans la suite de l'ouvrage ne sont finalement que des combinaisons de ces quatre positions de base. Comprendre parfaitement leur fonctionnement constitue donc une étape indispensable avant d'aborder les stratégies avancées.

1.5.b - L'achat de *call* : risque limité, potentiel de gain élevé

L'achat d'un *call* constitue probablement la stratégie optionnelle la plus intuitive pour un investisseur anticipant une hausse du marché. En acquérant un *call*, l'investisseur obtient le droit d'acheter le sous-jacent au *prix d'exercice* convenu. Son risque maximal est parfaitement connu dès l'origine puisqu'il se limite au montant de la prime versée.

Cette caractéristique apparaît immédiatement sur le profil de gains et de pertes. Lorsque le sous-jacent demeure sous le *prix d'exercice* à l'échéance, l'option expire sans valeur. L'investisseur perd alors la totalité de la prime engagée, mais sa perte ne peut pas dépasser ce montant. À mesure que le cours du sous-jacent progresse au-dessus du *strike*, la situation évolue favorablement. Le *call* acquiert progressivement une *valeur intrinsèque* croissante.

Une fois dépassé le point mort — correspondant généralement au *prix d'exercice* augmenté de la prime versée — la stratégie devient profitable. Au-delà de ce seuil, les gains augmentent théoriquement sans limite. Cette asymétrie constitue l'attrait principal de l'achat de *call*. L'investisseur accepte une perte certaine et limitée en échange d'un potentiel de gain très important.

Graphiquement, cette stratégie se traduit par une courbe présentant :

- une perte maximale plafonnée ;
- un point mort clairement identifiable ;
- un potentiel de gain théoriquement illimité.

Cette configuration explique pourquoi les *calls* sont fréquemment utilisés pour exprimer des anticipations fortement haussières tout en maîtrisant le risque financier engagé. Toutefois, ce profil séduisant possède une contrepartie souvent sous-estimée : le passage du temps agit généralement contre l'acheteur. Le marché doit évoluer suffisamment vite et suffisamment fortement pour permettre au contrat de compenser l'érosion progressive de sa *valeur temps*.

Cette réalité explique pourquoi de nombreux acheteurs de *calls*, bien qu'ayant raison sur la direction générale du marché, peinent parfois à obtenir les résultats espérés.

1.5.c - La vente de *call* : revenus limités, risque potentiellement élevé

La vente de *call* constitue le miroir exact de l'achat de *call*. Le vendeur encaisse immédiatement une prime en échange de l'obligation potentielle de vendre le sous-jacent au *prix d'exercice* si l'acheteur décide d'exercer son droit.

Son profil financier est donc inversé. Le gain maximal est limité à la prime encaissée lors de la mise en place de la position. Si le sous-jacent demeure sous le *strike* à l'échéance, l'option expire sans valeur et le vendeur conserve intégralement la prime perçue. En revanche, si le marché progresse fortement au-delà du *prix d'exercice*, les pertes peuvent devenir importantes.

Dans le cas d'un *call* vendu sans détention préalable du sous-jacent — situation souvent qualifiée de *call* nu — le potentiel de perte théorique est même illimité. Cette caractéristique apparaît clairement sur le profil graphique.

La courbe présente :

- un gain maximal limité ;
- un point mort facilement identifiable ;
- une zone de pertes croissantes au-delà du *strike*.

Cette asymétrie explique pourquoi la vente de *call* nécessite généralement une gestion rigoureuse du risque. Les investisseurs expérimentés privilégient souvent des formes couvertes de cette stratégie afin de limiter leur exposition à une hausse importante du sous-jacent.

L'intérêt principal de la vente de *call* réside dans la perception immédiate de la prime et dans l'effet favorable du temps. Tant que le marché ne progresse pas excessivement, le vendeur bénéficie généralement de l'érosion progressive de la *valeur temps*.

Toutefois, la limitation du gain potentiel contraste fortement avec l'ampleur des risques pouvant être encourus. Cette particularité explique pourquoi cette stratégie doit être utilisée avec prudence.

1.5.d - L'achat de *put* : profiter d'une baisse des marchés

Si le *call* constitue l'instrument privilégié des investisseurs anticipant une hausse des cours, le *put* répond à une logique symétrique. Son détenteur acquiert le droit de vendre le sous-jacent à un prix fixé à l'avance, ce qui lui permet de bénéficier financièrement d'une baisse du marché ou de protéger un portefeuille existant contre un recul des prix.

Le profil de gains et de pertes associé à l'achat de *put* présente une structure très proche de celle observée pour l'achat de *call*, mais inversée. L'investisseur commence par verser une prime. Cette somme représente son risque maximal. Quelle que soit l'évolution future du marché, il ne pourra jamais perdre davantage que ce montant.

Si le sous-jacent demeure au-dessus du *prix d'exercice* à l'échéance, le *put* expire sans valeur. L'investisseur abandonne alors son droit de vente et sa perte se limite à la prime initialement engagée. En revanche, si le marché recule sous le *strike*, le contrat acquiert progressivement de la valeur. Plus le sous-jacent baisse, plus le droit de vendre au *prix d'exercice* devient intéressant. Une fois dépassé le point mort de la stratégie, les gains augmentent à mesure que le marché poursuit son repli.

Graphiquement, le profil de l'achat de *put* se caractérise par :

- une perte maximale limitée à la prime ;
- un point mort clairement identifiable ;
- des gains croissants lorsque le sous-jacent diminue.

Contrairement au *call*, dont le potentiel de gain théorique est illimité, le *put* possède toutefois une limite naturelle. Une action ne peut pas descendre en dessous de zéro. Le gain maximal demeure donc plafonné, même s'il peut être considérable dans certaines circonstances.

L'achat de *put* joue un rôle majeur dans les marchés financiers modernes. Il permet notamment aux investisseurs de se protéger contre des baisses importantes sans avoir à céder leurs actifs. Cette fonction de couverture explique pourquoi de nombreux investisseurs institutionnels utilisent régulièrement ces contrats.

Comme pour l'achat de *call*, le temps constitue néanmoins un adversaire naturel. Le scénario anticipé doit se produire suffisamment rapidement pour compenser l'érosion progressive de la *valeur temps*. Une baisse trop tardive du sous-jacent peut parfois limiter fortement la rentabilité de l'opération. Cette caractéristique rappelle que l'acheteur d'options ne doit pas seulement avoir raison sur la direction du marché. Il doit également avoir raison sur le calendrier.

1.5.e - La vente de *put* : le cœur de la stratégie de l'ouvrage

Parmi les quatre positions élémentaires, la vente de *put* occupe une place centrale dans cet ouvrage. Elle constitue en effet le fondement de la stratégie *Short-Put*, qui sera développée en détail dans les parties suivantes.

Le vendeur d'un *put* accepte une obligation potentielle : celle d'acheter le sous-jacent au *prix d'exercice* convenu si l'acheteur décide d'exercer son droit. En contrepartie de cet engagement, il perçoit immédiatement une prime. Cette rémunération représente le gain maximal de la stratégie.

Si le sous-jacent demeure au-dessus du *strike* jusqu'à l'échéance, l'option expire généralement sans valeur et le vendeur conserve intégralement la prime encaissée.

Le profil de gains et de pertes présente alors une caractéristique : les gains sont limités à la prime perçue, tandis que la probabilité de les réaliser serait être relativement élevée lorsque le contrat est correctement sélectionné.

Graphiquement, la courbe de la vente de *put* apparaît comme le miroir de l'achat de *put*. Tant que le cours du sous-jacent reste supérieur au point mort, la stratégie demeure profitable.

Contrairement à la vente de *call* nue, dont les pertes théoriques sont illimitées puisque le prix d'une action peut augmenter sans limite, la vente de *put* présente un risque maximal borné. En effet, le cours d'un actif ne peut pas devenir inférieur à zéro. Dans cette hypothèse extrême, la perte maximale du vendeur correspond au *prix d'exercice* diminué de la prime encaissée. Le risque demeure donc important, mais il est parfaitement quantifiable dès la mise en place de la position.

Lorsque le marché recule sous le *prix d'exercice*, les pertes augmentent progressivement à mesure que le cours du sous-jacent diminue. Si celui-ci venait exceptionnellement à perdre toute sa valeur, le vendeur subirait sa perte maximale. Cette caractéristique explique pourquoi la vente de *put* ne doit jamais être envisagée comme une simple collecte de primes. Elle correspond à un véritable engagement économique qui exige une sélection rigoureuse des sous-jacents et une gestion prudente du risque.

Toutefois, cette stratégie possède une particularité souvent méconnue des investisseurs débutants. Contrairement à de nombreuses opérations purement spéculatives, le vendeur de *put* peut considérer favorablement une éventuelle assignation, à condition d'avoir choisi une entreprise qu'il souhaite réellement acquérir.

Prenons l'exemple d'un investisseur qui estime qu'une action actuellement cotée 100 € deviendrait attractive à 90 €. La vente d'un put de strike 90 € lui permet de percevoir immédiatement une prime tout en se positionnant pour acheter éventuellement l'action au prix qu'il juge intéressant.

Deux scénarios peuvent alors se produire :

- le marché demeure au-dessus du *strike* : le *put* expire sans valeur et la prime est définitivement acquise ;
- le marché recule sous le *strike* : l'investisseur est assigné et achète les titres au prix qu'il considérait déjà comme attractif, tout en ayant réduit son prix d'acquisition effectif grâce à la prime encaissée.

Cette logique distingue profondément la vente disciplinée de *puts* d'une simple recherche de rendement. Le vendeur ne cherche pas uniquement à percevoir des primes ; il sélectionne des entreprises qu'il serait disposé à détenir durablement dans son portefeuille à des niveaux de valorisation qu'il juge attractifs.

Cette philosophie d'investissement constitue le fil conducteur de l'ensemble de la stratégie développée dans cet ouvrage. Les chapitres suivants montreront comment la *volatilité implicite*, la structure de la *surface de volatilité* et les principaux indicateurs de marché peuvent contribuer à améliorer la sélection des opportunités et la maîtrise du risque.

1.5.f - Lecture comparative des quatre profils

L'étude séparée des quatre positions élémentaires permet déjà de comprendre leurs caractéristiques propres. Une analyse comparative révèle toutefois plusieurs enseignements particulièrement importants.

La première observation concerne l'asymétrie fondamentale entre acheteurs et vendeurs. Les acheteurs de *calls* et de *puts* bénéficient d'un risque limité à la prime versée. En contrepartie, ils doivent composer avec l'érosion du temps et la nécessité de voir leur scénario se réaliser avant l'échéance.

Les vendeurs évoluent dans une logique inverse. Ils perçoivent immédiatement une rémunération et bénéficient généralement de l'effet du temps. En contrepartie, ils acceptent une exposition potentielle plus importante aux mouvements défavorables du marché.

Une deuxième observation concerne la nature même des anticipations. L'achat de *call* exprime une conviction haussière. L'achat de *put* traduit une anticipation baissière.

La vente de *call* correspond généralement à une vision neutre à modérément baissière. La vente de *put* reflète souvent une vision neutre à modérément haussière. Cette diversité montre que les options permettent de construire des stratégies adaptées à pratiquement tous les scénarios de marché.

Enfin, l'analyse comparative met en évidence un principe fondamental : aucune stratégie n'est intrinsèquement supérieure aux autres. Chaque profil présente des avantages, des inconvénients et des domaines d'application spécifiques. La pertinence d'une stratégie dépend toujours des objectifs poursuivis, de la tolérance au risque de l'investisseur et des conditions de marché.

Cette réalité explique pourquoi les professionnels ne raisonnent généralement pas en termes de « bonne » ou de « mauvaise » stratégie. Ils cherchent plutôt à déterminer quelle stratégie est la plus adaptée à une situation donnée.

1.5.g - Ce que révèle réellement un profil de gains et pertes

Les graphiques de gains et de pertes sont souvent perçus comme de simples outils pédagogiques. Leur utilité est en réalité beaucoup plus profonde. Ils obligent l'investisseur à réfléchir explicitement au rapport entre rendement espéré et risque encouru.

Avant même d'examiner la qualité d'un sous-jacent, l'état du marché ou le niveau de *volatilité implicite*, le profil de gains et de pertes permet de répondre à des questions essentielles :

- Quel est le gain maximal envisageable ?
- Quelle est la perte potentielle ?
- Où se situe le point mort ?
- Quelle est l'asymétrie de la stratégie ?
- Quels scénarios de marché lui sont favorables ?

Cette démarche contribue à discipliner le processus de décision.

De nombreux investisseurs commettent des erreurs parce qu'ils se concentrent exclusivement sur le gain potentiel sans analyser correctement les risques associés. Le profil graphique oblige au contraire à considérer simultanément les deux dimensions.

Dans le cadre de la stratégie *Short-Put*, cette discipline revêt une importance particulière.

La perception régulière de primes peut parfois donner l'impression d'une stratégie simple et confortable. L'analyse du profil de gains et de pertes rappelle immédiatement que cette rémunération constitue la contrepartie d'un risque réel. Cette prise de conscience est essentielle pour développer une approche rigoureuse et durable de la vente de *puts*.

Les chapitres qui suivent permettront progressivement d'enrichir cette analyse à travers l'étude des *grecques*, de la *volatilité implicite* et des critères de sélection des contrats. Toutefois, les fondations resteront toujours les mêmes : comprendre précisément le profil financier de la position que l'on décide de mettre en œuvre.

CE QU'IL FAUT RETENIR

Les quatre positions élémentaires constituent les briques fondamentales de toutes les stratégies optionnelles : achat de *call*, vente de *call*, achat de *put*, et vente de *put*.

L'achat d'options offre un risque limité à la prime versée mais nécessite un mouvement favorable du marché avant l'échéance.

La vente d'options procure une prime immédiate et bénéficie généralement de l'érosion du temps, mais expose à des risques potentiellement plus importants.

La vente de *put* constitue le fondement de la stratégie *Short-Put* développée dans cet ouvrage. Elle permet de percevoir une prime tout en se positionnant pour acquérir éventuellement un sous-jacent à un prix jugé attractif.

Les profils de gains et de pertes constituent des outils essentiels de compréhension et de gestion du risque. Ils permettent de visualiser immédiatement l'asymétrie d'une stratégie et les conséquences financières des différents scénarios de marché.

Toute décision sur les marchés d'options devrait commencer par l'analyse rigoureuse du profil de gains et de pertes associé à la position envisagée.

Illustration 1.5 – Profils de gains et de pertes des quatre positions élémentaires

Les profils ci-dessous montrent le gain ou la perte à l'échéance en fonction du prix du sous-jacent (S) pour chaque position.

1. ACHAT D'UN CALL
(droit d'acheter)

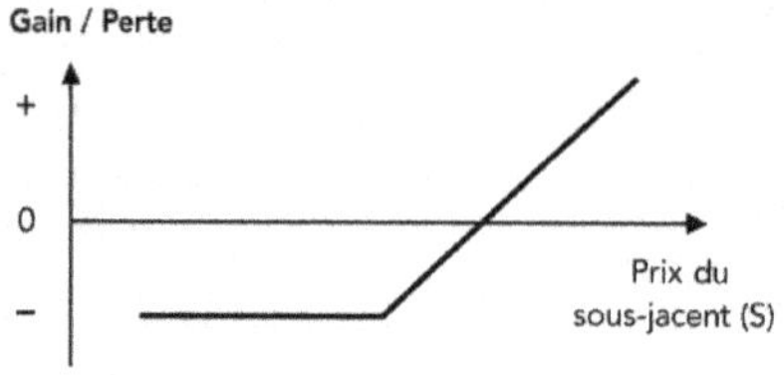

- Gain illimité à la hausse.
- Perte maximale limitée à la prime P.
- Seuil de rentabilité : **S = K + P**

Exemple : K = 100, P = 3
- Seuil de rentabilité : 103
- Gain maximal : illimité
- Perte maximale : 3

2. ACHAT D'UN PUT
(droit de vendre)

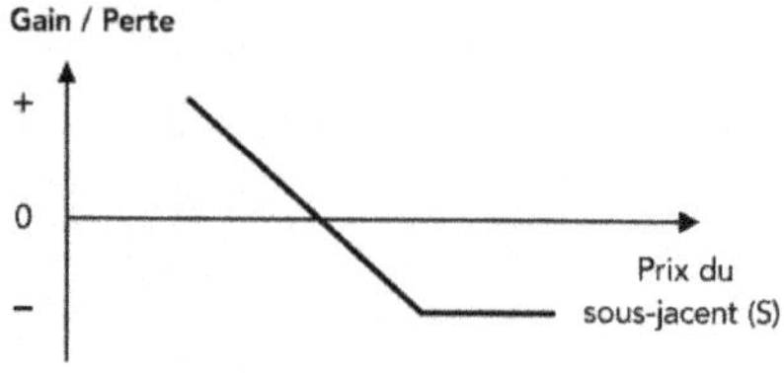

- Gain important à la baisse.
- Perte maximale limitée à la prime P.
- Seuil de rentabilité : **S = K – P**

Exemple : K = 100, P = 3
- Seuil de rentabilité : 97
- Gain maximal : 97 (si S = 0)
- Perte maximale : 3

3. VENTE D'UN CALL
(encaissement d'une prime)

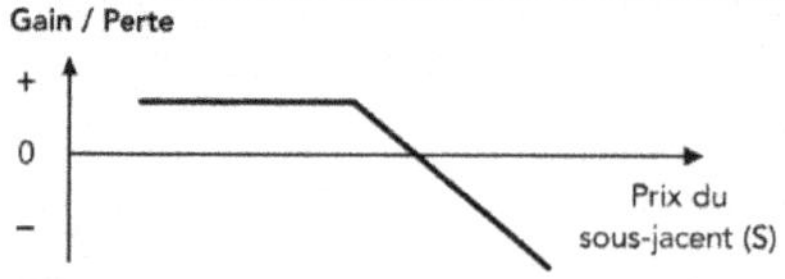

- Gain maximal limité à la prime P.
- Perte potentiellement illimitée à la hausse.
- Seuil de rentabilité : **S = K + P**

Exemple : K = 100, P = 3
- Seuil de rentabilité : 103
- Gain maximal : 3
- Perte maximale : illimitée

4. VENTE D'UN PUT
(encaissement d'une prime)

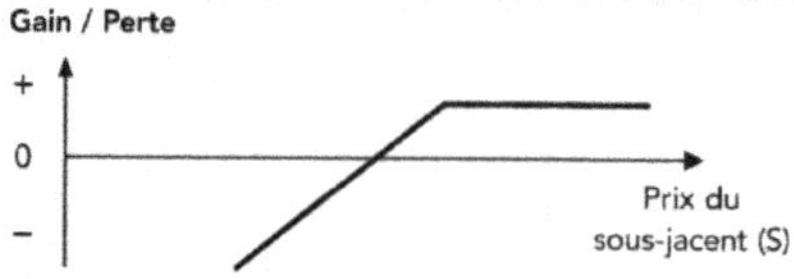

- Gain maximal limité à la prime P.
- Perte importante à la baisse.
- Seuil de rentabilité : **S = K – P**

Exemple : K = 100, P = 3
- Seuil de rentabilité : 97
- Gain maximal : 3
- Perte maximale : 97 (si S = 0)

À RETENIR

- L'achat d'un **call** (resp. put) donne un droit en échange d'une prime.
- La vente d'un **call** (resp. put) rapporte une prime mais expose à un risque.
- Le **seuil de rentabilité** indique le point où le gain est nul.
- Les gains/pertes sont calculés à l'échéance.

S : prix du sous-jacent | **K :** prix d'exercice (strike) | **P :** prime de l'option

PARTIE 2 - Les *grecques*

Chapitre 2.1
Delta : mesurer la sensibilité au mouvement du sous-jacent

2.1.a - Le *Delta*, premier langage des marchés d'options

L'investisseur qui découvre les options est souvent confronté à une difficulté particulière. Contrairement à une action dont le prix est directement observable et relativement intuitif, une option semble parfois réagir de manière disproportionnée ou, au contraire, insuffisante aux variations du marché. Une hausse de l'action peut entraîner une progression importante de l'option dans certains cas, tandis que dans d'autres situations la réaction paraît étonnamment modérée. Cette apparente incohérence constitue souvent l'une des premières sources d'interrogation pour les investisseurs débutants.

La réalité est que le prix d'une option ne dépend jamais exclusivement du sous-jacent. Une option est un actif dérivé dont la valeur résulte de l'interaction simultanée de plusieurs variables. Le mouvement du sous-jacent n'est qu'une composante parmi d'autres. Le temps restant jusqu'à l'échéance, la volatilité anticipée par le marché, les taux d'intérêt ou encore les dividendes futurs participent également à la formation du prix.

Face à cette complexité, les professionnels ont progressivement développé un ensemble d'indicateurs destinés à mesurer l'influence respective de chaque variable. Ces indicateurs sont connus sous le nom de « *grecques* ». Ils constituent aujourd'hui le socle de la gestion moderne des options.

Parmi eux, le *Delta* occupe une place particulière. Non seulement il est généralement la première *grecque* étudiée, mais il est également celle qui permet de comprendre le lien le plus direct entre le marché des actions et celui des options. Le *Delta* mesure en effet la manière dont les mouvements du sous-jacent se transmettent à l'option. Il agit comme un véritable coefficient de transmission entre les deux univers.

Cette fonction explique pourquoi le *Delta* est omniprésent dans la pratique professionnelle. Les traders institutionnels l'utilisent pour gérer leurs expositions. Les teneurs de marché s'en servent pour équilibrer leurs portefeuilles. Les vendeurs de *puts* l'intègrent dans leurs processus de sélection des contrats. Même lorsqu'il n'est pas explicitement mentionné, le *Delta* influence une grande partie des décisions prises sur les marchés dérivés.

Comprendre le *Delta* revient donc à franchir une étape importante dans l'apprentissage des options. Pour la première fois, l'investisseur ne se contente plus d'observer le prix d'un contrat. Il commence à comprendre comment ce prix réagit aux mouvements du marché.

2.1.b - Une mesure de la réaction de l'option

Le *Delta* peut être défini comme la sensibilité du prix d'une option à une variation du cours du sous-jacent. Cette définition, bien que rigoureuse, ne révèle pas immédiatement toute la richesse de cet indicateur.

Pour en saisir la portée, il faut imaginer le marché comme un système dans lequel chaque variation du sous-jacent se diffuse progressivement vers les produits dérivés qui lui sont associés. Le *Delta* mesure précisément l'intensité de cette transmission.

Lorsqu'une action gagne un euro, l'option qui lui est associée ne gagne généralement pas un euro. Elle ne réagit que partiellement à cette variation. Le *Delta* permet d'estimer l'ampleur de cette réaction.

Une option dont le *Delta* est élevé réagit fortement aux mouvements du sous-jacent. À l'inverse, une option dotée d'un *Delta* faible présente une sensibilité plus limitée. Cette différence reflète directement la probabilité que le contrat possède une valeur significative à l'échéance.

Plus une option est susceptible de finir dans la monnaie, plus son comportement tend à se rapprocher de celui du sous-jacent lui-même. À l'inverse, lorsqu'une option paraît éloignée de toute possibilité raisonnable d'exercice, les variations du marché ont généralement un impact plus modéré sur sa valeur.

Le *Delta* fournit ainsi une première mesure du degré d'implication de l'option dans les mouvements du marché. Il permet de quantifier ce qui, autrement, resterait une simple intuition.

Cette capacité de mesure explique son succès. Les investisseurs ne raisonnent plus uniquement en termes de hausse ou de baisse. Ils peuvent désormais apprécier l'intensité avec laquelle une option est susceptible de réagir à un scénario donné.

2.1.c - Le *Delta* comme reflet de la position de l'option

L'un des aspects les plus intéressants du *Delta* réside dans le fait qu'il n'est jamais figé. Contrairement à de nombreux paramètres financiers qui demeurent relativement stables, le *Delta* évolue continuellement au rythme des mouvements du marché.

Cette propriété s'explique directement par la nature même des options.

Dans le chapitre précédent, nous avons étudié les notions d'*In The Money*, d'*At The Money* et d'*Out Of The Money*. Ces classifications ne décrivent pas uniquement la position d'un contrat par rapport à son *prix d'exercice*. Elles influencent également profondément sa sensibilité aux variations du sous-jacent.

Une option profondément *hors de la monnaie* possède généralement un *Delta* faible. Les investisseurs considèrent qu'elle dispose encore d'une probabilité relativement limitée de terminer avec une *valeur intrinsèque* significative. Les variations du sous-jacent influencent donc son prix de manière relativement modérée.

À mesure que l'option se rapproche du *prix d'exercice*, la situation change progressivement. Le marché accorde davantage d'importance aux mouvements du sous-jacent car ceux-ci peuvent modifier sensiblement les perspectives du contrat. Le *Delta* augmente alors.

Lorsque l'option devient profondément dans la monnaie, son comportement tend progressivement à se rapprocher de celui de l'actif sous-jacent. Chaque variation du marché se répercute alors beaucoup plus directement sur sa valeur.

Cette évolution continue du *Delta* constitue l'une des caractéristiques fondamentales des options. Elle rappelle que ces instruments sont des objets dynamiques dont les propriétés changent constamment au fil du temps et des mouvements de marché.

Le *Delta* ne décrit donc pas uniquement la situation présente d'une option. Il reflète également la manière dont le marché perçoit son avenir probable.

2.1.d - Une information précieuse pour le vendeur de *puts*

Pour le vendeur de *puts*, le *Delta* présente un intérêt particulier qui dépasse largement la simple mesure de sensibilité. Dans la pratique professionnelle, de nombreux investisseurs utilisent le *Delta* comme un indicateur synthétique du niveau de risque associé à une position. Cette utilisation repose sur une observation simple : plus le *Delta* d'un *put* est élevé en valeur absolue, plus le marché considère probable une évolution défavorable du sous-jacent.

Autrement dit, le *Delta* fournit une information indirecte sur le degré d'exposition accepté par le vendeur. Cette caractéristique explique pourquoi de nombreux processus de sélection commencent par l'analyse du *Delta* avant même l'examen approfondi de la *volatilité implicite* ou des fondamentaux de l'entreprise.

Le *Delta* agit alors comme un premier filtre. Il permet d'écarter certaines positions jugées trop agressives ou, au contraire, insuffisamment rémunératrices. Il contribue ainsi à transformer la vente de *puts* en une démarche structurée plutôt qu'en une simple recherche de primes élevées.

Cette utilisation pratique du *Delta* sera approfondie dans la cinquième partie de l'ouvrage. Le lecteur découvrira alors que de nombreux vendeurs professionnels définissent leurs critères de sélection à partir de plages de *Delta* soigneusement déterminées.

Ce choix n'est pas le fruit du hasard. Il résulte directement de la capacité du *Delta* à synthétiser une quantité importante d'informations de marché dans un indicateur unique et facilement interprétable.

À ce titre, le *Delta* constitue bien davantage qu'une simple *grecque*. Il représente l'un des premiers outils permettant au vendeur de *puts* d'apprécier objectivement le rapport entre rémunération espérée et risque accepté.

2.1.e - Le *Delta* et la notion de *probabilité implicite*

L'une des raisons pour lesquelles le *Delta* est devenu un indicateur incontournable sur les marchés d'options tient au fait qu'il fournit bien davantage qu'une simple mesure de sensibilité. Avec le temps, les praticiens ont observé qu'il pouvait également servir d'approximation de la probabilité qu'une option termine *dans la monnaie* à l'échéance.

Cette interprétation mérite quelques précautions car elle ne constitue pas une probabilité au sens strict du terme. Elle ne résulte pas d'une certitude mathématique et ne prédit en aucun cas l'avenir. Toutefois, elle fournit une estimation suffisamment pertinente pour être utilisée quotidiennement par les professionnels des marchés dérivés.

Pour comprendre cette relation, il faut revenir à la logique économique qui sous-tend le *Delta*. Une option dont le comportement se rapproche fortement de celui du sous-jacent possède généralement une probabilité relativement élevée de conserver une *valeur intrinsèque* significative à l'échéance. À l'inverse, une option dont le *Delta* demeure très faible est souvent considérée comme éloignée d'un scénario d'exercice probable.

Le marché traduit donc implicitement son appréciation du risque à travers le *Delta*. Cette observation présente un intérêt considérable pour le vendeur de *puts*. Celui-ci ne cherche pas uniquement à mesurer la sensibilité d'un contrat ; il cherche également à apprécier la probabilité que son engagement se matérialise. Or le *Delta* lui fournit précisément une première indication à cet égard.

Lorsqu'un investisseur vend un *put*, il accepte l'éventualité d'acquérir le sous-jacent au *prix d'exercice* convenu. Toute sa réflexion consiste alors à déterminer si la prime proposée compense correctement cette éventualité. Le *Delta* devient dans ce contexte un outil d'aide à la décision particulièrement efficace.

Cette utilisation explique pourquoi de nombreux vendeurs professionnels raisonnent davantage en termes de *Delta* qu'en termes de distance absolue entre le cours de l'action et le *strike*. Deux options affichant le même écart de prix peuvent présenter des profils de risque très différents selon la volatilité du sous-jacent ou le temps restant jusqu'à l'échéance. Le *Delta* permet précisément d'intégrer ces éléments dans une mesure unique.

Il ne remplace évidemment pas l'analyse fondamentale de l'entreprise, ni l'étude de la *volatilité implicite*, ni l'examen des conditions de marché. Il constitue néanmoins un premier filtre extrêmement utile permettant d'apprécier rapidement le niveau de risque associé à une position.

Cette capacité à synthétiser l'information explique en grande partie son succès auprès des investisseurs utilisant régulièrement les options.

2.1.f - Le *Delta* comme outil de sélection des opportunités

L'investisseur débutant a souvent tendance à concentrer son attention sur le montant de la prime proposée. Cette approche est compréhensible. Après tout, la prime représente le revenu immédiat perçu lors de la vente de l'option. Pourtant, les opérateurs expérimentés savent que le montant affiché n'a de sens qu'en relation avec le risque effectivement assumé.

C'est précisément à ce stade que le *Delta* devient un outil particulièrement précieux. Plutôt que de se demander combien rapporte une option, le vendeur professionnel commence généralement par s'interroger sur le niveau de risque qu'elle représente. Le *Delta* lui permet alors de disposer d'un premier indicateur objectif pour apprécier cette exposition.

Une option offrant une prime élevée mais associée à un *Delta* important ne présente pas nécessairement une opportunité attractive. Le marché peut simplement rémunérer un risque qu'il considère lui-même comme significatif. À l'inverse, une prime plus modeste associée à un *Delta* faible peut parfois offrir un meilleur compromis entre rendement et sécurité.

Cette logique est au cœur de nombreuses méthodologies professionnelles de vente de *puts*. L'objectif n'est pas de vendre systématiquement les contrats les plus rémunérateurs. Il consiste à identifier les situations dans lesquelles le rapport entre la rémunération proposée et le risque accepté paraît favorable.

Le *Delta* contribue directement à cette analyse. Il permet également de comparer des opportunités portant sur des sous-jacents très différents. Une action technologique fortement volatile et une grande valeur défensive peuvent afficher des primes qui n'ont aucun rapport entre elles. Le *Delta* offre alors un langage commun permettant d'apprécier plus objectivement les caractéristiques respectives des contrats proposés.

Cette approche s'inscrit dans une philosophie plus générale de gestion du risque. Le vendeur de *puts* discipliné ne cherche pas à maximiser chaque prime individuelle. Il cherche à construire, sur la durée, un ensemble de positions dont les caractéristiques correspondent à son profil de risque et à ses objectifs patrimoniaux.

Le *Delta* devient alors l'un des premiers instruments de cette discipline.

2.1.g - Les limites du *Delta*

Malgré son importance, le *Delta* ne doit jamais être considéré comme une réponse universelle à toutes les problématiques liées aux options. Comme tout indicateur, il possède ses limites.

La première tient à sa nature même. Le *Delta* mesure une sensibilité instantanée. Il décrit la situation observée à un moment précis mais ne garantit nullement que cette relation demeurera stable dans le futur. Or les options sont des instruments dynamiques dont les caractéristiques évoluent constamment.

Une variation importante du sous-jacent peut modifier rapidement le *Delta*. Le passage du temps influence également son comportement. Les changements de *volatilité implicite* contribuent eux aussi à faire évoluer les sensibilités du contrat.

Cette réalité explique pourquoi les professionnels surveillent continuellement leurs expositions plutôt que de se contenter d'une photographie ponctuelle de la situation.

Une deuxième limite réside dans le fait que le *Delta* ne capture qu'une partie du risque global. Il renseigne sur l'effet d'une variation du sous-jacent, mais il demeure silencieux sur de nombreux autres facteurs susceptibles d'affecter la valeur d'une option.

L'investisseur qui se focaliserait exclusivement sur le *Delta* risquerait donc de négliger des dimensions essentielles de son exposition. C'est précisément pour cette raison que les marchés ont développé d'autres *grecques*. Chacune éclaire une facette particulière du comportement des options. Ensemble, elles forment un système cohérent permettant d'appréhender les multiples dimensions du risque.

Le *Delta* constitue ainsi un point de départ, non un point d'arrivée. Sa maîtrise est indispensable, mais elle ne suffit pas à elle seule pour comprendre pleinement les mécanismes des options. Le chapitre suivant introduira justement la *grecque* qui explique pourquoi le *Delta* lui-même évolue au fil du temps : le *Gamma*.

CE QU'IL FAUT RETENIR

Le *Delta* mesure la sensibilité du prix d'une option aux variations du sous-jacent.

Il constitue le premier outil permettant de comprendre comment les mouvements du marché se transmettent aux options.

Le *Delta* reflète également, de manière indirecte, l'appréciation du risque par le marché et peut être utilisé comme une approximation de la probabilité qu'une option termine dans la monnaie.

Pour le vendeur de *puts*, le *Delta* représente un outil de sélection particulièrement utile car il permet d'apprécier le niveau d'exposition associé à une position.

Toutefois, le *Delta* ne décrit qu'une partie du comportement d'une option. Son évolution dépend elle-même d'autres facteurs qui seront étudiés dans les chapitres suivants.

La compréhension du *Delta* constitue la première étape vers une lecture plus professionnelle des marchés d'options et prépare naturellement l'étude du *Gamma*, seconde *grecque* fondamentale de l'analyse optionnelle.

Illustration 2.1 – Évolution du delta selon la position du strike

Le delta mesure la sensibilité du prix d'une option à une variation du prix du sous-jacent (S).

Il dépend principalement de la position du strike (K) par rapport au **prix du sous-jacent** (S).

S : Prix du sous-jacent | K : Prix d'exercice (strike) | Δ : Delta (sensibilité à une variation de S)

1 DELTA D'UN CALL

- Δ varie entre 0 et 1.
- Si S augmente par rapport à K : **le call entre dans la monnaie (ITM)** et Δ se rapproche de 1.
- **Si S diminue** par rapport à K : le call **sort de la monnaie** (OTM) et Δ se rapproche de 0.

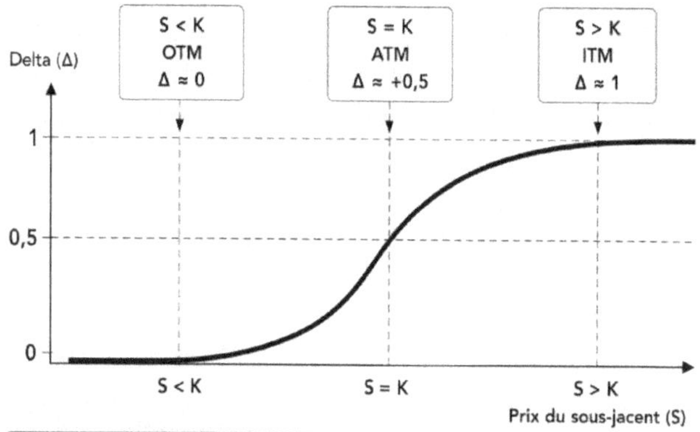

OTM (hors de la monnaie)	ATM (à la monnaie)	ITM (dans la monnaie)

2 DELTA D'UN PUT

- Δ varie entre −1 et 0.
- **Si S diminue** par rapport à K : le **put entre dans la monnaie (ITM)** et Δ se rapproche de −1.
- Si S augmente par rapport à K : le **put sort** de la monnaie (OTM) et Δ se rapproche de 0 (par valeurs négatives).

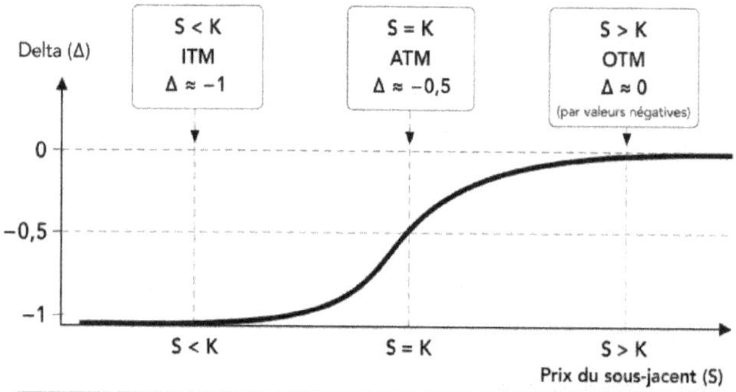

ITM (dans la monnaie)	ATM (à la monnaie)	OTM (hors de la monnaie)

3 SYNTHÈSE : COMPARAISON DIRECTE

Relation entre S et K	S < K	S = K	S > K
CALL	OTM (hors de la monnaie) Δ ≈ 0	ATM (à la monnaie) Δ ≈ +0,5	ITM (dans la monnaie) Δ ≈ +1
PUT	ITM (dans la monnaie) Δ ≈ −1	ATM (à la monnaie) Δ ≈ −0,5	OTM (hors de la monnaie) Δ ≈ 0 (négatif)

Chapitre 2.2
Gamma : comprendre l'accélération du *Delta*

2.2.a - Pourquoi le *Delta* ne suffit pas

L'étude du *Delta* marque généralement une étape importante dans la découverte des marchés d'options. Pour la première fois, l'investisseur dispose d'un outil lui permettant de mesurer objectivement la réaction d'un contrat aux mouvements du sous-jacent. Cette avancée est considérable. Pourtant, elle ne permet pas encore de saisir toute la complexité du comportement des options.

Le *Delta* décrit une sensibilité observée à un instant donné. Il constitue en quelque sorte une photographie du contrat. Or les marchés financiers ne sont jamais immobiles. Les cours évoluent continuellement, les anticipations changent et les caractéristiques des options se transforment au fil du temps. Dans cet environnement dynamique, la photographie devient rapidement obsolète.

Cette réalité apparaît dès que le sous-jacent commence à se déplacer. Une option qui affichait un *Delta* de 0,30 ne conserve pas nécessairement cette valeur après une hausse significative de l'action. Son comportement change. Sa sensibilité se modifie. Le *Delta* qui décrivait correctement la situation quelques instants auparavant cesse progressivement de représenter la réalité du contrat.

Cette observation conduit naturellement à une nouvelle interrogation. Si le *Delta* varie lui-même lorsque le marché évolue, comment mesurer cette variation ? Comment apprécier la vitesse à laquelle la sensibilité d'une option peut changer ? C'est précisément la fonction du *Gamma*.

Le *Gamma* constitue la seconde grande *grecque* de l'analyse optionnelle. Là où le *Delta* mesure la réaction de l'option au mouvement du sous-jacent, le *Gamma* mesure la réaction du *Delta* lui-même. Cette définition peut paraître abstraite lors d'une première lecture. Pourtant, elle décrit un phénomène essentiel pour comprendre pourquoi certaines options semblent soudainement devenir beaucoup plus réactives lorsque le marché se rapproche de certains niveaux de prix.

Le *Gamma* introduit ainsi une dimension supplémentaire dans l'analyse du risque. Il ne s'intéresse plus uniquement à la situation présente mais à la manière dont cette situation est susceptible d'évoluer. Il permet de passer d'une vision statique à une vision dynamique du comportement des options.

Cette transition est fondamentale. À partir de ce chapitre, le lecteur commence à découvrir que les *grecques* ne sont pas seulement des indicateurs techniques. Elles constituent un véritable langage permettant de décrire les mécanismes internes qui gouvernent la valorisation des options.

2.2.b - Le *Gamma*, mesure de la vitesse du changement

Pour comprendre intuitivement le *Gamma*, il est utile d'établir un parallèle avec la mécanique classique.

Lorsqu'un véhicule roule à vitesse constante, il est possible de décrire son mouvement en indiquant simplement sa vitesse. Si cette vitesse commence à augmenter ou à diminuer, une nouvelle information devient nécessaire : l'accélération.

Le *Delta* joue un rôle comparable à la vitesse. Il mesure la réaction instantanée de l'option aux mouvements du sous-jacent.

Le *Gamma* joue quant à lui le rôle de l'accélération. Il mesure la vitesse à laquelle cette sensibilité évolue.

Cette analogie permet de comprendre pourquoi le *Gamma* occupe une place si importante dans la gestion professionnelle des options. Les investisseurs ne cherchent pas uniquement à savoir comment une option réagit aujourd'hui. Ils cherchent également à anticiper la manière dont cette réaction pourrait changer demain.

Dans certaines situations, le *Delta* demeure relativement stable. Les mouvements du sous-jacent modifient peu le comportement du contrat. Dans d'autres circonstances, de faibles variations de marché suffisent à transformer profondément la sensibilité de l'option.

Le *Gamma* permet précisément de distinguer ces deux situations. Une option dotée d'un *Gamma* faible présente généralement un comportement relativement prévisible. Son *Delta* évolue lentement. Les variations du sous-jacent modifient peu sa sensibilité.

À l'inverse, une option affichant un *Gamma* élevé peut voir son *Delta* évoluer rapidement. Le contrat devient alors beaucoup plus sensible aux mouvements du marché. Une variation relativement modeste du sous-jacent peut entraîner une modification importante du profil de risque de la position.

Cette propriété explique pourquoi les professionnels surveillent attentivement le *Gamma* lorsqu'ils gèrent des portefeuilles d'options importants. Ils savent qu'un risque apparemment modéré peut parfois s'intensifier rapidement si les conditions de marché deviennent favorables à une augmentation du *Gamma*.

Le *Gamma* constitue ainsi un indicateur de stabilité. Il renseigne moins sur le niveau actuel du risque que sur sa capacité à évoluer rapidement.

2.2.c - Les zones où le *Gamma* devient maximal

Toutes les options ne présentent pas le même *Gamma*. Certaines évoluent de manière relativement stable tandis que d'autres voient leur comportement se transformer rapidement au moindre mouvement du marché.

Cette différence s'explique principalement par la position de l'option par rapport à son *prix d'exercice*. Lorsqu'un contrat est profondément hors de la monnaie, les investisseurs considèrent généralement que ses perspectives d'exercice demeurent limitées. Une variation modérée du sous-jacent modifie peu cette appréciation. Le *Delta* évolue donc lentement et le *Gamma* reste relativement faible.

La même logique s'applique aux options profondément dans la monnaie. Leur comportement est déjà largement déterminé. Les mouvements du sous-jacent influencent certes leur valeur, mais ils modifient peu les anticipations fondamentales du marché concernant leur issue probable à l'échéance.

La situation devient très différente lorsque l'option se rapproche du *prix d'exercice*. À proximité du *strike*, le marché se trouve dans une zone d'incertitude maximale. Une faible variation du sous-jacent peut modifier significativement les probabilités associées au contrat. L'option peut passer rapidement d'une situation où son exercice paraît peu probable à une situation où celui-ci devient beaucoup plus crédible.

Cette sensibilité accrue explique pourquoi le *Gamma* atteint généralement ses niveaux les plus élevés au voisinage du *prix d'exercice*. Le phénomène tend encore à s'accentuer lorsque l'échéance approche. À mesure que le temps disponible diminue, chaque mouvement du sous-jacent exerce une influence plus importante sur l'issue finale du contrat. Le *Gamma* peut alors augmenter fortement.

Cette concentration du *Gamma* autour du *strike* constitue l'une des caractéristiques les plus importantes des marchés d'options. Elle explique pourquoi certaines périodes de marché apparemment calmes peuvent soudainement devenir beaucoup plus instables pour les détenteurs ou les vendeurs d'options.

Pour l'investisseur discipliné, cette observation fournit une leçon essentielle : le risque d'une option ne dépend pas uniquement de sa valeur actuelle. Il dépend également de la vitesse à laquelle cette valeur peut commencer à évoluer.

2.2.d - Le *Gamma* et le vendeur de *puts*

Le *Gamma* revêt une importance particulière pour le vendeur de *puts* car il met en lumière un phénomène souvent sous-estimé : l'accélération potentielle du risque.

Lorsqu'un investisseur vend un *put* éloigné du cours actuel du sous-jacent, la situation paraît souvent confortable. Le *Delta* est modéré, la probabilité d'exercice semble limitée et la position paraît relativement stable. Cette impression peut toutefois être trompeuse.

Si le marché commence à se rapprocher du *prix d'exercice*, le *Gamma* augmente progressivement. Le *Delta* devient alors plus sensible aux mouvements du sous-jacent. Ce qui paraissait être une position relativement éloignée du risque peut soudainement devenir beaucoup plus réactive.

Cette transformation ne signifie pas nécessairement que la stratégie devient mauvaise. Elle rappelle simplement que le risque n'évolue pas toujours de manière linéaire.

Le vendeur de *puts* expérimenté sait qu'une partie importante de son travail consiste précisément à surveiller cette évolution. Il ne se contente pas d'observer la valeur actuelle du *Delta*. Il s'intéresse également à la vitesse à laquelle celui-ci pourrait changer si le marché venait à se déplacer défavorablement. Cette approche permet d'éviter certaines mauvaises surprises. Elle contribue également à améliorer les décisions relatives aux ajustements, aux rachats anticipés ou à la gestion des positions en période de stress de marché.

Le *Gamma* devient ainsi un outil d'anticipation. Il aide l'investisseur à comprendre non seulement le risque présent, mais également la manière dont ce risque pourrait évoluer dans les jours ou les semaines à venir.

2.2.e - *Gamma* et proximité de l'échéance

S'il est un domaine où le *Gamma* révèle toute son importance, c'est bien dans les dernières semaines de vie d'une option. En effet, la proximité de l'échéance modifie profondément la manière dont le marché évalue les contrats et, par conséquent, la façon dont leurs sensibilités évoluent.

Pour comprendre ce phénomène, il faut revenir à une idée déjà abordée dans le chapitre consacré à la *valeur temps*. Tant qu'une option dispose encore de plusieurs mois avant son expiration, le marché conserve un horizon relativement large pour envisager différents scénarios. Une hausse ou une baisse temporaire du sous-jacent ne suffit pas nécessairement à modifier profondément les probabilités d'exercice du contrat.

La situation devient très différente lorsque l'échéance approche. À quelques semaines, quelques jours, voire quelques heures de l'expiration, chaque variation du sous-jacent acquiert une importance beaucoup plus grande. Le marché ne dispose plus du temps nécessaire pour espérer un retournement ou une correction progressive. Chaque mouvement rapproche directement l'option de son résultat final.

Cette concentration du risque explique pourquoi le *Gamma* tend généralement à augmenter lorsque l'échéance se rapproche.

Le phénomène est particulièrement visible pour les options situées au voisinage du *prix d'exercice*. Dans cette zone, de très faibles variations du sous-jacent peuvent modifier brutalement les probabilités de terminer dans ou hors de la monnaie. Le *Delta* devient alors extrêmement sensible aux mouvements du marché.

Cette réalité possède des conséquences pratiques importantes. Une position qui semblait relativement stable plusieurs semaines auparavant peut devenir beaucoup plus nerveuse à l'approche de l'échéance. Les sensibilités évoluent plus rapidement. Les ajustements deviennent plus fréquents. Les réactions du portefeuille aux mouvements du sous-jacent peuvent surprendre les investisseurs insuffisamment préparés.

Pour le vendeur de *puts*, cette observation revêt une importance particulière. Une option proche du *strike* et proche de l'échéance concentre simultanément deux facteurs favorables à l'augmentation du *Gamma*. Le risque ne réside plus uniquement dans l'évolution du sous-jacent ; il réside également dans la vitesse avec laquelle cette évolution peut modifier la sensibilité de la position.

Cette caractéristique explique pourquoi de nombreux praticiens préfèrent éviter de conserver certaines positions jusqu'aux tout derniers jours précédant l'expiration. Le risque de variation brutale des sensibilités devient alors parfois disproportionné par rapport à la *valeur temps* encore susceptible d'être capturée.

Cette approche ne relève pas d'une recherche excessive de prudence. Elle découle simplement d'une compréhension approfondie du comportement des options lorsque l'échéance approche.

2.2.f - Les enseignements pratiques pour la stratégie *Short-Put*

À ce stade de l'ouvrage, le lecteur pourrait être tenté de considérer le *Gamma* comme une notion essentiellement théorique destinée aux traders professionnels. Une telle conclusion serait erronée. Le *Gamma* possède au contraire une utilité très concrète pour l'investisseur pratiquant la vente de *puts*.

La première leçon concerne la gestion du risque. Le vendeur discipliné sait qu'il ne suffit pas d'analyser la situation actuelle d'une position. Il doit également s'interroger sur la manière dont cette situation pourrait évoluer en cas de mouvement défavorable du marché.

Cette démarche conduit naturellement à surveiller les zones où le *Gamma* risque d'augmenter fortement. Lorsqu'un sous-jacent se rapproche progressivement du *prix d'exercice* d'un *put* vendu, le vendeur expérimenté ne se contente pas d'observer la baisse du marché. Il cherche également à comprendre comment cette baisse modifie la structure même du risque porté par la position. Cette analyse permet d'anticiper certaines situations avant qu'elles ne deviennent problématiques.

La deuxième leçon concerne la sélection initiale des contrats. Un *put* très éloigné du cours actuel du sous-jacent présente généralement un *Gamma* relativement faible. Son comportement tend à évoluer de manière progressive. À l'inverse, un *put* vendu très proche du *strike* peut exposer l'investisseur à des modifications beaucoup plus rapides de ses sensibilités.

Cette différence contribue à expliquer pourquoi de nombreux vendeurs privilégient des options disposant d'une certaine marge de sécurité par rapport au cours actuel du marché.

La troisième leçon concerne la discipline de gestion. Les investisseurs qui réussissent durablement dans la vente de *puts* ne se contentent pas de surveiller leurs gains et leurs pertes. Ils suivent également l'évolution des paramètres qui déterminent le comportement futur de leurs positions.

Le *Gamma* fait partie de ces paramètres. Il agit comme un signal d'alerte permettant d'identifier les situations dans lesquelles le risque pourrait commencer à évoluer plus rapidement que prévu.

Cette capacité d'anticipation constitue l'une des différences majeures entre une gestion réactive et une gestion proactive des options.

2.2.g - Les erreurs les plus fréquentes des investisseurs débutants

Le *Gamma* est souvent mal compris car ses effets sont moins immédiatement visibles que ceux du *Delta* ou du *Theta*. Cette moindre visibilité conduit de nombreux investisseurs à sous-estimer son importance.

La première erreur consiste à considérer le *Delta* comme une mesure permanente du risque. Cette approche revient à supposer que la sensibilité d'une option demeure stable dans le temps. Or c'est précisément ce que le *Gamma* vient contredire. Le *Delta* évolue continuellement et parfois beaucoup plus rapidement que ne l'imaginent les investisseurs débutants.

La deuxième erreur consiste à ignorer la proximité du *prix d'exercice*. Beaucoup d'investisseurs concentrent leur attention sur le montant de la prime ou sur la probabilité apparente d'expiration sans valeur. Ils oublient que le comportement du contrat peut changer radicalement lorsque le sous-jacent s'approche du *strike*.

Cette négligence conduit parfois à des surprises désagréables lorsque le marché commence à évoluer défavorablement.

Une troisième erreur consiste à sous-estimer l'importance de l'échéance. Les options proches de leur expiration peuvent présenter des variations de sensibilités particulièrement rapides. Le *Gamma* devient alors un facteur de risque beaucoup plus important que ce que suggère une simple observation du *Delta*.

Enfin, certains investisseurs considèrent les *grecques* comme des indicateurs indépendants les uns des autres. Cette vision est réductrice.

Le *Delta*, le *Gamma*, le *Theta* ou encore le *Vega* forment un ensemble cohérent. Chacune de ces mesures éclaire une facette différente du comportement des options. Les analyser séparément peut être utile pour l'apprentissage, mais la gestion réelle des positions exige une compréhension globale de leurs interactions.

Le *Gamma* joue précisément un rôle central dans cette vision d'ensemble puisqu'il explique pourquoi les autres sensibilités ne demeurent jamais parfaitement stables.

CE QU'IL FAUT RETENIR

Le *Gamma* mesure la vitesse de variation du *Delta*. Il indique à quelle vitesse la sensibilité d'une option peut évoluer lorsque le sous-jacent se déplace.

Alors que le *Delta* décrit le risque présent, le *Gamma* renseigne sur l'évolution potentielle de ce risque.

Le *Gamma* atteint généralement ses niveaux les plus élevés lorsque l'option se situe à proximité du *prix d'exercice* et que l'échéance approche.

Pour le vendeur de *puts*, le *Gamma* permet d'identifier les situations dans lesquelles une position peut devenir rapidement plus sensible aux mouvements du marché.

L'analyse du *Gamma* favorise une gestion proactive du risque en permettant d'anticiper certaines évolutions plutôt que de les subir.

La maîtrise du *Gamma* constitue une étape importante dans la compréhension dynamique des options et prépare naturellement l'étude du *Theta*, la *grecque* qui mesure l'effet du temps sur la valeur des contrats.

Illustration 2.2 – Accélération du delta sous l'effet du gamma

Le gamma mesure la vitesse à laquelle le delta évolue
quand le prix du sous-jacent (S) varie.

Formule : $\text{Gamma} = \dfrac{\Delta\ \text{Delta}}{\Delta\ S}$

- Gamma > 0 pour les calls et les puts (en convention standard).
- Plus le gamma est élevé, plus le delta change rapidement pour une petite variation de S.

1 CALL – DELTA & GAMMA

Le delta d'un call s'accélère de 0 à +1
quand S passe de sous K à au-dessus de K.

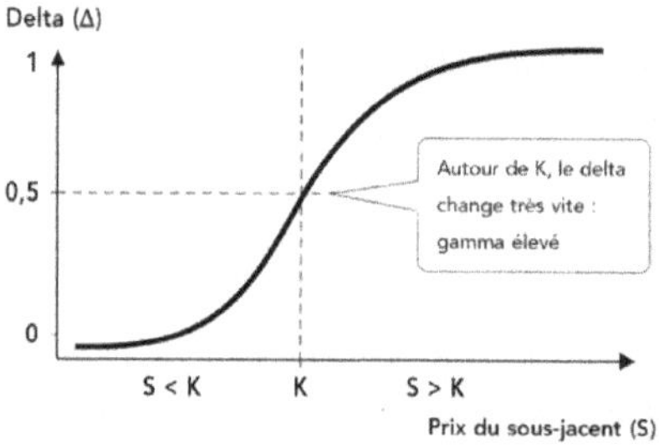

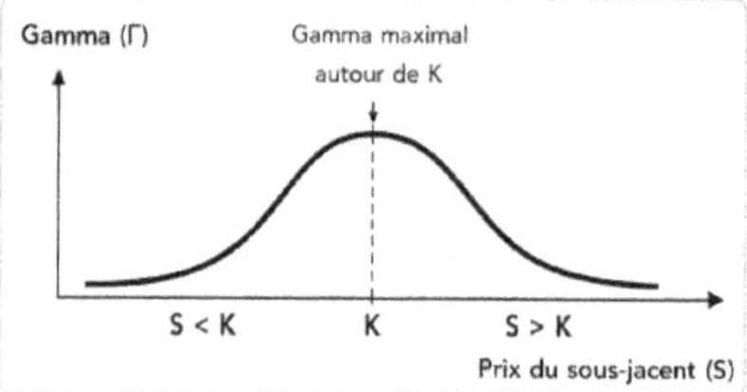

INTERPRÉTATION

- Loin de K : gamma faible → le delta bouge peu.
- Près de K : gamma élevé → le delta change rapidement.

1 PUT – DELTA & GAMMA

Le delta d'un put s'accélère de –1 à 0
quand S passe de sous K à au-dessus de K.

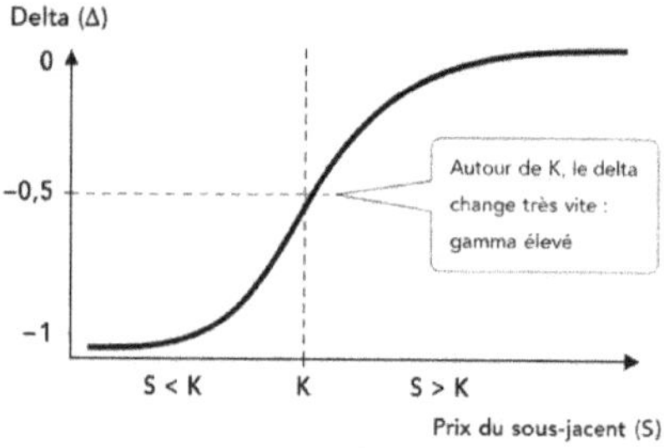

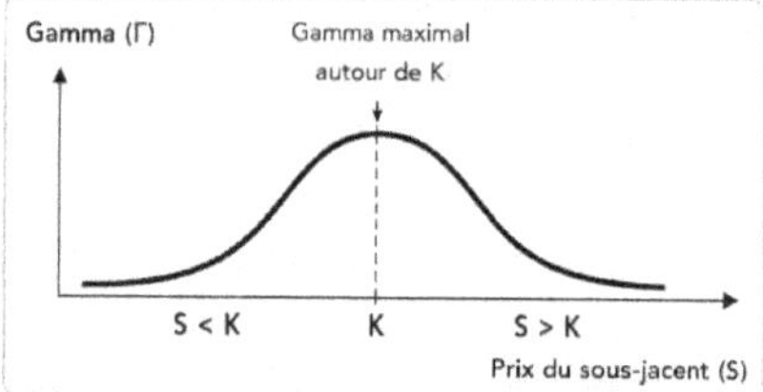

INTERPRÉTATION

- Loin de K : gamma faible → le delta bouge peu.
- Près de K : gamma élevé → le delta change rapidement.

2 COMPARAISON : DELTA & GAMMA

Position de S par rapport à K	S < K	S ≤ K	S = K	S > K	S >> K
CALL	Δ ≈ 0 (faible) Γ ≈ 0 (faible)	Δ > 0 (en hausse) Γ en hausse	Δ ≈ +0,5 Γ maximale (pic)	Δ < 1 (en hausse) Γ en baisse	Δ ≈ +1 (proche de 1) Γ ≈ 0 (faible)
PUT	Δ ≈ –1 (proche de –1) Γ ≈ 0 (faible)	Δ < –0,5 (en baisse vers 0) Γ en hausse	Δ ≈ –0,5 Γ maximale (pic)	Δ > –1 (en hausse vers 0) Γ en baisse	Δ ≈ 0 (faible négatif) Γ ≈ 0 (faible)

Chapitre 2.3
Theta : lorsque le temps devient un allié

2.3.a - Une variable que personne ne peut arrêter

Dans l'esprit de la plupart des investisseurs, les marchés financiers sont avant tout gouvernés par l'incertitude. Les cours fluctuent au gré des résultats d'entreprises, des annonces macroéconomiques, des décisions des banques centrales ou des événements géopolitiques. Chaque séance apporte son lot d'informations nouvelles, de révisions d'anticipations et parfois de surprises. Cette instabilité permanente nourrit l'intérêt porté aux marchés et explique pourquoi tant d'énergie est consacrée à prévoir leurs évolutions futures.

Pourtant, parmi toutes les variables qui influencent le prix d'une option, il en existe une dont l'évolution ne laisse aucune place au doute. Contrairement aux cours de Bourse, à la volatilité ou aux taux d'intérêt, le temps suit une trajectoire parfaitement prévisible. Chaque jour qui s'écoule rapproche inexorablement le contrat de son échéance. Aucun investisseur, aussi talentueux soit-il, ne peut ralentir ce processus. Aucune analyse financière, aucune conviction de marché, aucune intervention extérieure n'est capable de suspendre l'écoulement du temps.

Cette évidence, qui pourrait sembler triviale, constitue en réalité l'un des fondements les plus importants de la finance optionnelle. L'actionnaire peut conserver ses titres pendant des années dans l'attente que le marché reconnaisse la valeur d'une entreprise. L'investisseur immobilier peut patienter jusqu'à ce qu'un quartier se transforme ou qu'un actif prenne de la valeur. Même l'obligataire dispose généralement d'un horizon clairement défini jusqu'au remboursement de son titre. Le détenteur d'une option se trouve dans une situation radicalement différente. Son contrat possède une durée de vie limitée. Dès le moment où il est créé, son extinction est programmée.

Cette caractéristique modifie profondément la nature économique de l'investissement. Lorsque l'on achète une option, on n'acquiert pas uniquement un droit d'achat ou un droit de vente. On acquiert également du temps. Du temps pour que le marché évolue dans la direction anticipée. Du temps pour qu'un événement favorable se produise. Du temps pour que l'incertitude joue en faveur du détenteur du contrat.

Or cette ressource particulière possède une propriété unique : elle se consomme continuellement. Chaque journée qui passe réduit le nombre de scénarios encore possibles. Chaque semaine écoulée rapproche le contrat de son issue définitive. Les opportunités qui existaient hier n'existent plus tout à fait aujourd'hui. Le champ des possibles se rétrécit progressivement jusqu'à disparaître complètement à l'échéance.

Cette disparition graduelle des possibilités futures constitue la véritable matière première du marché des options. En réalité, une partie importante de la valeur d'un contrat ne provient pas de ce qu'il vaut aujourd'hui, mais de ce qu'il pourrait valoir demain. Tant que l'avenir demeure ouvert, cette possibilité possède une valeur économique. À mesure que l'échéance approche, cette valeur se réduit naturellement.

Le temps agit ainsi comme une forme d'érosion silencieuse. Contrairement à une baisse brutale du marché, il ne provoque aucun mouvement spectaculaire. Il n'apparaît pas dans les manchettes financières. Pourtant, son influence est permanente. Jour après jour, il altère progressivement la valeur des contrats d'options.

Cette réalité explique pourquoi les investisseurs professionnels accordent une importance considérable à la dimension temporelle des marchés dérivés. Ils savent qu'une option n'est pas seulement une opinion sur l'évolution future d'un actif. C'est également un pari sur le délai dans lequel cette évolution doit se produire.

La distinction est fondamentale. De nombreux investisseurs découvrent à leurs dépens qu'il est possible d'avoir raison sur le sens d'évolution d'une action tout en perdant de l'argent sur une option. Leur analyse fondamentale peut être correcte. Leur anticipation peut même finir par se réaliser. Mais si le mouvement intervient trop tardivement, l'érosion du temps peut avoir déjà détruit une part importante de la valeur du contrat.

C'est précisément pour mesurer cette influence que les marchés ont développé une *grecque* spécifique : le *Theta*. À travers lui, le temps cesse d'être une simple donnée du calendrier pour devenir une variable financière à part entière. Il devient mesurable, quantifiable et intégrable dans le processus de décision de l'investisseur.

Comprendre le *Theta* revient ainsi à comprendre l'une des forces les plus discrètes, mais aussi les plus puissantes, qui agissent sur les marchés d'options.

2.3.b - Lorsque le temps devient une variable financière

Dans les marchés financiers traditionnels, le temps est souvent perçu comme un simple cadre dans lequel se déroulent les événements. Les investisseurs parlent d'horizon d'investissement, de détention de long terme ou encore de maturité d'un placement, mais le temps demeure généralement un paramètre passif. Les options introduisent une rupture profonde avec cette vision. Elles transforment le temps en une variable financière à part entière, dotée d'une valeur économique propre et mesurable.

Cette particularité résulte directement de la structure même des contrats optionnels. Comme nous l'avons vu précédemment, une option n'est pas seulement un droit. Elle est également une possibilité. Or toute possibilité n'existe que parce qu'il reste du temps pour qu'elle se réalise. Lorsqu'un investisseur acquiert un *call* ou un *put*, il achète en réalité une forme d'incertitude favorable. Il espère qu'avant l'échéance, le marché évoluera suffisamment pour rendre son contrat plus précieux. Tant que cette éventualité demeure ouverte, elle possède une valeur.

Cette valeur n'est pas visible directement. Elle ne correspond ni à un actif tangible ni à un flux financier immédiatement observable. Pourtant, elle est bel et bien présente dans le prix du contrat. Une option dont l'échéance est éloignée sera généralement plus chère qu'une option identique arrivant à expiration dans quelques jours. Cette différence ne résulte pas d'une modification du droit accordé à l'acheteur. Elle reflète simplement le fait que le temps disponible pour voir apparaître un scénario favorable est plus important.

Les professionnels des marchés ont progressivement appris à quantifier cette réalité. Ils ont compris qu'il était possible d'isoler l'effet du temps et d'en mesurer les conséquences financières. C'est précisément ce que représente le *Theta*.

Derrière son apparente technicité, le *Theta* ne fait finalement qu'exprimer une idée simple : combien coûte une journée supplémentaire qui s'écoule dans la vie d'une option ? Chaque matin, lorsque les marchés ouvrent, le détenteur du contrat dispose d'un jour de moins pour que son scénario se réalise. Cette diminution du temps disponible possède une traduction monétaire. Le *Theta* cherche à l'évaluer.

Cette perspective modifie profondément la manière dont il faut appréhender les options. L'investisseur n'est plus seulement confronté à une question de direction de marché. Il est également confronté à une question de vitesse. Une hausse de l'action peut être favorable à l'acheteur d'un *call*, mais encore faut-il qu'elle intervienne suffisamment tôt. Une baisse du sous-jacent peut profiter au détenteur d'un *put*, mais si celle-ci se produit trop tardivement, l'érosion temporelle aura déjà détruit une partie importante de la valeur du contrat.

Cette dimension temporelle explique pourquoi les options sont souvent plus complexes qu'elles n'y paraissent. Un investisseur peut avoir raison sur son analyse fondamentale, sur ses anticipations macroéconomiques et même sur le sens général du marché, tout en enregistrant une perte. Ce paradoxe n'est compréhensible qu'à travers le rôle joué par le temps.

L'univers des options introduit ainsi une forme de compétition permanente entre deux forces. D'un côté, le détenteur du contrat espère que le marché évoluera suffisamment vite pour créer de la valeur. De l'autre, le temps poursuit inexorablement son travail d'érosion. Chaque journée écoulée réduit les possibilités futures et rapproche le contrat de son issue définitive.

Cette lutte silencieuse constitue l'un des mécanismes les plus fascinants de la finance optionnelle. Elle explique pourquoi les marchés attribuent une telle importance à l'échéance des contrats. Deux options présentant le même *strike*, le même sous-jacent et des caractéristiques apparemment identiques peuvent afficher des prix très différents simplement parce qu'elles ne disposent pas du même horizon temporel.

Comprendre cette réalité est essentiel pour appréhender correctement la vente de *puts*. Le vendeur expérimenté ne se contente pas d'observer le prix de la prime qu'il encaisse. Il cherche également à comprendre quelle part de cette prime correspond à du temps et comment ce temps va progressivement disparaître. Cette approche transforme la perception du contrat. L'option cesse d'être un simple produit financier ; elle devient un actif dont une partie de la valeur est appelée à se dégrader naturellement.

C'est précisément cette dégradation qui fait du temps un allié potentiel du vendeur.

2.3.c - La lente disparition des possibles

Il existe une manière particulièrement éclairante de comprendre le *Theta* : considérer qu'il mesure la disparition progressive des futurs envisageables.

Lorsqu'une option est créée, l'avenir demeure largement ouvert. Une entreprise peut publier des résultats exceptionnels. Une innovation technologique peut transformer les perspectives d'un secteur. Une décision de banque centrale peut modifier brutalement les anticipations des investisseurs. Les scénarios potentiels sont nombreux et le marché attribue une valeur à cette multiplicité des possibles.

À mesure que l'échéance approche, cette richesse de scénarios commence à s'appauvrir. Certaines hypothèses cessent progressivement d'être réalistes. Les événements susceptibles d'influencer le cours du sous-jacent deviennent moins nombreux. Le champ des possibles se rétrécit lentement.

Ce phénomène est au cœur même de la *valeur temps*. Lorsque plusieurs mois restent disponibles, le marché accepte de payer relativement cher l'incertitude. Lorsqu'il ne reste plus que quelques semaines, puis quelques jours, cette incertitude perd progressivement de sa valeur. L'issue finale du contrat devient plus visible. Les probabilités se concentrent. L'espace laissé aux surprises diminue.

Cette évolution n'a rien de spectaculaire. Contrairement à une publication de résultats ou à un choc de volatilité, elle ne provoque généralement pas de mouvements brusques. Elle agit de manière discrète, presque imperceptible au quotidien. Pourtant, son influence est permanente.

Le détenteur d'une option découvre alors une réalité souvent contre-intuitive : l'inaction a un coût. Même si le marché demeure parfaitement stable, même si aucune mauvaise nouvelle ne survient, la valeur du contrat tend naturellement à diminuer. L'absence de mouvement ne signifie pas l'absence de changement. Le temps continue son œuvre.

Cette observation explique pourquoi tant d'acheteurs d'options ressentent une forme de frustration. Ils peuvent avoir le sentiment que le marché leur donne raison, mais pas assez rapidement. Leur scénario finit parfois par se réaliser, mais l'érosion temporelle a déjà absorbé une partie du gain potentiel.

Le vendeur vit cette situation sous un angle radicalement différent. Là où l'acheteur voit disparaître progressivement une ressource précieuse, le vendeur observe la réduction progressive d'une obligation potentielle. La même mécanique produit des effets opposés selon le côté du contrat auquel on se trouve.

Cette asymétrie constitue l'une des clés de compréhension de la stratégie *Short-Put*. Elle explique pourquoi tant d'investisseurs expérimentés considèrent le temps non comme un ennemi à combattre, mais comme une force statistique susceptible de travailler en leur faveur.

2.3.d - Le vendeur de *puts* et l'avantage du temps

La plupart des investisseurs abordent les marchés financiers avec une idée profondément ancrée : pour gagner de l'argent, il faut avoir raison. Il faut anticiper correctement l'évolution d'une action, prévoir la direction future d'un indice ou identifier avant les autres une tendance émergente. Cette conception n'est pas fausse. Elle décrit d'ailleurs une grande partie de l'investissement traditionnel. Pourtant, l'univers des options introduit une logique différente, parfois contre-intuitive, dans laquelle le simple écoulement du temps peut devenir un facteur favorable.

Cette particularité apparaît avec une netteté particulière dans la vente de *puts*. Lorsqu'un investisseur vend un contrat, il reçoit immédiatement une prime. Cette somme représente la contrepartie du risque qu'il accepte d'assumer. Mais elle représente également autre chose. Une partie de cette rémunération provient du temps que l'acheteur souhaite acquérir. En acceptant de vendre l'option, le vendeur se place dans une position singulière : il devient bénéficiaire d'une ressource dont la valeur est appelée à disparaître progressivement. Cette idée mérite d'être méditée.

Dans la plupart des activités économiques, la dépréciation d'un actif est considérée comme un phénomène négatif. Une machine s'use. Un véhicule perd de la valeur. Un équipement devient obsolète. Le propriétaire subit généralement cette dégradation. Dans le cas des options, le mécanisme est inversé. Celui qui détient le contrat supporte l'érosion de la *valeur temps*. Celui qui l'a vendu peut au contraire en bénéficier.

Cette inversion des rôles constitue l'un des fondements économiques de nombreuses stratégies optionnelles professionnelles. Le vendeur de *puts* ne dépend pas exclusivement d'un scénario de marché favorable. Il peut voir sa position s'améliorer même en l'absence de mouvement significatif du sous-jacent. Chaque journée qui s'écoule réduit légèrement la valeur temporelle contenue dans le contrat. Tant que les autres variables demeurent relativement stables, cette diminution contribue à améliorer sa situation.

Il est important de souligner que cet avantage n'a rien de magique. Il ne supprime ni le risque ni l'incertitude. Une baisse importante du sous-jacent peut parfaitement neutraliser les bénéfices liés au *Theta*. Une augmentation brutale de la *volatilité implicite* peut également modifier profondément l'équilibre de la position. Le vendeur demeure exposé à de nombreux aléas.

Toutefois, à la différence de l'acheteur, il bénéficie d'une force structurelle qui agit statistiquement dans son sens. Cette nuance est essentielle car elle permet de comprendre pourquoi certains investisseurs privilégient la vente d'options sur de longues périodes. Leur objectif n'est pas de prédire avec précision chaque mouvement du marché. Ils cherchent plutôt à exploiter un ensemble de mécanismes dont les probabilités leur paraissent favorables. L'érosion temporelle fait partie de ces mécanismes.

Cette approche rapproche la vente de *puts* d'une activité d'assureur. Une compagnie d'assurance ne fonde pas son modèle économique sur l'absence totale de sinistres. Elle sait que certains événements défavorables se produiront inévitablement. Son activité consiste à percevoir des primes dont le montant est statistiquement supérieur aux pertes attendues. De manière analogue, le vendeur de *puts* accepte qu'un certain nombre de positions connaissent une issue défavorable. Ce qui l'intéresse est la relation globale entre les primes encaissées et les risques assumés.

Dans cette perspective, le temps joue un rôle comparable à celui d'une prime d'assurance qui s'érode progressivement au profit de l'assureur. Cette analogie ne doit pas être poussée à l'extrême, mais elle permet de comprendre pourquoi tant de professionnels accordent une attention particulière au *Theta*. Celui-ci ne constitue pas simplement une mesure technique. Il représente la manifestation observable d'un phénomène économique fondamental : la disparition progressive de la valeur associée à l'incertitude future.

Pour le vendeur de *puts* discipliné, cette réalité possède une conséquence pratique importante. La qualité d'une position ne dépend pas uniquement du niveau de la prime encaissée. Elle dépend également de la vitesse avec laquelle la *valeur temps* est susceptible de se dissiper. Toutes les échéances ne présentent pas le même profil. Toutes les options ne se dégradent pas au même rythme. Une partie de l'art de la vente d'options consiste précisément à identifier les situations dans lesquelles cette érosion temporelle offre le meilleur compromis entre rémunération et risque.

Cette réflexion nous conduit naturellement à une autre caractéristique essentielle du *Theta*. Contrairement à ce que l'on pourrait croire, l'érosion du temps ne progresse pas de manière régulière. Elle possède son propre rythme, sa propre dynamique, et tend même à s'accélérer à mesure que l'échéance approche. C'est cette propriété particulière qui explique une grande partie du comportement observé sur les marchés d'options dans les dernières semaines de vie des contrats.

2.3.e - Pourquoi le *Theta* s'accélère à l'approche de l'échéance

L'une des erreurs les plus fréquentes commises par les investisseurs débutants consiste à imaginer que la *valeur temps* disparaît selon un rythme régulier. Cette intuition paraît naturelle. Si une option perd progressivement une partie de sa valeur chaque jour, il semble logique de supposer que cette perte se répartit de manière relativement uniforme tout au long de la vie du contrat.

La réalité observée sur les marchés est sensiblement différente. Le temps n'exerce pas son influence avec une intensité constante. L'érosion de la *valeur temps* tend au contraire à s'accélérer à mesure que l'échéance approche. Une option qui dispose encore de plusieurs mois avant son expiration ne se comporte pas du tout comme une option qui n'a plus que quelques semaines, quelques jours ou quelques heures à vivre.

Pour comprendre ce phénomène, il faut revenir à la nature même de la *valeur temps*. Comme nous l'avons vu précédemment, cette composante du prix d'une option reflète l'ensemble des scénarios susceptibles de se produire avant l'échéance. Plus le temps disponible est important, plus ces scénarios sont nombreux. Le marché attribue alors une valeur significative à cette richesse de possibilités.

Au début de la vie du contrat, la disparition d'une journée représente une perte relativement modeste. Lorsqu'une option dispose encore de plusieurs mois devant elle, la suppression d'un seul jour modifie peu les perspectives globales. Le nombre de scénarios encore envisageables demeure considérable. L'investisseur conserve un horizon suffisamment large pour espérer qu'un événement favorable survienne.

La situation change progressivement lorsque l'on se rapproche de l'échéance. À ce stade, chaque journée acquiert une importance croissante. Le marché sait qu'il reste de moins en moins de temps pour que les événements susceptibles d'influencer le sous-jacent puissent se produire. Les possibilités se raréfient rapidement. Les probabilités se concentrent autour d'un nombre réduit de scénarios. L'incertitude elle-même commence à disparaître.

Cette disparition accélérée de l'incertitude explique pourquoi la *valeur temps* tend à s'éroder beaucoup plus rapidement dans les dernières semaines de vie d'une option.

On pourrait comparer ce phénomène à un sablier. Lorsque celui-ci vient d'être retourné, la quantité de sable restant dans la partie supérieure est importante. La disparition de quelques grains paraît presque imperceptible. En revanche, lorsque le sablier approche de sa fin, chaque grain qui tombe rapproche immédiatement du moment où tout sera terminé. La perception du temps change parce que la ressource restante devient rare.

Les options obéissent à une logique comparable. À l'approche de l'échéance, le marché prend progressivement conscience que le contrat s'oriente vers son état final. Soit il conservera une valeur intrinsèque, soit il expirera sans valeur. Dans les deux cas, la composante temporelle est condamnée à disparaître complètement.

Cette dynamique produit des effets particulièrement visibles sur les contrats situés à proximité du *prix d'exercice*. Dans cette zone d'incertitude maximale, la disparition du temps exerce souvent une influence considérable sur la valorisation des options. Les dernières semaines de vie du contrat peuvent ainsi concentrer une part très importante de l'érosion totale de la *valeur temps*.

Cette observation revêt une importance particulière pour le vendeur de *puts*. Lorsqu'il encaisse une prime, celui-ci ne s'intéresse pas uniquement au montant perçu. Il cherche également à comprendre à quelle vitesse la *valeur temps* contenue dans cette prime est susceptible de se dissiper. Or cette vitesse n'est pas constante. Elle tend précisément à augmenter lorsque l'échéance se rapproche.

Cette réalité explique pourquoi de nombreux praticiens concentrent leur attention sur certaines plages de maturité plutôt que sur d'autres. Ils savent que toutes les périodes de la vie d'une option ne présentent pas le même équilibre entre rémunération, risque et vitesse d'érosion temporelle.

L'étude de cette relation entre temps restant et vitesse de dépréciation constitue l'un des fondements de nombreuses approches professionnelles de la vente d'options. Elle permet de comprendre pourquoi certains investisseurs préfèrent clôturer leurs positions avant l'échéance plutôt que d'attendre systématiquement l'expiration du contrat.

En effet, lorsque l'essentiel de la *valeur temps* a déjà disparu, le rapport entre le gain supplémentaire encore espéré et le risque restant à supporter devient parfois moins attractif. Le vendeur expérimenté apprend alors à raisonner non seulement en termes de profit potentiel, mais également en termes d'efficacité du capital engagé.

Cette réflexion nous conduit à une idée fondamentale : le *Theta* n'est pas simplement une mesure technique de l'érosion temporelle. Il constitue également une source potentielle de rendement. Comprendre comment cette *valeur temps* se transforme progressivement en revenu pour le vendeur est indispensable pour saisir la logique économique profonde de la stratégie *Short-Put*.

2.3.f - Le *Theta* comme source de revenu statistique

La plupart des investisseurs découvrent les options à travers le prisme de la spéculation directionnelle. Ils achètent un *call* parce qu'ils anticipent une hausse du marché ou un *put* parce qu'ils redoutent une baisse. Dans cette logique, le profit dépend essentiellement de la justesse de l'anticipation formulée. L'investisseur cherche avant tout à prévoir ce qui va se produire.

La vente de *puts* repose sur une philosophie sensiblement différente. Bien entendu, l'analyse du sous-jacent demeure essentielle. Il serait imprudent de vendre des options sur des actifs dont les caractéristiques fondamentales sont mal comprises. Toutefois, le cœur de la démarche ne consiste pas uniquement à prévoir une direction de marché. Il consiste également à exploiter une caractéristique structurelle des options : la disparition progressive de leur *valeur temps*.

Cette distinction est importante car elle modifie profondément la manière dont l'investisseur perçoit la source de son rendement. L'acheteur cherche à tirer profit d'un événement futur. Le vendeur cherche quant à lui à monétiser une probabilité.

Lorsqu'un investisseur vend un *put*, il encaisse immédiatement une prime. Cette prime rémunère le risque qu'il accepte d'assumer, mais elle rémunère également l'incertitude dont l'acheteur souhaite se protéger. Tant que le scénario redouté par ce dernier ne se matérialise pas, la *valeur temps* du contrat tend progressivement à disparaître.

Le vendeur se trouve ainsi dans une situation singulière. Il bénéficie non pas d'un événement particulier mais d'un processus continu. Chaque journée qui s'écoule sans mouvement défavorable majeur contribue à réduire la valeur du contrat qu'il a vendu.

Cette mécanique explique pourquoi certains praticiens considèrent la vente d'options comme une activité davantage probabiliste que prédictive. L'objectif n'est pas nécessairement d'avoir raison à chaque opération. Il consiste plutôt à construire un ensemble de positions dont les caractéristiques statistiques sont jugées favorables. Certaines transactions se solderont inévitablement par des pertes. D'autres produiront des résultats modestes. L'enjeu réside dans l'équilibre global obtenu sur un grand nombre d'opérations.

Cette approche rappelle certains mécanismes observés dans d'autres secteurs économiques. Une compagnie d'assurance sait qu'elle devra faire face à des sinistres. Une banque sait qu'une partie de ses créances ne sera jamais remboursée. Pourtant, ces activités demeurent rentables parce que les revenus perçus sont statistiquement supérieurs aux pertes supportées.

Le vendeur de *puts* raisonne souvent de manière comparable. Il sait qu'un certain nombre de positions connaîtront une évolution défavorable. Il sait également que certaines assignations sont inévitables sur une période suffisamment longue. Son objectif n'est donc pas d'éliminer totalement le risque, mais de s'assurer que la rémunération obtenue compense correctement ce risque.

Dans cette perspective, le *Theta* apparaît comme une source potentielle de revenu statistique. Le terme mérite d'être employé avec prudence. Il ne s'agit évidemment pas d'un revenu garanti. Les marchés financiers ne distribuent aucune rente sans contrepartie. Toutefois, l'érosion temporelle crée une dynamique qui tend naturellement à favoriser le vendeur lorsque les autres variables demeurent relativement stables.

Cette réalité explique pourquoi les investisseurs expérimentés accordent souvent autant d'importance au temps qu'au prix lui-même. Dans les marchés traditionnels, la plupart des acteurs se concentrent presque exclusivement sur la direction des cours. Dans les marchés d'options, le temps devient une variable tout aussi importante. Il représente une ressource que certains investisseurs cherchent à acheter tandis que d'autres cherchent à vendre.

Cette opposition constitue l'un des fondements les plus profonds de la finance optionnelle. Le détenteur d'un *call* ou d'un *put* espère que l'avenir lui donnera raison avant que le temps ne lui manque. Le vendeur espère au contraire que le temps accomplira son œuvre avant qu'un événement majeur ne survienne. Cette confrontation permanente entre mouvement et érosion temporelle se retrouve dans chaque contrat d'option négocié sur les marchés.

Pour le vendeur de *puts* discipliné, comprendre cette dynamique est essentiel. Elle permet de dépasser la simple recherche de primes élevées pour adopter une vision plus globale du processus d'investissement. La véritable question n'est plus seulement : « Combien cette option rapporte-t-elle ? » mais également : « Quelle quantité de *valeur temps* suis-je en train de vendre et à quelles conditions ? »

Cette réflexion conduit naturellement à une approche plus rigoureuse de la sélection des contrats. Toutes les primes ne se valent pas. Toutes les situations de marché n'offrent pas les mêmes opportunités. L'investisseur doit apprendre à distinguer les contextes dans lesquels la rémunération proposée paraît cohérente avec le risque assumé de ceux où cet équilibre devient moins favorable.

C'est précisément à ce niveau que les autres *grecques*, la *volatilité implicite* et les outils de sélection étudiés dans les chapitres suivants commenceront à jouer un rôle déterminant. Le *Theta* fournit une partie de l'explication. Il ne raconte toutefois pas toute l'histoire.

2.3.g - Les erreurs les plus fréquentes des investisseurs débutants

L'importance du *Theta* est aujourd'hui largement reconnue par les investisseurs utilisant les options. Pourtant, cette reconnaissance s'accompagne parfois d'interprétations simplificatrices qui peuvent conduire à des erreurs de jugement.

La plus fréquente consiste à considérer que le temps travaille systématiquement en faveur du vendeur. Cette affirmation contient une part de vérité, mais elle demeure incomplète. Le *Theta* agit rarement de manière isolée. Les marchés d'options sont gouvernés par l'interaction simultanée de plusieurs variables. Une baisse brutale du sous-jacent, une augmentation importante de la *volatilité implicite* ou un événement inattendu peuvent largement compenser les bénéfices liés à l'érosion temporelle. Le vendeur qui se focalise exclusivement sur le *Theta* risque alors de sous-estimer les autres dimensions du risque qu'il accepte de porter.

Une deuxième erreur consiste à confondre fréquence des gains et qualité de la stratégie. La vente de *puts* produit souvent de nombreuses opérations gagnantes de faible ampleur et un nombre plus limité d'opérations défavorables parfois plus importantes. Cette asymétrie psychologique peut donner l'illusion d'une stratégie exceptionnellement performante alors même que le risque global demeure mal maîtrisé.

Les investisseurs expérimentés apprennent progressivement à ne pas juger une stratégie au nombre de positions gagnantes qu'elle génère, mais à la qualité du rapport entre rendement et risque obtenu sur la durée.

Une troisième erreur concerne l'interprétation de l'échéance. Beaucoup d'investisseurs débutants supposent que les échéances les plus courtes sont systématiquement les plus attractives puisque l'érosion temporelle y est plus rapide. Cette conclusion paraît logique mais elle néglige une réalité : l'accélération du *Theta* s'accompagne souvent d'une augmentation d'autres risques, notamment ceux liés au *Gamma* et aux mouvements de marché de court terme. Comme souvent en finance, aucun avantage n'existe sans contrepartie.

Enfin, certains investisseurs découvrent tardivement que le *Theta* ne représente pas une source autonome de profit. Il constitue une composante d'un ensemble plus vaste. Son efficacité dépend étroitement de la qualité du sous-jacent sélectionné, du niveau de *volatilité implicite*, du choix du *strike* et de la discipline de gestion appliquée à la position.

Le *Theta* doit donc être considéré comme un allié, non comme une garantie.

Cette nuance est fondamentale. Elle distingue l'investisseur qui exploite intelligemment les propriétés des options de celui qui se laisse séduire par une vision excessivement simplifiée de leur fonctionnement.

CE QU'IL FAUT RETENIR

Le *Theta* mesure l'impact de l'écoulement du temps sur la valeur d'une option.

La *valeur temps* constitue une composante essentielle du prix des contrats optionnels et tend naturellement à disparaître à mesure que l'échéance approche.

Cette érosion n'est pas linéaire. Elle s'accélère généralement dans les dernières semaines de vie du contrat.

L'acheteur d'options subit cette dégradation progressive tandis que le vendeur peut en bénéficier.

La vente de *puts* repose en partie sur la capacité à monétiser cette disparition de la *valeur temps*, ce qui confère au *Theta* une importance particulière dans la stratégie *Short-Put*.

Toutefois, le *Theta* n'agit jamais seul. Son influence doit toujours être analysée en tenant compte des autres facteurs de risque, notamment les mouvements du sous-jacent et les variations de *volatilité implicite*.

Comprendre le *Theta* permet de saisir pourquoi le temps constitue l'une des ressources les plus précieuses — et les plus singulières — de l'univers des options.

Illustration 2.3 – Érosion de la valeur temps avant l'échéance

La valeur temps d'une option diminue progressivement, puis s'accélère fortement à l'approche de l'échéance.

THETA (θ) : ÉROSION DE LA VALEUR TEMPS

Le theta mesure la perte de valeur d'une option due au simple passage du temps.

CE QU'IL SE PASSE

- La valeur temps diminue chaque jour.
- Plus l'échéance approche, plus la perte quotidienne augmente.
- À l'échéance, la valeur temps devient nulle.

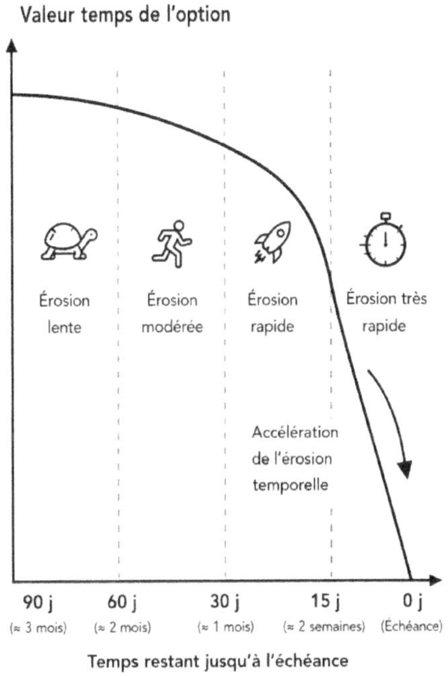

EXEMPLES (option à la monnaie, ou ATM)

- À 90 jours de l'échéance : theta modéré (faible perte par jour)
- À 30 jours de l'échéance : theta élevé (perte par jour importante)
- À 5 jours de l'échéance : theta très élevé (érosion rapide)

IMPACT DU THETA

ACHETEUR D'OPTION

- Subit l'érosion du temps.
- Theta généralement négatif.
- La valeur temps diminue chaque jour.

VENDEUR D'OPTION

- Bénéfice de l'érosion du temps.
- Exposition opposée à celle de l'acheteur.
- La baisse de valeur de l'option lui est favorable.

À RETENIR

- Le theta mesure l'impact du temps sur la valeur d'une option.
- Pour un acheteur d'option, le theta est généralement négatif.
- L'érosion temporelle est faible lorsque l'échéance est lointaine.
- Elle s'accélère fortement dans les dernières semaines et les derniers jours.
- Les options à la monnaie (ATM) sont généralement les plus sensibles *au theta*.
- À l'échéance, la valeur temps devient nulle.

À SAVOIR

À l'échéance (0 jour), la valeur temps est nulle : seule la valeur intrinsèque (si elle existe) détermine la valeur de l'option.

Chapitre 2.4
Vega : la valeur de l'incertitude

2.4.a - Pourquoi l'incertitude possède-t-elle une valeur ?

Dans la vie quotidienne, l'incertitude est généralement perçue comme une source d'inconfort. Les individus cherchent à la réduire, les entreprises tentent de la maîtriser et les investisseurs consacrent une part importante de leur énergie à l'analyser. Pourtant, sur les marchés financiers, l'incertitude n'est pas seulement une contrainte. Elle constitue également une ressource économique.

Cette idée peut sembler paradoxale. Lorsqu'un investisseur acquiert une action, son espoir repose généralement sur une évolution favorable du cours. Il souhaite que l'entreprise améliore ses résultats, que son secteur se développe ou que le marché reconnaisse une valeur encore sous-estimée. Dans cette perspective, l'incertitude apparaît souvent comme un obstacle à surmonter.

L'univers des options conduit à une lecture sensiblement différente. Une option tire une partie de sa valeur du fait que l'avenir demeure inconnu. Plus précisément, elle tire sa valeur de l'existence d'un éventail de scénarios encore possibles. Tant que le futur reste ouvert, le contrat conserve la possibilité de devenir plus avantageux pour son détenteur. Cette possibilité possède elle-même une valeur économique.

Imaginons deux entreprises présentant aujourd'hui exactement le même cours de Bourse. La première évolue dans un secteur mature, relativement stable et prévisible. La seconde appartient à une industrie émergente dont les perspectives sont beaucoup plus incertaines. Les investisseurs savent que les mouvements futurs de la seconde société pourraient être considérablement plus importants, dans un sens comme dans l'autre.

Cette différence de perception influence directement le prix des options. Même si les deux actions affichent aujourd'hui le même cours, les contrats optionnels associés à la société la plus incertaine seront généralement valorisés plus cher. Le marché considère que les mouvements potentiels du sous-jacent sont plus importants et que les opportunités offertes au détenteur de l'option sont plus nombreuses. L'incertitude devient alors une composante du prix.

Cette observation constitue l'un des principes fondamentaux de la finance optionnelle moderne. Les options ne valent pas uniquement parce qu'elles offrent un droit d'achat ou de vente. Elles valent également parce que l'avenir demeure imprévisible.

En réalité, une grande partie de la valeur d'un contrat provient précisément de cette imprévisibilité. Lorsque les investisseurs évaluent une option, ils ne cherchent pas seulement à déterminer ce qui va probablement se produire. Ils tentent également d'apprécier l'ampleur des scénarios encore envisageables. Plus cet éventail est large, plus la valeur potentielle du contrat tend à augmenter.

Cette relation entre incertitude et valorisation explique pourquoi les marchés ont développé un indicateur spécifique destiné à mesurer l'impact des variations de volatilité sur le prix des options : le *Vega*.

2.4.b - Le *Vega* ou le prix de la volatilité

Dans les chapitres précédents, nous avons découvert que les options étaient influencées par plusieurs forces distinctes. Le *Delta* mesure l'effet des variations du sous-jacent. Le *Gamma* étudie l'évolution de cette sensibilité. Le *Theta* quantifie l'influence du temps.

Le *Vega* s'intéresse quant à lui à une autre dimension essentielle : la volatilité. Cette notion est souvent mal comprise car elle est parfois confondue avec le risque. Or la volatilité ne désigne pas directement un danger. Elle décrit avant tout l'ampleur potentielle des mouvements futurs du marché.

Du point de vue d'un détenteur d'options, cette amplitude possède une valeur. Plus les fluctuations attendues sont importantes, plus les probabilités de voir apparaître un mouvement significatif augmentent. Un *call* peut profiter d'une forte hausse. Un *put* peut bénéficier d'une forte baisse. Dans les deux cas, l'existence de mouvements amples accroît l'intérêt économique du contrat. Les options prospèrent sur le mouvement.

Une action parfaitement immobile jusqu'à l'échéance détruirait une grande partie de l'intérêt des marchés d'options. À l'inverse, un environnement caractérisé par des variations importantes crée davantage d'opportunités pour les détenteurs de contrats.

Le *Vega* mesure précisément cette relation. Il indique dans quelle mesure la valeur d'une option est susceptible d'évoluer lorsque les anticipations de volatilité changent.

Cette définition peut paraître technique. Son intuition économique est pourtant simple. Lorsqu'un investisseur achète une option, il acquiert une forme de droit sur l'incertitude future. Si cette incertitude augmente, ce droit devient généralement plus précieux. Si elle diminue, sa valeur tend à reculer.

Le *Vega* représente ainsi le lien entre le prix de l'option et le prix de l'incertitude. Cette caractéristique explique pourquoi les marchés d'options réagissent souvent de manière spectaculaire lors des périodes de tension financière. Les investisseurs ne modifient pas seulement leurs anticipations concernant les cours futurs ; ils modifient également leurs anticipations concernant l'ampleur des mouvements à venir. Or ces changements d'anticipations influencent directement la valorisation des options.

Pour comprendre pleinement ce mécanisme, il est nécessaire d'examiner plus en détail la notion même de volatilité. Car toutes les volatilités ne se ressemblent pas. Certaines regardent le passé. D'autres tentent de refléter les anticipations du marché concernant l'avenir. Cette distinction sera au cœur des développements qui suivent.

2.4.c - La volatilité : entre mémoire du passé et anticipation du futur

Lorsqu'un investisseur entend parler de volatilité pour la première fois, il est souvent tenté d'y voir une simple mesure statistique de l'amplitude des variations passées d'un actif financier. Cette définition n'est pas incorrecte. Elle demeure toutefois largement insuffisante pour comprendre la manière dont les marchés d'options utilisent réellement cette notion.

La volatilité possède en effet une double nature. D'un côté, elle peut être observée dans les données historiques. Il est possible d'étudier les fluctuations passées d'une action, de mesurer leur dispersion et d'en déduire une estimation du comportement récent du marché. Cette approche présente un intérêt évident. Elle permet de quantifier objectivement les mouvements déjà réalisés et d'apprécier le niveau de stabilité ou d'instabilité d'un actif sur une période donnée.

Cependant, les marchés financiers ne valorisent jamais exclusivement le passé. Les prix reflètent avant tout les anticipations des investisseurs. Lorsqu'un opérateur achète ou vend une option, son raisonnement ne porte pas sur les fluctuations déjà observées mais sur celles qui pourraient se produire dans les semaines ou les mois à venir. Cette distinction est fondamentale.

Deux sociétés peuvent présenter un historique de volatilité relativement comparable tout en affichant des prix d'options très différents. Il suffit que le marché anticipe un événement particulier sur l'une d'elles pour que les valorisations divergent fortement. Une publication de résultats attendue, un procès important, une décision réglementaire ou une opération de fusion-acquisition peuvent modifier profondément les anticipations des investisseurs concernant l'amplitude des mouvements futurs. La volatilité cesse alors d'être un simple constat statistique pour devenir une anticipation collective.

Les marchés d'options fonctionnent précisément sur cette anticipation. Les primes observées ne reflètent pas seulement ce qui s'est produit hier. Elles intègrent ce que les intervenants imaginent pouvoir se produire demain.

Cette réalité explique pourquoi la *volatilité historique*, bien qu'utile, ne constitue qu'une partie de l'analyse. Elle renseigne sur le comportement passé du sous-jacent, mais elle ne révèle pas directement les attentes du marché. Or ce sont précisément ces attentes qui déterminent une grande partie de la valeur des options.

Comprendre cette différence revient à franchir une étape importante dans l'étude des produits dérivés. L'investisseur cesse de regarder uniquement dans le rétroviseur. Il commence à s'intéresser à la manière dont le marché envisage l'avenir.

C'est de cette réflexion qu'émerge la notion de *volatilité implicite*, véritable pierre angulaire de la plupart des stratégies professionnelles de vente d'options.

2.4.d - La *volatilité implicite* ou le prix collectif de l'incertitude

Parmi tous les concepts rencontrés dans les marchés d'options, peu possèdent une importance aussi déterminante que la *volatilité implicite*. Pourtant, cette notion est souvent mal comprise. Certains investisseurs la considèrent comme un indicateur parmi d'autres, alors qu'elle constitue en réalité l'un des principaux moteurs de valorisation des contrats.

Pour saisir sa portée, il faut d'abord comprendre ce qu'elle représente réellement. La *volatilité implicite* n'est pas observée directement sur le marché. Contrairement au cours d'une action ou au niveau d'un indice, elle n'apparaît pas spontanément à l'écran. Elle est déduite du prix des options. Plus précisément, elle correspond au niveau de volatilité qui permet d'expliquer les prix effectivement payés par les intervenants. Cette caractéristique lui confère une nature particulière.

La *volatilité implicite* ne décrit pas le passé. Elle reflète la manière dont le marché valorise l'incertitude future à un instant donné. Elle représente une synthèse des anticipations, des inquiétudes, des espoirs et parfois même des excès émotionnels des investisseurs.

Lorsqu'une période de calme domine les marchés, les opérateurs anticipent généralement des mouvements relativement contenus. Les options tendent alors à s'échanger à des niveaux de prime plus faibles et la *volatilité implicite* demeure modérée.

À l'inverse, lorsqu'un climat d'inquiétude s'installe, les investisseurs cherchent davantage à se protéger contre des variations importantes du marché. La demande pour certaines options augmente, les primes progressent et la *volatilité implicite* s'élève. Cette relation explique pourquoi la *volatilité implicite* est souvent décrite comme le prix de l'incertitude.

Lorsque l'incertitude devient abondante, son prix augmente. Lorsque les investisseurs retrouvent confiance, son prix tend à diminuer.

Pour le vendeur de *puts*, cette observation possède une importance considérable. La prime qu'il encaisse dépend largement du niveau de *volatilité implicite* au moment de l'opération. Plus cette dernière est élevée, plus la rémunération proposée est généralement importante. Cependant, cette augmentation de la prime n'est jamais gratuite. Elle traduit également une perception accrue du risque par le marché.

Toute la difficulté consiste alors à distinguer les situations dans lesquelles cette perception du risque paraît justifiée de celles où elle semble excessive. C'est précisément dans cet écart potentiel entre risque réel et risque perçu que naissent certaines des meilleures opportunités de vente d'options.

Le vendeur expérimenté ne cherche donc pas uniquement des primes élevées. Il cherche des situations dans lesquelles l'incertitude lui paraît surévaluée par rapport aux risques effectivement encourus. Cette démarche exige une compréhension approfondie de la *volatilité implicite* et de ses mécanismes de formation.

Elle exige également d'accepter une réalité fondamentale : sur les marchés d'options, ce ne sont pas seulement les actifs qui possèdent un prix. L'incertitude elle-même se négocie quotidiennement.

2.4.e - Pourquoi une volatilité élevée peut devenir une opportunité

L'investisseur débutant éprouve souvent une certaine méfiance à l'égard de la volatilité. Cette réaction est compréhensible. Dans l'imaginaire collectif, volatilité et risque sont fréquemment associés. Les périodes de forte agitation boursière sont généralement accompagnées d'incertitudes économiques, de corrections parfois brutales et d'une augmentation visible de l'anxiété des intervenants. Dans un tel contexte, il paraît naturel de considérer une hausse de la volatilité comme un phénomène défavorable.

Cette perception contient une part de vérité mais elle demeure incomplète. Du point de vue de l'investisseur traditionnel, la volatilité est effectivement souvent synonyme d'inconfort. Elle accroît l'incertitude sur la valeur future du portefeuille et complique la prise de décision. Pour le vendeur d'options, la lecture peut être sensiblement différente. Une augmentation de la *volatilité implicite* ne modifie pas seulement le niveau de risque perçu par le marché. Elle modifie également le prix auquel ce risque est rémunéré. Cette distinction est fondamentale.

Lorsqu'une période de tension apparaît sur les marchés, les investisseurs cherchent généralement à se protéger davantage. Cette demande accrue de protection se traduit par une augmentation du prix des options. Les primes deviennent plus élevées. Le marché accepte de payer davantage pour obtenir une assurance contre les mouvements futurs.

Le vendeur se retrouve alors face à une situation particulière. Le même contrat qui aurait procuré une rémunération relativement modeste dans un environnement calme peut désormais offrir une prime sensiblement plus importante. La question essentielle n'est plus de savoir si la volatilité est élevée ou faible. Elle consiste à déterminer si le supplément de rémunération proposé compense correctement le supplément de risque perçu.

C'est précisément sur ce point que se situe la réflexion des investisseurs expérimentés. Ils savent que les marchés financiers traversent régulièrement des phases d'exagération émotionnelle. L'histoire boursière regorge de périodes durant lesquelles les anticipations collectives ont oscillé entre l'euphorie et la peur. Or ces mouvements psychologiques influencent directement la *volatilité implicite*.

Lorsque la crainte domine, les investisseurs tendent à attribuer une probabilité élevée aux scénarios défavorables. Ils sont prêts à payer davantage pour se protéger. Les primes augmentent alors parfois plus rapidement que les risques réels eux-mêmes.

Cette situation attire naturellement l'attention des vendeurs d'options.

Non parce qu'ils considèrent le risque comme inexistant, mais parce qu'ils cherchent à identifier les moments où ce risque paraît rémunéré de manière particulièrement généreuse. Leur objectif n'est pas de nier l'incertitude. Il consiste à la tarifer. La différence est essentielle.

Un vendeur de *puts* discipliné ne recherche pas systématiquement les environnements les plus dangereux. Il recherche les situations dans lesquelles la rémunération offerte par le marché semble disproportionnée par rapport aux risques effectivement encourus. Cette démarche exige une analyse rigoureuse du sous-jacent, de ses fondamentaux, de son environnement sectoriel et des circonstances ayant conduit à l'augmentation de la *volatilité implicite*.

La volatilité élevée devient alors non pas un signal de fuite, mais un objet d'étude. Dans certains cas, elle révélera effectivement un danger qu'il convient d'éviter. Dans d'autres, elle traduira davantage une réaction émotionnelle collective qu'une dégradation durable de la qualité de l'actif sous-jacent. Toute la compétence du vendeur d'options consiste précisément à distinguer ces deux situations.

Cette approche conduit progressivement à une idée qui occupera une place centrale dans la suite de cet ouvrage : la *volatilité implicite* n'est pas seulement une mesure de l'incertitude. Elle constitue également une source potentielle d'opportunités.

2.4.f - Lorsque le marché surpaie la protection

L'une des caractéristiques les plus fascinantes des marchés financiers réside dans leur dimension profondément humaine. Derrière chaque prix observé se trouvent des individus, des institutions, des contraintes réglementaires, des émotions et des anticipations parfois contradictoires. Les options n'échappent évidemment pas à cette réalité.

La *volatilité implicite* est souvent présentée comme une variable mathématique. Elle est en réalité le reflet d'un comportement collectif. Lorsqu'une inquiétude particulière apparaît, les investisseurs cherchent à réduire leur exposition au risque. Certains vendent leurs positions. D'autres achètent des options de protection. Cette demande supplémentaire exerce une pression sur les prix des contrats et contribue à faire progresser la *volatilité implicite*.

Ce mécanisme est parfaitement rationnel. Pourtant, comme tout phénomène collectif, il peut parfois conduire à des excès. Les périodes de stress de marché offrent de nombreux exemples où la peur semble se propager plus rapidement que les faits eux-mêmes. Les investisseurs ne réagissent plus uniquement aux événements observés ; ils réagissent également à l'anticipation de réactions futures. Cette dynamique d'amplification contribue régulièrement à créer des niveaux de *volatilité implicite* particulièrement élevés.

Pour le vendeur de *puts*, ces épisodes méritent une attention particulière. Ils ne constituent pas nécessairement des opportunités automatiques. Les marchés ont souvent de bonnes raisons de s'inquiéter. Néanmoins, ces périodes correspondent précisément aux moments où les primes atteignent parfois des niveaux exceptionnellement attractifs.

L'investisseur expérimenté comprend alors qu'il ne vend pas uniquement une option. Il vend également une forme de protection recherchée par d'autres acteurs. Plus cette protection est demandée, plus son prix augmente.

Cette logique rappelle certains mécanismes observés dans les marchés de l'assurance. Après une catastrophe majeure, le coût de la couverture tend généralement à progresser. La perception du risque change, la demande augmente et les prix s'ajustent. Les marchés d'options fonctionnent souvent selon une logique comparable.

La question n'est donc pas simplement de savoir si une prime est élevée. Elle consiste à comprendre pourquoi elle est élevée. Cette interrogation constitue l'un des fils conducteurs de toute stratégie professionnelle de vente de *puts*. Derrière chaque prime se cache une perception du risque. Derrière chaque niveau de *volatilité implicite* se cache une opinion collective sur l'avenir. Le travail de l'investisseur consiste à évaluer si cette opinion lui paraît raisonnable, exagérée ou, au contraire, insuffisamment prudente.

C'est précisément pour répondre à cette question que les praticiens ont développé des outils permettant de replacer la *volatilité implicite* dans son contexte historique. Une volatilité de 30 % peut paraître élevée dans certaines circonstances et relativement faible dans d'autres. Tout dépend de l'histoire récente du sous-jacent, de ses caractéristiques propres et des conditions de marché.

Cette nécessité de contextualiser la volatilité conduira naturellement aux notions d'*IV Rank* et d'*IV Percentile*. Ces outils ne cherchent pas à prédire l'avenir. Ils cherchent à répondre à une question beaucoup plus pragmatique : la *volatilité implicite* actuellement observée est-elle réellement élevée par rapport à ce qui a été observé dans le passé ?

La réponse à cette question constituera l'un des piliers de la méthodologie développée dans les parties suivantes de cet ouvrage.

CE QU'IL FAUT RETENIR

La valeur d'une option dépend non seulement du prix du sous-jacent et du temps restant jusqu'à l'échéance, mais également du degré d'incertitude anticipé par le marché.

Cette incertitude est traduite par la *volatilité implicite*, qui représente la perception collective des mouvements futurs susceptibles d'affecter le sous-jacent. Contrairement à la *volatilité historique*, qui décrit le passé, la *volatilité implicite* reflète les anticipations des investisseurs concernant l'avenir.

Le *Vega* mesure la sensibilité du prix d'une option aux variations de cette *volatilité implicite*. Une augmentation de l'incertitude anticipée tend généralement à accroître la valeur des options, tandis qu'une diminution de cette incertitude tend à la réduire.

Pour l'acheteur d'options, une hausse de la *volatilité implicite* constitue souvent un facteur favorable puisqu'elle augmente la valeur du contrat détenu. Pour le vendeur, la situation est plus nuancée. Une volatilité élevée signifie certes que le marché perçoit davantage de risque, mais elle signifie également que les primes offertes sont généralement plus importantes.

Cette relation explique pourquoi les vendeurs de *puts* accordent une attention particulière aux périodes de forte *volatilité implicite*. Leur objectif n'est pas de rechercher systématiquement le risque, mais d'identifier les situations dans lesquelles le marché rémunère généreusement l'incertitude qu'il souhaite transférer.

La *volatilité implicite* doit toutefois être interprétée avec prudence. Un niveau élevé ne constitue pas en lui-même un signal d'achat ou de vente. Il doit toujours être replacé dans son contexte historique et confronté aux caractéristiques fondamentales du sous-jacent.

Cette nécessité de contextualisation conduit naturellement aux notions d'*IV Rank* et d'*IV Percentile*. Ces outils permettent d'apprécier si la *volatilité implicite* actuellement observée est réellement élevée ou faible au regard de son historique récent.

Comprendre le *Vega* revient finalement à comprendre que les marchés d'options ne valorisent pas uniquement des actifs financiers. Ils valorisent également l'incertitude elle-même. Cette idée constitue l'une des clés de lecture les plus importantes pour appréhender les stratégies modernes de vente de *puts*.

Illustration 2.4 – Effet d'une variation de volatilité implicite sur la prime

La volatilité implicite mesure les anticipations du marché.
Une hausse de la volatilité augmente la prime, une baisse la diminue.

VÉGA (ν) : SENSIBILITÉ À LA VOLATILITÉ

Le véga mesure la variation de la valeur d'une option pour une variation de 1 point de volatilité implicite.

- Véga > 0 pour les calls et les puts.
- Plus le véga est élevé, plus l'option est sensible aux variations de volatilité.
- Les options ATM ont le véga le plus élevé.

CE QU'IL FAUT SAVOIR

Hausse de la volatilité implicite (IV)

Les anticipations de mouvements futurs augmentent.

→ La prime augmente.

Baisse de la volatilité implicite (IV)

Les anticipations de mouvements futurs diminuent.

→ La prime diminue.

Volatilité inchangée

La prime reste globalement stable (hors effet du temps et du sous-jacent).

EFFET SUR LA PRIME (toutes choses égales par ailleurs)

Option ATM – Même échéance, même sous-jacent

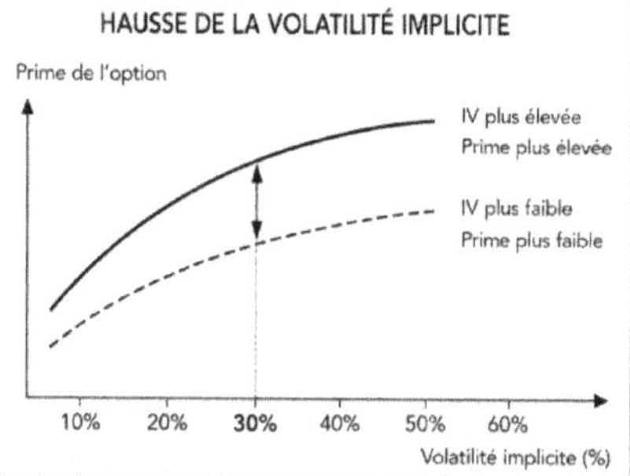

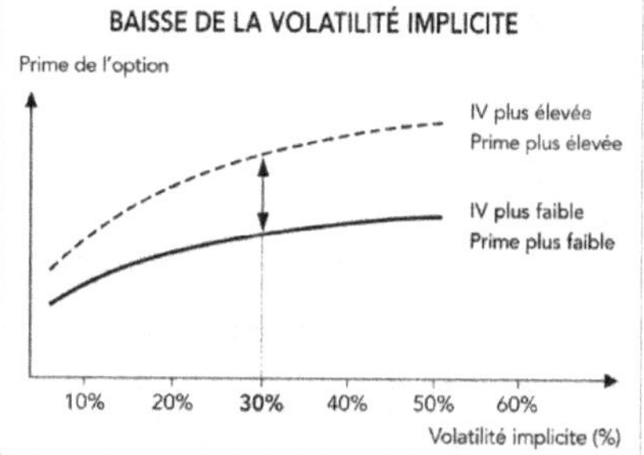

IMPACT POUR L'INVESTISSEUR

Acheteur d'option

- Profite d'une hausse de volatilité implicite.
- Subit une baisse de volatilité implicite.

Vendeur d'option

- Subit une hausse de volatilité implicite.
- Profite d'une baisse de volatilité implicite.

⚠ L'effet du véga s'ajoute aux autres facteurs (delta, theta, etc.).

SENSIBILITÉ SELON LA POSITION DU PRIX DU SOUS-JACENT

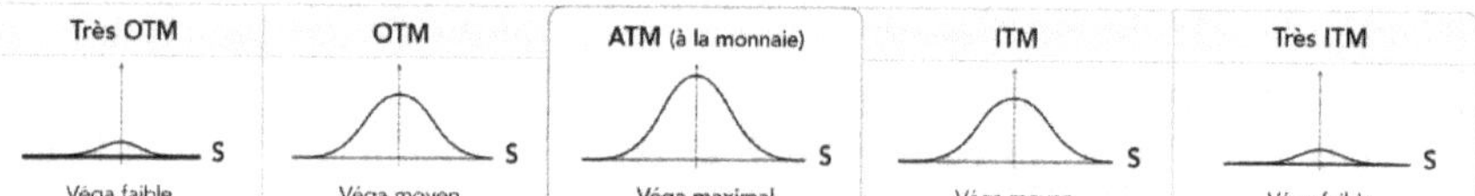

Très OTM	OTM	ATM (à la monnaie)	ITM	Très ITM
Véga faible Peu sensible à l'IV	Véga moyen Sensibilité modérée	**Véga maximal** **Très sensible à l'IV**	Véga moyen Sensibilité modérée	Véga faible Peu sensible à l'IV

S = prix du sous-jacent | K = prix d'exercice

EXEMPLE

Volatilité implicite initiale	: 20 %
Volatilité implicite finale	: 25 %
Variation	: + 5 points de volatilité
Véga de l'option	: 0,25 €

Hausse estimée de la prime :

0,25 × 5 = + 1,25 €

La prime de l'option augmente donc d'environ 1,25 €.
(Toutes choses égales par ailleurs.)

Chapitre 2.5
Le *Rhô* et la synthèse des *grecques*

Après avoir étudié le *Delta*, le *Gamma*, le *Theta* et le *Vega*, le lecteur dispose désormais des principaux outils permettant de comprendre le comportement d'une option face aux mouvements du marché. Chacune de ces *grecques* éclaire une dimension particulière du contrat. Le *Delta* mesure la sensibilité au sous-jacent. Le *Gamma* décrit l'évolution de cette sensibilité. Le *Theta* quantifie l'effet du temps. Le *Vega* révèle l'influence de la *volatilité implicite*.

À ce stade, une dernière *grecque* mérite encore d'être examinée : le *Rhô*. Comparée aux précédentes, son importance pratique paraît souvent plus modeste. De nombreux investisseurs particuliers passent même plusieurs années sur les marchés d'options sans lui accorder une attention particulière. Cette relative discrétion ne doit pourtant pas conduire à la négliger. Comme toute *grecque*, le *Rhô* traduit une réalité économique précise. Il permet de comprendre comment les variations des taux d'intérêt influencent la valorisation des options.

Cette influence est généralement moins spectaculaire que celle exercée par le sous-jacent ou par la *volatilité implicite*. Elle n'en demeure pas moins réelle. Dans certains environnements de marché, notamment lorsque les taux connaissent des mouvements significatifs, le *Rhô* participe pleinement à la dynamique de valorisation des contrats.

L'étude du *Rhô* présente également un intérêt plus large. Elle offre l'occasion de prendre du recul sur l'ensemble des *grecques* étudiées jusqu'à présent. Car l'objectif final n'est pas de maîtriser séparément une collection d'indicateurs techniques. L'objectif est de comprendre comment ces différentes forces interagissent simultanément pour déterminer la valeur d'une option.

Le véritable investisseur en options ne raisonne jamais en termes de *Delta* uniquement, de *Theta* uniquement ou de *Vega* uniquement. Il apprend progressivement à considérer l'option comme un système dans lequel plusieurs variables agissent simultanément. Cette vision globale constitue l'une des étapes les plus importantes de l'apprentissage.

Le *Rhô* représente ainsi davantage qu'une simple *grecque* supplémentaire. Il constitue la dernière pièce d'un ensemble cohérent qui permet de comprendre les principaux moteurs de valorisation des contrats optionnels.

2.5.a - Le *Rhô*, la *grecque* souvent oubliée

L'histoire des marchés financiers est étroitement liée à celle des taux d'intérêt. Les décisions des banques centrales influencent le coût du crédit, les conditions de financement des entreprises, les valorisations boursières et, plus généralement, l'ensemble de l'activité économique. Il serait donc surprenant que les options demeurent totalement insensibles à ces évolutions.

Pourtant, lorsqu'ils découvrent les produits dérivés, la plupart des investisseurs concentrent leur attention sur d'autres variables. Les mouvements du sous-jacent apparaissent immédiatement visibles. La *volatilité implicite* exerce parfois des effets spectaculaires. L'érosion temporelle se manifeste quotidiennement. Face à ces phénomènes, l'influence des taux d'intérêt semble souvent secondaire. Cette impression est largement compréhensible.

Dans la majorité des opérations réalisées par les investisseurs particuliers, les variations de taux demeurent relativement modestes par rapport aux mouvements du sous-jacent ou aux changements de *volatilité implicite*. Le *Rhô* apparaît alors comme une variable de second ordre.

Cette perception explique pourquoi il est parfois qualifié de « *grecque* oubliée ». Une telle qualification est toutefois réductrice. Si le *Rhô* est moins visible, ce n'est pas parce qu'il serait inutile. C'est simplement parce que son influence s'exerce généralement de manière plus progressive.

Comme les autres *grecques*, le *Rhô* mesure une sensibilité. Il indique dans quelle mesure le prix d'une option est susceptible d'évoluer lorsque les taux d'intérêt varient. Derrière cette définition relativement simple se cache une logique économique profonde qui relie directement les marchés d'options à l'environnement monétaire général.

Comprendre cette logique permet d'enrichir la vision globale de l'investisseur. Il découvre alors que la valeur d'une option ne dépend pas uniquement de son sous-jacent ou de sa volatilité. Elle dépend également du coût du temps et de l'argent dans l'économie.

Cette relation peut sembler abstraite à première vue. Elle devient beaucoup plus intuitive dès lors que l'on s'intéresse au rôle joué par les taux d'intérêt dans la valorisation des flux financiers futurs.

2.5.b - Pourquoi les taux d'intérêt influencent les options

Pour comprendre le rôle du *Rhô*, il est nécessaire de revenir à une idée fondamentale de la finance moderne : un euro aujourd'hui ne possède pas la même valeur qu'un euro demain.

Cette affirmation constitue l'un des principes les plus anciens de l'analyse financière. L'argent disponible immédiatement peut être investi, placé ou utilisé pour financer d'autres projets. À l'inverse, une somme qui ne sera perçue que dans plusieurs mois ou plusieurs années possède une valeur actuelle inférieure. Cette différence est directement liée au niveau des taux d'intérêt.

L'ensemble des marchés financiers repose sur ce principe. Les obligations, les actions, les opérations de financement et les produits dérivés intègrent tous, d'une manière ou d'une autre, cette notion de valeur temporelle de l'argent. Les options ne font pas exception.

Lorsqu'un investisseur achète ou vend une option, le contrat porte sur une transaction potentielle qui pourrait intervenir dans le futur. Le *prix d'exercice* ne sera éventuellement payé qu'à l'échéance. Le règlement financier dépendra des conditions de marché observées à cette date. Dès lors, les taux d'intérêt influencent nécessairement la manière dont ces flux futurs sont valorisés aujourd'hui.

Cette influence demeure souvent discrète parce qu'elle agit en arrière-plan. Elle n'apparaît pas avec la même visibilité qu'une variation brutale du sous-jacent ou qu'une explosion de la *volatilité implicite*. Pourtant, elle est bien présente dans les modèles de valorisation.

Plus les taux d'intérêt augmentent, plus la détention immédiate du capital possède de la valeur. À l'inverse, lorsque les taux diminuent, l'écart entre la valeur actuelle et la valeur future tend à se réduire. Cette relation affecte directement les contrats optionnels.

Même si l'investisseur ne s'en rend pas toujours compte, chaque option incorpore implicitement une vision du coût du temps. Les modèles de valorisation traduisent cette réalité économique en intégrant le niveau des taux dans leurs calculs.

Le *Rhô* constitue précisément la mesure de cette sensibilité. Son existence rappelle que les options ne vivent pas dans un univers isolé. Elles évoluent au sein d'un environnement financier plus large où les décisions des banques centrales, les anticipations d'inflation et les conditions monétaires influencent progressivement l'ensemble des actifs.

Comprendre cette interaction permet d'élargir la perspective de l'investisseur. Il cesse de considérer l'option comme un simple contrat dépendant du sous-jacent. Il commence à percevoir l'ensemble des forces économiques qui contribuent à sa valorisation.

2.5.c - L'effet du *Rhô* sur les *calls* et sur les *puts*

L'influence des taux d'intérêt ne se manifeste pas de manière identique sur tous les contrats d'options. Comme souvent dans les marchés dérivés, la nature du droit accordé à l'investisseur joue un rôle déterminant.

Pour un *call*, une hausse des taux d'intérêt tend généralement à exercer un effet favorable sur la valorisation du contrat. Cette relation peut sembler surprenante à première vue. Pourtant, elle découle directement de la logique économique évoquée précédemment. Détenir un *call* permet potentiellement d'acquérir le sous-jacent à une date future en conservant son capital disponible jusqu'à cette échéance. Lorsque les taux augmentent, cette possibilité devient relativement plus attractive puisque le capital non investi peut être rémunéré pendant toute la durée de vie du contrat. Le *call* bénéficie ainsi, toutes choses égales par ailleurs, d'une augmentation des taux d'intérêt.

La situation des *puts* est généralement inverse. Le détenteur d'un *put* dispose d'un droit de vente futur. Dans ce cas, une hausse des taux tend à réduire légèrement l'attrait économique du contrat. La valeur théorique du *put* diminue alors généralement lorsque les taux progressent.

Cette relation explique pourquoi le *Rhô* est positif pour les *calls* et négatif pour les *puts*. Toutefois, il convient de relativiser l'importance pratique de ce phénomène.

Dans la majorité des situations rencontrées par les investisseurs particuliers, les variations de taux sont relativement limitées comparées aux fluctuations quotidiennes des marchés actions ou aux changements parfois importants de *volatilité implicite*. L'effet du *Rhô* demeure donc souvent moins visible que celui des autres *grecques*.

Cette réalité explique pourquoi de nombreux opérateurs concentrent principalement leur attention sur le *Delta*, le *Theta* ou le *Vega*. Pour autant, ignorer totalement le *Rhô* serait une erreur.

Les périodes de changement brutal de politique monétaire nous rappellent régulièrement que les taux d'intérêt peuvent connaître des évolutions significatives. Dans ces contextes particuliers, leur influence sur la valorisation des options devient plus perceptible et mérite d'être intégrée à l'analyse.

L'investisseur discipliné ne cherche pas nécessairement à faire du *Rhô* un critère central de décision. Il cherche simplement à comprendre sa place dans l'équilibre général des forces qui déterminent la valeur d'un contrat.

2.5.d - Quand le *Rhô* devient-il réellement important ?

L'expérience montre que l'importance du *Rhô* dépend largement du contexte de marché.

Durant les périodes de stabilité monétaire, les variations de taux sont généralement modestes. Les banques centrales ajustent progressivement leur politique et les marchés anticipent souvent une grande partie de ces mouvements. Dans un tel environnement, l'influence du *Rhô* demeure relativement discrète. Les investisseurs concentrent alors naturellement leur attention sur d'autres variables.

Le sous-jacent évolue chaque jour. La *volatilité implicite* réagit en permanence aux nouvelles informations. Le temps s'écoule inexorablement. Ces facteurs produisent des effets immédiats et visibles sur la valorisation des options.

Le *Rhô* agit davantage comme une force de fond. Sa présence est constante mais son impact reste souvent secondaire. Certaines périodes historiques rappellent toutefois que cette situation n'est pas permanente.

Lorsque les banques centrales engagent des cycles importants de hausse ou de baisse des taux, les conditions financières se transforment rapidement. Les anticipations des investisseurs évoluent. Les modèles de valorisation s'ajustent. Dans ces circonstances, le *Rhô* retrouve une visibilité qu'il semblait avoir perdue.

Les options de longue maturité sont particulièrement concernées. Plus l'échéance est éloignée, plus la valeur temporelle de l'argent joue un rôle important dans la valorisation du contrat. Une modification des taux exerce alors un effet plus sensible que sur des options arrivant à expiration dans quelques semaines.

Cette observation permet de mieux comprendre la hiérarchie des *grecques*. Le *Delta*, le *Gamma*, le *Theta* et le *Vega* occupent généralement le devant de la scène parce qu'ils capturent les forces dominantes du marché des options. Le *Rhô* intervient plus discrètement mais complète le tableau. Il rappelle que les contrats optionnels demeurent profondément liés à l'environnement financier global.

Cette compréhension prépare naturellement l'étape suivante de notre réflexion. Car une fois les cinq *grecques* étudiées individuellement, il devient nécessaire de les réunir dans une vision d'ensemble. La véritable maîtrise des options ne consiste pas à connaître séparément chaque indicateur. Elle consiste à comprendre comment ces différents mécanismes interagissent simultanément pour façonner le comportement d'un contrat.

2.5.e - *Delta*, *Gamma*, *Theta*, *Vega* et *Rhô* : cinq regards sur un même contrat

L'étude successive des *grecques* peut parfois donner l'impression que chacune d'entre elles décrit une réalité indépendante. Cette perception est utile durant la phase d'apprentissage. Elle permet d'isoler les mécanismes fondamentaux et d'en comprendre progressivement la logique. Pourtant, aucun investisseur expérimenté n'analyse une option en examinant séparément le *Delta*, puis le *Gamma*, puis le *Theta* ou le *Vega* comme s'il s'agissait de phénomènes totalement distincts.

Dans la pratique, ces différentes sensibilités agissent simultanément. Chaque option constitue un système complexe soumis à plusieurs forces qui interagissent en permanence. Le prix du sous-jacent évolue. Le temps s'écoule. Les anticipations de volatilité changent. Les conditions monétaires se modifient. Chacune de ces variables influence le contrat selon sa propre dynamique. Les *grecques* ne représentent finalement que différentes manières d'observer une même réalité. Cette idée est fondamentale.

Le *Delta* nous renseigne sur la réaction immédiate de l'option aux mouvements du sous-jacent. Le *Gamma* indique comment cette sensibilité est susceptible d'évoluer. Le *Theta* mesure l'effet de l'écoulement du temps. Le *Vega* révèle l'influence des variations de *volatilité implicite*. Le *Rhô* complète l'ensemble en tenant compte des modifications de l'environnement de taux.

Pris individuellement, chacun de ces indicateurs apporte une information utile. Pris collectivement, ils offrent une vision beaucoup plus riche du comportement potentiel du contrat.

On pourrait comparer cette approche à celle d'un médecin observant un patient. La tension artérielle, la fréquence cardiaque, la température corporelle ou les résultats d'une analyse sanguine fournissent chacune des indications précieuses. Aucune ne permet à elle seule de comprendre l'état général de la personne examinée. C'est la combinaison de ces informations qui permet d'établir un diagnostic cohérent.

Les *grecques* jouent un rôle comparable. Leur véritable valeur apparaît lorsque l'investisseur apprend à les considérer comme les composantes d'un même langage. Elles décrivent ensemble les différents risques auxquels une position est exposée et permettent d'anticiper la manière dont celle-ci pourrait réagir dans des scénarios variés.

Cette vision globale constitue l'une des différences les plus importantes entre une approche intuitive des options et une approche professionnelle. L'investisseur débutant cherche souvent à savoir si une option va gagner ou perdre de la valeur. En revanche, l'investisseur expérimenté cherche à comprendre pourquoi cette valeur pourrait évoluer et quelles forces risquent de dominer au cours des prochaines semaines. La démarche conduit naturellement à une compréhension plus profonde du risque.

2.5.f - La lecture simultanée des *grecques*

À mesure que l'expérience s'accumule, l'investisseur découvre que les options sont moins des instruments de prédiction que des instruments de gestion des probabilités. Cette distinction est essentielle.

Les marchés financiers demeurent fondamentalement imprévisibles. Aucun indicateur ne permet de connaître avec certitude l'évolution future d'une action. Les *grecques* n'ont jamais eu cette ambition. Leur rôle consiste à décrire la manière dont une option pourrait réagir à différents scénarios. Elles permettent ainsi de cartographier le risque.

Lorsqu'un vendeur de *puts* analyse une opportunité, il ne s'interroge pas uniquement sur le montant de la prime offerte. Il cherche également à comprendre les mécanismes qui influenceront l'évolution future de sa position.

Le *Delta* lui indique la sensibilité immédiate au sous-jacent. Le *Gamma* lui signale si cette sensibilité risque d'évoluer rapidement. Le *Theta* lui montre comment le temps peut agir en sa faveur. Le *Vega* lui permet d'évaluer l'importance des changements de *volatilité implicite*. Le *Rhô* lui rappelle que l'environnement financier général n'est jamais totalement neutre.

Cette lecture simultanée transforme profondément la qualité de l'analyse. L'investisseur cesse progressivement de raisonner en termes de gains potentiels. Il commence à raisonner en termes de profils de risque. Ce changement de perspective est déterminant car il permet de prendre des décisions plus cohérentes et plus robustes.

Une option n'est plus perçue comme un simple contrat offrant une prime attractive. Elle devient un ensemble de sensibilités dont il convient d'évaluer l'équilibre.

Cette approche explique pourquoi les professionnels consacrent autant d'attention aux *grecques*. Leur objectif n'est pas d'accumuler des indicateurs techniques. Ils cherchent à construire une représentation aussi fidèle que possible des risques qu'ils acceptent de porter. Dans le cadre de la vente de *puts*, cette discipline joue un rôle central.

Une prime élevée peut sembler séduisante. Pourtant, si elle s'accompagne d'une exposition excessive à certaines variables, l'opération peut devenir beaucoup moins attractive qu'elle n'y paraît initialement. À l'inverse, une rémunération plus modeste peut parfois correspondre à un profil de risque beaucoup mieux maîtrisé.

Les *grecques* fournissent précisément les outils nécessaires pour effectuer cette distinction.

2.5.g - Vers une compréhension globale du risque optionnel

L'apprentissage des options conduit souvent les investisseurs à travers plusieurs étapes successives. Au départ, l'attention se concentre presque exclusivement sur le sous-jacent. L'investisseur cherche à comprendre si une action va monter ou baisser. Progressivement, il découvre que le temps exerce également une influence importante. Puis il prend conscience du rôle joué par la *volatilité implicite*. Enfin, il apprend à intégrer l'ensemble de ces dimensions dans une vision cohérente. Cette progression intellectuelle reflète l'évolution naturelle de la compréhension des marchés dérivés.

Les options apparaissent d'abord comme des instruments relativement simples. Elles révèlent ensuite une profondeur croissante à mesure que l'on découvre les mécanismes qui gouvernent leur valorisation.

Les *grecques* constituent l'un des outils les plus puissants pour explorer cette complexité. Elles ne fournissent pas de certitudes. Elles n'éliminent pas le risque. Elles permettent simplement de le comprendre avec davantage de précision.

Cette capacité de compréhension représente un avantage considérable pour le vendeur de *puts*. Plus il maîtrise les différentes forces qui influencent ses positions, plus il devient capable de sélectionner les opportunités compatibles avec ses objectifs et sa tolérance au risque.

C'est précisément cette logique qui servira de transition vers la troisième partie de cet ouvrage. Jusqu'à présent, nous avons étudié les principaux mécanismes qui déterminent la valeur d'une option. Nous avons analysé le rôle du sous-jacent, du temps, de la *volatilité implicite* et des taux d'intérêt. Nous avons découvert comment ces différentes variables interagissent à travers les *grecques*.

La question qui se pose désormais est naturellement la suivante : comment utiliser ces connaissances pour sélectionner concrètement les meilleures opportunités ?

La réponse ne réside pas dans un indicateur unique ni dans une règle universelle. Elle repose sur un processus structuré de sélection, destiné à identifier les situations dans lesquelles le rapport entre rémunération et risque apparaît le plus favorable.

Et c'est bien là qu'est l'objet de la partie suivante.

CE QU'IL FAUT RETENIR

Le *Rhô* mesure la sensibilité du prix d'une option aux variations des taux d'intérêt. Son influence est généralement plus discrète que celle du *Delta*, du *Theta* ou du *Vega*, mais elle rappelle que les options demeurent liées à l'environnement financier global.

L'étude du *Rhô* complète l'analyse des principales *grecques* et permet de disposer d'une vision plus exhaustive des facteurs qui influencent la valorisation des contrats.

La véritable maîtrise des options ne consiste toutefois pas à étudier séparément chaque *grecque*. Elle repose sur la capacité à comprendre leurs interactions et à analyser simultanément les différentes forces qui agissent sur une position.

Le *Delta*, le *Gamma*, le *Theta*, le *Vega* et le *Rhô* constituent ensemble un langage permettant de décrire les multiples dimensions du risque optionnel.

Cette compréhension globale marque l'aboutissement de la phase théorique de l'apprentissage. Elle prépare l'investisseur à l'étape suivante : transformer cette connaissance en un processus rigoureux de sélection et de gestion des opportunités.

Les chapitres qui suivent montreront comment utiliser concrètement ces outils afin d'identifier les situations où la vente de *puts* offre les conditions les plus favorables.

Illustration 2.5 – Le Rhô et synthèse des grecques

Après le sous-jacent, le temps et la volatilité, les taux d'intérêt influencent également la valeur des options.

1. LE RHÔ (ρ) : L'IMPACT DES TAUX D'INTÉRÊT

Le rhô mesure la sensibilité du prix d'une option à une variation des taux d'intérêt.

CALL

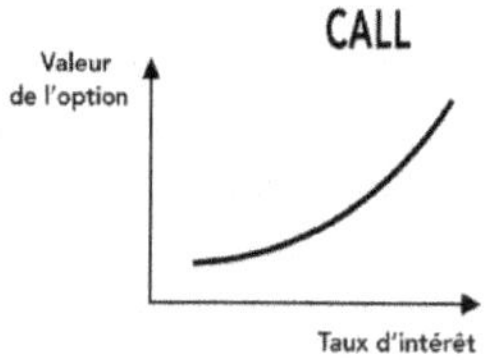

Taux d'intérêt ↑

↓

Valeur du call ↑

PUT

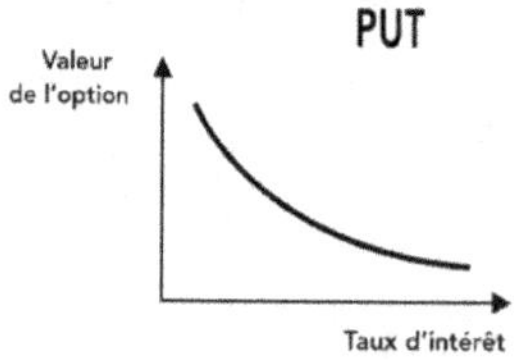

Taux d'intérêt ↑

↓

Valeur du put ↓

POURQUOI ? – CALL

Lorsque les taux augmentent :

- le call gagne généralement de la valeur ;
- l'achat futur du sous-jacent devient relativement plus intéressant.

POURQUOI ? – PUT

Lorsque les taux augmentent :

- le put perd généralement de la valeur ;
- la valeur actuelle du strike futur diminue.

À RETENIR

- Rhô positif pour les calls.
- Rhô négatif pour les puts.
- Impact généralement faible sur les options de courte maturité.
- Impact plus visible sur les échéances longues.

2. SYNTHÈSE DES CINQ GRECQUES

LES CINQ GRECQUES EN UN COUP D'ŒIL

Grecque	Ce qu'elle mesure	Call	Put
Δ Delta	Sensibilité au sous-jacent	+	–
Γ Gamma	Sensibilité du delta	+	+
V Vega	Sensibilité à la volatilité implicite	+	+
Θ Theta	Sensibilité au temps	–	–
ρ Rhô	Sensibilité aux taux d'intérêt	+	–

SI CETTE VARIABLE AUGMENTE...

Variable	Call	Put
Sous-jacent	↑	↓
Volatilité implicite	↑	↑
Temps restant	↑	↑
Taux d'intérêt	↑	↓

LES 5 FORCES QUI AGISSENT SUR LE PRIX D'UNE OPTION

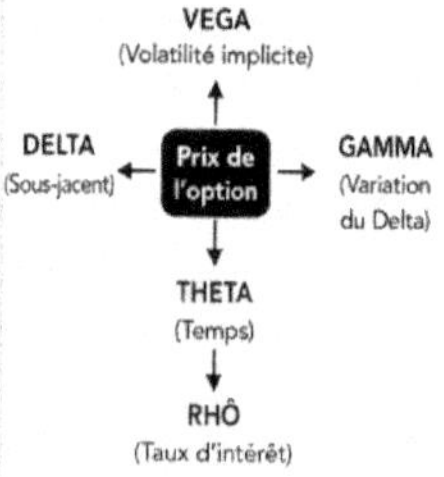

SELON LE MOMENT DE LA VIE DE L'OPTION

- Avant l'ouverture **(VEGA)**
- Pendant la vie de l'option **(DELTA)**
- Approche de l'échéance **(THETA)**
- Derniers jours **(GAMMA)**
- Échéances longues **(RHÔ)**

PARTIE 3 - Le modèle *Black-Scholes-Merton*

Chapitre 3.1
Fischer Black, *Myron Scholes* et *Robert Merton* : les architectes de la valorisation moderne

Aujourd'hui, il paraît naturel de pouvoir connaître instantanément la valeur théorique d'une option. Quelques clics suffisent pour obtenir une prime calculée avec une précision remarquable. Les plateformes de trading, les logiciels financiers et les systèmes de gestion des risques réalisent quotidiennement des millions de calculs fondés sur des modèles mathématiques sophistiqués. Cette apparente évidence ne doit cependant pas masquer une réalité historique essentielle : pendant une grande partie du XXe siècle, il n'existait aucune méthode rigoureuse permettant de déterminer la valeur d'une option.

Avant les années 1970, le marché des options ressemblait davantage à un univers d'estimations empiriques qu'à une discipline scientifique. Les opérateurs s'appuyaient sur leur expérience, leur intuition et leur appréciation personnelle du risque pour fixer les prix. Deux investisseurs pouvaient attribuer des valeurs très différentes à un même contrat sans disposer d'un cadre théorique permettant d'arbitrer objectivement leurs divergences. Cette situation constituait une limite majeure au développement des marchés dérivés.

Comment construire un marché efficace lorsque personne ne sait précisément combien vaut l'actif échangé ? Comment gérer les risques associés aux options si leur prix résulte essentiellement d'appréciations subjectives ? Comment attirer des investisseurs institutionnels dans un univers où les règles de valorisation demeurent floues ? Ces questions occupaient une place centrale dans la réflexion académique et professionnelle du début des années 1970.

La réponse allait venir de la rencontre exceptionnelle entre trois économistes dont les travaux allaient transformer durablement la finance moderne : *Fischer Black*, *Myron Scholes* et *Robert Merton*. Leur contribution ne se limita pas à proposer une nouvelle formule de calcul. Ils introduisirent une manière totalement nouvelle de penser le risque, la valorisation des actifs et la construction des marchés financiers. L'impact de leurs recherches dépasse largement le seul domaine des options.

Le modèle qui porte aujourd'hui leurs noms a profondément influencé la gestion des risques, l'ingénierie financière, les marchés dérivés et la théorie financière moderne. Plus de cinquante ans après sa publication, il demeure l'un des piliers de la finance quantitative contemporaine.

Comprendre l'origine de ce modèle n'est pas un simple détour historique. C'est comprendre comment les marchés d'options sont passés d'un univers dominé par l'intuition à un cadre structuré par les mathématiques financières. C'est également découvrir pourquoi certaines notions étudiées dans les chapitres précédents — le temps, la volatilité, les taux d'intérêt ou encore le *prix d'exercice* — occupent aujourd'hui une place centrale dans la valorisation des contrats optionnels.

3.1.a - Les marchés avant *Black-Scholes*

Pour mesurer l'importance de la révolution apportée par *Black*, *Scholes* et *Merton*, il est nécessaire de revenir quelques décennies en arrière.

Les options existaient bien avant la publication du célèbre modèle de 1973. Des formes rudimentaires de contrats optionnels étaient déjà utilisées dans certaines activités commerciales dès l'Antiquité. Plus près de nous, des marchés organisés d'options existaient dans plusieurs pays avant la seconde moitié du XXe siècle.

Cependant, ces marchés demeuraient relativement limités.

L'absence d'une méthode de valorisation reconnue freinait leur développement. Les investisseurs étaient confrontés à une difficulté fondamentale : déterminer un prix juste. Contrairement à une action dont la valeur de marché est directement observable, une option possède une valeur plus complexe à appréhender. Son prix dépend de plusieurs variables qui interagissent simultanément : le niveau du sous-jacent, le *prix d'exercice*, le temps restant jusqu'à l'échéance, les taux d'intérêt et l'incertitude entourant l'évolution future du marché.

Cette complexité rendait les évaluations particulièrement délicates.

Chaque opérateur développait ses propres méthodes. Certains s'appuyaient principalement sur l'expérience. D'autres privilégiaient des approches statistiques rudimentaires. D'autres encore fondaient leurs décisions sur des comparaisons avec des transactions antérieures.

Le résultat était un marché souvent inefficace.

Des écarts de valorisation importants pouvaient apparaître entre des contrats très similaires. Les possibilités d'arbitrage étaient nombreuses. Les risques demeuraient difficiles à mesurer avec précision. Surtout, les investisseurs institutionnels hésitaient à s'engager massivement sur un marché dépourvu de références théoriques solides.

À mesure que les marchés financiers se développaient, cette situation devenait de plus en plus problématique.

Les besoins de couverture augmentaient. Les entreprises cherchaient à gérer leurs expositions aux fluctuations des marchés. Les investisseurs souhaitaient disposer d'instruments plus sophistiqués pour adapter leurs stratégies. Le développement d'un cadre théorique robuste devenait progressivement une nécessité économique autant qu'intellectuelle.

C'est dans ce contexte que plusieurs chercheurs commencèrent à explorer une question qui paraissait presque insoluble : existe-t-il une manière objective de déterminer la valeur d'une option ?

Cette interrogation allait ouvrir la voie à l'une des avancées les plus importantes de l'histoire de la finance moderne.

3.1.b - Le problème de la valorisation des options

La question de la valorisation des options a longtemps constitué l'une des difficultés les plus complexes de la théorie financière. Contrairement à une action dont le prix résulte directement de la confrontation entre acheteurs et vendeurs, ou à une obligation dont les flux futurs peuvent être relativement facilement actualisés, une option présente une singularité qui a longtemps déconcerté les praticiens comme les universitaires : sa valeur dépend essentiellement d'événements futurs dont personne ne peut connaître l'issue avec certitude.

Cette caractéristique place immédiatement l'investisseur face à un problème intellectuel redoutable. La valeur d'un *call* ou d'un *put* dépend du prix futur du sous-jacent, mais également du temps restant jusqu'à l'échéance, des taux d'intérêt et de l'ampleur des fluctuations susceptibles d'affecter le marché durant la vie du contrat. Chacune de ces variables est elle-même soumise à l'incertitude. Pendant de nombreuses années, cette réalité conduisit de nombreux opérateurs à considérer qu'une valorisation rigoureuse des options relevait davantage de l'art que de la science. Les prix étaient souvent établis à partir de l'expérience, de l'intuition ou de comparaisons empiriques avec des transactions antérieures. Si ces approches permettaient au marché de fonctionner, elles ne fournissaient cependant aucun cadre théorique susceptible de garantir qu'une option était correctement valorisée.

Le développement progressif des marchés financiers rendit cette situation de plus en plus problématique. À mesure que les volumes augmentaient et que les investisseurs institutionnels manifestaient un intérêt croissant pour les produits dérivés, l'absence d'une méthode de valorisation universellement reconnue devenait un obstacle majeur. Comment mesurer précisément un risque lorsque le prix de l'instrument censé le transférer demeure lui-même sujet à interprétation ? Comment construire des stratégies de couverture efficaces lorsque la valeur des contrats varie selon les hypothèses retenues par chaque intervenant ? Derrière ces interrogations techniques se cachait en réalité une question beaucoup plus fondamentale : existait-il une manière objective de déterminer la valeur d'une option sans avoir à prédire l'avenir ?

C'est précisément sur ce point que la réflexion de *Black*, *Scholes* et *Merton* allait marquer une rupture décisive. Leur génie ne fut pas de trouver une méthode plus sophistiquée de prévision des marchés. Il fut de comprendre que la valorisation d'une option pouvait être abordée sous un angle totalement différent. Au lieu de chercher à deviner l'évolution future du sous-jacent, ils s'intéressèrent aux relations d'équilibre existant entre les différents actifs disponibles sur le marché. Cette modification apparemment simple du point de vue allait transformer un problème de prévision en un problème de cohérence financière.

Toute la révolution intellectuelle de la finance moderne est contenue dans ce changement de perspective. Pour la première fois, la valeur d'une option n'était plus envisagée comme la conséquence d'une anticipation particulière sur l'avenir. Elle devenait le résultat d'un raisonnement fondé sur l'absence d'opportunités d'arbitrage entre plusieurs actifs liés entre eux. À partir de cette idée fondatrice, il devenait possible d'élaborer un cadre mathématique capable de produire une valorisation théorique cohérente, reproductible et indépendante des opinions individuelles des investisseurs.

Ce basculement conceptuel constitue l'un des moments les plus importants de l'histoire de la finance. Il ouvre directement la voie à la publication du modèle de *Black-Scholes* en 1973 et à la naissance de la finance quantitative moderne.

3.1.c - La révolution de 1973

L'année 1973 occupe une place particulière dans l'histoire de la finance moderne. Peu d'événements ont autant contribué à transformer durablement les marchés financiers que la publication de l'article intitulé *The Pricing of Options and Corporate Liabilities* par *Fischer Black* et *Myron Scholes*. À lui seul, ce travail allait modifier la manière dont les investisseurs, les universitaires et les institutions financières appréhendent les options. Pourtant, l'importance de cette contribution ne réside pas uniquement dans la formule qui en découle. Elle tient surtout au changement profond de perspective qu'elle introduit dans l'analyse du risque.

Jusqu'alors, la valorisation des options demeurait largement dominée par des approches empiriques. Les opérateurs savaient qu'une option possédait une valeur économique, mais ils ne disposaient pas d'un cadre théorique permettant de la déterminer avec précision. Les prix résultaient souvent d'un équilibre pratique entre acheteurs et vendeurs, sans qu'il soit possible de démontrer rigoureusement qu'ils étaient cohérents avec les autres actifs négociés sur le marché. Cette situation limitait considérablement le développement des produits dérivés. Les investisseurs institutionnels hésitaient à s'engager massivement sur un marché dont les mécanismes de valorisation demeuraient imparfaitement compris.

Le modèle proposé par *Black et Scholes* allait bouleverser cet état de fait. Leur raisonnement reposait sur une idée d'une élégance remarquable : il devait être possible de construire un portefeuille associant une option et son actif sous-jacent de telle manière que le risque soit temporairement neutralisé. Si un tel portefeuille pouvait effectivement être constitué, son rendement devait alors être cohérent avec celui d'un actif sans risque. Dans le cas contraire, des opportunités d'arbitrage apparaîtraient immédiatement et seraient exploitées par les investisseurs. Le prix de l'option devait donc nécessairement s'ajuster afin de préserver l'équilibre du marché.

Cette approche représentait une rupture intellectuelle majeure. Pour la première fois, la valeur d'une option n'était plus déterminée à partir d'une prévision sur l'évolution future du sous-jacent. Elle résultait d'un raisonnement fondé sur la cohérence des prix observés sur le marché. La question n'était plus de savoir si une action allait monter ou baisser, mais de comprendre quelle devait être la valeur d'un contrat dérivé afin qu'aucune possibilité d'arbitrage ne subsiste.

Le caractère révolutionnaire de cette démarche apparaît encore plus clairement lorsqu'on la replace dans son contexte historique. La même année, le *Chicago Board Options Exchange*, plus connu sous l'acronyme *CBOE*, ouvrait ses portes et créait le premier marché organisé moderne consacré aux options cotées sur actions. Cette concomitance n'a rien d'anecdotique. D'un côté, les marchés se dotaient d'une infrastructure capable d'accueillir un volume croissant de transactions. De l'autre, la recherche académique fournissait enfin un cadre théorique robuste permettant de valoriser les contrats échangés. Les deux phénomènes allaient se renforcer mutuellement et accélérer considérablement le développement des marchés dérivés.

L'apport de *Robert Merton* fut également déterminant dans cette évolution. En approfondissant et en généralisant les travaux initiaux de *Black et Scholes*, il contribua à donner au modèle sa forme moderne et à étendre son champ d'application. Les trois chercheurs participèrent ainsi à l'émergence d'une discipline nouvelle : la finance quantitative. Pour la première fois, des outils mathématiques sophistiqués étaient utilisés non seulement pour décrire les marchés financiers, mais aussi pour construire des modèles opérationnels directement utilisables par les professionnels.

Avec le recul, il est difficile de mesurer pleinement l'ampleur de cette transformation. Les générations actuelles d'investisseurs considèrent comme naturelle l'existence de modèles de valorisation, de logiciels de pricing et d'outils de gestion du risque. Pourtant, tous ces développements trouvent leur origine dans les avancées conceptuelles réalisées au début des années 1970. Le modèle de *Black-Scholes-Merton* a servi de fondation à une grande partie de l'édifice financier contemporain. Il a influencé la conception des produits dérivés, les méthodes de couverture, les techniques de gestion des risques et même la manière dont les institutions financières organisent leurs activités.

La publication de 1973 ne représente donc pas seulement la naissance d'une formule célèbre. Elle marque le moment où les options sont devenues un objet d'étude scientifique à part entière. Elle inaugure une nouvelle manière de penser les marchés, fondée sur la modélisation, l'arbitrage et la mesure rigoureuse du risque. Plus de cinquante ans après sa publication, cette révolution intellectuelle continue d'exercer son influence sur l'ensemble de la finance moderne.

3.1.d - Les contributions de *Fischer Black*, *Myron Scholes* et *Robert Merton*

L'histoire a souvent tendance à simplifier les grandes découvertes scientifiques en les associant à une formule ou à un nom unique. La réalité est généralement plus nuancée. Le modèle de *Black-Scholes-Merton* est précisément le fruit d'une collaboration intellectuelle exceptionnelle entre trois chercheurs dont les compétences se complétaient remarquablement. Chacun apporta une contribution spécifique à un édifice théorique qui allait profondément transformer la finance moderne.

Fischer Black fut sans doute l'esprit le plus atypique du trio. Formé initialement aux mathématiques et à la physique, il aborda les marchés financiers avec le regard d'un chercheur habitué à modéliser des systèmes complexes. Cette approche lui permit d'identifier des analogies entre certains phénomènes financiers et les méthodes utilisées dans les sciences exactes. Son intuition joua un rôle fondamental dans l'élaboration du raisonnement initial. Il fut notamment l'un des premiers à comprendre que la valeur d'une option pouvait être déterminée à partir d'un portefeuille de réplication capable de neutraliser le risque associé aux fluctuations du sous-jacent.

Myron Scholes apporta quant à lui une expertise approfondie en économie financière. Ses travaux contribuèrent à formaliser les intuitions développées avec *Black* et à les intégrer dans un cadre théorique cohérent. Son rôle fut essentiel dans la construction du modèle tel qu'il allait être présenté à la communauté académique. *Scholes* participa également activement à la diffusion des nouvelles idées auprès des chercheurs et des praticiens, favorisant ainsi leur adoption progressive par les marchés financiers.

Robert Merton compléta cet ensemble par une maîtrise exceptionnelle des outils mathématiques et de la théorie économique. Ses travaux permirent de généraliser et d'approfondir le modèle initial. Il démontra notamment comment les principes sous-jacents pouvaient être étendus à un grand nombre de situations financières plus complexes. *Merton* joua également un rôle déterminant dans le développement de ce qui allait devenir la finance quantitative moderne, en établissant des ponts durables entre les mathématiques appliquées et la théorie financière.

La complémentarité de ces trois chercheurs constitue probablement l'une des clés du succès de leurs travaux. Les grandes avancées intellectuelles naissent rarement d'une seule idée isolée. Elles résultent plus souvent de la rencontre entre plusieurs perspectives capables de s'enrichir mutuellement. Le modèle de *Black-Scholes-Merton* illustre parfaitement cette dynamique. L'intuition de *Black*, la rigueur économique de *Scholes* et la puissance analytique de *Merton* convergèrent pour produire un résultat dont l'influence allait dépasser très largement le cadre académique.

L'impact de leurs travaux fut tel que la communauté scientifique finit par leur accorder une reconnaissance exceptionnelle. En 1997, *Myron Scholes* et *Robert Merton* reçurent le Prix Nobel d'économie pour leurs contributions à la valorisation des produits dérivés. *Fischer Black*, décédé en 1995, ne pouvait malheureusement plus être récompensé, le règlement du Nobel ne permettant pas l'attribution posthume du prix. Cette absence est souvent rappelée comme l'une des grandes injustices symboliques de l'histoire de la discipline, tant son rôle dans la genèse du modèle fut déterminant.

Au-delà des distinctions académiques, l'héritage de *Black*, *Scholes* et *Merton* se mesure surtout à l'influence durable de leurs idées. Peu de travaux scientifiques ont autant modifié les pratiques professionnelles. Aujourd'hui encore, leurs concepts sont utilisés quotidiennement dans les banques d'investissement, les sociétés de gestion, les compagnies d'assurance, les chambres de compensation et les plateformes de négociation du monde entier.

Cette postérité exceptionnelle s'explique par une raison simple. Les trois chercheurs ne se sont pas contentés de résoudre un problème théorique. Ils ont fourni aux marchés financiers un langage commun permettant de penser le risque, de valoriser les produits dérivés et de construire des stratégies de couverture cohérentes. Leur contribution dépasse ainsi largement le cadre d'une formule mathématique. Elle constitue l'un des fondements intellectuels de la finance contemporaine.

3.1.e - Pourquoi ce modèle a changé la finance

Certaines découvertes scientifiques améliorent progressivement les connaissances existantes. D'autres provoquent une véritable rupture. Le modèle de *Black-Scholes-Merton* appartient incontestablement à cette seconde catégorie. Son influence ne s'est pas limitée à la valorisation des options ; elle a modifié en profondeur la manière dont les professionnels appréhendent le risque financier.

Avant l'apparition de ce modèle, les marchés dérivés occupaient une place relativement marginale dans l'écosystème financier. Leur utilisation demeurait souvent limitée à des acteurs spécialisés capables d'assumer des niveaux élevés d'incertitude. L'absence d'outils fiables de valorisation freinait naturellement leur développement. Les investisseurs institutionnels hésitaient à engager des capitaux importants dans un univers où les méthodes d'évaluation restaient largement empiriques.

L'introduction d'un cadre théorique rigoureux changea radicalement cette situation.

Pour la première fois, il devenait possible d'estimer de manière cohérente la valeur d'un contrat optionnel et de mesurer précisément les facteurs qui influençaient son prix. Cette capacité de quantification transforma la perception même du risque. Celui-ci n'apparaissait plus comme une réalité abstraite ou difficilement maîtrisable. Il devenait un phénomène mesurable, analysable et potentiellement gérable.

Cette évolution favorisa l'essor spectaculaire des marchés dérivés au cours des décennies suivantes. Les volumes de transactions augmentèrent rapidement. De nouveaux produits financiers furent créés. Les institutions développèrent des départements spécialisés dans la gestion des risques et la modélisation financière. Une industrie entière se construisit autour des concepts introduits par *Black*, *Scholes* et *Merton*.

Leur influence dépasse d'ailleurs largement le seul domaine des options. Les principes de réplication, d'arbitrage et de valorisation théorique ont progressivement irrigué l'ensemble de la finance moderne. Ils se retrouvent aujourd'hui dans l'évaluation des obligations convertibles, des produits structurés, des contrats de crédit et de nombreux autres instruments financiers.

Cette diffusion explique pourquoi le modèle de *Black-Scholes-Merton* est souvent considéré comme l'une des innovations intellectuelles les plus importantes du XXe siècle en économie financière. Peu de travaux académiques ont eu un impact aussi direct sur les pratiques professionnelles et sur l'organisation même des marchés.

Pour l'investisseur contemporain, comprendre l'origine et la logique de ce modèle présente un intérêt particulier. Il ne s'agit pas seulement de connaître un épisode marquant de l'histoire de la finance. Il s'agit de comprendre les fondations théoriques sur lesquelles reposent la plupart des outils utilisés aujourd'hui pour analyser, valoriser et gérer les options.

Cette compréhension devient d'autant plus importante que les chapitres suivants nous conduiront progressivement à l'intérieur même du modèle. Nous examinerons sa formulation, ses hypothèses, ses forces mais également ses limites. Avant d'étudier la mécanique de l'édifice, il était indispensable d'en comprendre les origines et la portée historique.

3.1.f - Les options *européennes* et *américaines*

L'une des conséquences les plus importantes de la formalisation apportée par *Black*, *Scholes* et *Merton* fut la nécessité de définir avec précision les caractéristiques des contrats étudiés. Cette exigence peut paraître évidente aujourd'hui. Pourtant, elle constitue une étape fondamentale dans toute démarche de modélisation. Avant de valoriser un actif financier, encore faut-il savoir exactement quels droits il confère à son détenteur.

Dans l'univers des options, cette réflexion conduit à une distinction essentielle entre les options *européennes* et les options *américaines*. Ces appellations prêtent régulièrement à confusion auprès des investisseurs débutants. Contrairement à ce que leur nom pourrait laisser penser, elles ne font aucune référence à une localisation géographique ou à un marché particulier. Elles décrivent simplement les modalités d'exercice du droit contenu dans le contrat.

Une option *européenne* ne peut être exercée qu'à son échéance. Son détenteur doit attendre la date finale prévue par le contrat pour décider s'il souhaite ou non exercer son droit d'achat ou de vente. Cette contrainte simplifie considérablement l'analyse mathématique puisque l'événement décisif n'intervient qu'à un instant parfaitement déterminé.

Les options *américaines* offrent davantage de flexibilité. Leur détenteur peut exercer son droit à tout moment entre la date d'acquisition du contrat et son échéance finale. Cette possibilité supplémentaire possède naturellement une valeur économique. Elle élargit le champ des décisions possibles et confère au contrat une liberté dont l'option *européenne* est dépourvue.

Cette différence, apparemment simple, produit des conséquences importantes en matière de valorisation.

Du point de vue mathématique, une option *européenne* est plus facile à modéliser. L'exercice ne pouvant intervenir qu'à une date unique, il devient possible de construire un cadre théorique relativement élégant et de développer une formule analytique explicite. C'est précisément cette caractéristique qui explique pourquoi le modèle original de *Black-Scholes* fut élaboré pour des options *européennes*.

Le cas des options *américaines* est plus complexe. Puisque l'exercice peut intervenir à tout moment, la valorisation doit intégrer une multitude de scénarios potentiels. Le détenteur du contrat dispose d'une liberté supplémentaire dont il faut mesurer la valeur. Cette flexibilité rend les calculs beaucoup plus délicats et nécessite souvent des méthodes numériques plus sophistiquées.

Dans la pratique, cette distinction ne doit toutefois pas être exagérée. Pour de nombreuses options sur actions ne versant pas de dividendes importants, l'écart de valorisation entre les versions *européenne* et *américaine* demeure souvent relativement limité. Dans certains cas, l'exercice anticipé d'un *call américain* présente même peu d'intérêt économique. Néanmoins, la possibilité existe et doit être prise en compte dans toute analyse rigoureuse. Cette réalité illustre parfaitement un principe fondamental de la finance : la liberté possède une valeur.

Lorsqu'un investisseur bénéficie d'un choix supplémentaire, ce choix a généralement un prix. L'option *américaine* incorpore précisément cette dimension. Elle permet au détenteur de réagir à des événements imprévus, d'adapter sa stratégie à l'évolution du marché et d'exercer son droit lorsque les circonstances lui paraissent les plus favorables.

Pour le lecteur de cet ouvrage, cette distinction présente un intérêt particulier. Elle permet de comprendre pourquoi les modèles théoriques commencent souvent par étudier les options *européennes* avant d'aborder des situations plus complexes. Les chercheurs privilégient naturellement le cadre le plus simple lorsqu'ils cherchent à isoler les mécanismes fondamentaux d'un phénomène.

C'est exactement ce que firent *Black* et *Scholes* en 1973. Leur ambition n'était pas de décrire immédiatement toutes les situations possibles rencontrées sur les marchés. Leur objectif consistait à construire un modèle suffisamment rigoureux pour expliquer les principes essentiels de la valorisation optionnelle. Une fois ces fondations établies, d'autres chercheurs pourraient ensuite enrichir le cadre initial afin de prendre en compte des réalités plus complexes.

Cette démarche explique pourquoi les options *européennes* occupent encore aujourd'hui une place centrale dans l'enseignement de la finance quantitative. Elles constituent le laboratoire conceptuel à partir duquel s'est construite une grande partie de la théorie moderne des produits dérivés.

3.1.g - Du modèle théorique aux marchés modernes

L'histoire de la finance regorge de modèles élégants qui n'ont jamais dépassé le cadre académique. Certains offrent une cohérence intellectuelle remarquable mais demeurent trop éloignés des réalités opérationnelles pour trouver une application concrète. Le destin du modèle de *Black-Scholes-Merton* fut radicalement différent. Sa force tient précisément à l'équilibre qu'il établit entre rigueur théorique et utilité pratique.

Bien entendu, aucun modèle n'est capable de reproduire parfaitement la complexité du monde réel. Les marchés financiers sont influencés par des facteurs psychologiques, économiques, géopolitiques et réglementaires qui échappent souvent aux simplifications nécessaires à toute modélisation. *Black*, *Scholes* et *Merton* étaient eux-mêmes parfaitement conscients de cette réalité. Leur ambition n'était pas de construire une représentation parfaite des marchés. Elle consistait à élaborer un cadre suffisamment robuste pour permettre une valorisation cohérente des options. L'histoire leur a largement donné raison.

Plus d'un demi-siècle après sa publication, le modèle demeure omniprésent dans l'industrie financière. Les logiciels de trading, les systèmes de gestion du risque, les plateformes de négociation et les outils d'analyse utilisent encore quotidiennement des concepts directement issus de leurs travaux. Même lorsque des modèles plus sophistiqués sont employés, ils s'appuient souvent sur les mêmes principes fondamentaux.

Cette longévité constitue en elle-même un indicateur remarquable de la qualité du cadre théorique élaboré en 1973.

Pour l'investisseur moderne, l'importance de *Black-Scholes-Merton* dépasse cependant la simple utilisation d'une formule. Le véritable héritage du modèle réside dans la manière dont il apprend à penser les options. Il montre que le prix d'un contrat ne résulte pas d'une intuition arbitraire mais de l'interaction entre plusieurs variables observables. Il révèle que le temps, la volatilité, les taux d'intérêt et le niveau du sous-jacent contribuent simultanément à la formation de la valeur. Cette approche rejoint directement les notions étudiées dans les chapitres précédents.

Les *grecques* que nous avons analysées ne sont pas apparues par hasard. Elles trouvent leur origine dans la logique même du modèle de valorisation. *Delta*, *Gamma*, *Theta*, *Vega* et *Rhô* représentent autant de manières de mesurer l'influence des paramètres qui structurent le prix d'une option. Comprendre *Black-Scholes-Merton* revient ainsi à comprendre les fondations intellectuelles qui sous-tendent l'ensemble de l'analyse optionnelle moderne.

Cette perspective sera essentielle pour la suite de notre étude.

Dans les chapitres suivants, nous entrerons progressivement au cœur du modèle lui-même. Nous examinerons sa formule, ses paramètres, ses hypothèses et les enseignements qu'il permet de tirer sur le comportement des options. Cette exploration nous conduira naturellement vers l'une des notions les plus importantes pour le vendeur de *puts* : la *volatilité implicite*.

Car c'est précisément de la rencontre entre le modèle théorique et les prix observés sur le marché que naît cette mesure devenue aujourd'hui indispensable à toute stratégie optionnelle rigoureuse.

CE QU'IL FAUT RETENIR

La publication du modèle de *Black-Scholes* en 1973 marque l'un des tournants majeurs de l'histoire de la finance moderne. Pour la première fois, les marchés disposent d'un cadre théorique rigoureux permettant de valoriser les options à partir de variables observables plutôt que d'estimations purement intuitives.

Les travaux de *Fischer Black*, *Myron Scholes* et *Robert Merton* ont profondément transformé la compréhension du risque financier et ouvert la voie au développement de la finance quantitative contemporaine. Leur contribution dépasse largement le seul domaine des options et influence encore aujourd'hui la plupart des méthodes modernes de gestion des risques.

Le modèle initial a été développé pour les options *européennes*, dont l'exercice n'est possible qu'à l'échéance. Cette simplification a permis de construire une formulation mathématique élégante qui constitue encore la référence fondamentale de l'analyse optionnelle.

Au-delà de la formule elle-même, l'héritage de *Black-Scholes-Merton* réside dans une idée essentielle : le prix d'une option dépend d'un ensemble limité de paramètres dont l'influence peut être analysée, mesurée et comprise. Cette vision a profondément modifié la manière dont les investisseurs appréhendent les produits dérivés.

Les chapitres suivants nous conduiront au cœur même du modèle afin d'étudier les mécanismes qui permettent de transformer ces principes théoriques en outils opérationnels d'évaluation et de décision.

Illustration 3.1 – Fischer Black, Myron Scholes et Robert Merton : les architectes de la valorisation moderne

1. RÉVOLUTION EN FINANCE

1973

Publication du modèle Black–Scholes.

- Absence d'arbitrage
- Couverture dynamique
- Portefeuille répliquant
- Valorisation cohérente

2. OPTION EUROPÉENNE vs. AMÉRICAINE

OPTION EUROPÉENNE

- Exercice uniquement à l'échéance.
- Valorisation fermée avec la formule de Black–Scholes–Merton.

OPTION AMÉRICAINE

- Exercice possible à tout moment jusqu'à l'échéance.
- Valorisation généralement numérique.

FORMULE DE BLACK-SCHOLES (option européenne)

$$C = S_0 N(d_1) - Ke^{-rT} N(d_2)$$

avec $d_1 = \dfrac{\ln(S_0/K) + \left(r + \frac{1}{2}\sigma^2\right)T}{\sigma\sqrt{T}}$

et $d_2 = d_1 - \sigma\sqrt{T}$

- S_0 : prix du sous-jacent
- K : prix d'exercice (strike)
- r : taux sans risque
- σ : volatilité du sous-jacent
- T : temps jusqu'à l'échéance
- N(·) : loi normale cumulée

FISCHER BLACK

1938 – 1995

- Mathématicien
- Solomon Brothers (New York)
- Précurseur du modèle

MYRON SCHOLES

né en 1941

- Économiste
- MIT (Massachusetts Institute of Technology)
- Prix Nobel d'économie 1997

ROBERT MERTON

né en 1944

- Économiste
- MIT (Massachusetts Institute of Technology)
- Prix Nobel d'économie 1997

3. LE CONTEXTE ET LE MODÈLE BLACK-SCHOLES-MERTON (BSM)

Contexte Années 1970 : essor des marchés d'options. →

Problème Déterminer le prix théorique d'une option. →

Principe Absence d'arbitrage. →

Objectif Construire un portefeuille répliquant donnant la même valeur. →

Hypothèses clés du modèle BSM

- Marché parfait (pas de coûts, pas d'impôts)
- Volatilité du sous-jacent constante
- Taux sans risque constant
- Pas d'arbitrage

4. EN RECONNAISSANCE DE LEURS TRAVAUX

Prix Nobel d'économie 1997
Myron Scholes & Robert Merton
pour leurs travaux sur la valorisation des produits dérivés.

Fischer Black, décédé en 1995, n'était pas éligible au Nobel.

Chapitre 3.2
Formule du *call* et du *put européen* avec dividendes

Après avoir retracé la genèse du modèle de *Black-Scholes-Merton* et compris l'importance historique de cette avancée intellectuelle, il est désormais temps d'examiner l'outil qui a rendu cette révolution possible : la formule de valorisation elle-même.

Pour de nombreux investisseurs, cette étape marque un changement de registre. Jusqu'à présent, notre réflexion s'est principalement concentrée sur les mécanismes économiques qui gouvernent les options. Nous avons étudié le transfert du risque, les facteurs qui influencent la valeur des contrats et les sensibilités mesurées par les *grecques*. Désormais, ces différentes notions vont progressivement converger au sein d'un cadre mathématique unique. Cette transition ne doit toutefois pas intimider le lecteur.

L'objectif de ce chapitre n'est pas de transformer l'investisseur en mathématicien. Les équations constituent ici un langage destiné à formaliser des réalités économiques déjà étudiées. Derrière chaque symbole se cache une intuition relativement simple : le prix d'une option dépend du niveau actuel du sous-jacent, du *prix d'exercice*, du temps restant jusqu'à l'échéance, des taux d'intérêt, des dividendes attendus et de l'incertitude associée à l'évolution future du marché.

La force du modèle de *Black-Scholes-Merton* réside précisément dans sa capacité à réunir l'ensemble de ces variables dans une formulation cohérente.

Plus de cinquante ans après sa publication, cette formule demeure l'un des piliers de la finance moderne. Bien que de nombreux modèles plus sophistiqués aient été développés par la suite, les professionnels continuent de s'y référer quotidiennement. Elle constitue à la fois un outil pratique de valorisation et un cadre intellectuel permettant de comprendre les forces qui façonnent le prix des options.

Avant d'examiner les équations elles-mêmes, il convient toutefois de comprendre pourquoi une telle formule était nécessaire et ce qu'elle apporte réellement aux marchés financiers.

3.2.a - Une formule devenue universelle

Il existe peu d'équations financières ayant acquis une notoriété comparable à celle du modèle de *Black-Scholes-Merton*. Certaines formules demeurent confinées au monde académique. D'autres trouvent des applications limitées à quelques domaines spécialisés. La formule de valorisation des options appartient à une catégorie beaucoup plus rare : celle des outils théoriques qui ont profondément modifié les pratiques professionnelles à l'échelle mondiale.

Cette universalité s'explique avant tout par le problème qu'elle permet de résoudre.

À partir du moment où les options commencèrent à être négociées de manière organisée et à attirer un nombre croissant d'investisseurs, la nécessité d'un référentiel commun devint évidente. Les marchés avaient besoin d'un langage partagé permettant aux acheteurs et aux vendeurs d'évaluer les contrats selon des principes cohérents. Sans un tel cadre, les prix risquaient de varier excessivement selon les opinions individuelles, limitant ainsi la liquidité et l'efficacité des échanges.

Le modèle proposé par *Black*, *Scholes* et *Merton* répondit précisément à cette attente. Pour la première fois, il devenait possible de relier le prix d'une option à un ensemble de paramètres clairement identifiés et observables. Cette approche ne supprimait évidemment pas l'incertitude inhérente aux marchés financiers, mais elle permettait d'en organiser l'analyse autour de principes rationnels et reproductibles.

L'adoption progressive du modèle fut spectaculaire. Les institutions financières y trouvèrent un outil de valorisation. Les traders y virent un moyen d'identifier d'éventuelles anomalies de marché. Les responsables de la gestion des risques disposèrent enfin d'un cadre cohérent pour mesurer leurs expositions. Quant aux chercheurs, ils bénéficièrent d'une base théorique solide sur laquelle développer de nouveaux travaux.

Cette diffusion rapide contribua à transformer profondément l'écosystème financier. Les options cessèrent progressivement d'être perçues comme des instruments complexes réservés à quelques spécialistes. Elles devinrent des produits pouvant être analysés, comparés et gérés à l'aide d'une méthodologie structurée.

Il serait toutefois erroné de croire que la formule doit son succès uniquement à sa précision mathématique. Sa véritable force réside dans sa capacité à traduire une intuition économique fondamentale : le prix d'une option n'est jamais arbitraire. Il résulte de l'interaction entre plusieurs variables dont l'influence peut être comprise et quantifiée. Cette idée paraît aujourd'hui évidente tant elle a été intégrée à la pratique financière moderne. Elle constituait pourtant une innovation majeure au moment de la publication du modèle.

L'influence de cette approche dépasse d'ailleurs largement le cadre des options. Elle a contribué à diffuser dans l'ensemble de la finance l'idée selon laquelle le risque pouvait être analysé, mesuré et géré à travers des modèles cohérents. Une grande partie de la finance quantitative contemporaine trouve ainsi son origine dans cette révolution intellectuelle.

Pour comprendre pleinement la portée de la formule, il est maintenant nécessaire d'examiner les éléments qui la composent. Car avant de s'intéresser aux équations elles-mêmes, il faut comprendre les variables économiques auxquelles elles donnent une forme mathématique.

3.2.b - Pourquoi une formule est-elle nécessaire ?

Lorsqu'un investisseur découvre pour la première fois les marchés d'options, il peut légitimement s'interroger sur la nécessité d'une formule de valorisation. Après tout, les actions ne sont pas évaluées à l'aide d'une équation unique universellement admise. Leur prix résulte de la confrontation permanente entre acheteurs et vendeurs. Pourquoi les options devraient-elles être traitées différemment ? La réponse réside dans la nature même du contrat optionnel.

Une action représente une participation directe dans une entreprise. Son prix de marché reflète à chaque instant les anticipations des investisseurs concernant les perspectives de cette société. Une option, en revanche, constitue un droit dont la valeur dérive directement d'un autre actif. Son prix dépend donc non seulement du sous-jacent lui-même, mais également d'un ensemble de variables supplémentaires qui influencent la probabilité de voir ce droit acquérir une valeur économique avant son échéance. Cette caractéristique rend l'évaluation beaucoup plus complexe.

Deux investisseurs peuvent relativement facilement s'accorder sur le prix observé d'une action. Déterminer la valeur théorique d'une option exige en revanche de prendre en compte simultanément plusieurs facteurs dont les effets se combinent de manière parfois contre-intuitive. Le temps restant jusqu'à l'échéance, la volatilité anticipée, les taux d'intérêt ou encore les dividendes futurs influencent tous la valorisation du contrat. Sans cadre structuré, il devient extrêmement difficile d'apprécier correctement l'importance relative de chacun de ces éléments.

Avant les travaux de *Black*, *Scholes* et *Merton*, cette difficulté constituait précisément l'un des principaux obstacles au développement des marchés d'options. Les opérateurs disposaient certes d'une expérience pratique, mais ils ne possédaient aucun référentiel commun leur permettant de déterminer si un contrat était sous-évalué, surévalué ou correctement valorisé. Chaque transaction reposait alors davantage sur l'intuition que sur une analyse rigoureuse.

L'apparition d'une formule de valorisation a profondément modifié cette situation. Pour la première fois, il devenait possible de relier le prix d'une option à des paramètres observables et mesurables. Le marché disposait ainsi d'un point de référence commun. Cette évolution ne supprimait pas les divergences d'opinion entre investisseurs, mais elle permettait au moins de les exprimer dans un langage partagé.

Cette standardisation a joué un rôle considérable dans le développement des marchés dérivés modernes.

À mesure que les volumes augmentaient et que les intervenants se multipliaient, la nécessité d'un cadre de valorisation cohérent devenait indispensable. Les banques, les sociétés de gestion, les compagnies d'assurance et les investisseurs institutionnels avaient besoin d'outils leur permettant d'évaluer leurs positions de manière homogène. La formule de *Black-Scholes-Merton* a répondu à cette attente en fournissant une base théorique commune à l'ensemble de l'industrie financière.

Il convient toutefois de préciser qu'une formule de valorisation ne prétend pas révéler la « vraie » valeur d'une option au sens absolu du terme. Les marchés financiers demeurent des lieux d'incertitude où les prix résultent de la confrontation des anticipations individuelles. La formule fournit plutôt une estimation théorique cohérente compte tenu des hypothèses retenues. Elle constitue une référence, non une vérité intangible. Cette nuance est essentielle pour comprendre la place qu'occupe aujourd'hui le modèle dans la pratique professionnelle.

Les investisseurs n'utilisent pas la formule comme un oracle. Ils s'en servent comme d'un outil d'analyse leur permettant de comparer les prix observés sur le marché à une valorisation théorique fondée sur des hypothèses explicites. C'est précisément cet écart éventuel entre théorie et réalité qui crée une grande partie de l'intérêt économique des marchés d'options.

Pour mesurer pleinement la portée de cette démarche, il est désormais nécessaire d'examiner les variables qui entrent dans la construction du modèle. Car derrière l'apparente complexité de l'équation se cachent finalement quelques paramètres fondamentaux qui résument à eux seuls l'essentiel de la vie d'une option.

3.2.c - Les variables qui gouvernent le prix d'une option

L'une des raisons du succès durable du modèle de *Black-Scholes-Merton* réside dans son élégance conceptuelle. Malgré sa sophistication mathématique, il repose sur un nombre relativement limité de variables. Toute la richesse du modèle provient de l'interaction entre ces paramètres fondamentaux, dont chacun traduit une dimension économique spécifique du contrat optionnel.

Le premier de ces paramètres est naturellement le prix actuel du sous-jacent. Une option ne peut être comprise indépendamment de l'actif sur lequel elle porte. Le niveau du cours constitue le point de départ de toute valorisation puisqu'il détermine la position relative de l'option par rapport à son *prix d'exercice*. Plus le sous-jacent évolue favorablement pour le détenteur du contrat, plus la valeur potentielle de celui-ci tend à augmenter.

À cette première variable s'ajoute le *prix d'exercice*, souvent désigné par le terme anglais *strike*. Ce paramètre représente le prix auquel le détenteur du contrat pourra acheter ou vendre le sous-jacent à l'échéance. La relation entre le cours actuel de l'actif et le *strike* constitue l'un des déterminants essentiels de la *valeur intrinsèque* de l'option.

Le temps restant jusqu'à l'échéance joue également un rôle fondamental. Comme nous l'avons vu lors de l'étude du *Theta*, une option tire une partie importante de sa valeur du simple fait qu'il reste du temps pour que des événements favorables puissent se produire. Plus l'échéance est éloignée, plus le marché attribue généralement de valeur à cette possibilité.

Les taux d'intérêt constituent une autre composante du modèle. Leur influence est souvent moins spectaculaire que celle du sous-jacent ou de la volatilité, mais elle demeure indispensable à la cohérence théorique de la valorisation. Ils traduisent la valeur temporelle de l'argent et participent à l'actualisation des flux financiers futurs.

Dans le cas des actions distribuant des dividendes, une variable supplémentaire doit être intégrée. Les dividendes influencent en effet la valeur économique du sous-jacent et modifient certaines relations fondamentales utilisées par le modèle. C'est pourquoi les formulations modernes de *Black-Scholes-Merton* prennent explicitement en compte ce paramètre.

Enfin, la volatilité occupe une place particulière parmi toutes ces variables. Contrairement aux autres paramètres, elle ne décrit pas une situation observée mais une incertitude anticipée. Elle représente l'ampleur potentielle des fluctuations futures du sous-jacent et joue un rôle central dans la valorisation des options. Plus la volatilité attendue est importante, plus les scénarios futurs deviennent nombreux et plus le contrat acquiert de valeur. Cette dernière variable mérite une attention particulière.

Alors que le prix du sous-jacent, le *strike*, l'échéance, les taux et les dividendes peuvent être observés directement, la volatilité possède une nature plus subtile. Elle constitue en quelque sorte le pont entre la théorie et les anticipations du marché. C'est précisément cette caractéristique qui conduira plus tard à la notion de *volatilité implicite*, l'un des concepts les plus importants de cet ouvrage.

Avant d'aborder cette question, il convient toutefois de découvrir comment ces différentes variables se combinent au sein de la formule elle-même. C'est cette architecture mathématique qui sera examinée dans les sections suivantes consacrées au *call* et au *put européen*.

3.2.d - La formule du *call européen*

Après avoir identifié les différentes variables qui influencent la valeur d'une option, nous pouvons désormais examiner la formule qui les relie entre elles. Pour de nombreux lecteurs, cette étape constitue le moment où le modèle de *Black-Scholes-Merton* prend véritablement forme. Les concepts étudiés jusqu'à présent cessent d'être des éléments isolés pour s'intégrer dans une construction cohérente.

La formule de valorisation d'un *call européen* avec dividendes s'écrit de la manière suivante :

$$C = S_0 e^{-\delta T} N(d_1) - K e^{-rT} N(d_2)$$

$$d_1 = \frac{ln\left(\frac{S_0}{K}\right) + \left(r - \delta + \frac{\sigma^2}{2}\right)T}{\sigma\sqrt{T}}$$

$$d_2 = d_1 - \sigma\sqrt{T}$$

Avec :

- S_0 *: prix actuel du sous-jacent*
- *K : prix d'exercice (strike)*
- *T : temps à l'échéance (années)*
- *r : taux sans risque annuel continu*
- *δ : taux de dividende annuel*
- *σ : volatilité implicite annuelle*

À première vue, cette expression peut impressionner. Comme toute formule mathématique, elle utilise un langage condensé qui semble parfois éloigné de l'intuition économique. Pourtant, chacun de ses termes possède une signification précise et correspond à une réalité déjà rencontrée dans les chapitres précédents.

Le symbole S_0 représente le prix actuel du sous-jacent. Il constitue le point de départ de toute valorisation puisque l'option tire son existence même de cet actif. Le terme *K* désigne quant à lui le *prix d'exercice* du contrat. Il correspond au prix auquel le détenteur du *call* pourra acheter l'actif sous-jacent à l'échéance.

Les variables *r* et *δ* introduisent respectivement les taux d'intérêt et le rendement des dividendes. Leur présence rappelle que le temps possède une valeur économique et que la détention d'une action peut donner lieu à des distributions de revenus qui influencent la valorisation du contrat.

La variable *T* représente le temps restant jusqu'à l'échéance. Plus ce délai est important, plus les possibilités d'évolution du marché sont nombreuses. Cette réalité se retrouve directement dans la formule, qui attribue une importance centrale à la dimension temporelle.

Les fonctions $N(d_1)$ et $N(d_2)$ constituent les éléments les plus abstraits de l'équation. Elles sont liées à la loi normale et traduisent certaines probabilités associées aux scénarios futurs envisagés par le modèle. Sans entrer à ce stade dans des développements mathématiques excessifs, il suffit de retenir qu'elles permettent d'intégrer l'incertitude entourant l'évolution future du sous-jacent.

Ce qui rend cette formule remarquable n'est pas seulement son élégance mathématique. C'est sa capacité à réunir dans une seule expression l'ensemble des facteurs qui influencent la valeur d'un *call*. Le sous-jacent, le temps, les taux, les dividendes et la volatilité se retrouvent ainsi intégrés dans un cadre unique permettant d'obtenir une valorisation cohérente.

L'observation attentive de cette équation révèle également une idée plus profonde. La valeur d'un *call* résulte d'un arbitrage permanent entre plusieurs forces parfois contradictoires. Une hausse du sous-jacent tend à accroître la valeur du contrat. L'écoulement du temps agit différemment selon les circonstances. La volatilité modifie les probabilités associées aux différents scénarios futurs. Les taux d'intérêt et les dividendes introduisent à leur tour des ajustements supplémentaires.

La formule de *Black-Scholes-Merton* constitue ainsi bien davantage qu'un simple outil de calcul. Elle représente une synthèse des mécanismes fondamentaux qui gouvernent le comportement des options. Derrière chaque symbole se cache une intuition économique que nous avons progressivement construite au fil des chapitres précédents.

Cette observation est importante car elle permet d'éviter un malentendu fréquent. L'intérêt du modèle ne réside pas uniquement dans sa capacité à produire un prix théorique. Sa véritable richesse réside dans ce qu'il nous apprend sur la nature même des options et sur les variables qui déterminent leur valeur.

Avant d'examiner plus en détail les termes particuliers de la formule, il convient maintenant d'étudier son pendant naturel : la formule de valorisation du *put européen*. Les deux expressions sont étroitement liées et révèlent ensemble l'élégance de la logique développée par *Black*, *Scholes* et *Merton*.

3.2.e - La formule du *put européen*

Le *put européen* constitue le miroir du *call*. Alors que le *call* confère un droit d'achat, le *put* confère un droit de vente. Cette différence fondamentale se retrouve naturellement dans la manière dont le contrat est valorisé.

La formule du *put européen* avec dividendes s'écrit :

$$P = Ke^{-rT}N(-d_2) - S_0e^{-\delta T}N(-d_1)$$

$$d_1 = \frac{ln\left(\frac{S_0}{K}\right) + \left(r - \delta + \frac{\sigma^2}{2}\right)T}{\sigma\sqrt{T}}$$

$$d_2 = d_1 - \sigma\sqrt{T}$$

Avec :

- S_0 : *prix actuel du sous-jacent*
- K : *prix d'exercice (strike)*
- T : *temps à l'échéance (années)*
- r : *taux sans risque annuel continu*
- δ : *taux de dividende annuel*
- σ : *volatilité implicite annuelle*

À première vue, cette expression ressemble fortement à celle du *call*. Cette proximité n'a rien de surprenant. Les deux contrats reposent sur les mêmes variables fondamentales et décrivent simplement des droits opposés portant sur le même actif sous-jacent.

Cette symétrie constitue l'une des caractéristiques les plus élégantes du modèle. Elle traduit le fait qu'un *call* et un *put* représentent deux manières différentes d'appréhender une même réalité économique. L'un bénéficie principalement des hausses du marché. L'autre tire sa valeur des mouvements défavorables du sous-jacent. Pourtant, tous deux obéissent à des principes de valorisation profondément similaires.

Cette relation étroite entre *call* et *put* joue un rôle essentiel dans la théorie financière moderne. Elle conduit notamment à la célèbre relation de parité *call-put*, qui permet d'établir des liens d'équilibre entre les différents instruments financiers. Sans entrer pour l'instant dans les détails de cette relation, il est important de comprendre que les marchés ne valorisent jamais les *calls* et les *puts* de manière indépendante. Les prix des uns influencent nécessairement ceux des autres.

L'existence de ces équilibres contribue largement à la cohérence globale des marchés d'options. Elle illustre également la puissance du raisonnement fondé sur l'absence d'arbitrage qui constitue le cœur intellectuel du modèle de *Black-Scholes-Merton*.

Pour le lecteur, l'objectif n'est pas de mémoriser ces formules dans leurs moindres détails. Les logiciels financiers effectuent aujourd'hui ces calculs instantanément. En revanche, il est essentiel de comprendre ce que ces équations révèlent : la valeur d'une option n'est jamais arbitraire. Elle résulte d'un ensemble limité de paramètres dont les effets peuvent être analysés et interprétés.

C'est précisément cette compréhension qui permettra, dans les chapitres suivants, d'utiliser le modèle non seulement comme un outil de valorisation, mais également comme un instrument d'analyse du comportement des marchés.

3.2.f - Comprendre intuitivement les termes d_1 et d_2

Parmi tous les éléments qui composent le modèle de *Black-Scholes-Merton*, les termes d_1 et d_2 sont probablement ceux qui suscitent le plus d'interrogations. Le lecteur qui découvre la formule pour la première fois a souvent le sentiment que ces variables apparaissent soudainement sans justification apparente, comme si elles constituaient une construction purement mathématique réservée aux spécialistes de la finance quantitative. Une telle perception est compréhensible. Pourtant, elle ne reflète pas la véritable nature de ces paramètres.

Derrière leur apparente complexité se cache une idée relativement simple. Les termes d_1 et d_2 permettent au modèle de résumer en quelques expressions l'ensemble des informations pertinentes relatives à la situation de l'option. Ils combinent le prix actuel du sous-jacent, le *prix d'exercice*, le temps restant jusqu'à l'échéance, les taux d'intérêt, les dividendes et la volatilité afin de produire une mesure synthétique de la position du contrat dans son environnement de marché. On peut les considérer comme des indicateurs de distance.

Le modèle cherche à répondre à une question fondamentale : quelle est l'éventualité pour qu'une option termine sa vie avec une valeur économique positive ? Pour apporter une réponse cohérente, il est nécessaire d'évaluer la position actuelle du sous-jacent par rapport au *prix d'exercice* tout en tenant compte du temps disponible et de l'incertitude associée aux mouvements futurs du marché. Les termes d_1 et d_2 remplissent précisément cette fonction. Il serait toutefois réducteur de les interpréter comme de simples probabilités. Leur rôle est plus subtil.

Le terme d_1 peut être vu comme une mesure enrichie de la situation actuelle du contrat. Il tient compte non seulement de la position du sous-jacent mais également de l'effet de la volatilité et du temps restant jusqu'à l'échéance. Il traduit en quelque sorte l'environnement global dans lequel évolue l'option.

Le terme d_2 est étroitement lié au précédent. Il en constitue une version ajustée qui intègre l'incertitude future sur la durée de vie restante du contrat. Les deux variables travaillent ainsi de concert pour permettre au modèle d'évaluer la valeur économique du droit conféré par l'option.

Cette construction mathématique peut sembler abstraite, mais son intuition économique est relativement naturelle.

Imaginons deux options possédant le même *prix d'exercice*. La première arrive à échéance dans quelques jours. La seconde dispose encore de plusieurs mois de vie. Même si les deux contrats sont actuellement situés dans des conditions similaires, leurs perspectives sont très différentes. L'option de longue maturité bénéficie d'un horizon temporel plus vaste au cours duquel des mouvements favorables peuvent se produire. Cette différence doit être intégrée dans la valorisation. La volatilité joue un rôle comparable.

Un sous-jacent extrêmement stable offre peu de possibilités d'évolution spectaculaire avant l'échéance. À l'inverse, un actif très volatil peut connaître des mouvements importants susceptibles de modifier profondément la situation de l'option. Les termes d_1 et d_2 permettent précisément d'intégrer cette dimension dans le raisonnement.

L'investisseur n'a pas nécessairement besoin de maîtriser les démonstrations mathématiques qui conduisent à ces expressions. Dans la pratique professionnelle, très peu d'opérateurs recalculent manuellement ces paramètres. Les logiciels spécialisés effectuent ces opérations instantanément. Ce qui importe réellement est de comprendre leur signification économique.

Les variables d_1 et d_2 rappellent que le prix d'une option dépend moins d'une prévision précise du futur que d'une évaluation cohérente des différents scénarios possibles. Elles constituent le mécanisme par lequel le modèle transforme l'incertitude des marchés en une valorisation exploitable.

Cette observation nous conduit naturellement à une conclusion importante. La formule de *Black-Scholes-Merton* n'est pas seulement un outil de calcul. Elle représente une manière particulière de regarder les marchés. Elle oblige l'investisseur à considérer simultanément le temps, le risque, les probabilités et les conditions économiques dans lesquelles évolue le contrat. C'est précisément cette vision globale qui explique son influence durable sur la finance moderne.

3.2.g - Ce que la formule nous apprend sur les marchés

L'une des erreurs les plus fréquentes consiste à considérer la formule de *Black-Scholes-Merton* comme un simple outil mathématique destiné à produire un prix théorique. Une telle lecture passe à côté de l'essentiel. La véritable richesse du modèle réside moins dans le résultat numérique qu'il fournit que dans les enseignements qu'il délivre sur le fonctionnement même des marchés financiers.

Lorsqu'on observe attentivement les variables qui composent l'équation, un premier constat s'impose. La valeur d'une option n'est jamais déterminée par un facteur unique. Elle résulte de l'interaction permanente entre plusieurs forces économiques agissant simultanément. Le niveau du sous-jacent, le temps restant jusqu'à l'échéance, les taux d'intérêt, les dividendes et la volatilité contribuent ensemble à la formation du prix.

Cette observation possède une portée considérable. Elle montre que les marchés d'options ne sont pas uniquement des marchés de direction. L'investisseur qui achète ou vend un contrat ne prend pas seulement position sur la hausse ou la baisse d'un actif. Il prend également position sur l'évolution du temps, sur les anticipations de volatilité et, dans une moindre mesure, sur les conditions monétaires. Les options apparaissent ainsi comme des instruments particulièrement riches permettant d'exprimer des vues complexes sur l'environnement de marché.

Le modèle met également en lumière le rôle central joué par l'incertitude. Dans la plupart des actifs financiers traditionnels, le risque est souvent perçu comme une contrainte. Dans l'univers des options, il devient une composante essentielle de la valeur. Plus l'incertitude est importante, plus les possibilités d'évolution du sous-jacent se multiplient et plus le contrat acquiert potentiellement de valeur. Cette relation constitue l'un des fondements intellectuels de toute l'analyse optionnelle moderne.

La formule révèle enfin que le temps n'agit jamais de manière neutre. Contrairement à de nombreux instruments financiers dont la valeur peut rester relativement stable pendant de longues périodes, une option vit dans un univers où l'échéance approche inexorablement. Chaque jour qui passe modifie l'équilibre des probabilités et influence la valeur du contrat. Cette réalité explique l'importance du *Theta* et de la notion d'érosion temporelle étudiée précédemment.

En définitive, le modèle de *Black-Scholes-Merton* nous enseigne que le prix d'une option est la traduction chiffrée d'un ensemble d'anticipations collectives. Derrière chaque prime se trouvent des hypothèses implicites concernant l'avenir, l'incertitude et le comportement probable du marché. Comprendre cette mécanique permet d'aller bien au-delà du simple calcul de valorisation.

Cette compréhension sera essentielle pour la suite de notre étude. Car si le modèle fournit une valeur théorique à partir de certaines hypothèses, les prix observés sur le marché ne coïncident pas toujours parfaitement avec cette estimation. C'est précisément de cet écart entre théorie et réalité que naît l'un des concepts les plus importants de l'analyse optionnelle : la *volatilité implicite*.

CE QU'IL FAUT RETENIR

Le modèle de *Black-Scholes-Merton* permet de valoriser les options *européennes* en intégrant dans une même formule l'ensemble des variables fondamentales qui influencent leur prix : le cours du sous-jacent, le *prix d'exercice*, le temps restant jusqu'à l'échéance, les taux d'intérêt, les dividendes et la volatilité.

Les formules du *call* et du *put européen* constituent l'aboutissement d'un raisonnement fondé sur l'absence d'opportunités d'arbitrage. Elles fournissent un cadre cohérent permettant d'estimer la valeur théorique d'un contrat optionnel.

Les termes d_1 et d_2 jouent un rôle central dans cette construction. Ils permettent au modèle d'intégrer simultanément la position du sous-jacent, l'horizon temporel et l'incertitude associée à son évolution future.

Au-delà de sa dimension mathématique, le modèle révèle plusieurs enseignements fondamentaux sur le fonctionnement des marchés. Il montre notamment que la valeur d'une option dépend de multiples facteurs agissant simultanément et que l'incertitude constitue une composante essentielle de la valorisation.

Enfin, le modèle fournit un pont entre la théorie et la pratique. En comparant les prix théoriques obtenus par la formule aux prix effectivement observés sur le marché, les investisseurs peuvent extraire une information précieuse : la *volatilité implicite*. Cette notion jouera un rôle central dans les chapitres suivants.

Illustration 3.2 – Formule du call et du put européen avec dividendes

La formule de Black–Scholes–Merton permet de valoriser un call et un put européens sur un actif versant des dividendes continus au taux δ.

CALL EUROPÉEN

Prix d'un call européen avec dividendes continus

$$C = S_0 e^{-\delta T} N(d_1) - K e^{-rT} N(d_2)$$

PUT EUROPÉEN

Prix d'un put européen avec dividendes continus

$$P = K e^{-rT} N(-d_2) - S_0 e^{-\delta T} N(-d_1)$$

C : prix du call européen

P : prix du put européen

N(.) : fonction de répartition de la loi normale standard

DÉFINITION DES PARAMÈTRES

Symbole	Signification
S_0	Prix actuel de l'actif sous-jacent
K	Prix d'exercice (*strike*)
T	Temps à l'échéance (en années)
r	Taux sans risque annuel continu (taux de l'obligation d'État)
δ	Taux de dividende continu annuel attendu (en % par an) de la valeur actuelle de l'actif sous-jacent S_0
σ	Volatilité implicite annuelle (écart-type des rendements)

LES TERMES d_1 ET d_2

$$d_1 = \frac{\ln\left(\frac{S_0}{K}\right) + \left(r - \delta + \frac{\sigma^2}{2}\right)T}{\sigma\sqrt{T}}$$

$$d_2 = d_1 - \sigma\sqrt{T}$$

Pour le call **Pour le put**

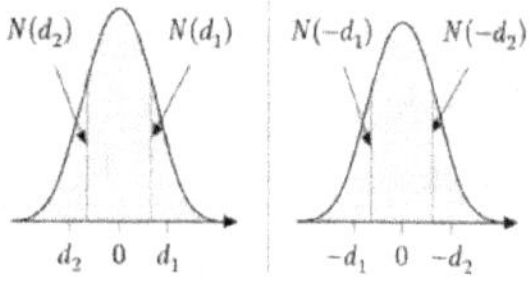

DIVIDENDES CONTINUS

Le taux de dividende continu δ reflète le total des dividendes attendus (en pourcentage par an) de la valeur actuelle de l'actif sous-jacent S_0, sur la durée de vie de l'option.

Une hausse de δ tend à diminuer la valeur du call et à augmenter la valeur du put.

LECTURE INTUITIVE DES FORMULES

Pour le call

$S_0\, e^{-\delta T} N(d_1)$	Valeur actuelle du sous-jacent après prise en compte des dividendes attendus.
$K\, e^{-rT} N(d_2)$	Coût actualisé du prix d'exercice, pondéré par la probabilité d'exercice.

Pour le put

$K\, e^{-rT} N(-d_2)$	Montant actualisé susceptible d'être reçu lors de l'exercice du put.
$S_0\, e^{-\delta T} N(-d_1)$	Valeur actuelle du sous-jacent après prise en compte des dividendes attendus.

PRINCIPE D'ÉQUILIBRE

Le prix du call (respectivement du put) est la valeur actualisée de l'option d'acheter (respectivement de vendre) l'actif moins la valeur actualisée du prix d'exercice, chacune pondérée par la probabilité associée.

Valeur actualisée de l'option (call ou put) = Valeur actualisée du sous-jacent (après dividendes) × Probabilité associée − Valeur actualisée du prix d'exercice × Probabilité associée

Ce principe garantit l'absence d'opportunité d'arbitrage dans un marché efficace.

EXEMPLE NUMÉRIQUE – CALL

S_0	100 €		d_1	0,1500
K	100 €		d_2	−0,0500
T	1 an		$N(d_1)$	0,559618
r	3 %		$N(d_2)$	0,480061
δ	2 %			
σ	20 %			

C = 8,2661 €

(Arrondis – Toutes choses égales par ailleurs)

EXEMPLE NUMÉRIQUE – PUT

S_0	100 €		d_1	0,1500
K	100 €		d_2	−0,0500
T	1 an		$N(-d_1)$	0,440382
r	3 %		$N(-d_2)$	0,519939
δ	2 %			
σ	20 %			

P = 7,2936 €

(Arrondis – Toutes choses égales par ailleurs)

Chapitre 3.3
Les déterminants du prix d'une option *européenne*

L'une des grandes forces du modèle de *Black-Scholes-Merton* réside dans sa capacité à identifier clairement les variables qui influencent la valeur d'une option. Là où les investisseurs voyaient autrefois un prix difficile à interpréter, le modèle révèle un ensemble structuré de facteurs dont les effets peuvent être analysés séparément. Cette approche a profondément transformé la compréhension des marchés dérivés. Elle permet de dépasser l'observation des prix pour s'intéresser aux mécanismes qui les produisent.

Cette démarche présente un intérêt considérable pour le vendeur de *puts* comme pour tout utilisateur d'options. Comprendre qu'une option vaut un certain montant est une chose. Comprendre pourquoi elle vaut ce montant en est une autre. Dans la pratique, les décisions d'investissement les plus pertinentes reposent rarement sur la simple observation d'un prix. Elles résultent davantage de l'analyse des forces qui contribuent à sa formation.

Le modèle de *Black-Scholes-Merton* met en évidence six paramètres fondamentaux : le prix du sous-jacent, le *prix d'exercice*, le temps restant jusqu'à l'échéance, la volatilité, les taux d'intérêt et les dividendes. Chacun exerce une influence spécifique sur la valeur du contrat. Certains effets sont intuitifs. D'autres apparaissent plus subtils. Ensemble, ils forment l'architecture économique qui soutient l'ensemble du marché des options.

L'étude de ces déterminants présente également un avantage pédagogique important. Elle permet de faire le lien entre les notions théoriques introduites dans les chapitres précédents et les réalités concrètes observées sur les marchés. Les *grecques* étudiées dans la deuxième partie trouvent ici leur origine. Le *Delta*, le *Theta*, le *Vega* ou le *Rhô* ne sont finalement que différentes manières de mesurer la sensibilité de l'option à certains de ces paramètres fondamentaux.

Avant d'aborder les limites du modèle, il est donc essentiel de comprendre précisément comment chacun de ces facteurs influence la valeur d'un contrat optionnel.

3.3.a - Le prix du sous-jacent : la variable dominante

Parmi tous les paramètres qui interviennent dans la valorisation d'une option, aucun n'exerce une influence aussi immédiate que le prix du sous-jacent. Cette observation paraît presque évidente. Une option étant un droit portant sur un actif financier, il est naturel que la valeur de ce droit soit étroitement liée à l'évolution de l'actif concerné.

Cette relation constitue le cœur même du contrat.

Lorsqu'un investisseur acquiert un *call*, il obtient le droit d'acheter un actif à un prix déterminé. Plus le sous-jacent s'apprécie, plus ce droit devient potentiellement avantageux. À l'inverse, lorsque le cours recule, l'intérêt économique du contrat diminue. Le raisonnement est symétrique pour un *put*, dont la valeur tend à augmenter lorsque le sous-jacent baisse.

Cette sensibilité explique pourquoi le *Delta* occupe une place centrale dans l'analyse des options.

Le *Delta* mesure précisément la réaction du contrat à une variation du sous-jacent. Il constitue le premier indicateur observé par la plupart des professionnels car il renseigne directement sur l'exposition directionnelle de la position.

L'importance du sous-jacent dépasse toutefois la simple question du sens de variation. Le niveau du cours détermine également la position relative de l'option par rapport à son *prix d'exercice*. Une option dans la monnaie, *à la monnaie* ou *hors de la monnaie* ne réagit pas de la même manière aux fluctuations du marché. Le prix du sous-jacent influence ainsi non seulement la valeur du contrat mais également la nature même de son profil de risque.

Pour cette raison, les marchés d'options sont souvent décrits comme des marchés dérivés. Leur existence, leur valeur et leur comportement trouvent directement leur origine dans les mouvements de l'actif sous-jacent. Aucune analyse optionnelle ne peut être menée sérieusement sans commencer par l'étude de cette variable fondamentale.

3.3.b - Le *prix d'exercice* : le point d'équilibre du contrat

Si le sous-jacent constitue le moteur principal de la valorisation, le *prix d'exercice* en représente le point de référence.

Le *strike* détermine le niveau auquel le détenteur du contrat pourra acheter ou vendre l'actif à l'échéance. Il définit donc la frontière entre les situations favorables et défavorables pour l'acheteur de l'option. Cette caractéristique lui confère une importance considérable dans l'évaluation du contrat.

Plus un *call* possède un *prix d'exercice* éloigné du cours actuel du sous-jacent, moins les probabilités de terminer *dans la monnaie* apparaissent importantes. Cette diminution des chances de succès se traduit naturellement par une prime plus faible. À l'inverse, un *call* dont le *strike* est proche ou inférieur au cours actuel bénéficie d'une valeur plus élevée.

Le même raisonnement s'applique aux *puts* selon une logique symétrique. Le *prix d'exercice* agit ainsi comme une variable de calibration du risque. Il permet à l'investisseur de choisir le niveau d'engagement qu'il souhaite accepter et le montant de la prime qu'il est prêt à payer ou à encaisser.

Cette relation joue un rôle particulièrement important dans les stratégies de vente de *puts*. Le choix du *strike* détermine directement le compromis entre rémunération et sécurité. Un *prix d'exercice* proche du marché offre généralement une prime plus généreuse mais expose davantage au risque d'assignation. Un *strike* plus éloigné réduit ce risque au prix d'une rémunération plus modeste.

Cette question deviendra centrale dans la cinquième partie de l'ouvrage lorsque nous aborderons les règles de sélection des contrats. À ce stade, il suffit de retenir que le *prix d'exercice* constitue l'un des paramètres les plus structurants de la valorisation optionnelle.

3.3.c - Le temps : une matière première invisible

Parmi toutes les variables qui influencent le prix d'une option, le temps occupe une place singulière. Contrairement au sous-jacent ou au *prix d'exercice*, il ne peut être observé comme un actif financier. Il s'écoule inexorablement, indépendamment des décisions des investisseurs. Pourtant, son influence sur la valeur des contrats est considérable.

Une option est avant tout un droit temporaire. Cette caractéristique suffit à comprendre pourquoi le temps possède une valeur économique. Plus l'échéance est éloignée, plus le détenteur du contrat dispose d'opportunités pour voir se produire un mouvement favorable du marché. Cette possibilité supplémentaire justifie une valorisation plus élevée.

L'inverse est également vrai. À mesure que l'échéance approche, les scénarios futurs deviennent moins nombreux. Le champ des possibles se rétrécit progressivement. Cette réduction de l'incertitude entraîne une diminution de la *valeur temps* du contrat, phénomène que nous avons étudié à travers le *Theta.*

Cette dimension temporelle distingue profondément les options de nombreux autres instruments financiers. Un investisseur en actions peut conserver sa position pendant des années. Une option, elle, possède une durée de vie limitée. Le temps n'est donc pas seulement un paramètre du contrat ; il constitue l'une de ses composantes fondamentales.

Cette réalité explique pourquoi les professionnels accordent une attention particulière au calendrier. Dans les marchés d'options, le temps n'est pas un simple décor. Il représente une ressource économique dont la valeur évolue quotidiennement.

3.3.d - La volatilité : le carburant des options

S'il fallait désigner une variable capable de distinguer fondamentalement les options de la plupart des autres instruments financiers, ce serait probablement la volatilité. Aucun autre paramètre n'exerce une influence aussi particulière sur la valeur des contrats optionnels. Le prix du sous-jacent, le temps ou le *prix d'exercice* jouent naturellement un rôle essentiel, mais la volatilité possède une caractéristique unique : elle mesure directement l'incertitude du marché. Or les options sont précisément des instruments conçus pour gérer cette incertitude.

Une action peut être analysée à travers ses résultats financiers, sa croissance ou ses perspectives économiques. Une option, quant à elle, tire une grande partie de sa valeur des scénarios futurs susceptibles de se produire. Plus ces scénarios sont nombreux et dispersés, plus le contrat acquiert de valeur. Cette relation explique pourquoi la volatilité est souvent décrite comme le véritable carburant des marchés d'options.

Pour comprendre ce phénomène, il convient de raisonner en termes de possibilités. Considérons deux actions cotées au même prix et disposant de la même échéance optionnelle. La première évolue habituellement dans une fourchette relativement étroite. La seconde connaît des fluctuations beaucoup plus importantes. Dans quel cas un *call* ou un *put* possède-t-il le plus de chances de devenir fortement profitable avant l'échéance ? La réponse est évidente : l'actif le plus volatil offre davantage d'opportunités de mouvements significatifs.

Cette simple observation permet de comprendre pourquoi les options prennent de la valeur lorsque la volatilité augmente.

Une volatilité plus élevée ne signifie pas nécessairement que le marché va monter ou baisser. Elle signifie simplement que les amplitudes de variation potentielles deviennent plus importantes. Cette augmentation du champ des possibles bénéficie mécaniquement à l'acheteur d'options. Elle accroît les probabilités qu'un scénario favorable se matérialise avant l'expiration du contrat. La conséquence est immédiate : les primes augmentent.

Cette relation constitue l'un des fondements économiques du *Vega* étudié précédemment. Le *Vega* mesure précisément la sensibilité du prix d'une option aux variations de volatilité. Son existence traduit une réalité fondamentale : les marchés attribuent une valeur économique à l'incertitude. Cette idée mérite d'être soulignée.

Dans la plupart des domaines de la finance, l'incertitude est perçue comme un risque qu'il convient de réduire ou d'éviter. Les options introduisent une nuance importante. L'incertitude devient également une source de valeur. Plus le futur apparaît ouvert à de multiples scénarios, plus le contrat acquiert de prix.

Cette caractéristique explique pourquoi la volatilité occupe une place si particulière dans le modèle de *Black-Scholes-Merton*. Contrairement au sous-jacent, au *prix d'exercice* ou à l'échéance, la volatilité ne décrit pas une situation présente. Elle constitue une estimation de l'avenir. Elle représente une tentative de quantifier l'intensité des mouvements que le marché pourrait connaître durant la vie du contrat.

Cette singularité lui confère un statut particulier dans l'analyse optionnelle. Alors que la plupart des paramètres du modèle sont directement observables, la volatilité repose sur une anticipation. Elle introduit dans la formule une dimension prospective qui relie la valorisation théorique aux attentes collectives des investisseurs.

Nous retrouverons cette idée à plusieurs reprises dans la suite de l'ouvrage. Car la volatilité n'est pas seulement une variable parmi d'autres. Elle deviendra progressivement l'élément central de la méthodologie développée dans les dernières parties de ce livre.

3.3.e - Les taux d'intérêt et les dividendes

Comparés au sous-jacent ou à la volatilité, les taux d'intérêt et les dividendes occupent souvent une place plus discrète dans l'esprit des investisseurs. Cette discrétion est compréhensible. Leurs effets apparaissent généralement moins spectaculaires que ceux provoqués par un mouvement important du marché ou par une brusque variation de la *volatilité implicite*. Pourtant, leur présence dans le modèle de *Black-Scholes-Merton* n'a rien d'accessoire.

Les taux d'intérêt traduisent une réalité économique fondamentale : la valeur du temps. Un euro disponible aujourd'hui ne possède pas la même valeur qu'un euro disponible dans plusieurs mois. Cette différence constitue l'un des principes les plus anciens de la finance. Toute opération impliquant des flux futurs doit donc intégrer le coût du temps, lequel dépend directement du niveau des taux d'intérêt.

Dans le cadre des options, cette logique influence la valorisation des droits d'achat et de vente contenus dans les contrats. Une modification des taux modifie certains arbitrages économiques entre la détention immédiate du sous-jacent et la détention d'une option portant sur ce même actif. Même si cet effet demeure souvent limité à court terme, il participe pleinement à la cohérence générale du modèle.

Les dividendes introduisent une autre dimension. Lorsqu'une entreprise distribue une partie de ses bénéfices à ses actionnaires, cette opération influence la valeur économique du sous-jacent. Le versement d'un dividende entraîne généralement un ajustement du cours de l'action. Ignorer cette réalité conduirait à des valorisations inexactes.

Le modèle de *Black-Scholes-Merton* intègre donc explicitement les dividendes attendus pendant la durée de vie du contrat. Cette prise en compte améliore considérablement la précision de la valorisation, notamment pour les options portant sur des sociétés versant régulièrement des distributions importantes.

L'investisseur particulier est parfois tenté de négliger ces paramètres en raison de leur impact relativement modeste dans de nombreuses situations pratiques. Une telle attitude serait pourtant réductrice.

L'élégance du modèle réside précisément dans sa capacité à intégrer l'ensemble des facteurs influençant le prix d'une option, même lorsque leur contribution individuelle paraît limitée. Cette approche globale permet d'obtenir une représentation plus fidèle de la réalité économique.

Les taux d'intérêt et les dividendes rappellent ainsi une leçon importante : la valeur d'une option résulte toujours de la combinaison de plusieurs forces simultanées. Certaines attirent davantage l'attention que d'autres, mais toutes participent à l'équilibre général du contrat.

3.3.f - L'interaction entre les paramètres

L'une des limites des présentations pédagogiques classiques du modèle de *Black-Scholes-Merton* est qu'elles conduisent parfois le lecteur à considérer chaque variable comme un élément indépendant des autres. Cette approche possède certes des vertus didactiques. Elle permet de comprendre séparément le rôle du sous-jacent, du temps, de la volatilité ou des taux d'intérêt. Elle ne doit cependant pas faire oublier une réalité essentielle : sur les marchés financiers, ces paramètres n'agissent jamais de manière isolée.

La valeur d'une option résulte en permanence de l'interaction de plusieurs forces qui se combinent, se renforcent ou se compensent mutuellement. Lorsqu'un investisseur observe une variation de prix, il est souvent tenté d'en rechercher une cause unique. Dans la pratique, les mouvements observés résultent généralement d'un ensemble de facteurs agissant simultanément.

Prenons l'exemple d'une publication de résultats d'entreprise. À l'approche de l'événement, le temps restant jusqu'à l'échéance diminue progressivement, ce qui exerce une pression négative sur la *valeur temps* de l'option. Dans le même temps, les anticipations du marché concernant les mouvements futurs du titre peuvent accroître la *volatilité implicite*, soutenant ainsi les primes. Le sous-jacent lui-même peut connaître des fluctuations importantes à mesure que les investisseurs ajustent leurs positions. L'évolution finale du prix de l'option résulte alors de la combinaison de ces influences parfois contradictoires.

Cette observation est fondamentale car elle permet de mieux comprendre la logique des *grecques* étudiées précédemment. Le *Delta*, le *Gamma*, le *Theta*, le *Vega* ou le *Rhô* ne représentent pas des phénomènes indépendants. Ils constituent des outils de mesure destinés à isoler temporairement l'influence de certaines variables afin de rendre l'analyse plus intelligible. Dans la réalité des marchés, ces sensibilités coexistent et interagissent en permanence.

L'investisseur expérimenté développe progressivement cette vision globale. Il cesse de se demander quelle variable est la plus importante pour s'intéresser à l'équilibre général du contrat. Une hausse du sous-jacent peut être neutralisée par une chute simultanée de la *volatilité implicite*. Une progression de la volatilité peut compenser partiellement l'érosion liée au passage du temps. Les mécanismes à l'œuvre sont souvent plus complexes qu'ils n'apparaissent à première vue.

Cette complexité ne doit toutefois pas être perçue comme une faiblesse du modèle. Elle reflète simplement la richesse des marchés financiers eux-mêmes. Les options sont des instruments sophistiqués précisément parce qu'elles permettent de concentrer dans un seul contrat plusieurs dimensions du risque. Leur valorisation ne peut donc être réduite à un raisonnement unidimensionnel.

Le modèle de *Black-Scholes-Merton* possède à cet égard une qualité remarquable. Malgré sa relative simplicité, il parvient à intégrer simultanément l'ensemble des paramètres essentiels influençant la valeur du contrat. Il fournit ainsi une représentation cohérente de la manière dont ces différentes forces interagissent pour produire un prix de marché.

Cette compréhension prépare naturellement une question plus profonde. Si le modèle prend en compte les principales variables économiques, pourquoi les prix observés sur les marchés ne coïncident-ils pas toujours parfaitement avec les valorisations théoriques ? Cette interrogation nous conduit directement vers l'étude des limites du modèle, sujet auquel sera consacré le chapitre suivant.

3.3.g - Pourquoi les marchés ne regardent jamais une seule variable

La finance théorique possède une vertu essentielle : elle permet d'isoler les mécanismes fondamentaux afin de mieux les comprendre. Les investisseurs, quant à eux, évoluent dans un environnement beaucoup moins ordonné. Les marchés financiers ne fonctionnent jamais en observant une seule variable à la fois. Ils agrègent simultanément une multitude d'informations, d'anticipations et de perceptions du risque.

Cette réalité apparaît avec une particulière netteté dans les marchés d'options.

Lorsqu'un contrat est valorisé, les opérateurs ne se contentent pas d'observer le niveau du sous-jacent. Ils s'intéressent également aux résultats futurs de l'entreprise, aux décisions attendues des banques centrales, aux perspectives macroéconomiques, aux publications de bénéfices, aux événements géopolitiques ou encore aux conditions générales de liquidité du marché. Chacun de ces éléments peut influencer les anticipations collectives et modifier indirectement la valeur des options.

Le modèle de *Black-Scholes-Merton* simplifie volontairement cet univers complexe afin de rendre la valorisation possible. Cette simplification constitue à la fois sa force et sa principale limite. Elle permet d'obtenir un cadre analytique robuste, mais elle ne peut naturellement pas reproduire l'intégralité des comportements observés dans la réalité.

Les marchés sont composés d'êtres humains, d'institutions, d'algorithmes et d'investisseurs dont les motivations sont parfois très différentes. Certains cherchent à se couvrir contre un risque. D'autres spéculent sur une variation future des prix. D'autres encore arbitrent des écarts de valorisation ou répondent à des contraintes réglementaires. Cette diversité contribue à rendre les marchés plus riches, mais également plus difficiles à modéliser parfaitement.

L'observation des options illustre parfaitement ce phénomène. Deux contrats présentant des caractéristiques théoriquement proches peuvent parfois être valorisés différemment par le marché. De telles situations ne signifient pas nécessairement que le modèle est erroné. Elles rappellent simplement que les prix reflètent non seulement des paramètres économiques mesurables, mais également des anticipations collectives qui évoluent constamment.

Cette dimension comportementale joue un rôle particulièrement important lorsqu'il est question de volatilité. La peur, l'incertitude, l'optimisme ou l'aversion au risque influencent directement la demande de protection et, par conséquent, le niveau des primes observées. Les marchés ne valorisent pas seulement des probabilités ; ils valorisent également des perceptions.

Comprendre cette nuance constitue une étape importante dans l'apprentissage des options. L'investisseur découvre progressivement que les modèles financiers ne doivent pas être utilisés comme des instruments de prédiction absolue. Ils servent avant tout à structurer l'analyse, à identifier les variables pertinentes et à fournir un cadre cohérent de réflexion.

C'est précisément pour cette raison que les limites du modèle de *Black-Scholes-Merton* méritent d'être étudiées avec attention. Les chapitres précédents nous ont permis de comprendre ce que le modèle explique. Le chapitre suivant nous montrera ce qu'il ne peut pas expliquer et pourquoi cette distinction demeure essentielle pour tout investisseur souhaitant utiliser les options de manière rigoureuse.

CE QU'IL FAUT RETENIR

La valeur d'une option *européenne* résulte de l'interaction de plusieurs paramètres fondamentaux : le prix du sous-jacent, le *prix d'exercice*, le temps restant jusqu'à l'échéance, la volatilité, les taux d'intérêt et les dividendes.

Parmi ces variables, la volatilité occupe une place particulière car elle représente directement l'incertitude anticipée par le marché. Son influence sur les primes est souvent déterminante et explique une grande partie de l'intérêt économique des options.

Ces paramètres n'agissent jamais isolément. Ils interagissent en permanence et produisent ensemble le comportement observé des contrats optionnels. Les *grecques* permettent précisément de mesurer ces différentes sensibilités et d'en faciliter l'analyse.

Le modèle de *Black-Scholes-Merton* fournit un cadre cohérent pour comprendre ces mécanismes. Il montre que le prix d'une option n'est jamais arbitraire mais résulte de la combinaison de plusieurs forces économiques identifiables.

Toutefois, les marchés réels demeurent plus complexes que toute représentation théorique. Les anticipations, les comportements des investisseurs et les événements imprévus introduisent des dimensions que le modèle ne peut saisir parfaitement. Cette observation conduit naturellement à l'étude de ses limites, qui constitue l'objet du chapitre suivant.

Illustration 3.3 – Les déterminants du prix d'une option européenne

Dans le modèle de Black–Scholes–Merton avec dividendes continus, le prix d'un call et d'un put dépend de six paramètres clés.

IDÉE CLÉ

Le prix d'une option réagit lorsque ses paramètres changent.

Le tableau ci-dessous indique l'effet sur le prix d'un call et d'un put lorsque chaque paramètre augmente, toutes choses égales par ailleurs.

RAPPEL DES FORMULES

$$C = S_0\, e^{-\delta T} N(d_1) - K\, e^{-rT} N(d_2)$$

$$P = K\, e^{-rT} N(-d_2) - S_0\, e^{-\delta T} N(-d_1)$$

PARAMÈTRE	SIGNIFICATION	SI LE PARAMÈTRE AUGMENTE → EFFET SUR LE CALL	SI LE PARAMÈTRE AUGMENTE → EFFET SUR LE PUT	EXPLICATION ÉCONOMIQUE
S_0 Prix actuel du sous-jacent	Prix de marché actuel de l'actif sous-jacent.	↑ Le prix du call augmente	↓ Le prix du put diminue	Un sous-jacent plus cher augmente la probabilité que le call soit dans la monnaie et diminue celle du put.
K Prix d'exercice (*strike*)	Prix auquel l'option donne le droit d'acheter (call) ou de vendre (put) le sous-jacent.	↓ Le prix du call diminue	↑ Le prix du put augmente	Un prix d'exercice plus élevé rend le call moins avantageux et le put plus avantageux.
σ Volatilité implicite annuelle	Mesure de l'incertitude (écart-type des rendements).	↑ Le prix du call augmente	↑ Le prix du put augmente	Plus l'incertitude est élevée, plus la probabilité d'atteindre des niveaux favorables à l'option est grande : les deux options deviennent plus chères.
T Temps à l'échéance	Durée restante jusqu'à l'échéance de l'option.	↑ Le prix du call augmente	↑ Le prix du put augmente	Plus le temps jusqu'à l'échéance est long, plus la probabilité d'événements favorables augmente pour les deux options.
r Taux sans risque continu	Taux d'intérêt annuel sans risque (taux de l'obligation d'État).	↑ Le prix du call augmente	↓ Le prix du put diminue	Un taux sans risque plus élevé augmente la valeur actualisée du prix d'exercice (défavorable au put), donc le call augmente et le put diminue.
δ Taux de dividende continu	Taux de rendement des dividendes versés continuellement.	↓ Le prix du call diminue	↑ Le prix du put augmente	Des dividendes plus élevés réduisent le prix anticipé du sous-jacent à l'échéance (car le sous-jacent distribue des flux), ce qui pénalise le call mais favorise le put.

LECTURE DU TABLEAU : ↑ : le prix de l'option augmente lorsque le paramètre augmente. ↓ : le prix de l'option diminue lorsque le paramètre augmente.

Chapitre 3.4
Les limites du modèle de *Black-Scholes-Merton*

Le succès du modèle de *Black-Scholes-Merton* est tel qu'il pourrait facilement conduire à une illusion de perfection. Après avoir étudié sa logique, ses variables fondamentales et son influence sur la finance moderne, le lecteur pourrait être tenté de considérer cette construction théorique comme une représentation fidèle et exhaustive des marchés financiers. Une telle conclusion serait pourtant erronée.

Aucun modèle ne peut prétendre reproduire parfaitement la réalité. Cette observation ne constitue pas une critique du travail de *Black*, *Scholes* et *Merton*. Elle reflète simplement la nature même de toute démarche scientifique. Un modèle est avant tout une simplification du monde réel. Il cherche à isoler les mécanismes les plus importants afin de rendre un phénomène intelligible et analysable. Cette simplification est précisément ce qui lui donne sa puissance. Elle est également ce qui définit ses limites.

L'histoire de la finance offre d'ailleurs une leçon importante à cet égard. Les investisseurs qui utilisent un modèle sans en comprendre les hypothèses s'exposent souvent à des erreurs d'interprétation parfois coûteuses. À l'inverse, ceux qui connaissent les conditions dans lesquelles un modèle fonctionne et celles dans lesquelles il devient moins pertinent disposent d'un avantage intellectuel considérable.

Cette distinction est particulièrement importante dans le cas du modèle de *Black-Scholes-Merton*. La formule n'a jamais été conçue comme une description parfaite du comportement humain, des marchés ou de l'économie mondiale. Elle repose sur un ensemble d'hypothèses destinées à rendre le problème mathématiquement traitable. Certaines de ces hypothèses se révèlent raisonnablement proches de la réalité. D'autres s'en éloignent davantage. Comprendre ces écarts est indispensable pour utiliser le modèle avec discernement.

L'étude de ses limites ne diminue donc en rien sa valeur. Au contraire, elle permet d'apprécier pleinement sa portée réelle et de comprendre pourquoi de nombreux développements ultérieurs de la finance quantitative ont cherché à enrichir ou à compléter son cadre initial.

3.4.a - L'hypothèse d'une volatilité constante

Parmi toutes les hypothèses retenues par le modèle de *Black-Scholes-Merton*, celle concernant la volatilité est probablement la plus connue et la plus discutée.

Dans sa formulation originelle, le modèle suppose que la volatilité du sous-jacent demeure constante pendant toute la durée de vie de l'option. Cette simplification présente un avantage considérable sur le plan mathématique. Elle permet de construire une formule élégante et d'obtenir une solution analytique explicite. La réalité des marchés est toutefois beaucoup plus complexe.

La volatilité n'est pas une grandeur fixe. Elle fluctue continuellement sous l'influence des événements économiques, des publications de résultats, des décisions de politique monétaire, des tensions géopolitiques et des changements de comportement des investisseurs. Certaines périodes sont marquées par un calme relatif. D'autres connaissent au contraire des épisodes de nervosité intense.

L'observation des marchés financiers montre ainsi que la volatilité possède sa propre dynamique. Elle tend à augmenter durant les périodes d'incertitude et à diminuer lorsque les conditions de marché se stabilisent. Cette caractéristique est particulièrement visible lors des crises financières, où les anticipations de risque peuvent évoluer brutalement en l'espace de quelques jours.

Le modèle de *Black-Scholes-Merton* ignore volontairement cette variabilité afin de préserver sa simplicité. Cette hypothèse constitue l'une des principales raisons pour lesquelles les valorisations théoriques ne correspondent pas toujours exactement aux prix observés sur le marché.

Cette limite n'enlève rien à l'utilité du modèle. Elle rappelle simplement que la volatilité réelle est un phénomène vivant, évolutif et parfois imprévisible. Les marchés d'options eux-mêmes ont progressivement intégré cette réalité, donnant naissance à des concepts tels que le *smile* de volatilité et la *surface de volatilité implicite* que nous étudierons plus loin dans cet ouvrage.

3.4.b - Des marchés supposés parfaitement fluides

Une autre hypothèse fondamentale du modèle concerne le fonctionnement même des marchés financiers. *Black-Scholes-Merton* suppose implicitement que les investisseurs peuvent acheter ou vendre des actifs instantanément, sans contrainte particulière et sans coût de transaction significatif. Dans cet univers théorique, la liquidité est parfaite. Les positions peuvent être ajustées à tout moment et les opérations de couverture peuvent être réalisées avec une précision absolue.

Cette représentation facilite considérablement le raisonnement. Elle permet notamment de construire les fameux portefeuilles de réplication qui jouent un rôle central dans la démonstration du modèle. Les ajustements nécessaires à la neutralisation du risque peuvent être effectués en permanence et sans friction.

Les marchés réels fonctionnent évidemment différemment. Les investisseurs doivent composer avec des écarts entre les prix d'achat et de vente, des coûts de courtage, des contraintes de liquidité et parfois même des difficultés d'exécution. Certaines actions très liquides permettent des ajustements rapides. D'autres présentent des volumes plus limités qui compliquent les opérations de couverture.

Ces imperfections deviennent particulièrement visibles dans les périodes de stress financier. Lorsque l'incertitude augmente fortement, la liquidité peut se détériorer, les écarts de cotation s'élargir et les coûts de transaction progresser. Les conditions réelles s'éloignent alors davantage de l'univers théorique imaginé par le modèle.

Cette observation possède une importance pratique considérable. Elle rappelle que la gestion du risque ne peut jamais être entièrement automatisée. Même les meilleures constructions mathématiques demeurent soumises aux réalités opérationnelles des marchés.

3.4.c - Une distribution des rendements trop idéale

Le modèle repose également sur une hypothèse statistique fondamentale concernant le comportement des prix. Il suppose que les variations du sous-jacent suivent une distribution particulière permettant de représenter les mouvements de marché sous une forme mathématiquement élégante. Cette hypothèse conduit à considérer que les événements extrêmes demeurent relativement rares et que les fluctuations importantes apparaissent avec une fréquence limitée.

Pendant longtemps, cette représentation a fourni une approximation raisonnablement satisfaisante du comportement moyen des marchés. Toutefois, l'expérience accumulée au fil des décennies a révélé certaines limites importantes. Les marchés financiers connaissent parfois des mouvements beaucoup plus brutaux que ceux anticipés par les modèles classiques. Les crises boursières, les krachs, les chocs géopolitiques ou les événements systémiques rappellent régulièrement que les distributions observées dans la réalité possèdent des caractéristiques plus complexes que celles retenues dans les formulations théoriques les plus simples. Autrement dit, les événements exceptionnels se produisent plus fréquemment que ne le suggère souvent la théorie.

Cette constatation a profondément influencé l'évolution de la finance quantitative moderne. De nombreux modèles ont été développés afin de mieux prendre en compte les sauts de marché, les asymétries de comportement et les phénomènes extrêmes observés dans les données historiques.

Pour l'investisseur, la leçon est simple. Les modèles constituent des outils précieux pour structurer l'analyse. Ils ne doivent jamais conduire à sous-estimer la possibilité d'événements rares mais significatifs. Les marchés possèdent une capacité récurrente à surprendre même les observateurs les plus expérimentés.

3.4.d - Le comportement humain absent du modèle

L'une des caractéristiques les plus remarquables du modèle de *Black-Scholes-Merton* est également l'une de ses principales limites. La formule repose sur un univers essentiellement rationnel dans lequel les prix évoluent selon des mécanismes probabilistes relativement stables. Cette approche permet de construire un cadre mathématique élégant et cohérent. Elle laisse cependant de côté un acteur fondamental des marchés financiers : l'être humain.

Les marchés ne sont pas gouvernés uniquement par des équations. Ils sont animés par des investisseurs, des gérants, des banques, des entreprises et des particuliers dont les décisions sont influencées par leurs anticipations, leurs émotions, leurs contraintes et parfois leurs erreurs de jugement. Cette dimension psychologique constitue une composante essentielle du fonctionnement réel des marchés.

La peur, l'euphorie, l'aversion au risque ou l'excès de confiance peuvent provoquer des mouvements de prix difficilement explicables par les seuls fondamentaux économiques. Les périodes de panique boursière en offrent une illustration particulièrement frappante. Lorsque les investisseurs cherchent simultanément à réduire leur exposition au risque, les prix peuvent connaître des ajustements d'une ampleur considérable. À l'inverse, certaines phases d'optimisme excessif conduisent à des valorisations difficilement justifiables au regard des données objectives disponibles.

Le modèle de *Black-Scholes-Merton* n'a jamais prétendu capturer ces phénomènes comportementaux. Son objectif consiste à fournir un cadre de valorisation rationnel dans un environnement théorique simplifié. Cette démarche est parfaitement légitime d'un point de vue scientifique. Elle implique toutefois que certaines dimensions importantes de la réalité demeurent en dehors du champ du modèle.

Cette limite apparaît avec une particulière intensité dans les marchés d'options. Les primes ne reflètent pas uniquement des probabilités statistiques. Elles traduisent également les inquiétudes, les espoirs et les anticipations collectives des investisseurs. Une forte demande de protection peut faire grimper les prix des options bien au-delà de ce que suggérerait une lecture strictement théorique. À l'inverse, des périodes prolongées de confiance peuvent conduire à une sous-évaluation apparente de certains risques.

Cette observation jouera un rôle central dans les chapitres consacrés à la *volatilité implicite*. Ainsi, ce que les investisseurs achètent ou vendent à travers les options n'est pas seulement un droit financier. Ils échangent également des perceptions du risque. La *volatilité implicite* apparaît précisément comme l'un des lieux de rencontre entre la rigueur mathématique du modèle et la psychologie collective des marchés.

3.4.e - Quand les marchés s'éloignent de la théorie

L'histoire financière fournit de nombreux exemples où les comportements observés se sont éloignés de manière spectaculaire des hypothèses retenues par les modèles théoriques.

Les grandes crises boursières occupent naturellement une place particulière parmi ces épisodes. Le krach d'octobre 1987, la crise financière de 2008 ou encore les mouvements extrêmes observés au début de la pandémie de 2020 ont rappelé avec force que les marchés possèdent parfois une dynamique propre qui dépasse les cadres analytiques les plus sophistiqués.

Dans ces périodes exceptionnelles, plusieurs hypothèses du modèle de *Black-Scholes-Merton* sont simultanément mises à l'épreuve. La volatilité cesse d'être relativement stable. La liquidité se dégrade. Les écarts entre les prix d'achat et de vente s'élargissent. Les corrélations entre actifs évoluent brutalement. Les investisseurs modifient leurs comportements sous l'effet de l'incertitude. Les conditions de marché s'éloignent alors sensiblement de l'environnement théorique dans lequel le modèle a été conçu.

Ces écarts ne doivent cependant pas être interprétés comme des échecs du modèle. Ils rappellent simplement qu'aucune représentation mathématique ne peut reproduire parfaitement la complexité du monde réel. Une carte géographique n'est jamais le territoire lui-même. Elle permet néanmoins de s'orienter efficacement. La relation entre les modèles financiers et les marchés obéit à une logique comparable.

Les professionnels expérimentés ne cherchent donc pas à appliquer mécaniquement les formules. Ils utilisent les modèles comme des instruments d'analyse dont ils connaissent les forces et les limites. Cette attitude permet de bénéficier de la rigueur apportée par la théorie tout en conservant la souplesse nécessaire à l'interprétation des situations réelles.

Cette approche est particulièrement importante dans le domaine des options. Les écarts observés entre les prix théoriques et les prix de marché ne constituent pas uniquement des imperfections. Ils contiennent souvent une information précieuse sur les anticipations collectives des investisseurs. Comprendre ces écarts revient souvent à comprendre le marché lui-même.

3.4.f - Pourquoi *Black-Scholes* reste malgré tout indispensable

Face aux limites que nous venons d'évoquer, certains lecteurs pourraient être tentés de conclure que le modèle de *Black-Scholes-Merton* appartient désormais au passé ou qu'il a été remplacé par des approches plus sophistiquées. Une telle conclusion serait profondément erronée. Aucun modèle n'a exercé une influence aussi durable sur la finance moderne.

Les limites du modèle sont aujourd'hui parfaitement connues. Elles ont donné naissance à une multitude de développements théoriques destinés à enrichir le cadre initial. Pourtant, plus d'un demi-siècle après sa publication, *Black-Scholes-Merton* demeure au cœur de l'analyse optionnelle.

Cette longévité exceptionnelle s'explique par plusieurs raisons. Tout d'abord, le modèle fournit une structure intellectuelle remarquablement robuste. Même lorsque ses hypothèses sont partiellement violées, il continue souvent à offrir une approximation utile des mécanismes fondamentaux de valorisation. Ensuite, il constitue le langage commun de l'industrie financière. Les professionnels du monde entier utilisent ses concepts, ses variables et ses sensibilités pour communiquer, analyser et gérer les risques. Enfin, et peut-être surtout, il sert de point de départ à l'ensemble des développements ultérieurs.

Les modèles plus sophistiqués ne remplacent pas véritablement *Black-Scholes-Merton.* Ils le prolongent. Ils cherchent à corriger certaines de ses simplifications tout en conservant les intuitions fondamentales qui ont fait son succès. Comprendre ces évolutions suppose donc presque toujours de maîtriser d'abord le cadre initial.

Cette situation est comparable à celle observée dans d'autres disciplines scientifiques. Les théories fondatrices conservent leur importance même lorsque des modèles plus avancés apparaissent. Elles constituent le socle sur lequel s'appuie l'ensemble de la construction intellectuelle. Le modèle de *Black-Scholes-Merton* occupe précisément cette position dans la finance quantitative contemporaine.

3.4.g - Une fondation, pas une vérité absolue

La meilleure manière d'aborder le modèle consiste sans doute à le considérer comme une fondation plutôt que comme une vérité absolue. Cette distinction est essentielle.

Une fondation fournit une structure solide permettant de construire des raisonnements cohérents. Elle ne prétend pas répondre à toutes les questions ni capturer toutes les dimensions de la réalité. Elle offre un cadre de référence à partir duquel il devient possible d'approfondir l'analyse. C'est exactement le rôle joué par *Black-Scholes-Merton* dans les marchés d'options.

Le modèle permet d'identifier les variables importantes, de comprendre leurs interactions et de construire une valorisation théorique cohérente. Il ne prétend pas prédire l'avenir. Il ne prétend pas davantage reproduire parfaitement le comportement humain ou anticiper tous les événements extrêmes susceptibles d'affecter les marchés.

Cette humilité intellectuelle constitue probablement l'une des meilleures manières d'utiliser les outils financiers. Les investisseurs les plus performants ne cherchent pas des certitudes. Ils recherchent des cadres d'analyse capables d'améliorer leur compréhension du risque. Le modèle de *Black-Scholes-Merton* répond précisément à cette ambition.

Cette réflexion nous conduit naturellement au dernier chapitre de cette partie. Car si les prix observés sur le marché diffèrent parfois des valorisations théoriques produites par le modèle, une question essentielle demeure : comment interpréter cet écart ? La réponse conduit directement à l'un des concepts les plus importants de l'analyse optionnelle : la *volatilité implicite*. C'est précisément cette notion que nous allons découvrir dans le chapitre suivant.

CE QU'IL FAUT RETENIR

Le modèle de *Black-Scholes-Merton* repose sur plusieurs hypothèses simplificatrices destinées à rendre la valorisation des options mathématiquement possible. Parmi ces hypothèses figurent notamment une volatilité constante, des marchés parfaitement liquides et certaines propriétés statistiques des rendements.

Ces hypothèses s'écartent parfois de la réalité observée sur les marchés financiers. La volatilité fluctue dans le temps, les coûts de transaction existent, les événements extrêmes surviennent plus fréquemment que ne le suggèrent certains modèles et les comportements humains influencent fortement les prix.

Ces limites ne remettent toutefois pas en cause l'utilité du modèle. Elles rappellent simplement qu'il constitue une représentation simplifiée du monde réel et non une description exhaustive de tous les phénomènes financiers.

Plus d'un demi-siècle après sa publication, *Black-Scholes-Merton* demeure la référence fondamentale de l'analyse optionnelle. Il fournit le langage commun de la finance quantitative et constitue le point de départ de la plupart des développements ultérieurs.

Enfin, les écarts observés entre les prix théoriques et les prix de marché ne doivent pas être considérés comme de simples anomalies. Ils contiennent souvent une information précieuse sur les anticipations collectives des investisseurs. C'est précisément de cette rencontre entre théorie et réalité qu'émerge la notion de *volatilité implicite*, sujet du prochain chapitre.

Illustration 3.4 – Les limites du modèle de Black-Scholes-Merton

IDÉE CLÉ

Le modèle de Black-Scholes-Merton fournit une valeur théorique dans un monde idéal.
Les marchés réels s'en écartent : volatilité variable, sauts, frictions et comportements des investisseurs... D'où la nécessité d'ajustements pratiques.

RAPPEL DES FORMULES

$$C = S_0 e^{-\delta T} N(d_1) - K e^{-rT} N(d_2)$$

$$P = K e^{-rT} N(-d_2) - S_0 e^{-\delta T} N(-d_1)$$

1. CE QUE LE MODÈLE SUPPOSE (MONDE IDÉAL)

Volatilité constante
La volatilité du sous-jacent (σ) est constante dans le temps et identique pour toutes les maturités et tous les strikes.

Rendements log-normaux
Les rendements du sous-jacent suivent un mouvement brownien géométrique (pas de sauts).

Marché sans friction
Aucun coût de transaction, aucune taxe, pas de restriction à la vente à découvert.
Les actifs sont parfaitement négociables et divisibles.

Taux sans risque constant
Le taux sans risque (r) est constant sur toute la durée de vie de l'option.

Couverture continue
Le modèle suppose que la position de couverture peut être ajustée à tout instant afin de neutraliser en permanence le risque de marché.

Marché parfait et efficace
Le modèle suppose un marché liquide, sans arbitrage durable et dans lequel les prix reflètent correctement l'information disponible.

2. CE QUI SE PASSE EN PRATIQUE (MARCHÉS RÉELS)

Volatilité variable
La volatilité change dans le temps (clustering de volatilité) et dépend du strike et de la maturité (smile / skew).

Sauts de marché
Les prix peuvent subir des sauts brusques dus à des annonces économiques, événements ou crises.

Frictions et coûts
Présence de coûts de transaction, de spreads, de taxes, et parfois de contraintes (vente à découvert, marges, limites de position, etc.).

Taux variables
Les taux d'intérêt varient dans le temps et selon les maturités.

Ajustements de couverture ponctuels
En pratique, les opérateurs ne peuvent ajuster leur couverture qu'à intervalles réguliers (minutes, heures ou jours), jamais en continu.

Comportements réels
Les investisseurs peuvent être irrationnels, averses au risque ou soumis à des effets de foule.
L'information peut être imparfaite ou incomplète.

3. CONSÉQUENCES POUR LA VALORISATION DES OPTIONS

Smile et skew de volatilité
Les options hors de la monnaie ne sont pas valorisées correctement par le modèle : la volatilité implicite n'est pas plate.

Écarts de prix
Les prix de marché s'écartent des prix théoriques de Black-Scholes-Merton, surtout en période de stress.

Besoin d'ajustements
Les praticiens utilisent des volatilités implicites observées sur le marché et des modèles enrichis.

Surfaces de volatilité
En pratique, la volatilité implicite dépend simultanément du prix d'exercice (strike) et de la maturité de l'option. Les praticiens utilisent donc des surfaces de volatilité pour refléter cette réalité.

Modèles étendus
Des modèles plus avancés sont utilisés : volatilité stochastique, sauts, modèles à facteurs, Heston, SABR, locaux vol, GARCH, etc.

Chapitre 3.5
Comment naît la *volatilité implicite* ?

À ce stade de notre progression, une question essentielle demeure en suspens. Le modèle de *Black-Scholes-Merton* nous permet de calculer le prix théorique d'une option à partir d'un ensemble de variables clairement identifiées. Parmi ces variables figure la volatilité, dont nous avons déjà souligné l'importance fondamentale dans la valorisation des contrats. Pourtant, une difficulté apparaît immédiatement lorsque l'on cherche à appliquer concrètement le modèle aux marchés réels.

Comment connaître la volatilité future ? Cette interrogation semble presque paradoxale. Le modèle a besoin de la volatilité pour calculer le prix théorique d'une option. Mais dans le même temps, la volatilité représente précisément une information portant sur l'avenir, c'est-à-dire sur quelque chose que personne ne peut observer directement au moment où la valorisation est effectuée. Cette difficulté constitue l'un des points les plus fascinants de toute la théorie des options.

Le prix du sous-jacent est observable. Le *prix d'exercice* est connu. L'échéance figure dans les caractéristiques du contrat. Les taux d'intérêt peuvent être estimés à partir des conditions de marché. Les dividendes futurs font l'objet d'anticipations raisonnables. La volatilité, en revanche, demeure fondamentalement incertaine.

Cette situation conduit naturellement à un renversement du raisonnement. Au lieu d'utiliser la volatilité pour calculer le prix de l'option, les investisseurs vont utiliser le prix observé de l'option pour déduire la volatilité que le marché semble implicitement anticiper. Cette inversion intellectuelle est à l'origine de l'un des concepts les plus importants de la finance moderne : la *volatilité implicite*.

Comprendre la naissance de cette notion est essentiel. Elle constitue le point de rencontre entre la théorie élaborée par *Black*, *Scholes* et *Merton* et la réalité quotidienne des marchés financiers. Elle marque également le début d'une nouvelle manière de regarder les options. À partir de ce moment, les investisseurs cessent progressivement de considérer les contrats comme de simples instruments de couverture ou de spéculation. Ils commencent à les voir comme des révélateurs des anticipations collectives du marché.

3.5.a - Une inconnue au cœur du modèle

Lorsque le modèle de *Black-Scholes-Merton* est utilisé pour calculer la valeur théorique d'une option, la volatilité apparaît comme une variable parmi d'autres. Sur le plan mathématique, rien ne semble la distinguer du prix du sous-jacent ou de l'échéance du contrat. Pourtant, sa nature est profondément différente. Les autres paramètres sont directement observables.

À chaque instant, il est possible de connaître le cours d'une action, le niveau des taux d'intérêt ou le nombre de jours restant avant l'expiration d'une option. La volatilité future ne peut pas être observée avec la même certitude. Elle n'existe encore que sous la forme d'une anticipation.

Cette caractéristique pose un problème considérable. Si deux investisseurs retiennent des hypothèses différentes concernant la volatilité future du sous-jacent, ils obtiendront des valorisations théoriques différentes pour un même contrat. Le prix calculé dépend donc fortement de cette variable particulière.

Les praticiens ont rapidement compris que cette sensibilité constituait à la fois une difficulté et une opportunité. Une difficulté, parce qu'elle introduit une part d'incertitude dans le processus de valorisation. Une opportunité, parce qu'elle permet de transformer les prix observés sur le marché en une source d'information sur les anticipations collectives des investisseurs. C'est précisément cette intuition qui va donner naissance à la *volatilité implicite.*

3.5.b - Inverser le raisonnement

L'une des idées les plus ingénieuses de la finance moderne consiste à retourner complètement le problème. Plutôt que de partir d'une hypothèse de volatilité afin de calculer le prix théorique d'une option, pourquoi ne pas partir du prix effectivement observé sur le marché afin de retrouver la volatilité qui rendrait ce prix cohérent avec le modèle ? Cette démarche peut sembler simple. Ses conséquences sont pourtant considérables.

Le prix de marché devient alors le point de départ de l'analyse. Toutes les autres variables étant connues ou observables, il devient possible de résoudre l'équation afin de déterminer la seule inconnue restante : la volatilité.

La valeur obtenue n'est pas une volatilité observée dans le passé. Elle n'est pas davantage une prévision officielle de l'avenir. Elle représente la volatilité que le marché semble implicitement intégrer dans le prix du contrat.

C'est pour cette raison qu'elle est qualifiée d'implicite. Elle n'apparaît nulle part directement. Elle est déduite du comportement collectif des investisseurs à travers les prix qu'ils acceptent de payer ou de recevoir.

Cette inversion du raisonnement transforme profondément la fonction des options dans l'analyse financière. Les contrats ne servent plus uniquement à transférer du risque. Ils deviennent également des instruments permettant d'observer les anticipations du marché concernant l'incertitude future.

3.5.c - Ce que révèle réellement la *volatilité implicite*

La *volatilité implicite* est parfois présentée comme la prévision du marché concernant la volatilité future d'un actif. Cette formulation possède une part de vérité, mais elle demeure incomplète. En réalité, la *volatilité implicite* reflète davantage une perception collective qu'une prévision au sens strict.

Les investisseurs n'expriment pas seulement des opinions sur les fluctuations futures du sous-jacent. Ils expriment également leurs inquiétudes, leurs espoirs, leurs besoins de protection et leur tolérance au risque. Tous ces éléments influencent la demande et l'offre d'options, et donc les prix observés sur le marché.

La *volatilité implicite* constitue ainsi une forme de synthèse. Elle agrège dans un indicateur unique une multitude d'informations dispersées parmi des milliers d'intervenants. Elle reflète à la fois des considérations économiques, financières, psychologiques et comportementales.

Cette richesse explique pourquoi elle est devenue un indicateur aussi suivi. Les investisseurs institutionnels, les gérants de portefeuille, les traders et les analystes accordent souvent autant d'attention à la *volatilité implicite* qu'à l'évolution du sous-jacent lui-même. Dans certains contextes, elle fournit même davantage d'informations sur l'état réel du marché que les variations de prix observées au quotidien.

La *volatilité implicite* permet ainsi de prendre le pouls de l'incertitude collective. Elle mesure moins ce qui va se produire que ce que les investisseurs pensent pouvoir se produire.

3.5.d - La rencontre entre théorie et marché

L'émergence de la *volatilité implicite* illustre parfaitement la manière dont la théorie financière et les marchés réels peuvent se nourrir mutuellement. Sans le modèle de *Black-Scholes-Merton*, il aurait été impossible de définir rigoureusement cette notion. Sans les prix observés sur les marchés, elle n'aurait toutefois aucune existence pratique.

La *volatilité implicite* naît précisément de la rencontre entre ces deux univers. Le modèle fournit le cadre théorique. Les investisseurs fournissent les prix. L'interaction entre les deux produit une information nouvelle qui n'existait pas auparavant.

Cette dynamique constitue l'une des plus belles réussites de la finance moderne. Elle montre que les modèles ne servent pas uniquement à calculer des prix. Ils permettent également d'extraire des informations cachées dans les données de marché. La *volatilité implicite* est probablement l'exemple le plus célèbre de cette capacité.

Elle deviendra bientôt l'élément central de notre analyse. Et c'est une fois cette notion comprise, qu'une nouvelle question apparaît immédiatement : comment interpréter ses variations ? Pourquoi certaines options affichent-elles des *volatilités implicites* différentes alors qu'elles portent sur le même sous-jacent ?

La réponse à ces interrogations nous conduira vers les phénomènes de *smile* de volatilité, de structure par terme et de *surface de volatilité implicite* qui occupent une place centrale dans la pratique moderne de la vente de *puts*.

CE QU'IL FAUT RETENIR

La volatilité constitue la seule variable majeure du modèle de *Black-Scholes-Merton* qui ne puisse être observée directement. Elle représente une anticipation concernant l'avenir et ne peut donc être connue avec certitude.

Pour contourner cette difficulté, les investisseurs inversent le raisonnement du modèle. À partir du prix observé sur le marché, ils déterminent la volatilité qui rendrait ce prix cohérent avec la formule de valorisation.

Cette volatilité déduite est appelée *volatilité implicite.*

Elle ne représente pas une simple prévision statistique. Elle reflète les anticipations collectives, les besoins de couverture, les perceptions du risque et les comportements des investisseurs.

La *volatilité implicite* constitue ainsi le point de rencontre entre la théorie financière et la réalité des marchés. Elle transforme les options en véritables indicateurs de l'incertitude anticipée par les investisseurs.

Cette notion servira de fondation à l'ensemble de la partie suivante, consacrée à l'étude approfondie de la *volatilité implicite* et à son utilisation dans les stratégies de vente de *puts*.

Illustration 3.5 – Comment naît la volatilité implicite ?

Le prix d'une option est observable sur le marché.

La volatilité implicite est l'information que l'on en déduit grâce au modèle de Black–Scholes–Merton.

IDÉE CLÉ

La volatilité future attendue par le marché n'est pas directement observable. Le modèle de Black–Scholes–Merton permet de la déduire à partir du prix observé de l'option.

RAPPEL DES FORMULES (AVEC DIVIDENDES)

Call européen :

$$C = S_0 e^{-\delta T} N(d_1) - K e^{-rT} N(d_2)$$

Put européen :

$$P = K e^{-rT} N(-d_2) - S_0 e^{-\delta T} N(-d_1)$$

où

$$d_1 = \frac{\ln(S_0/K) + (r - \delta + \frac{1}{2}\sigma^2)T}{\sigma\sqrt{T}}$$

$$d_2 = d_1 - \sigma\sqrt{T}$$

1. LE MARCHÉ DONNE LE PRIX

LE PRIX EST OBSERVABLE

Investisseurs

↓

Achats et ventes

↓

Prix observé de l'option

↓

4,50 €

Ce que l'on observe directement :

- le prix du sous-jacent ;
- le prix de l'option ;
- les transactions du marché.

Ce que l'on n'observe pas directement :

- la volatilité future attendue.

2. LE MODÈLE DE BLACK-SCHOLES-MERTON

LE MODÈLE CALCULE UNE VALEUR THÉORIQUE

(S) Prix du sous-jacent (S)

\+

(K) Prix d'exercice (K)

\+

(T) Temps restant (T)

\+

(r) Taux sans risque (r)

\+

(δ) Taux de dividende continu (δ)

\+

(σ) Volatilité (σ)

↓

Prix théorique de l'option

Tous les paramètres sont connus sauf

(σ) = volatilité

3. ON INVERSE LE RAISONNEMENT

RECHERCHE DE LA VOLATILITÉ

Prix observé sur le marché **(4,50 €)**

\+

Modèle de Black–Scholes–Merton

↓

Recherche de σ (la valeur inconnue)

↓

VOLATILITÉ IMPLICITE

DÉFINITION

La volatilité implicite est la valeur de σ qui, introduite dans le modèle de Black–Scholes–Merton, permet de retrouver exactement le prix observé sur le marché.

4. EXEMPLE NUMÉRIQUE

Supposons qu'un call européen cote :

Prix observé = 4,50 €

Le modèle fournit :

Volatilité testée (σ)	Prix théorique du call
σ = 15 %	3,80 €
σ = 20 %	**4,50 €**
σ = 25 %	5,30 €

Correspond au prix observé (4,50 €)

Volatilité implicite = 20 %

C'est la seule valeur de σ qui, dans le modèle, permet de retrouver le prix observé de 4,50 €.

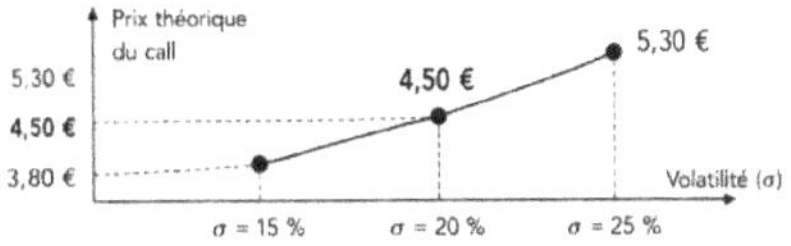

PARTIE 4 - Comprendre la *volatilité implicite*

Chapitre 4.1
Volatilité historique et *volatilité implicite*

La volatilité est sans doute l'un des concepts les plus fréquemment utilisés dans l'univers des options. Pourtant, peu de notions financières sont aussi souvent mal comprises. Les investisseurs découvrent généralement son importance dès leurs premiers contacts avec les marchés dérivés. Ils apprennent rapidement qu'une hausse de la volatilité tend à augmenter la valeur des options, tandis qu'une baisse produit l'effet inverse. Cette observation est correcte, mais elle demeure largement insuffisante pour appréhender la véritable nature du phénomène.

La difficulté provient notamment du fait que le terme « volatilité » recouvre en réalité plusieurs réalités distinctes. Dans le langage courant, la volatilité désigne simplement l'ampleur des variations de prix observées sur un actif financier. Une action dont le cours fluctue fortement est considérée comme plus volatile qu'une action évoluant dans une fourchette étroite. Cette définition intuitive constitue un point de départ utile, mais elle ne permet pas encore de comprendre pourquoi les marchés d'options accordent une telle importance à cette variable.

L'apparition du modèle de *Black-Scholes-Merton* a profondément modifié la manière dont les investisseurs appréhendent cette question. En intégrant la volatilité parmi les paramètres essentiels de la valorisation optionnelle, le modèle a transformé une simple mesure statistique en un élément central de l'analyse financière. Plus encore, il a permis l'émergence d'une distinction fondamentale entre deux approches de la volatilité : celle qui regarde le passé et celle qui cherche à interpréter les anticipations du marché.

Cette distinction est au cœur de toute stratégie optionnelle moderne. D'un côté se trouve la *volatilité historique*, calculée à partir des mouvements effectivement observés sur le sous-jacent. Elle décrit ce qui s'est produit. De l'autre se trouve la *volatilité implicite*, extraite des prix des options et révélatrice de ce que le marché anticipe pour l'avenir. Ces deux mesures portent le même nom, mais elles ne répondent pas à la même question. Comprendre leur différence constitue une étape décisive pour l'investisseur.

La *volatilité historique* permet d'analyser le comportement passé d'un actif. La *volatilité implicite* permet d'observer les attentes collectives des intervenants de marché. Toute la richesse de l'analyse optionnelle naît précisément de la comparaison entre ces deux perspectives.

Avant d'examiner les situations dans lesquelles elles convergent ou divergent, il convient de comprendre précisément ce que mesure chacune d'elles et pourquoi cette distinction joue un rôle si important dans la valorisation des options.

4.1.a - La *volatilité historique* : regarder dans le rétroviseur

La *volatilité historique* constitue généralement le premier contact des investisseurs avec la notion de volatilité. Son principe est relativement simple. Elle consiste à mesurer l'amplitude des variations passées d'un actif financier afin d'obtenir une estimation de son comportement historique. Plus les fluctuations observées ont été importantes, plus la *volatilité historique* sera élevée. À l'inverse, un actif ayant évolué de manière relativement stable présentera une *volatilité historique* plus faible. Cette approche possède une logique intuitive séduisante.

Les marchés financiers produisent chaque jour une quantité considérable d'informations sous la forme de cours de bourse. Ces données permettent de calculer les variations quotidiennes, hebdomadaires ou mensuelles d'un actif. En analysant statistiquement ces mouvements, il devient possible d'obtenir une mesure synthétique de l'instabilité passée du sous-jacent.

La *volatilité historique* est ainsi une mesure objective. Contrairement à certaines anticipations de marché qui peuvent faire l'objet d'interprétations divergentes, elle repose exclusivement sur des données observées. Deux analystes utilisant les mêmes cours et la même période de calcul obtiendront exactement le même résultat. Cette caractéristique explique pourquoi elle occupe une place importante dans de nombreux modèles quantitatifs et dans les analyses de risque traditionnelles.

Cette objectivité ne doit cependant pas conduire à surestimer sa portée. La *volatilité historique* possède une limite fondamentale : elle ne décrit que le passé. Elle renseigne l'investisseur sur ce qui s'est produit, mais elle ne garantit en rien que les mêmes comportements se reproduiront à l'avenir. Or les marchés financiers sont des systèmes dynamiques dont les caractéristiques évoluent constamment sous l'influence des événements économiques, politiques, réglementaires et psychologiques.

Cette distinction est essentielle. Une action ayant connu une faible volatilité pendant plusieurs années peut devenir soudainement beaucoup plus instable à la suite d'un changement de modèle économique, d'une acquisition majeure ou d'une crise sectorielle. Inversement, un titre ayant traversé une période particulièrement agitée peut retrouver progressivement un comportement plus stable une fois les incertitudes dissipées.

La *volatilité historique* peut être ainsi assimilée à un rétroviseur. Elle permet de comprendre le chemin parcouru, mais elle ne permet pas de voir directement la route qui se trouve devant nous. Cette métaphore est particulièrement utile pour comprendre la différence fondamentale entre *volatilité historique* et *volatilité implicite*. La première regarde vers le passé. La seconde tente de capturer ce que le marché anticipe pour l'avenir.

Cette limite n'enlève rien à l'utilité de la *volatilité historique*. Au contraire, elle constitue souvent un point de départ indispensable pour l'analyse. Les investisseurs utilisent fréquemment cette mesure pour évaluer le comportement habituel d'un actif, comparer différentes actions ou identifier des périodes de calme et de turbulence. Elle fournit un référentiel permettant de replacer les anticipations actuelles dans une perspective plus large. Les professionnels accordent d'ailleurs une attention particulière au choix de la période de calcul.

Une volatilité calculée sur vingt jours ne délivrera pas nécessairement le même message qu'une volatilité calculée sur six mois ou sur un an. Les horizons retenus influencent directement le résultat obtenu et, par conséquent, l'interprétation qui peut en être faite. Cette sensibilité rappelle une nouvelle fois que toute mesure statistique doit être analysée dans son contexte.

Malgré ces précautions, une question demeure. Si la *volatilité historique* décrit ce qui s'est effectivement produit, comment les investisseurs évaluent-ils ce qui pourrait se produire demain ? C'est précisément cette interrogation qui conduit à la notion de *volatilité implicite*, devenue aujourd'hui la référence incontournable des marchés d'options.

4.1.b - La *volatilité implicite* : regarder à travers le marché

La *volatilité implicite* repose sur une logique radicalement différente. Alors que la *volatilité historique* s'appuie exclusivement sur des données passées, la *volatilité implicite* naît directement des prix observés sur le marché des options. Elle ne cherche pas à mesurer ce qui s'est produit. Elle cherche à révéler ce que les investisseurs semblent anticiper. Cette différence de perspective est fondamentale.

Lorsqu'un opérateur achète ou vend une option, il exprime implicitement une opinion sur le risque futur. Bien entendu, cette opinion n'est pas toujours formulée explicitement. Elle se manifeste à travers le prix que l'investisseur accepte de payer ou de recevoir. En agrégeant des milliers de transactions, le marché produit ainsi une information collective extrêmement riche concernant les anticipations de risque. La *volatilité implicite* représente précisément l'extraction de cette information.

Comme nous l'avons vu dans le chapitre précédent, elle est obtenue en inversant le raisonnement du modèle de *Black-Scholes-Merton*. Le prix de l'option étant observé sur le marché, il devient possible de déterminer la volatilité qui rendrait ce prix cohérent avec la formule de valorisation. Cette volatilité déduite constitue la *volatilité implicite*. Son importance pratique est considérable.

Contrairement à la *volatilité historique*, qui décrit une réalité déjà connue, la *volatilité implicite* s'intéresse à l'avenir. Elle reflète la perception collective du risque futur telle qu'elle apparaît dans les prix des options. Elle représente en quelque sorte le jugement agrégé du marché sur l'incertitude à venir. Cette caractéristique explique pourquoi les professionnels lui accordent une attention particulière.

Lorsqu'une *volatilité implicite* augmente fortement, cela signifie généralement que les investisseurs anticipent davantage d'incertitude ou ressentent un besoin accru de protection. À l'inverse, une baisse de la *volatilité implicite* traduit souvent un environnement perçu comme plus stable ou plus prévisible.

Il est toutefois important de comprendre que la *volatilité implicite* n'est pas une prophétie. Le marché peut parfaitement se tromper. Les anticipations collectives peuvent s'avérer excessivement optimistes ou, au contraire, excessivement pessimistes. La *volatilité implicite* ne prédit pas l'avenir avec certitude. Elle mesure la manière dont cet avenir est actuellement perçu par les investisseurs.

Cette nuance est essentielle pour l'utilisation des options. Car si la *volatilité implicite* représentait systématiquement la volatilité future réelle, il n'existerait pratiquement aucune opportunité d'arbitrage ou de prise de position sur le risque. L'intérêt économique des marchés d'options provient précisément du fait que les anticipations et la réalité ne coïncident pas toujours.

Toute la richesse de l'analyse optionnelle naît ainsi de la confrontation entre deux regards complémentaires. D'un côté, la *volatilité historique* nous renseigne sur le comportement passé du sous-jacent. De l'autre, la *volatilité implicite* nous informe sur les attentes actuelles du marché. C'est dans la comparaison entre ces deux mesures que se révèlent certaines des informations les plus précieuses pour l'investisseur.

4.1.c - Deux mesures, deux questions différentes

À ce stade, il pourrait être tentant de considérer la *volatilité historique* et la *volatilité implicite* comme deux manières différentes de mesurer une même réalité. Après tout, les deux indicateurs s'expriment sous forme de pourcentage annualisé, les deux sont utilisés pour apprécier le niveau de risque associé à un actif financier et les deux occupent une place importante dans l'analyse des options. Une telle lecture serait cependant réductrice. Si ces deux mesures portent le même nom, c'est parce qu'elles s'intéressent toutes deux à la notion d'incertitude. Elles le font néanmoins sous des angles radicalement différents.

La *volatilité historique* repose entièrement sur l'observation du passé. Elle cherche à quantifier l'amplitude des fluctuations effectivement enregistrées sur le sous-jacent au cours d'une période donnée. Son calcul ne nécessite aucune hypothèse particulière concernant l'avenir. Il suffit d'observer les mouvements réalisés, d'en mesurer la dispersion statistique et de transformer cette information en une mesure synthétique du risque historique. Cette approche présente l'avantage de l'objectivité. Les données utilisées existent déjà. Elles ne dépendent ni des opinions individuelles ni des anticipations des investisseurs. Elles décrivent simplement ce qui s'est produit.

La *volatilité implicite* répond à une logique profondément différente. Son point de départ n'est pas l'historique des cours mais le prix actuel des options. Elle ne cherche pas à décrire les fluctuations observées mais à révéler les anticipations intégrées dans les contrats négociés sur le marché. Là où la *volatilité historique* regarde les mouvements passés, la *volatilité implicite* tente de capter la manière dont les investisseurs perçoivent les risques futurs. Cette différence de perspective est fondamentale car elle transforme complètement la nature de l'information obtenue.

Une analogie simple permet d'illustrer cette distinction. Imaginons un conducteur souhaitant comprendre son environnement de circulation. Le rétroviseur lui fournit une vision précise du chemin parcouru. Il lui indique ce qui s'est passé quelques instants auparavant et lui permet d'analyser son trajet récent. Le pare-brise remplit une fonction différente. Il ne montre pas l'avenir avec certitude, mais il permet d'observer la route qui se présente devant le véhicule et d'anticiper les obstacles potentiels. La *volatilité historique* joue un rôle comparable à celui du rétroviseur. La *volatilité implicite* s'apparente davantage à la lecture de la route telle qu'elle est actuellement perçue par l'ensemble des conducteurs présents sur le parcours.

Cette différence explique pourquoi les deux mesures peuvent parfois diverger de manière significative. Un actif peut avoir connu plusieurs mois de stabilité tout en faisant face à un événement majeur susceptible de bouleverser son évolution future. Dans ce cas, la *volatilité historique* demeure faible puisqu'elle reflète des fluctuations passées limitées. La *volatilité implicite* peut au contraire augmenter fortement si les investisseurs anticipent une période d'incertitude accrue. Le phénomène inverse est également fréquent. Après une phase de turbulence exceptionnelle, les marchés peuvent considérer que les principaux risques sont désormais derrière eux. La *volatilité historique* reste alors élevée alors même que la *volatilité implicite* commence à se détendre.

Ces écarts constituent l'une des sources d'information les plus précieuses de l'analyse optionnelle. Ils révèlent la manière dont les investisseurs interprètent le présent à la lumière du passé et comment ils projettent leurs anticipations vers l'avenir. Plus encore, ils permettent de comprendre que la volatilité n'est pas une grandeur unique et immuable mais une notion multidimensionnelle dont l'interprétation dépend du regard adopté.

Cette observation prépare naturellement une question essentielle : si les deux mesures apportent des informations complémentaires, laquelle mérite l'attention prioritaire de l'investisseur en options ? L'expérience des marchés apporte une réponse relativement claire à cette interrogation.

4.1.d - Pourquoi les investisseurs privilégient la *volatilité implicite*

L'étude de la *volatilité historique* fournit des enseignements précieux sur le comportement passé d'un actif financier. Pourtant, lorsqu'il s'agit d'analyser les marchés d'options, l'attention des professionnels se porte généralement vers la *volatilité implicite*. Cette préférence ne résulte ni d'un effet de mode ni d'une simple convention de marché. Elle découle directement de la nature même des contrats optionnels.

Une option est un instrument orienté vers l'avenir. Sa valeur dépend essentiellement de ce qui pourrait se produire entre aujourd'hui et son échéance. Lorsqu'un investisseur acquiert un *call* ou un *put*, il ne cherche pas à monétiser les fluctuations déjà réalisées. Il prend position sur une incertitude future. Dans ce contexte, les informations portant sur les anticipations des intervenants de marché possèdent naturellement une importance particulière.

La *volatilité implicite* répond précisément à ce besoin. Parce qu'elle est extraite directement des prix des options, elle reflète les attentes actuellement intégrées par les acheteurs et les vendeurs de contrats. Elle agrège les anticipations de milliers d'investisseurs, de gérants, de banques, de fonds spéculatifs et d'institutions financières. Chacun apporte sa propre analyse des risques à venir. Le résultat de cette confrontation permanente se retrouve dans les primes observées sur le marché et, par extension, dans la *volatilité implicite* qui en est déduite.

Cette caractéristique confère à la *volatilité implicite* une remarquable capacité d'adaptation. Lorsqu'un événement important approche, les investisseurs ajustent progressivement leurs positions. Les prix des options commencent alors à intégrer cette nouvelle information bien avant qu'elle ne produise des effets visibles sur le sous-jacent lui-même. Une publication de résultats, une décision de banque centrale, un référendum ou une annonce réglementaire peuvent ainsi provoquer des variations significatives de la *volatilité implicite* plusieurs semaines avant leur réalisation effective.

La *volatilité historique* ne possède pas cette faculté. Son regard demeure tourné vers le passé. Elle ne peut intégrer un événement qu'après sa survenance, une fois les mouvements de marché effectivement enregistrés dans les cours. Cette différence explique pourquoi la *volatilité implicite* est souvent considérée comme un indicateur avancé du sentiment de marché. Elle ne prédit pas l'avenir avec certitude, mais elle révèle la manière dont les investisseurs évaluent actuellement les risques susceptibles d'affecter cet avenir.

Cette dimension prospective explique la place centrale occupée par la *volatilité implicite* dans l'analyse optionnelle moderne. Les professionnels ne l'utilisent pas seulement pour valoriser des contrats. Ils s'en servent également pour évaluer le niveau d'inquiétude du marché, mesurer la demande de protection et détecter d'éventuels déséquilibres entre les anticipations collectives et les données historiques. Dans de nombreux cas, la *volatilité implicite* fournit davantage d'informations sur l'état réel du marché que les variations quotidiennes du sous-jacent lui-même.

Pour le vendeur de *puts*, cette observation possède une importance considérable. Les primes qu'il encaisse sont directement influencées par le niveau de *volatilité implicite*. Comprendre cette variable revient donc à comprendre la manière dont le marché rémunère le risque. Plus l'investisseur progresse dans sa maîtrise des options, plus il réalise que la *volatilité implicite* n'est pas simplement une donnée technique parmi d'autres. Elle constitue le véritable langage du marché des options, celui à travers lequel s'expriment les anticipations collectives, les peurs, les espoirs et les besoins de protection des investisseurs.

C'est précisément pour cette raison que la *volatilité implicite* occupera une place centrale dans les chapitres qui suivent. La comprendre revient à comprendre comment le marché fixe le prix de l'incertitude elle-même.

4.1.e - Une comparaison essentielle pour le vendeur de *puts*

Pour le vendeur de *puts*, la distinction entre *volatilité historique* et *volatilité implicite* ne constitue pas une simple subtilité théorique. Elle se trouve au contraire au cœur même du processus de décision. Toute stratégie de vente d'options repose sur un principe fondamental : accepter un risque en échange d'une rémunération immédiate. Dès lors, la question centrale devient naturellement celle de l'adéquation entre la prime perçue et le risque effectivement assumé. Or cette évaluation ne peut être menée correctement sans comprendre la manière dont le marché apprécie l'incertitude.

La *volatilité historique* fournit à cet égard un premier point de repère. Elle permet d'observer comment le sous-jacent s'est comporté au cours des semaines ou des mois précédents et offre ainsi une forme de référence statistique. Cette information est précieuse car elle aide l'investisseur à situer les mouvements actuels dans une perspective plus large. Un titre dont la volatilité annuelle se situe habituellement autour de 20 % n'est pas perçu de la même manière qu'une action dont les fluctuations atteignent régulièrement 50 % ou 60 %. Toutefois, cette mesure demeure tournée vers le passé. Elle décrit ce qui a été observé mais ne renseigne que partiellement sur les préoccupations qui animent aujourd'hui les intervenants de marché.

C'est précisément ici que la *volatilité implicite* prend toute son importance. Puisqu'elle est extraite directement des prix des options, elle reflète les anticipations actuellement intégrées par les acheteurs et les vendeurs de contrats. Lorsqu'elle s'établit à un niveau sensiblement supérieur à la *volatilité historique*, le marché semble considérer que les risques futurs justifient une rémunération plus importante. Les primes augmentent alors en conséquence. À l'inverse, lorsque la *volatilité implicite* demeure faible malgré un historique mouvementé, cela traduit souvent une perception plus sereine de l'avenir ou la conviction que les épisodes de turbulence récents ne devraient pas se reproduire avec la même intensité.

L'intérêt de cette comparaison ne réside pas dans l'existence d'une règle mécanique permettant de déterminer instantanément si une option est chère ou bon marché. Les marchés possèdent souvent de bonnes raisons d'anticiper une évolution future différente du passé récent. Une publication de résultats imminente, une décision de banque centrale ou un événement géopolitique majeur peuvent parfaitement justifier une *volatilité implicite* très supérieure à la *volatilité historique*. La véritable valeur de l'analyse réside ailleurs. Elle consiste à comprendre pourquoi un tel écart existe et ce qu'il révèle des anticipations collectives des investisseurs.

À mesure que l'expérience s'accumule, le vendeur de *puts* apprend ainsi à regarder les primes sous un angle différent. Au lieu de se concentrer exclusivement sur le montant du revenu potentiel, il s'intéresse de plus en plus aux informations contenues dans les prix eux-mêmes. Une prime élevée cesse d'être perçue uniquement comme une opportunité de gain. Elle devient également un signal indiquant que le marché attribue une valeur importante à la protection contre un risque futur. Toute la subtilité consiste alors à déterminer si cette perception paraît raisonnable, excessive ou insuffisante.

Cette évolution marque souvent un tournant dans la compréhension des options. L'investisseur cesse progressivement d'observer les contrats comme de simples instruments de revenu. Il commence à les considérer comme des révélateurs du prix du risque. Cette manière de penser prépare directement les développements qui vont suivre. Car l'analyse de la *volatilité implicite* ne s'arrête pas à son niveau général. Les marchés attribuent fréquemment des niveaux de volatilité différents à des options pourtant émises sur le même sous-jacent. Comprendre cette apparente anomalie nous conduira naturellement à l'étude du *sourire de volatilité*, l'un des phénomènes les plus fascinants de l'univers optionnel.

CE QU'IL FAUT RETENIR

La volatilité est omniprésente dans l'univers des options, mais cette familiarité apparente masque souvent une réalité plus nuancée. Derrière un même terme se cachent en effet deux approches distinctes de l'incertitude financière. La *volatilité historique* et la *volatilité implicite* poursuivent des objectifs différents, utilisent des informations différentes et apportent des éclairages complémentaires sur le comportement des marchés.

La *volatilité historique* repose sur l'observation des fluctuations passées du sous-jacent. Elle constitue une mesure statistique objective permettant de quantifier l'amplitude des mouvements déjà réalisés. À ce titre, elle joue un rôle important dans l'analyse financière en fournissant un cadre de référence utile pour comprendre le comportement habituel d'un actif. Sa principale limite réside toutefois dans sa nature rétrospective. Elle décrit ce qui s'est produit sans pouvoir renseigner directement sur ce qui pourrait se produire.

La *volatilité implicite* adopte une logique radicalement différente. Elle ne naît pas de l'étude des cours passés mais de l'observation des prix des options. En inversant le raisonnement du modèle de *Black-Scholes-Merton*, les investisseurs parviennent à extraire des marchés une mesure synthétique des anticipations de risque. Cette *volatilité implicite* reflète moins une prévision précise de l'avenir qu'une perception collective de l'incertitude future. Elle agrège dans un même indicateur les attentes, les craintes, les besoins de protection et les convictions des différents intervenants.

L'intérêt majeur de l'analyse optionnelle réside précisément dans la confrontation de ces deux approches. La *volatilité historique* permet de comprendre d'où vient le marché. La *volatilité implicite* aide à comprendre ce qu'il anticipe. Les écarts observés entre ces deux mesures contiennent souvent des informations précieuses sur l'état du sentiment de marché et sur la manière dont le risque est actuellement évalué.

Cette distinction est particulièrement importante pour le vendeur de *puts*. Les primes qu'il encaisse dépendent directement de la *volatilité implicite* et non de la *volatilité historique*. Comprendre cette réalité revient à comprendre que les options ne rémunèrent pas le risque passé mais le risque que les investisseurs pensent devoir affronter dans le futur.

Cette observation marque une étape importante dans notre progression. Jusqu'à présent, nous avons principalement étudié la volatilité comme un concept théorique ou comme une variable de valorisation. Les chapitres qui suivent vont nous permettre de comprendre comment cette *volatilité implicite* se forme concrètement sur les marchés et pourquoi elle évolue parfois de manière spectaculaire sous l'effet de la demande de protection.

C'est précisément cette mécanique économique fondamentale que nous allons maintenant explorer.

Illustration 4.1 – Volatilité historique et volatilité implicite : regard vers le passé, regard vers l'avenir

La volatilité mesure l'amplieıte des fluctuations du prix du sous-jacent (S).

Deux approches complémentaires existent : l'une regarde le passé, l'autre anticipe l'avenir.

S : Prix du sous-jacent | σ_h : Volatilité historique | σ_{imp} : Volatilité implicite

1 VOLATILITÉ HISTORIQUE (σ_h) – REGARD VERS LE PASSÉ

Mesure la volatilité réalisée à partir des données de prix passées.

COMMENT ÇA MARCHE ?

- On observe les rendements passés du sous-jacent.
- On calcule leur écart-type.
- On annualise ce résultat.

FORMULE (approche courante)

$$\sigma_h = \sqrt{\frac{252}{n-1}\sum_{i=1}^{n}(r_i - \overline{r})^2}$$

r_i : rendement log quotidien
$\overline{r}$: rendement log moyen
n : nombre d'observations
252 : nombre de jours de bourse par an (approx.)

ILLUSTRATION

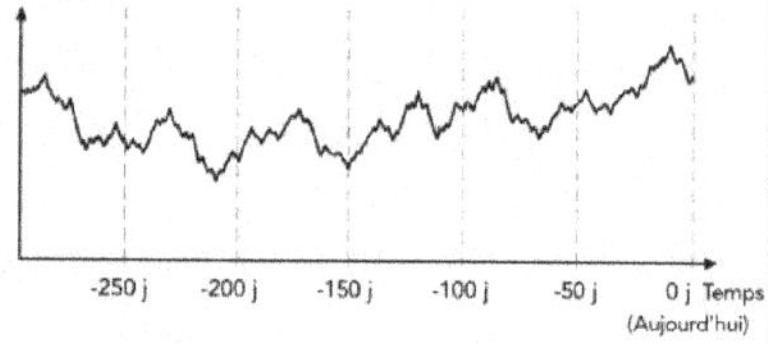

INTERPRÉTATION

La volatilité historique indique à quel point le prix a fluctué dans le passé.
Elle ne dit rien sur l'avenir.

2 VOLATILITÉ IMPLICITE (σ_{imp}) – REGARD VERS L'AVENIR

Reflète les anticipations du marché sur la volatilité future.

COMMENT ÇA MARCHE ?

- On observe les prix des options sur le marché.
- On utilise un modèle (ex. Black-Scholes) pour retrouver la volatilité qui explique ces prix.
- Cette volatilité est la volatilité implicite.

PRINCIPE

Prix d'option observé sur le marché
= Prix d'option théorique (modèle, avec σ_{imp})
⇒ On en déduit σ_{imp}

ILLUSTRATION

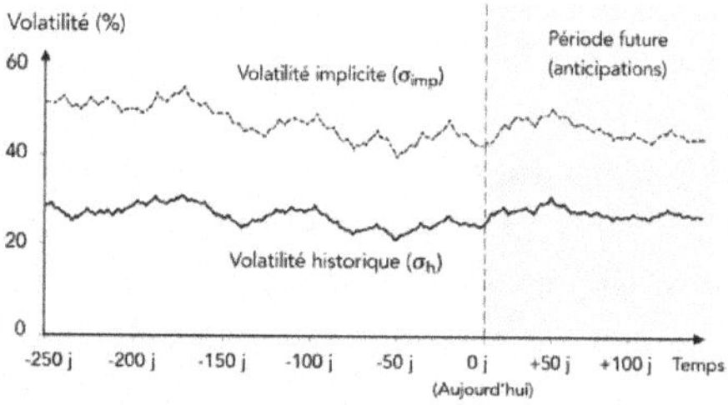

INTERPRÉTATION

- σ_h décrit ce qui s'est passé.
- σ_{imp} reflète ce que le marché anticipe.
- σ_{imp} est souvent > σ_h car elle inclut une prime de risque.

3 COMPARAISON CLÉ

CRITÈRE	VOLATILITÉ HISTORIQUE (σ_h)	VOLATILITÉ IMPLICITE (σ_{imp})
Source	Données de prix passées	Prix des options actuels
Direction du regard	Vers le passé	Vers l'avenir
Nature	Réalisée	Anticipée
Utilisation	Analyse des performances passées, gestion des risques ex post	Valorisation des options, gestion des risques ex ante
Limites	Ne tient pas compte des anticipations du marché	Inclut une prime de risque, peut être déconnectée de la réalité future

Chapitre 4.2
Hausse de la demande de protection

L'une des idées les plus contre-intuitives des marchés d'options est que la *volatilité implicite* ne dépend pas uniquement de ce que fait le sous-jacent. De nombreux investisseurs découvrent les options en pensant que la volatilité est simplement la conséquence des mouvements observés sur le marché. Lorsque les cours deviennent agités, la volatilité augmente. Lorsque les fluctuations se réduisent, la volatilité diminue. Cette intuition contient une part de vérité, mais elle ne permet pas de comprendre le fonctionnement réel des marchés d'options.

La *volatilité implicite* est avant tout un prix. Plus précisément, elle constitue une manière de représenter le prix que les investisseurs sont prêts à payer pour transférer un risque. Cette caractéristique lui confère une dynamique propre qui peut parfois sembler déconnectée de l'évolution immédiate du sous-jacent. Il arrive ainsi régulièrement que la *volatilité implicite* augmente alors même que les variations observées sur le marché demeurent relativement limitées. Inversement, certaines périodes de forte agitation boursière peuvent s'accompagner d'une détente rapide de la *volatilité implicite.*

Pour comprendre ce phénomène, il est nécessaire de revenir à la fonction économique fondamentale des options. Une option n'est pas uniquement un instrument spéculatif. Elle constitue également un outil de protection. Les investisseurs institutionnels, les gérants de portefeuille, les fonds de pension ou encore les compagnies d'assurance utilisent régulièrement les options afin de réduire leur exposition à certains risques de marché. Cette fonction de couverture représente une part considérable de l'activité observée sur les marchés dérivés.

Or, comme pour tout mécanisme d'assurance, la valeur de la protection dépend directement de la demande dont elle fait l'objet. Lorsqu'un grand nombre d'investisseurs cherchent simultanément à se protéger contre une baisse potentielle du marché, la demande pour certaines options augmente. Cette hausse de la demande exerce une pression sur les prix des contrats concernés. Les primes montent, parfois rapidement. En appliquant ensuite le modèle de *Black-Scholes-Merton* à ces nouveaux prix, les opérateurs constatent que la *volatilité implicite* augmente elle aussi.

Cette relation constitue l'un des fondements économiques les plus importants de l'analyse optionnelle moderne. La *volatilité implicite* n'est pas seulement une mesure statistique du risque. Elle est également le reflet de l'équilibre entre l'offre et la demande de protection. Comprendre cette réalité permet d'expliquer une grande partie des comportements observés sur les marchés d'options.

Avant d'étudier les conséquences pratiques de ce mécanisme, il convient d'examiner plus précisément pourquoi les investisseurs ressentent parfois le besoin d'acheter massivement de la protection et comment cette demande se transmet aux prix des options.

4.2.a - Pourquoi les investisseurs achètent-ils de la protection ?

Dans l'imaginaire collectif, les marchés financiers sont souvent associés à la recherche du rendement. Les investisseurs achètent des actions dans l'espoir qu'elles s'apprécient. Les gérants sélectionnent des actifs susceptibles de surperformer leur indice de référence. Les entreprises investissent afin de développer leurs activités et accroître leur rentabilité. Cette vision est exacte, mais elle ne représente qu'une partie de la réalité. La gestion du risque occupe une place tout aussi importante.

Pour de nombreux acteurs institutionnels, préserver le capital constitue parfois un objectif aussi essentiel que générer de la performance. Cette préoccupation est particulièrement forte chez les gestionnaires de fonds, les compagnies d'assurance ou les fonds de pension, dont les engagements financiers imposent une discipline rigoureuse en matière de contrôle des risques.

Dans ce contexte, les options jouent un rôle comparable à celui d'un contrat d'assurance. Un investisseur détenant un portefeuille d'actions peut souhaiter se protéger contre une baisse brutale des marchés sans pour autant vendre l'ensemble de ses positions. L'achat de *puts* permet précisément d'obtenir cette protection. En échange du paiement d'une prime, l'investisseur acquiert le droit de vendre ses actifs à un prix prédéterminé, limitant ainsi les conséquences d'une éventuelle correction boursière.

Cette logique de couverture apparaît régulièrement lors des périodes d'incertitude. À l'approche d'une élection importante, d'une réunion de banque centrale, d'une crise géopolitique ou d'une publication de résultats particulièrement sensible, les investisseurs cherchent souvent à réduire leur exposition aux scénarios défavorables. Cette prudence se traduit par une augmentation de la demande d'options de protection.

Le phénomène possède une dimension psychologique importante. Lorsque les marchés deviennent nerveux, la perception du risque évolue parfois plus rapidement que les données objectives elles-mêmes. Les investisseurs ne réagissent pas uniquement aux événements déjà survenus. Ils réagissent également à la possibilité que certains événements puissent se produire. Cette anticipation contribue à alimenter la demande de protection bien avant que les conséquences économiques réelles ne soient visibles.

Cette dynamique explique pourquoi les marchés d'options sont souvent considérés comme des baromètres de l'inquiétude collective. Les variations de *volatilité implicite* traduisent fréquemment des changements dans la perception du risque avant même que ceux-ci n'apparaissent clairement dans les cours des actifs sous-jacents.

Comprendre cette relation constitue une étape essentielle. Elle permet de saisir pourquoi la *volatilité implicite* est parfois davantage influencée par les anticipations des investisseurs que par les fluctuations effectivement observées sur le marché.

4.2.b - L'offre et la demande sur le marché des options

Pour comprendre la formation de la *volatilité implicite*, il est indispensable de se rappeler qu'une option est avant tout un actif financier négocié sur un marché. Comme n'importe quel autre actif, son prix résulte de la rencontre entre une offre et une demande. Cette réalité paraît évidente, mais elle est parfois occultée par la sophistication des modèles mathématiques utilisés pour valoriser les contrats. Avant d'être une variable du modèle de *Black-Scholes-Merton*, une option possède un prix de marché déterminé par les comportements des acheteurs et des vendeurs.

Lorsque la demande de protection augmente, ce mécanisme devient particulièrement visible. Imaginons une situation dans laquelle un nombre croissant d'investisseurs souhaite se prémunir contre une baisse potentielle des marchés. Pour obtenir cette protection, ils se tournent naturellement vers les options de vente. Plus précisément, ils cherchent à acheter des *puts* capables de limiter leurs pertes en cas de recul du sous-jacent. Cette augmentation de la demande ne modifie pas immédiatement les caractéristiques fondamentales du contrat. Le *prix d'exercice*, l'échéance ou le sous-jacent demeurent inchangés. En revanche, elle modifie l'équilibre entre acheteurs et vendeurs.

Dans un marché concurrentiel, une hausse de la demande exerce mécaniquement une pression à la hausse sur les prix. Les vendeurs de protection constatent que les acheteurs sont plus nombreux et plus pressés d'obtenir une couverture. Ils exigent alors une rémunération plus importante pour accepter de porter le risque correspondant. Les primes augmentent progressivement jusqu'à ce qu'un nouvel équilibre soit trouvé entre l'offre et la demande.

C'est précisément à ce stade qu'intervient la *volatilité implicite*. Les opérateurs observent les nouvelles primes de marché puis les réinjectent dans le modèle de *Black-Scholes-Merton*. Comme la plupart des autres paramètres demeurent inchangés à court terme, la hausse du prix de l'option se traduit automatiquement par une augmentation de la *volatilité implicite* calculée. Autrement dit, la *volatilité implicite* n'est pas la cause première de la hausse des primes. Elle en est la conséquence mathématique.

Cette observation est fondamentale car elle inverse la manière dont de nombreux investisseurs interprètent le phénomène. Il est fréquent d'entendre que les options deviennent plus chères parce que la *volatilité implicite* augmente. D'un point de vue strictement économique, le raisonnement est en réalité inverse. Les options deviennent plus chères parce que les investisseurs sont prêts à payer davantage pour obtenir une protection. La *volatilité implicite* augmente ensuite parce qu'elle constitue la variable permettant de réconcilier ces nouveaux prix de marché avec le modèle théorique.

Cette distinction peut sembler subtile, mais elle possède des implications considérables. Elle montre que la *volatilité implicite* est avant tout un indicateur de comportement collectif. Lorsqu'elle progresse, elle traduit souvent une montée des préoccupations des investisseurs, une augmentation de leur aversion au risque ou un besoin accru de couverture. En ce sens, elle fournit une information bien plus riche qu'une simple mesure statistique des fluctuations attendues. Elle révèle comment le marché valorise l'incertitude à un instant donné.

Comprendre cette dynamique permet également d'expliquer pourquoi la *volatilité implicite* peut parfois évoluer indépendamment des mouvements observés sur le sous-jacent. Ce qui importe n'est pas uniquement ce que le marché a fait, mais également ce que les investisseurs craignent qu'il puisse faire. Tant que cette distinction n'est pas assimilée, il demeure difficile de comprendre les mécanismes profonds qui gouvernent les marchés d'options. Une fois intégrée, elle permet au contraire de lire les variations de *volatilité implicite* comme l'expression directe du rapport entre la demande de protection et la volonté des vendeurs d'accepter ce risque.

4.2.c - Pourquoi la peur fait monter les primes

L'histoire des marchés financiers montre que les investisseurs réagissent rarement de manière symétrique aux bonnes et aux mauvaises nouvelles. Les périodes de hausse sont généralement progressives, alimentées par l'optimisme, la croissance économique ou l'amélioration des résultats des entreprises. Les phases de baisse, en revanche, tendent souvent à être plus rapides, plus brutales et plus émotionnelles. Cette asymétrie comportementale influence directement le marché des options et joue un rôle majeur dans la formation de la *volatilité implicite*.

Lorsqu'un climat d'incertitude s'installe, les investisseurs ne cherchent pas uniquement à évaluer la probabilité d'un événement défavorable. Ils cherchent également à mesurer les conséquences potentielles de cet événement sur leurs portefeuilles. Même lorsque la probabilité d'une crise demeure relativement faible, les pertes susceptibles d'en résulter peuvent être suffisamment importantes pour justifier l'achat d'une protection. Cette logique explique pourquoi la demande d'options de vente augmente souvent bien avant que les marchés ne connaissent effectivement une correction significative.

Le phénomène possède une dimension collective particulièrement intéressante. À mesure que les investisseurs observent les inquiétudes de leurs homologues, ils sont parfois incités à adopter les mêmes comportements de couverture. Les achats de protection se renforcent alors mutuellement. Cette dynamique contribue à faire progresser les primes des options et, par conséquent, la *volatilité implicite*. Les marchés d'options deviennent ainsi un lieu où les anticipations individuelles se transforment progressivement en signaux collectifs observables.

Cette caractéristique explique pourquoi la *volatilité implicite* est souvent considérée comme un baromètre de la peur. Lorsqu'elle augmente fortement, elle traduit généralement une demande croissante de protection. Les investisseurs ne paient pas davantage parce qu'ils disposent soudainement d'informations certaines sur l'avenir. Ils paient davantage parce qu'ils attribuent une valeur plus importante à la possibilité de se protéger contre un scénario défavorable.

Il convient toutefois d'éviter une interprétation trop simpliste. Une hausse de la *volatilité implicite* ne signifie pas nécessairement qu'une crise est imminente. Elle indique avant tout que le marché juge le risque plus important qu'auparavant. Cette nuance est essentielle. La *volatilité implicite* mesure une perception du risque, non la réalisation effective de ce risque. Les investisseurs peuvent parfois se montrer excessivement prudents, tout comme ils peuvent sous-estimer certaines menaces. C'est précisément cet écart potentiel entre perception et réalité qui crée de nombreuses opportunités sur les marchés d'options.

Pour le vendeur de *puts*, cette observation est particulièrement importante. Les périodes de forte inquiétude s'accompagnent souvent de primes plus élevées, car les acheteurs sont disposés à payer davantage pour obtenir une protection. Comprendre les mécanismes psychologiques à l'origine de cette situation permet d'appréhender différemment les variations de *volatilité implicite*. Celles-ci ne sont plus perçues comme des phénomènes abstraits issus d'un modèle mathématique. Elles deviennent l'expression observable des comportements collectifs qui animent les marchés financiers.

4.2.d - De la hausse des primes à la hausse de la *volatilité implicite*

À ce stade, le mécanisme fondamental qui relie la demande de protection à la *volatilité implicite* apparaît déjà plus clairement. Pourtant, une étape mérite encore d'être explicitée afin d'éviter un malentendu particulièrement fréquent. De nombreux investisseurs ont tendance à considérer la *volatilité implicite* comme une force autonome capable de faire varier directement les prix des options. Cette interprétation est compréhensible car, dans la pratique quotidienne, les opérateurs observent souvent les variations de *volatilité implicite* avant même de s'intéresser aux causes qui les ont produites. Toutefois, pour comprendre réellement le fonctionnement du marché des options, il est essentiel d'inverser cette perspective.

La *volatilité implicite* n'est pas un prix de marché directement observé. Ce qui est observé, ce sont les primes des options. Chaque transaction réalisée sur le marché fixe un prix auquel un acheteur accepte d'acquérir une protection et un vendeur accepte de prendre le risque correspondant. Ces prix résultent de la confrontation permanente entre l'offre et la demande. Ils constituent la réalité économique fondamentale du marché.

Une fois ces prix connus, les intervenants utilisent le modèle de *Black-Scholes-Merton* afin de déterminer quelle valeur de volatilité permettrait de reproduire exactement la prime observée. Cette opération transforme un prix de marché en une information synthétique appelée *volatilité implicite*. En d'autres termes, la *volatilité implicite* est une traduction du prix de l'option dans le langage du modèle.

Cette précision peut sembler technique, mais elle modifie profondément la manière d'interpréter les mouvements de marché. Lorsque la *volatilité implicite* augmente, il ne faut pas imaginer qu'une variable abstraite s'est spontanément déplacée dans les équations. Il faut comprendre qu'en amont, des investisseurs ont accepté de payer davantage pour acquérir des options. La hausse de la *volatilité implicite* n'est alors que le reflet mathématique d'un changement de comportement économique.

Cette relation est particulièrement visible lors des épisodes de tension financière. Avant même que les marchés actions ne subissent parfois des corrections significatives, les investisseurs commencent souvent à rechercher davantage de protection. Les achats de *puts* se multiplient, les primes augmentent et la *volatilité implicite* progresse. Le marché des options envoie ainsi un signal qui ne se manifeste pas encore nécessairement dans les cours du sous-jacent. Cette capacité d'anticipation explique pourquoi de nombreux professionnels considèrent la *volatilité implicite* comme une source d'information privilégiée sur l'état réel du sentiment de marché.

L'observation inverse est tout aussi instructive. Lorsque les inquiétudes diminuent progressivement, la demande de couverture se réduit. Les investisseurs se montrent moins enclins à payer des primes élevées pour se protéger contre un risque qu'ils jugent désormais moins préoccupant. Les prix des options reculent alors et la *volatilité implicite* diminue à son tour. Là encore, la *volatilité implicite* ne constitue pas la cause première du mouvement. Elle en représente la conséquence observable.

Cette compréhension est essentielle pour le vendeur de *puts*. Elle lui permet de dépasser une lecture purement technique de la *volatilité implicite* et d'en saisir la véritable signification économique. Une *volatilité implicite* élevée traduit généralement une forte demande de protection. Une *volatilité implicite* faible reflète souvent un climat de confiance plus important. Dans les deux cas, ce ne sont pas les chiffres eux-mêmes qui importent le plus, mais les comportements collectifs qu'ils révèlent.

La *volatilité implicite* devient alors beaucoup plus qu'un simple paramètre de valorisation. Elle se transforme en indicateur du prix que le marché attribue à l'incertitude. Cette interprétation constitue l'une des clés de lecture les plus importantes de l'univers optionnel. Elle permettra, dans les chapitres suivants, de comprendre pourquoi certaines options affichent des niveaux de volatilité très différents selon leur *prix d'exercice* ou leur échéance.

4.2.e - La *volatilité implicite* comme thermomètre du risque

À mesure que l'on approfondit l'analyse des marchés d'options, la *volatilité implicite* apparaît de moins en moins comme une simple donnée technique et de plus en plus comme un indicateur synthétique du sentiment de marché. Cette évolution du regard est fondamentale. Elle marque souvent la différence entre une approche purement mécanique des options et une compréhension plus profonde des forces économiques qui influencent leur valorisation.

Dans les marchés financiers traditionnels, les investisseurs disposent de nombreux indicateurs permettant d'évaluer l'environnement économique. Ils observent les taux d'intérêt, les résultats des entreprises, les statistiques macroéconomiques ou encore les valorisations boursières. La *volatilité implicite* apporte une information différente. Elle ne mesure pas directement un phénomène économique observable. Elle mesure la manière dont les investisseurs évaluent le risque associé à ce phénomène.

Cette caractéristique lui confère une richesse particulière. Deux marchés peuvent afficher des performances boursières relativement similaires tout en présentant des niveaux de *volatilité implicite* très différents. Dans un cas, les investisseurs peuvent considérer que les perspectives sont relativement prévisibles. Dans l'autre, ils peuvent craindre des événements susceptibles de modifier brutalement la trajectoire des prix. Les cours observés racontent alors une partie de l'histoire. La *volatilité implicite* révèle une partie des inquiétudes qui demeurent invisibles dans les mouvements quotidiens du sous-jacent.

Cette capacité à refléter les préoccupations collectives explique pourquoi la *volatilité implicite* est souvent qualifiée de thermomètre du risque. Comme tout thermomètre, elle ne provoque pas le phénomène qu'elle mesure. Elle en fournit simplement une indication synthétique. Lorsque la température augmente, cela signifie que le marché attribue davantage de valeur à la protection. Lorsque la température diminue, cela traduit généralement une perception plus apaisée de l'environnement financier.

Il serait toutefois réducteur de considérer cet indicateur comme une simple mesure de la peur. Les marchés sont plus complexes que cela. Une hausse de *volatilité implicite* peut résulter d'incertitudes économiques, mais également d'événements attendus susceptibles de provoquer des mouvements importants dans un sens comme dans l'autre. Ce qui est rémunéré à travers les options n'est pas uniquement le risque de baisse. C'est plus largement l'incertitude concernant l'évolution future du sous-jacent.

Cette nuance est particulièrement importante pour l'investisseur qui vend des *puts*. Son activité consiste précisément à accepter une partie de cette incertitude en échange d'une prime. Plus il comprend les mécanismes qui influencent la *volatilité implicite*, mieux il est en mesure d'évaluer la rémunération qu'il reçoit et le risque qu'il accepte de porter.

Cette réflexion nous conduit naturellement vers une question plus subtile encore. Si la *volatilité implicite* reflète les anticipations du marché, pourquoi observe-t-on parfois des niveaux de volatilité différents pour des options portant sur le même sous-jacent et la même échéance ? Cette apparente incohérence constitue en réalité l'une des caractéristiques les plus fascinantes des marchés d'options. Elle est à l'origine du phénomène connu sous le nom de *sourire de volatilité*, que nous allons maintenant étudier.

CE QU'IL FAUT RETENIR

La *volatilité implicite* ne doit pas être considérée comme une simple donnée statistique ou comme un paramètre abstrait issu du modèle de *Black-Scholes-Merton*. Elle résulte directement des prix observés sur le marché des options et reflète l'équilibre entre l'offre et la demande de protection. Son évolution trouve donc son origine dans les comportements des investisseurs avant de se traduire dans les équations de valorisation.

Lorsqu'un nombre croissant d'intervenants cherche à se protéger contre un risque futur, la demande d'options augmente. Cette pression acheteuse entraîne une hausse des primes versées aux vendeurs de protection. Les nouveaux prix observés sur le marché conduisent alors mécaniquement à une augmentation de la *volatilité implicite* calculée à partir du modèle de *Black-Scholes-Merton*. La *volatilité implicite* apparaît ainsi comme la conséquence d'un changement de comportement des investisseurs et non comme sa cause première.

Cette dynamique est particulièrement visible durant les périodes d'incertitude. Les investisseurs institutionnels, les gérants d'actifs et les autres acteurs des marchés financiers utilisent régulièrement les options afin de réduire leur exposition aux scénarios défavorables. Lorsque les inquiétudes augmentent, la demande de couverture progresse, les primes se renchérissent et la *volatilité implicite* s'élève en conséquence.

La *volatilité implicite* peut ainsi être interprétée comme un thermomètre du risque perçu par le marché. Elle ne mesure pas directement les événements futurs mais la manière dont les investisseurs évaluent aujourd'hui la probabilité et l'impact potentiel de ces événements. À travers elle s'expriment les anticipations collectives, les besoins de protection et les variations de l'aversion au risque.

Pour le vendeur de *puts*, cette compréhension est essentielle. Une prime élevée n'est jamais le fruit du hasard. Elle traduit généralement une demande importante de protection et donc une valorisation plus forte de l'incertitude par le marché. Savoir interpréter cette information constitue l'une des compétences fondamentales de toute stratégie optionnelle rigoureuse.

Cette analyse conduit naturellement au chapitre suivant. Si la *volatilité implicite* reflète les anticipations du marché, pourquoi observe-t-on des niveaux différents de volatilité pour des options portant pourtant sur le même sous-jacent ? La réponse à cette question nous amènera à étudier le *sourire de volatilité*, l'un des phénomènes les plus caractéristiques des marchés d'options modernes.

Illustration 4.2 – Hausse de la demande de protection et augmentation de la volatilité implicite

En période d'incertitude, les investisseurs recherchent davantage de protection.
Cette hausse de la demande pour les options de vente (puts) fait augmenter la volatilité implicite.

S : Prix du sous-jacent | σ_{imp} : Volatilité implicite | **Put :** Option de vente (protection)

1 MÉCANISME : DE LA PEUR À LA VOLATILITÉ IMPLICITE

1 INCERTITUDE OU CHOC → Événement économique, politique ou financier négatif perçu.

2 HAUSSE DE LA DEMANDE DE PROTECTION → Les investisseurs achètent davantage de puts pour se protéger contre une baisse du marché.

3 AUGMENTATION DU PRIX DES PUTS → La demande accrue fait monter le prix des options de vente.

4 HAUSSE DE LA VOLATILITÉ IMPLICITE → Pour refléter ces prix plus élevés, la volatilité implicite augmente.

5 CHAÎNE DE FEEDBACK POSSIBLE → Une volatilité plus élevée peut accroître la méfiance **et renforcer la demande de protection.**

2 ILLUSTRATION SUR LES PRIX DES OPTIONS DE VENTE (PUTS)

Prix d'un put ATM (at-the-money)

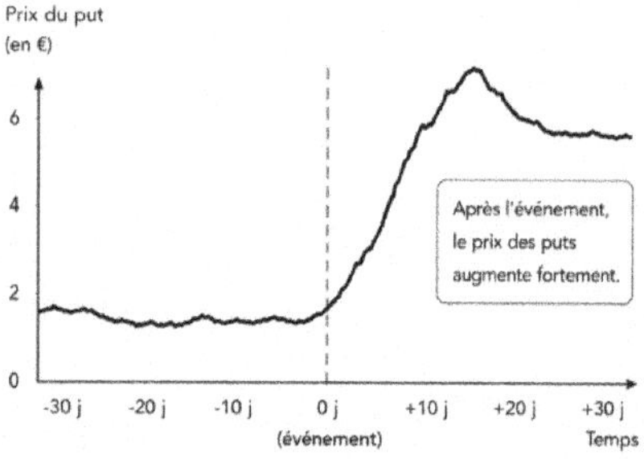

La demande de protection fait monter le prix des options de vente.

3 IMPACT SUR LA VOLATILITÉ IMPLICITE

Volatilité implicite (σ_{imp})

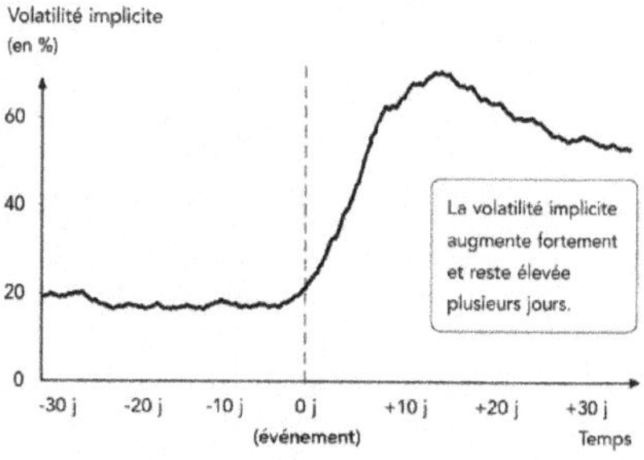

Pour justifier les prix plus élevés des options, le marché anticipe des fluctuations plus importantes.

4 COMPARAISON AVANT / APRÈS L'ÉVÉNEMENT

ÉLÉMENT	AVANT L'ÉVÉNEMENT	APRÈS L'ÉVÉNEMENT
Contexte	Climat calme, faible incertitude	Incertitude élevée, peur du marché
Demande de protection (puts)	Faible	Élevée
Prix des puts	Faibles	Élevés
Volatilité implicite (σ_{imp})	Faible	Élevée
Anticipations du marché	Fluctuations modérées attendues	Fluctuations importantes anticipées

Chapitre 4.3
Smile, smirk et *skew* : quand la *volatilité implicite* cesse d'être unique

L'une des découvertes les plus importantes réalisées par les praticiens des marchés d'options fut de constater que la *volatilité implicite* n'était pas une grandeur unique. Cette observation peut paraître surprenante à première vue. Après tout, le modèle de *Black-Scholes-Merton* suppose qu'un même sous-jacent possède une seule volatilité applicable à l'ensemble des options partageant une même échéance. Si cette hypothèse était parfaitement vérifiée, toutes les options d'une même maturité devraient afficher exactement la même *volatilité implicite*, quel que soit leur *prix d'exercice*.

La réalité observée sur les marchés est sensiblement différente. Lorsque les investisseurs calculent les *volatilités implicites* à partir des prix réellement négociés, ils constatent rapidement que celles-ci varient selon les *strikes*. Deux options portant sur le même sous-jacent et arrivant à échéance à la même date peuvent présenter des *volatilités implicites* distinctes. Cette différence n'est ni accidentelle ni temporaire. Elle apparaît de manière suffisamment régulière pour constituer l'une des caractéristiques fondamentales des marchés d'options modernes.

Cette constatation a profondément modifié la manière dont les professionnels interprètent la *volatilité implicite*. Celle-ci n'est plus considérée comme un simple chiffre unique décrivant le risque d'un actif. Elle devient une structure complète, révélant la manière dont le marché valorise différents scénarios futurs.

Pour représenter cette structure, les analystes placent généralement les *prix d'exercice* sur l'axe horizontal et les *volatilités implicites* correspondantes sur l'axe vertical. La forme obtenue fournit alors une quantité considérable d'informations sur les anticipations collectives des investisseurs. Selon les marchés et les périodes étudiées, cette courbe peut adopter plusieurs configurations caractéristiques que la littérature financière désigne sous les noms de *smile*, *smirk* et *skew*.

Le premier cas est celui du *volatility smile*, ou *sourire de volatilité*. Dans cette configuration, les *volatilités implicites* des options très éloignées du prix actuel du sous-jacent apparaissent plus élevées que celles des options proches de la monnaie. La courbe obtenue présente alors une forme relativement symétrique rappelant un *sourire*. Historiquement, ce phénomène a été observé sur plusieurs marchés, notamment dans l'univers des devises où les investisseurs attribuent parfois une importance comparable aux mouvements extrêmes à la hausse et à la baisse.

Entre ce *sourire* symétrique et les structures observées aujourd'hui sur les marchés actions existe une forme intermédiaire appelée *volatility smirk*. Le terme peut être traduit par « demi-sourire » ou « sourire asymétrique ». La courbe conserve une certaine courbure mais celle-ci n'est plus équilibrée. Une partie de la structure devient progressivement dominante, révélant que le marché accorde davantage d'attention à certains scénarios qu'à d'autres. Cette configuration marque souvent la transition entre le *sourire* théorique et une asymétrie plus prononcée.

La forme la plus fréquemment observée sur les marchés actions contemporains est toutefois le *volatility skew*. Dans cette configuration, les *volatilités implicites* augmentent à mesure que les *prix d'exercice* diminuent. Les options de vente situées sous le marché affichent ainsi des volatilités plus élevées que les options d'achat situées à distance comparable au-dessus du marché. La courbe prend alors l'apparence d'une pente inclinée plutôt que celle d'un *sourire* symétrique.

Cette asymétrie n'est pas le fruit du hasard. Elle traduit une réalité économique profonde. Les investisseurs institutionnels détiennent majoritairement des portefeuilles d'actions et sont donc naturellement exposés aux risques de baisse des marchés. Lorsqu'ils souhaitent se protéger, ils achètent principalement des *puts*. Cette demande structurelle de protection exerce une pression durable sur les prix des options de vente hors de la monnaie. Les primes augmentent, ce qui conduit mécaniquement à des *volatilités implicites* plus élevées sur ces *strikes*.

Le *skew* constitue ainsi l'expression directe de la peur du marché. Plus la demande de protection est importante, plus la pente tend à se renforcer. À travers cette structure de volatilité, les investisseurs révèlent les scénarios qu'ils jugent les plus préoccupants et ceux pour lesquels ils sont prêts à payer une assurance particulièrement coûteuse.

Pour le vendeur de *puts*, cette observation revêt une importance considérable. Une partie significative des primes élevées observées sur certaines options de vente provient précisément de cette asymétrie. Comprendre le *smile*, le *smirk* et surtout le *skew* ne consiste donc pas seulement à maîtriser un concept théorique de finance quantitative. Cela revient à comprendre pourquoi certaines options offrent des rémunérations plus importantes que d'autres et comment le marché valorise le risque de baisse.

Cette lecture de la *volatilité implicite* constitue l'une des clés fondamentales de toute stratégie de vente de *puts* disciplinée. Car derrière les courbes et les graphiques se cache finalement une question simple : quels sont les scénarios que les investisseurs redoutent le plus, et combien sont-ils prêts à payer pour s'en protéger ?

4.3.a - Le *smile* : le cas théorique et l'exemple du marché des devises

Le terme *volatility smile* occupe une place particulière dans la littérature financière. Il est devenu au fil du temps une expression générique utilisée pour désigner les déformations de la *volatilité implicite* selon les *prix d'exercice*. Pourtant, dans son sens originel, le *smile* correspond à une situation relativement spécifique dans laquelle la courbe de volatilité présente une forme symétrique.

Dans cette configuration, les options très éloignées du prix actuel du sous-jacent affichent des *volatilités implicites* plus élevées que les options proches de la monnaie. Les *strike*s situés au centre de la distribution présentent les volatilités les plus faibles tandis que les deux extrémités de la courbe remontent progressivement. Le graphique obtenu rappelle alors la forme d'un *sourire*, d'où l'origine de l'expression.

Cette structure peut sembler surprenante lorsqu'on la découvre pour la première fois. Pourquoi le marché attribuerait-il davantage de valeur à des options très éloignées du cours actuel du sous-jacent ? La réponse réside dans la manière dont certains investisseurs évaluent les mouvements extrêmes. Les options fortement dans ou *hors de la monnaie* permettent d'accéder à des scénarios relativement rares mais potentiellement très rémunérateurs. Le marché peut ainsi attribuer une valeur supplémentaire à ces événements peu probables mais à fort impact.

Historiquement, les véritables *smiles* ont été observés avec une fréquence particulière sur les marchés des changes. Cette spécificité s'explique en partie par la nature même des devises. Contrairement aux actions, qui présentent souvent un biais directionnel de long terme lié à la croissance économique et à la création de valeur des entreprises, les devises évoluent dans un environnement plus symétrique. Une monnaie peut aussi bien s'apprécier fortement que se déprécier fortement par rapport à une autre. Les investisseurs accordent donc parfois une attention comparable aux scénarios extrêmes dans les deux directions.

Dans ce contexte, les options de vente et les options d'achat éloignées du marché peuvent bénéficier d'une demande relativement équilibrée. Cette symétrie des anticipations se retrouve naturellement dans la structure des *volatilités implicites*. Les deux extrémités de la courbe remontent alors de manière relativement homogène, donnant naissance au *sourire* classique décrit dans les manuels de finance.

Cette configuration possède un intérêt pédagogique important car elle permet de comprendre que la *volatilité implicite* ne constitue pas une propriété unique du sous-jacent. Dès lors que la courbe cesse d'être parfaitement horizontale, le marché révèle qu'il valorise différemment certains scénarios de prix. Le *smile* constitue ainsi la première manifestation visible de cette hiérarchisation des risques.

Toutefois, les marchés actions modernes présentent rarement une telle symétrie. Les investisseurs n'accordent généralement pas la même importance aux fortes hausses qu'aux fortes baisses. Cette asymétrie progressive va modifier la forme de la courbe et conduire à l'apparition d'une structure intermédiaire plus proche de la réalité contemporaine : le *smirk*.

4.3.b - Le *smirk* : l'apparition de l'asymétrie

Le passage du *smile* au *smirk* marque une étape importante dans la compréhension du comportement réel des investisseurs. Alors que le *sourire* traditionnel repose sur une vision relativement équilibrée des scénarios extrêmes, le *smirk* révèle qu'une partie du marché commence à accorder davantage d'attention à certains risques qu'à d'autres.

Le terme *smirk* est souvent traduit de manière imparfaite par « demi-sourire » ou « sourire en coin ». Cette terminologie reflète bien la forme observée sur les graphiques. La courbe conserve encore une certaine courbure caractéristique du *smile*, mais celle-ci devient progressivement asymétrique. L'une des extrémités de la structure se relève davantage que l'autre, traduisant une demande plus importante pour certaines catégories d'options. Cette évolution résulte directement du comportement des investisseurs.

Dans un univers théorique parfaitement symétrique, les scénarios de hausse extrême et de baisse extrême recevraient une attention comparable. Dans la pratique, les acteurs des marchés financiers ne perçoivent pas ces situations de manière équivalente. Les conséquences d'une forte baisse sont souvent jugées plus préoccupantes que celles d'une forte hausse. Les investisseurs institutionnels, les fonds de pension ou les compagnies d'assurance cherchent donc plus fréquemment à se protéger contre les risques de correction que contre les opportunités de hausse exceptionnelle.

Cette préférence se traduit progressivement dans les prix des options. Les *puts hors de la monnaie* deviennent plus recherchés que certains *calls* éloignés du marché. Les vendeurs de protection exigent alors des primes plus importantes pour accepter ces risques. Les *volatilités implicites* correspondantes augmentent et la structure de la courbe commence à s'incliner.

Le *smirk* représente ainsi une phase intermédiaire particulièrement intéressante. Il montre comment les anticipations collectives peuvent progressivement transformer une structure théorique relativement équilibrée en une représentation beaucoup plus fidèle des préoccupations réelles des investisseurs. Il constitue également une transition naturelle vers la configuration dominante observée aujourd'hui sur la plupart des marchés actions : le *skew*.

L'intérêt du *smirk* dépasse largement la simple description graphique. Il démontre que la *volatilité implicite* ne dépend pas uniquement de caractéristiques statistiques du sous-jacent. Elle reflète également les préférences des investisseurs, leurs besoins de couverture et leur perception du risque. À travers cette courbe apparemment technique s'expriment déjà les mécanismes psychologiques qui façonnent les marchés financiers.

Cette observation prépare directement l'analyse du *skew*, qui représente l'aboutissement de cette logique asymétrique et l'une des caractéristiques les plus importantes pour tout vendeur de *puts*.

4.3.c - Le *skew* : la réalité des marchés actions

Si le *smile* constitue une référence historique importante et si le *smirk* représente une étape intermédiaire utile à la compréhension du phénomène, c'est bien le *skew* qui domine aujourd'hui la plupart des marchés actions. Pour tout investisseur utilisant les options de manière régulière, et plus particulièrement pour le vendeur de *puts*, cette structure de volatilité est probablement la plus importante à comprendre.

Le terme *skew* signifie littéralement « asymétrie » ou « inclinaison ». Il décrit une situation dans laquelle les *volatilités implicites* ne sont plus réparties de manière équilibrée autour du prix actuel du sous-jacent. La courbe présente alors une pente clairement identifiable. Les options de vente situées sous le marché affichent des *volatilités implicites* supérieures à celles observées sur les options proches de la monnaie, lesquelles sont elles-mêmes généralement supérieures aux volatilités des *calls* éloignés du marché.

Graphiquement, la structure ne ressemble plus à un *sourire*. Elle évoque davantage une pente descendante lorsque l'on se déplace des *strike*s faibles vers les *strike*s élevés. Cette forme est devenue si fréquente sur les marchés actions qu'elle est aujourd'hui considérée comme la norme plutôt que comme une exception. L'origine de cette asymétrie est profondément économique.

Les marchés actions présentent une caractéristique particulière : la grande majorité des investisseurs institutionnels détiennent naturellement des positions longues sur les actions. Les fonds de pension, les compagnies d'assurance, les fonds indiciels ou les sociétés de gestion possèdent des portefeuilles dont la valeur dépend directement de la bonne tenue des marchés boursiers. Leur principale préoccupation n'est donc pas de se protéger contre une hausse trop importante des actions. Une telle situation leur serait au contraire favorable. Leur inquiétude concerne essentiellement les risques de baisse.

Cette réalité influence directement la demande d'options.

Lorsqu'un gérant souhaite protéger un portefeuille de plusieurs centaines de millions d'euros contre une correction boursière, il ne va pas acheter massivement des *calls* hors de la monnaie. Il va acheter des *puts*. Plus précisément, il cherchera souvent des *puts* situés sous le niveau actuel du marché afin de limiter les conséquences d'un scénario défavorable. Cette demande structurelle existe en permanence, indépendamment des fluctuations quotidiennes des indices.

Au fil du temps, cette pression acheteuse crée un déséquilibre durable entre l'offre et la demande. Les vendeurs d'options savent que ces *puts* sont particulièrement recherchés. Ils exigent donc des primes plus importantes pour accepter de porter le risque correspondant. Les prix augmentent et les *volatilités implicites* calculées à partir de ces prix deviennent mécaniquement plus élevées.

Le *skew* apparaît ainsi comme la traduction visible d'un marché dans lequel la protection contre les baisses est considérée comme plus précieuse que l'exposition à certaines hausses extrêmes. Cette observation constitue l'une des plus importantes leçons de l'analyse optionnelle moderne. Les *volatilités implicites* ne reflètent pas uniquement des probabilités statistiques. Elles incorporent également des préférences collectives. Le marché attribue une valeur supérieure à certains risques parce qu'il les juge plus préoccupants, plus coûteux ou plus difficiles à supporter.

L'existence du *skew* remet également en perspective certaines hypothèses du modèle de *Black-Scholes-Merton*. Dans l'univers théorique du modèle, les mouvements extrêmes à la hausse et à la baisse sont traités de manière relativement symétrique. Les marchés réels ne fonctionnent pas ainsi. Les investisseurs accordent davantage d'attention aux scénarios de pertes importantes qu'aux scénarios de gains exceptionnels. Cette asymétrie comportementale se retrouve directement dans la structure des *volatilités implicites*.

Pour le vendeur de *puts*, cette situation crée un environnement particulièrement intéressant. Les options de vente *hors de la monnaie* bénéficient souvent d'une prime supplémentaire liée à cette demande structurelle de protection. Une partie de la rémunération perçue ne provient pas uniquement du risque objectif associé au contrat. Elle résulte également de la valeur que le marché attribue à la couverture contre une baisse importante. Cette distinction est fondamentale. Elle explique pourquoi certaines options paraissent régulièrement mieux rémunérées que ce que laisserait supposer une analyse purement statistique du risque.

Toutefois, cette opportunité apparente ne doit jamais être interprétée comme une anomalie gratuite offerte par le marché. Si les investisseurs acceptent de payer davantage pour ces protections, c'est parce qu'ils attribuent une importance particulière aux scénarios qu'elles couvrent. Le *skew* reflète donc à la fois une opportunité de rémunération et un rappel permanent de la nature du risque porté par le vendeur de *puts*.

Cette dualité explique pourquoi la structure de volatilité est devenue un outil d'analyse incontournable pour les professionnels. Elle permet non seulement d'évaluer le prix des options mais également de comprendre les préoccupations dominantes des investisseurs à un instant donné. En observant la forme et l'intensité du *skew*, il devient possible de mesurer indirectement le niveau d'aversion au risque présent sur les marchés.

Le *skew* n'est donc pas simplement une curiosité graphique. Il constitue l'une des expressions les plus visibles de la psychologie collective des investisseurs. Derrière cette pente de volatilité se cachent des milliards d'euros de capitaux cherchant à se protéger contre des scénarios jugés particulièrement menaçants.

4.3.d - Pourquoi les *puts* sont plus chers

Une fois le mécanisme du *skew* compris, une question apparaît naturellement. Pourquoi les *puts hors de la monnaie* bénéficient-ils de primes aussi élevées alors que, dans de nombreux cas, leur probabilité d'exercice demeure relativement faible ?

La réponse se trouve dans la distinction fondamentale entre probabilité et gravité des conséquences. Les investisseurs ne paient pas uniquement pour se protéger contre les événements les plus probables. Ils paient surtout pour se protéger contre les événements susceptibles de provoquer les pertes les plus importantes. Or les fortes baisses de marché possèdent précisément cette caractéristique. Même lorsqu'elles surviennent rarement, leurs conséquences peuvent être considérables pour les portefeuilles institutionnels.

Cette logique est identique à celle qui gouverne les contrats d'assurance dans la vie courante. Une habitation a peu de chances d'être détruite par un incendie majeur. Pourtant, les propriétaires acceptent de payer une prime d'assurance chaque année car les conséquences financières d'un tel événement seraient extrêmement lourdes. Les marchés d'options fonctionnent selon une logique comparable. Les investisseurs sont prêts à payer un coût régulier afin de se prémunir contre des scénarios rares mais potentiellement dévastateurs.

Cette demande persistante entretient le niveau élevé des primes sur certaines catégories de *puts*. Elle contribue également à maintenir l'asymétrie de volatilité observée sur les marchés actions.

Pour le vendeur de *puts*, cette réalité possède une conséquence directe : une partie importante de la rémunération disponible sur le marché provient précisément de cette volonté collective de transférer le risque de baisse. Comprendre ce mécanisme constitue une étape essentielle avant d'aborder la question suivante : que révèle exactement le *skew* sur l'état psychologique du marché et sur le niveau de peur des investisseurs ?

4.3.e - Le *skew* comme indicateur de peur

À mesure que les marchés d'options se sont développés, les professionnels ont progressivement compris que le *skew* contenait bien davantage d'informations qu'une simple différence de valorisation entre plusieurs *strike*s. Derrière cette structure de volatilité se cache en réalité une représentation collective du risque. Observer le *skew* revient souvent à observer la manière dont les investisseurs perçoivent les menaces susceptibles d'affecter leurs portefeuilles.

Cette dimension psychologique est essentielle. Lorsqu'un investisseur achète une action, il exprime généralement une opinion sur la valeur future d'une entreprise ou sur l'évolution probable d'un marché. Lorsqu'il achète un *put* de protection, il exprime une préoccupation. Il accepte de payer une prime immédiate afin de réduire les conséquences financières d'un scénario qu'il juge suffisamment préoccupant pour justifier cette dépense. Le prix de cette protection reflète donc directement l'intensité de cette préoccupation. Le *skew* agrège précisément ces comportements individuels.

Lorsque les investisseurs deviennent plus prudents, la demande de *puts* augmente. Les primes progressent et les *volatilités implicites* associées aux *strike*s les plus bas s'élèvent davantage que celles des autres options. La pente de la structure de volatilité se renforce alors progressivement. À l'inverse, lorsque le climat de marché s'améliore et que les craintes s'atténuent, cette pression acheteuse tend à diminuer. Le *skew* peut alors se détendre et retrouver une forme moins prononcée. Cette évolution permet aux professionnels de considérer le *skew* comme un indicateur avancé du sentiment de marché.

Contrairement aux cours boursiers, qui reflètent essentiellement les transactions réalisées sur les actifs sous-jacents, les options donnent accès aux anticipations des investisseurs concernant les scénarios futurs. Le *skew* renseigne ainsi moins sur ce qui se passe aujourd'hui que sur ce que les investisseurs redoutent pour demain.

Cette caractéristique explique pourquoi les grandes institutions financières surveillent attentivement l'évolution de la structure de volatilité. Une modification importante du *skew* peut parfois révéler un changement d'état d'esprit collectif avant même que celui-ci ne se manifeste pleinement dans les marchés actions. Une augmentation rapide de la demande de protection constitue souvent un signal que les investisseurs institutionnels perçoivent une montée des risques ou souhaitent réduire leur exposition à certaines incertitudes.

Il convient toutefois d'éviter une interprétation excessive. Un *skew* élevé ne signifie pas automatiquement qu'un krach est imminent. Les marchés peuvent maintenir pendant de longues périodes une forte demande de protection sans qu'un événement majeur ne survienne. De même, des phases de relative sérénité peuvent parfois précéder des épisodes de volatilité importante. Le *skew* ne prédit pas l'avenir. Il mesure la valeur que les investisseurs attribuent à certains risques à un instant donné. Cette nuance est fondamentale pour le vendeur de *puts*.

L'objectif n'est pas de considérer le *skew* comme un outil de prédiction absolue mais comme un indicateur de rémunération du risque. Lorsque la pente devient particulièrement marquée, cela signifie généralement que le marché est prêt à payer davantage pour transférer certains risques de baisse. Cette situation peut créer des opportunités intéressantes pour les vendeurs d'options capables d'accepter ces risques dans un cadre rigoureusement maîtrisé.

Ainsi, le *skew* joue un double rôle. D'un côté, il constitue un révélateur de la psychologie collective des investisseurs. De l'autre, il influence directement le niveau des primes disponibles sur le marché. Cette combinaison explique pourquoi il occupe une place centrale dans la plupart des stratégies professionnelles de vente de *puts*.

4.3.f - Ce que le vendeur de *puts* doit en retenir

L'étude du *smile*, du *smirk* et du *skew* pourrait facilement être perçue comme un sujet réservé aux spécialistes de la finance quantitative. Une telle conclusion serait pourtant erronée. Pour le vendeur de *puts*, ces notions possèdent une portée très concrète. Elles permettent de comprendre pourquoi certaines options offrent des rémunérations plus attractives que d'autres et pourquoi cette rémunération varie selon le contexte de marché.

Le premier enseignement est que toutes les *volatilités implicites* ne se valent pas. Lorsqu'un investisseur observe une *volatilité implicite* unique associée à un sous-jacent, il simplifie excessivement la réalité. En pratique, chaque *strike* possède sa propre *volatilité implicite*. Cette structure reflète la manière dont le marché valorise différents scénarios futurs. Ignorer cette réalité revient à se priver d'une partie importante de l'information contenue dans les prix des options.

Le deuxième enseignement concerne directement les *puts* hors de la monnaie. Sur les marchés actions, ces options bénéficient fréquemment d'une prime supplémentaire liée à la demande structurelle de protection. Cette situation ne résulte pas d'une erreur du marché. Elle traduit la volonté persistante des investisseurs institutionnels de transférer une partie de leurs risques de baisse. Le vendeur de *puts* est précisément l'intervenant qui accepte de recevoir ce risque en échange d'une rémunération.

Cette observation permet de comprendre pourquoi certaines stratégies de vente de *puts* peuvent générer des revenus réguliers sur longue période. Une partie de cette rémunération provient de ce que certains auteurs appellent parfois la « prime de peur ». Les investisseurs sont souvent disposés à payer davantage pour se protéger que ce que justifierait une approche strictement statistique des probabilités de perte. Cette différence constitue l'une des sources de rémunération potentielles du vendeur de protection.

Il serait toutefois dangereux de considérer cette prime comme un gain facile ou automatique. Le marché ne rémunère jamais un risque sans raison. Si les *puts hors de la monnaie* offrent des primes élevées, c'est précisément parce qu'ils couvrent des scénarios que les investisseurs considèrent comme particulièrement douloureux. La présence du *skew* rappelle en permanence cette réalité. Une rémunération supérieure implique l'acceptation d'un risque spécifique, souvent associé à des mouvements de marché rapides et parfois violents.

L'intérêt du vendeur de *puts* n'est donc pas de lutter contre le marché ou de prétendre que ces risques n'existent pas. Son avantage réside plutôt dans sa capacité à analyser la structure de volatilité, à comprendre les raisons qui expliquent certaines valorisations et à sélectionner les situations dans lesquelles la rémunération proposée lui paraît suffisamment attractive au regard du risque assumé.

Cette approche marque une étape importante dans l'apprentissage des options. L'investisseur cesse progressivement de regarder les primes comme de simples chiffres. Il commence à les interpréter comme l'expression d'anticipations collectives, de besoins de couverture et de comportements de marché. Cette lecture plus riche constitue l'une des compétences les plus précieuses dans l'univers de la vente d'options.

CE QU'IL FAUT RETENIR

Le modèle de *Black-Scholes-Merton* suppose l'existence d'une volatilité unique pour un même sous-jacent et une même échéance. L'observation des marchés montre pourtant que les *volatilités implicites* varient selon les *prix d'exercice*, révélant ainsi une structure de volatilité beaucoup plus complexe que celle envisagée par le modèle théorique.

Le *volatility smile* correspond à une structure relativement symétrique dans laquelle les options éloignées de la monnaie affichent des *volatilités implicites* plus élevées que les options proches du cours actuel du sous-jacent. Cette configuration a notamment été observée sur certains marchés de devises.

Le *volatility smirk* représente une forme intermédiaire marquée par une asymétrie croissante entre les différents *strike*s. Il constitue souvent une transition entre le *sourire* théorique et les structures observées sur les marchés actions modernes.

Le *volatility skew* est aujourd'hui la forme la plus courante sur les marchés actions. Les *volatilités implicites* des *puts hors de la monnaie* y sont généralement supérieures à celles des *calls* situés à distance comparable. Cette asymétrie résulte principalement de la demande structurelle de protection des investisseurs institutionnels.

Le *skew* agit comme un indicateur du prix que le marché attribue au risque de baisse. Il reflète moins les probabilités objectives de marché que la manière dont les investisseurs perçoivent et valorisent certains scénarios défavorables.

Pour le vendeur de *puts*, cette structure revêt une importance majeure. Une partie des primes élevées observées sur certaines options de vente provient directement de cette demande persistante de protection. Comprendre le *smile*, le *smirk* et surtout le *skew* permet donc de mieux interpréter les primes de marché et d'apprécier plus finement la relation entre rémunération et risque.

Cette compréhension de la structure de volatilité nous conduit naturellement à une question essentielle : comment mesurer concrètement le niveau de *volatilité implicite* et déterminer s'il est élevé ou faible ? C'est précisément l'objet du chapitre suivant consacré au percentile et au rang de *volatilité implicite*.

Illustration 4.3 – Volatilité implicite constante selon Black-Scholes versus volatilités observées

Le modèle de Black-Scholes suppose une volatilité implicite identique pour tous les strikes.
En pratique, les volatilités observées varient selon le niveau du strike et le type d'option : les calls forment un « smile » et les puts un « smirk » (asymétrique).

S : Prix du sous-jacent | **K** : Prix d'exercice (strike) | σ_{imp} : Volatilité implicite

1 HYPOTHÈSE BLACK-SCHOLES : VOLATILITÉ IMPLICITE CONSTANTE

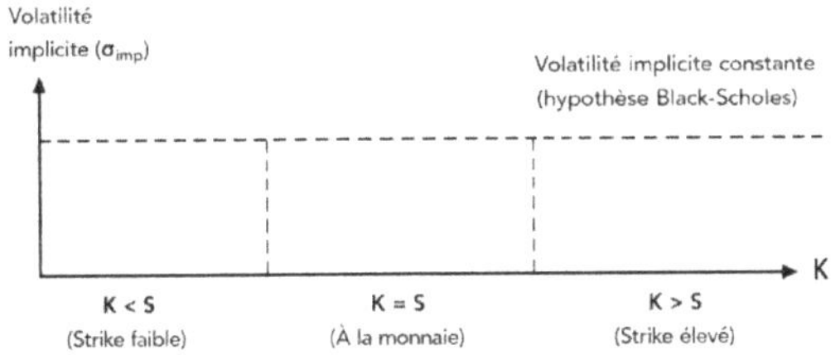

Idée clé
Le modèle utilise une seule valeur de volatilité implicite pour toutes les options à une même échéance.

Conséquence
Vision théorique et simplificatrice, qui ne reflète pas les comportements réels du marché.

2 VOLATILITÉS OBSERVÉES SUR LES CALLS : SMILE DE VOLATILITÉ

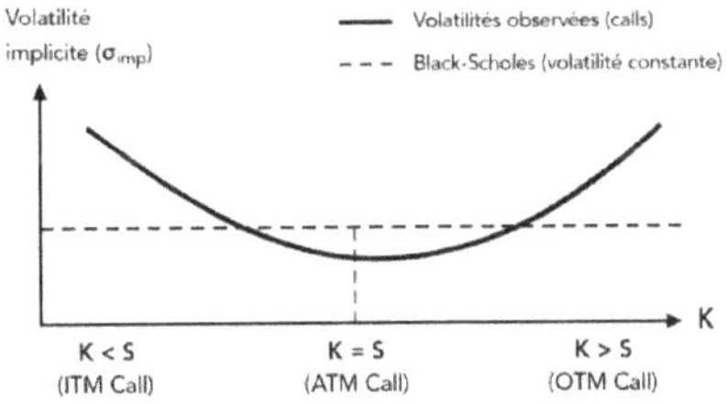

- La volatilité implicite est généralement minimale autour de la monnaie (ATM).
- Elle augmente lorsque le call devient fortement ITM ou fortement OTM.

3 VOLATILITÉS OBSERVÉES SUR LES PUTS : SMIRK DE VOLATILITÉ

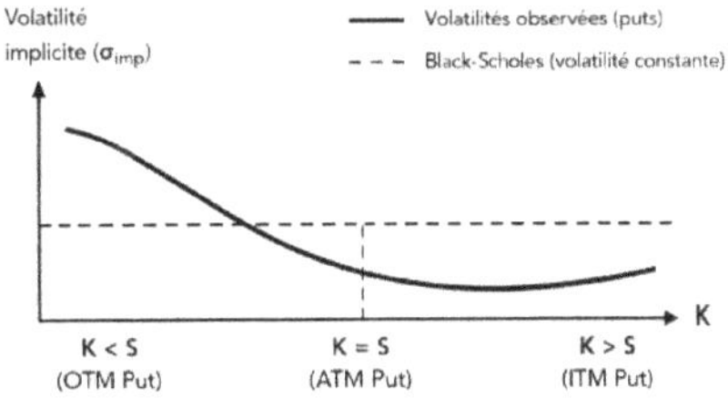

- Les puts OTM (protection contre les fortes baisses) sont souvent les plus demandés.
- Leur volatilité implicite est donc généralement plus élevée.

4 POURQUOI CETTE DIFFÉRENCE ?

Demande de protection
Les investisseurs achètent des puts OTM pour se protéger contre les baisses importantes.

Offre et demande
Une forte demande pour les puts OTM, supérieure à l'offre, entraîne des volatilités implicites plus élevées.

Anticipation des risques
Les marchés anticipent souvent davantage les scénarios négatifs que les scénarios positifs (asymétrie des risques).

Prix des options
Les volatilités implicites observées s'écartent alors de l'hypothèse de marché parfait de Black-Scholes.

5 COMPARAISON RÉCAPITULATIVE

CRITÈRE	BLACK-SCHOLES (THÉORIQUE)	CALLS OBSERVÉS (SMILE)	PUTS OBSERVÉS (SMIRK)
Forme de la courbe	Ligne horizontale	En U (symétrique)	Asymétrique (inclinée)
Niveau relatif	Identique pour tous les strikes	Minimum autour de K = S	Élevé côté OTM (K < S)
Explication principale	Hypothèse de marché parfait	Incertitude sur les hausses et les baisses	Demande de protection contre les baisses
Conséquence sur les prix	Prix théoriques simplifiés	Prix des calls OTM plus élevés	Prix des puts OTM beaucoup plus élevés

Chapitre 4.4
La *surface de volatilité implicite* : influence du *strike* et de l'échéance

L'étude du *smile*, du *smirk* et du *skew* nous a permis de comprendre une réalité essentielle des marchés d'options : la *volatilité implicite* n'est pas identique pour tous les *prix d'exercice*. Cette observation constitue déjà un écart significatif par rapport à la représentation simplifiée proposée par le modèle de *Black-Scholes-Merton*. Pourtant, elle ne représente qu'une partie du phénomène. La *volatilité implicite* varie non seulement selon le *strike* retenu, mais également selon l'échéance considérée. Cette seconde dimension est tout aussi importante que la première.

Jusqu'à présent, nous avons volontairement raisonné à échéance constante afin d'isoler l'effet des *prix d'exercice* sur la *volatilité implicite*. Cette simplification était nécessaire pour mettre en évidence les mécanismes à l'origine du *smile* et du *skew*. Dans la pratique, les investisseurs ont simultanément accès à une multitude d'options arrivant à échéance dans quelques jours, quelques semaines, plusieurs mois ou parfois plusieurs années. Or chacune de ces maturités possède sa propre structure de *volatilité implicite*.

Cette réalité conduit à une conclusion fondamentale : il n'existe pas une *volatilité implicite* unique associée à un sous-jacent. Il n'existe pas davantage une simple courbe de volatilité. Ce que le marché produit en permanence est un ensemble de volatilités dépendant simultanément du *prix d'exercice* et de l'horizon temporel retenu. Chaque combinaison entre un *strike* et une échéance donne naissance à une *volatilité implicite* particulière qui reflète les anticipations collectives des investisseurs pour ce scénario précis.

Les professionnels des marchés ont progressivement cherché un moyen de représenter cette richesse d'information. Une simple courbe ne suffisait plus. Il devenait nécessaire d'introduire une seconde dimension afin d'intégrer l'influence du temps. C'est ainsi qu'est apparue la notion de *surface de volatilité implicite*.

La *surface de volatilité* peut être envisagée comme une cartographie complète des anticipations du marché. Sur un axe figurent les différents *prix d'exercice*. Sur un autre apparaissent les différentes échéances disponibles. La *volatilité implicite* constitue alors la troisième dimension de la représentation. Chaque point de la *surface* correspond à la *volatilité implicite* observée pour une combinaison précise de *strike* et de maturité.

Cette représentation apporte une compréhension beaucoup plus fine du fonctionnement des marchés d'options. Elle montre que les investisseurs ne valorisent pas seulement différemment les scénarios de hausse et de baisse. Ils ne valorisent pas non plus de la même manière les risques de court terme et les risques de long terme. Une baisse redoutée dans les prochaines semaines n'a pas nécessairement la même importance qu'un risque perçu à un horizon de plusieurs mois. Les prix des options intègrent en permanence cette hiérarchisation des risques selon leur nature et selon leur horizon temporel.

L'intérêt de la *surface de volatilité* dépasse largement la simple représentation graphique. Elle constitue l'une des synthèses les plus complètes des anticipations de marché. Ses déformations, ses pentes et ses courbures traduisent directement les inquiétudes, les attentes et les préférences des investisseurs. À travers elle s'exprime une partie importante de l'intelligence collective des marchés.

Comprendre cette notion représente une étape décisive dans l'apprentissage des options. Le lecteur cesse progressivement de considérer la *volatilité implicite* comme un chiffre isolé. Il découvre qu'elle forme un ensemble cohérent de relations entre différents scénarios de prix et différents horizons temporels. Cette vision plus globale permet d'aborder les marchés d'options avec un niveau de compréhension nettement supérieur à celui offert par l'étude d'une seule *volatilité implicite*.

Avant d'examiner la forme que peut prendre cette *surface*, il convient toutefois de comprendre pourquoi la *volatilité implicite* varie naturellement selon l'échéance des contrats. Cette question constitue la première étape de notre exploration de la dimension temporelle de la volatilité.

4.4.a - Une volatilité différente selon l'échéance

L'influence du *prix d'exercice* sur la *volatilité implicite* constitue une première source de complexité dans l'analyse des options. Elle ne représente cependant qu'une partie de la réalité observée sur les marchés. À mesure que les investisseurs approfondissent leur compréhension des mécanismes de valorisation, ils découvrent qu'une autre variable exerce une influence déterminante : le temps.

Cette observation peut sembler naturelle. Après tout, une option arrivant à échéance dans une semaine ne possède pas les mêmes caractéristiques qu'une option expirant dans six mois ou dans un an. Pourtant, les conséquences de cette différence sont souvent sous-estimées. Le temps ne modifie pas seulement la *valeur intrinsèque* ou la *valeur temps* du contrat. Il influence également la manière dont le marché évalue l'incertitude future.

Pour comprendre ce phénomène, il convient de revenir à la fonction même de la *volatilité implicite*. Celle-ci reflète les anticipations des investisseurs concernant les mouvements futurs du sous-jacent. Or ces anticipations ne sont pas identiques selon l'horizon temporel considéré. Les risques susceptibles d'affecter une action dans les prochaines semaines ne sont pas nécessairement les mêmes que ceux qui pourraient se matérialiser dans plusieurs mois.

Prenons l'exemple d'une entreprise devant publier ses résultats trimestriels dans quinze jours. Les investisseurs savent qu'un tel événement est susceptible de provoquer un mouvement significatif du cours de bourse. Les options dont l'échéance couvre cette période intégreront donc cette source d'incertitude dans leur valorisation. En revanche, des options arrivant à échéance dans plusieurs années refléteront davantage les perspectives économiques de long terme, la croissance attendue de l'entreprise ou l'évolution générale de son secteur d'activité.

Le marché distingue ainsi naturellement les différents horizons temporels.

Cette distinction se retrouve directement dans les niveaux de *volatilité implicite* observés. Il est fréquent de constater que deux options partageant le même *strike* mais possédant des échéances différentes présentent des *volatilités implicites* distinctes. Le marché ne valorise pas l'incertitude de court terme de la même manière que l'incertitude de long terme.

Cette réalité conduit à ce que les professionnels appellent la structure par terme de la *volatilité implicite*. De la même manière que les marchés obligataires disposent d'une courbe des taux permettant de comparer les rendements selon les maturités, les marchés d'options possèdent une structure de volatilité qui varie en fonction du temps restant jusqu'à l'échéance.

Cette structure n'est pas figée. Elle évolue constamment sous l'influence des événements économiques, des annonces d'entreprises, des décisions de politique monétaire et des anticipations des investisseurs. Certaines périodes se caractérisent par une *volatilité implicite* plus élevée sur les échéances courtes. D'autres montrent au contraire des niveaux de volatilité plus importants sur les maturités longues. Chaque configuration raconte une histoire particulière sur la manière dont le marché perçoit les risques futurs.

Pour l'investisseur, cette information possède une valeur considérable. Elle permet de comprendre non seulement quels scénarios sont redoutés, mais également à quel horizon ces scénarios sont considérés comme plausibles. Une forte *volatilité implicite* sur les échéances proches traduit souvent une inquiétude immédiate ou l'attente d'un événement spécifique. Une volatilité élevée sur les échéances lointaines peut au contraire révéler des interrogations plus profondes concernant les perspectives économiques ou financières du sous-jacent.

Cette dimension temporelle enrichit considérablement l'analyse des options. Elle montre que la *volatilité implicite* n'est pas simplement une mesure de l'incertitude. Elle constitue également une mesure de la répartition de cette incertitude dans le temps. Comprendre cette logique est indispensable avant de pouvoir interpréter correctement la *surface de volatilité* dans son ensemble.

Car une fois la dimension du *strike* et celle de l'échéance réunies, le marché révèle une représentation beaucoup plus complète de ses anticipations. C'est précisément cette combinaison qui donne naissance à la structure tridimensionnelle appelée *surface de volatilité implicite*.

4.4.b - La structure par terme de la *volatilité implicite*

Lorsqu'un investisseur découvre les marchés d'options, son attention se porte naturellement sur les *prix d'exercice*. Les *strike*s apparaissent immédiatement comme une variable essentielle puisqu'ils déterminent les niveaux auxquels les droits d'achat ou de vente pourront être exercés. Pourtant, à mesure que l'expérience se développe, une autre dimension devient tout aussi importante : celle du temps. Les professionnels savent depuis longtemps qu'il est impossible de comprendre la *volatilité implicite* sans s'intéresser à la manière dont elle évolue selon les échéances.

Cette observation trouve son origine dans une réalité simple. Les marchés ne perçoivent pas l'incertitude de manière uniforme à travers le temps. Les risques susceptibles d'affecter un actif dans les prochaines semaines ne sont pas nécessairement ceux qui préoccuperont les investisseurs dans six mois ou dans un an. Chaque horizon possède ses propres sources d'incertitude, ses propres événements potentiels et, par conséquent, sa propre valorisation du risque.

Cette logique apparaît clairement lorsqu'un événement important se rapproche. Une publication de résultats particulièrement attendue, une décision majeure de banque centrale ou un rendez-vous électoral susceptible d'influencer les marchés peuvent concentrer une grande partie de l'attention des investisseurs sur une période relativement courte. Les échéances couvrant cet événement intègrent alors une prime d'incertitude plus importante que les maturités plus éloignées. La *volatilité implicite* des options de court terme tend dans ce cas à s'élever davantage que celle des échéances longues.

À l'inverse, certaines situations conduisent le marché à considérer que les principales interrogations concernent l'avenir plus lointain. Dans un contexte marqué par des incertitudes économiques persistantes, des transformations structurelles d'un secteur d'activité ou des interrogations sur les perspectives de croissance d'une entreprise, les investisseurs peuvent attribuer davantage de poids aux risques de moyen ou de long terme. Les *volatilités implicites* des échéances éloignées deviennent alors relativement plus importantes que celles des maturités proches.

Cette répartition de l'incertitude dans le temps donne naissance à ce que les praticiens appellent la structure par terme de la *volatilité implicite*. De la même manière que les marchés obligataires analysent la courbe des taux afin de comprendre comment les investisseurs valorisent le temps et le risque selon les maturités, les marchés d'options observent la courbe des *volatilités implicites* afin de comprendre comment les anticipations évoluent selon l'horizon considéré.

La forme de cette structure constitue une source d'information particulièrement riche. Lorsqu'elle présente des niveaux de volatilité plus élevés sur les échéances lointaines que sur les échéances proches, les professionnels parlent généralement d'une structure ascendante. Cette configuration traduit souvent un environnement relativement apaisé à court terme dans lequel les investisseurs considèrent que les principales incertitudes se situent davantage dans un futur plus éloigné. À l'inverse, lorsque les volatilités de court terme dépassent celles des maturités longues, la structure devient descendante. Une telle configuration reflète fréquemment l'existence d'un événement identifié ou d'une inquiétude immédiate concentrant l'attention du marché.

Ces différentes formes ne doivent jamais être interprétées de manière mécanique. Les marchés financiers sont des systèmes complexes dans lesquels plusieurs sources de risque coexistent en permanence. Une structure ascendante n'est pas nécessairement synonyme d'optimisme, pas plus qu'une structure descendante n'annonce systématiquement une crise imminente. Ce qui importe avant tout est la manière dont les investisseurs répartissent leur perception de l'incertitude entre le court terme et le long terme.

Pour cette raison, les professionnels accordent une attention particulière aux déformations de la structure par terme. Une modification rapide de la hiérarchie des volatilités entre différentes échéances peut parfois révéler un changement profond dans les anticipations collectives. Les marchés d'options deviennent alors non seulement un lieu d'échange de risque, mais également un observatoire privilégié des préoccupations dominantes des investisseurs.

Cette lecture temporelle de la *volatilité implicite* complète naturellement l'analyse menée dans le chapitre précédent sur les *strikes*. Le *smile*, le *smirk* et le *skew* nous ont montré comment le marché valorise différemment les scénarios de prix. La structure par terme révèle désormais comment il valorise différemment ces scénarios selon leur horizon de réalisation. Lorsque ces deux dimensions sont réunies, une représentation beaucoup plus complète émerge. C'est précisément cette combinaison entre *prix d'exercice* et échéance qui donne naissance à la *surface de volatilité implicite*, véritable cartographie tridimensionnelle des anticipations du marché.

4.4.c - Combiner *strike* et maturité : naissance de la *surface de volatilité*

L'étude du *skew* nous a montré que la *volatilité implicite* varie selon les *prix d'exercice*. L'analyse de la structure par terme a ensuite révélé qu'elle varie également selon les échéances. Chacune de ces observations constitue déjà une remise en question importante de l'hypothèse de volatilité unique retenue par le modèle de *Black-Scholes-Merton*. Pourtant, c'est leur combinaison qui permet de prendre pleinement conscience de la richesse de l'information contenue dans les marchés d'options.

Imaginons un instant un investisseur souhaitant analyser l'ensemble des options disponibles sur une même action. Pour chaque échéance, il peut construire une courbe représentant les *volatilités implicites* associées aux différents *strikes*. Cette première étape lui permet d'observer le *smile*, le *smirk* ou le *skew* correspondant à une maturité donnée. S'il répète ensuite l'exercice pour toutes les échéances cotées, il obtient non plus une seule courbe, mais une multitude de courbes coexistantes. Chacune décrit la manière dont le marché valorise les différents scénarios de prix pour un horizon temporel particulier.

Très rapidement, une représentation bidimensionnelle devient insuffisante.

Les praticiens ont alors naturellement cherché un moyen de visualiser simultanément ces deux dimensions. L'idée consistant à ajouter l'échéance comme seconde variable s'est imposée progressivement. La *volatilité implicite* cesse alors d'être représentée sous la forme d'une simple ligne pour devenir une véritable *surface* tridimensionnelle.

Dans cette représentation, le premier axe correspond aux *prix d'exercice*, le second aux échéances et le troisième aux niveaux de *volatilité implicite*. Chaque point de la *surface* représente ainsi la *volatilité implicite* observée pour une combinaison précise de *strike* et de maturité. L'ensemble forme une cartographie complète des anticipations de marché à un instant donné.

Cette représentation possède une valeur considérable car elle permet d'observer simultanément plusieurs phénomènes. Certaines zones de la *surface* peuvent révéler une forte demande de protection sur les échéances proches. D'autres peuvent mettre en évidence des inquiétudes plus marquées sur les maturités longues. Dans certains cas, la pente associée au *skew* apparaît relativement stable quel que soit l'horizon considéré. Dans d'autres, elle varie fortement selon les échéances. La *surface de volatilité* permet précisément de visualiser ces interactions complexes.

Pour les professionnels des marchés, cette *surface* constitue bien davantage qu'un simple outil graphique. Elle représente une synthèse des préférences collectives des investisseurs. Derrière chacune de ses déformations se cachent des arbitrages économiques, des besoins de couverture, des anticipations macroéconomiques ou encore des perceptions du risque propres à certains horizons temporels. La *surface de volatilité* peut ainsi être interprétée comme une photographie de la manière dont le marché évalue simultanément le temps, l'incertitude et les différents scénarios de prix.

Cette approche marque une évolution importante dans notre compréhension de la *volatilité implicite*. Jusqu'à présent, nous avons souvent raisonné comme si la volatilité constituait une donnée unique attachée à un sous-jacent. Le *smile* nous a montré qu'elle dépendait du *strike*. La structure par terme nous a montré qu'elle dépendait également de l'échéance. La *surface de volatilité* révèle finalement que ces deux dimensions interagissent en permanence et que la *volatilité implicite* doit être analysée comme un ensemble cohérent plutôt que comme une simple statistique isolée.

Cette vision plus globale est aujourd'hui au cœur des méthodes utilisées par les banques d'investissement, les teneurs de marché et les gestionnaires de risque. Elle permet non seulement de valoriser plus précisément les options, mais également de comprendre quelles sont les zones de marché où les investisseurs accordent le plus de valeur à la protection. En observant la forme de la *surface*, il devient possible d'identifier les scénarios jugés particulièrement sensibles ainsi que les horizons temporels auxquels ces préoccupations se concentrent.

Pour l'investisseur particulier, l'objectif n'est évidemment pas de reproduire les modèles sophistiqués utilisés dans les salles de marché. En revanche, comprendre l'existence de cette *surface* permet d'éviter une erreur fréquente : considérer qu'une *volatilité implicite* isolée résume à elle seule l'ensemble de l'information disponible. La réalité est beaucoup plus riche. Chaque option s'inscrit dans une structure globale dont elle ne représente qu'un point particulier.

Cette prise de conscience prépare naturellement l'étape suivante de notre analyse. Une fois la *surface de volatilité* construite, encore faut-il savoir l'interpréter. Ses courbures, ses pentes et ses déformations ne sont pas de simples particularités graphiques. Elles traduisent des anticipations et des préoccupations bien réelles que l'investisseur peut apprendre à décoder.

4.4.d - Comment lire une *surface de volatilité*

La découverte de la *surface de volatilité implicite* constitue une étape importante dans l'apprentissage des marchés d'options. Toutefois, disposer d'une représentation tridimensionnelle ne suffit pas en soi. Encore faut-il comprendre ce qu'elle révèle. Comme toute cartographie, la *surface de volatilité* n'a d'intérêt que si l'on sait interpréter les informations qu'elle contient.

Cette lecture repose avant tout sur une idée simple : chaque déformation de la *surface* traduit une préférence collective du marché. Derrière une pente plus marquée, une courbure inhabituelle ou une élévation localisée se cachent toujours des investisseurs qui achètent ou vendent des options afin de répondre à un besoin particulier. La *surface* n'est donc pas seulement une construction mathématique. Elle est la traduction graphique de milliers de décisions prises quotidiennement par les acteurs du marché.

La première information observable concerne naturellement l'inclinaison générale de la *surface*. Sur les marchés actions, celle-ci présente souvent une pente descendante lorsque l'on passe des *strike*s les plus faibles aux *strike*s les plus élevés. Cette caractéristique correspond au *skew* étudié dans le chapitre précédent. Elle traduit la valeur supérieure accordée à la protection contre les fortes baisses de marché. Plus cette pente est prononcée, plus l'écart de valorisation entre les différents scénarios devient important.

L'observation de la dimension temporelle apporte un second niveau de lecture. Certaines *surface*s apparaissent relativement homogènes quelle que soit l'échéance considérée. D'autres présentent au contraire des déformations localisées sur certaines maturités. Ces particularités reflètent souvent l'existence d'événements susceptibles d'affecter le sous-jacent à des horizons précis. Une publication de résultats, une opération de fusion-acquisition, une décision réglementaire ou un rendez-vous macroéconomique majeur peuvent ainsi provoquer une élévation temporaire de certaines zones de la *surface*.

La combinaison de ces deux dimensions permet alors une analyse beaucoup plus riche. Le marché peut simultanément exprimer une inquiétude particulière concernant les scénarios de baisse et concentrer cette inquiétude sur une période donnée. La *surface de volatilité* rend visible cette hiérarchisation des risques. Elle montre non seulement quels événements semblent préoccuper les investisseurs, mais également à quel horizon ces préoccupations se manifestent avec le plus d'intensité.

Les professionnels accordent également une attention particulière aux variations de la *surface* dans le temps. Une photographie isolée fournit déjà des informations intéressantes, mais l'observation de son évolution permet souvent de mieux comprendre les changements de sentiment du marché. Une pente qui se renforce progressivement, une zone qui se soulève ou au contraire une partie de la *surface* qui s'aplanit peuvent révéler des modifications importantes dans la perception collective du risque. À travers ces transformations, les marchés racontent une histoire qui dépasse largement la simple évolution des cours du sous-jacent.

Cette approche présente un avantage considérable par rapport à l'observation d'une *volatilité implicite* unique. Un chiffre isolé peut indiquer qu'un niveau de volatilité est élevé ou faible. La *surface* permet quant à elle de comprendre où se situe précisément cette tension et quelles catégories d'options en bénéficient le plus. Elle offre ainsi une lecture beaucoup plus nuancée des anticipations de marché.

Pour cette raison, les grandes institutions financières consacrent des ressources importantes à l'analyse et au suivi de ces structures. Les équipes de gestion des risques, les teneurs de marché et les spécialistes des dérivés savent qu'une part essentielle de l'information se trouve non pas dans le niveau absolu de la *volatilité implicite*, mais dans la forme même de la *surface*. Cette forme constitue souvent un indicateur plus sensible des changements de perception que les mouvements observés sur les marchés actions eux-mêmes.

Pour l'investisseur particulier, il n'est évidemment pas nécessaire de maîtriser l'ensemble des techniques quantitatives utilisées par les professionnels. En revanche, comprendre la logique de lecture d'une *surface de volatilité* permet d'acquérir une vision beaucoup plus mature du marché des options. Les primes cessent alors d'apparaître comme de simples prix de marché. Elles deviennent l'expression visible d'une structure complexe d'anticipations, de craintes et de besoins de couverture.

Cette compréhension nous conduit naturellement à une question essentielle. Si la *surface de volatilité* reflète les anticipations du marché, quelles informations peut-elle réellement fournir sur l'état d'esprit des investisseurs ? Autrement dit, que nous apprend-elle sur la manière dont le risque est perçu et valorisé à un instant donné ?

4.4.e - Ce que révèle la *surface* sur les anticipations du marché

À ce stade de notre étude, il apparaît clairement que la *surface de volatilité implicite* constitue bien davantage qu'un simple outil de représentation graphique. Derrière ses courbures et ses déformations se cache une quantité considérable d'informations relatives aux anticipations collectives des investisseurs. Comprendre cette dimension est essentiel car elle permet de dépasser l'approche purement technique de la *volatilité implicite* pour accéder à une lecture plus profonde du fonctionnement des marchés.

Les marchés financiers ont souvent été décrits comme des mécanismes d'agrégation de l'information. Chaque investisseur possède ses propres analyses, ses propres convictions et ses propres inquiétudes. À travers les transactions réalisées quotidiennement, ces opinions individuelles se confrontent, se complètent ou s'opposent. Les prix qui en résultent représentent une forme de synthèse collective. Les options participent pleinement à ce processus, mais elles offrent une particularité supplémentaire : elles permettent d'observer non seulement les anticipations concernant les prix futurs, mais également la manière dont les investisseurs évaluent l'incertitude associée à ces anticipations.

La *surface de volatilité implicite* constitue précisément l'une des représentations les plus complètes de cette information.

Lorsqu'une partie de la *surface* se soulève, cela signifie généralement que le marché attribue une valeur plus importante à certaines protections ou à certains scénarios. Lorsque la pente du *skew* devient plus marquée, les investisseurs manifestent souvent une préoccupation croissante à l'égard des risques de baisse. Lorsque certaines échéances présentent des niveaux de volatilité particulièrement élevés, le marché indique qu'il concentre son attention sur une période spécifique. Chacune de ces observations fournit un indice sur la manière dont le risque est actuellement perçu.

Cette lecture présente un intérêt particulier car elle permet d'aller au-delà des mouvements observés sur le sous-jacent lui-même. Deux actions peuvent connaître des évolutions de cours relativement similaires tout en affichant des *surfaces de volatilité* très différentes. Dans un cas, le marché peut considérer que les principaux risques sont désormais maîtrisés. Dans l'autre, les investisseurs peuvent continuer à accorder une valeur élevée à la protection contre certains scénarios défavorables. Les cours racontent alors une histoire, tandis que la *surface de volatilité* en raconte une autre, souvent plus subtile.

Cette capacité à révéler des informations invisibles dans les prix des actions explique pourquoi les professionnels accordent une attention particulière à l'évolution des *surface*s de volatilité. Elles permettent parfois de détecter des changements de perception avant même que ceux-ci ne deviennent visibles dans les marchés traditionnels. Une augmentation de la demande de protection sur certaines échéances ou certains *strike*s peut ainsi signaler une montée de l'incertitude alors que les indices boursiers semblent encore relativement stables.

Il convient toutefois de rappeler que la *surface de volatilité* n'est pas un outil de prédiction. Elle ne permet pas d'affirmer qu'un événement particulier va nécessairement se produire. Elle indique simplement comment les investisseurs évaluent les différents scénarios envisageables à un instant donné. Cette distinction est fondamentale. Les marchés peuvent surestimer certains risques comme ils peuvent en sous-estimer d'autres. La *surface de volatilité* reflète des anticipations, non des certitudes.

C'est précisément cette nuance qui rend son analyse si intéressante. Les investisseurs ne cherchent pas uniquement à savoir ce qui va arriver. Ils cherchent également à comprendre ce que le marché croit pouvoir arriver. Or ces deux réalités ne coïncident pas toujours. Une part importante des opportunités observées sur les marchés d'options naît justement de cet écart entre la perception collective du risque et la réalité qui se matérialisera finalement.

La *surface de volatilité* apparaît ainsi comme une forme de cartographie des inquiétudes et des attentes du marché. Elle permet de visualiser non seulement les scénarios jugés importants, mais également leur horizon temporel et leur intensité relative. Cette richesse d'information explique pourquoi elle est devenue un outil incontournable dans l'univers de la gestion des risques et de l'analyse optionnelle.

Pour le vendeur de *puts*, cette compréhension revêt une importance particulière. Son activité consiste précisément à accepter certains risques que d'autres investisseurs souhaitent transférer. Plus il comprend la manière dont ces risques sont valorisés à travers la *surface* de volatilité, plus il est en mesure d'apprécier la rémunération qui lui est proposée. C'est cette dimension pratique que nous allons maintenant examiner.

4.4.f - Pourquoi cette notion est importante pour le vendeur de *puts*

À première vue, la *surface de volatilité implicite* peut sembler appartenir à un univers réservé aux professionnels des salles de marché, aux spécialistes de la finance quantitative ou aux équipes de gestion des risques des grandes institutions financières. Cette impression est compréhensible. Les représentations tridimensionnelles, les modèles de valorisation avancés et les analyses de structure de volatilité donnent parfois le sentiment d'un niveau de sophistication éloigné des préoccupations de l'investisseur individuel. Une telle perception serait pourtant trompeuse.

Le vendeur de *puts* n'a certes pas besoin de maîtriser les outils mathématiques utilisés par les teneurs de marché pour modéliser chaque déformation de la *surface*. En revanche, il a tout intérêt à comprendre ce que cette *surface* révèle sur le comportement des investisseurs. Car derrière les courbes et les graphiques se cache une réalité beaucoup plus concrète : la manière dont le marché rémunère les différents risques. Cette distinction est fondamentale.

Lorsqu'un investisseur vend un *put*, il ne vend pas simplement un contrat. Il accepte de prendre à sa charge un risque que d'autres intervenants préfèrent transférer. La prime qu'il encaisse représente précisément la rémunération de cette prise de risque. Comprendre pourquoi certaines options offrent des primes plus élevées que d'autres constitue donc une question centrale pour toute stratégie de vente de *puts*.

La *surface de volatilité* apporte à cet égard un éclairage particulièrement précieux. Elle montre que le marché ne rémunère pas uniformément tous les scénarios. Certaines zones concentrent davantage de demande de protection et bénéficient par conséquent de primes plus importantes. D'autres sont relativement délaissées et offrent une rémunération plus faible. La structure de volatilité permet ainsi de visualiser les endroits où le marché attribue le plus de valeur à la couverture du risque.

Cette observation prend une importance particulière dans le cas des *puts* hors de la monnaie. Comme nous l'avons vu lors de l'étude du *skew*, ces contrats se situent souvent au cœur des préoccupations des investisseurs institutionnels. Leur demande de protection contribue à maintenir des niveaux de *volatilité implicite* relativement élevés sur certaines parties de la *surface*. Pour le vendeur de *puts*, cette situation se traduit par des primes potentiellement plus attractives. La *surface de volatilité* permet alors de comprendre l'origine économique de cette rémunération plutôt que de la considérer comme une simple anomalie statistique. Cette compréhension présente également un intérêt défensif.

L'un des risques les plus fréquents chez les investisseurs débutants consiste à se focaliser exclusivement sur le montant de la prime encaissée. Une option offrant un rendement particulièrement élevé peut sembler attractive à première vue. Pourtant, ce niveau de rémunération reflète souvent une perception du risque spécifique que le marché juge importante. La *surface de volatilité* rappelle précisément que les primes ne sont jamais distribuées au hasard. Elles résultent d'un équilibre entre l'offre et la demande de protection, équilibre lui-même influencé par les anticipations collectives des investisseurs.

L'objectif du vendeur de *puts* n'est donc pas de rechercher systématiquement les primes les plus élevées. Son véritable objectif consiste à comprendre pourquoi ces primes existent et dans quelle mesure elles lui paraissent constituer une rémunération adéquate du risque qu'il accepte d'assumer. La *surface de volatilité* ne fournit pas une réponse automatique à cette question. Elle apporte cependant un contexte extrêmement précieux pour l'analyse.

Avec l'expérience, l'investisseur apprend progressivement à considérer les options non seulement comme des instruments financiers mais également comme des indicateurs de perception du risque. Les prix, les *volatilités implicites* et les déformations de la *surface* deviennent autant de signaux permettant de mieux comprendre les préoccupations dominantes du marché. Cette capacité d'interprétation constitue souvent l'une des différences les plus importantes entre une approche purement mécanique de la vente de *puts* et une approche plus mature fondée sur la compréhension des comportements de marché.

La *surface de volatilité implicite* représente ainsi bien davantage qu'un concept théorique. Elle constitue un outil de lecture du marché. Elle aide l'investisseur à comprendre où se situent les inquiétudes, quels scénarios sont les plus recherchés et comment le risque est valorisé selon les différentes échéances et les différents *strikes*. Pour celui qui vend des *puts*, cette connaissance ne garantit évidemment aucun résultat. Elle permet toutefois d'aborder les marchés avec une compréhension plus riche et plus nuancée des mécanismes qui déterminent la formation des primes.

CE QU'IL FAUT RETENIR

L'étude du *smile*, du *smirk* et du *skew* a montré que la *volatilité implicite* varie selon les *prix d'exercice*. L'analyse de la structure par terme révèle qu'elle varie également selon les échéances. La combinaison de ces deux dimensions conduit naturellement à la notion de *surface de volatilité implicite*.

Cette *surface* constitue une représentation tridimensionnelle des anticipations du marché. Chaque point correspond à une *volatilité implicite* associée à une combinaison particulière de *strike* et de maturité. Elle permet ainsi de visualiser simultanément la manière dont les investisseurs valorisent différents scénarios de prix et différents horizons temporels.

Les déformations de la *surface* traduisent les préférences collectives des acteurs du marché. Elles reflètent les besoins de couverture, les anticipations économiques et la perception du risque à un instant donné. À travers elles s'expriment les préoccupations dominantes des investisseurs ainsi que la valeur qu'ils attribuent à certaines protections.

La *surface de volatilité* ne constitue pas un outil de prédiction. Elle ne permet pas d'annoncer les événements futurs. Elle fournit en revanche une représentation particulièrement riche de la manière dont le marché évalue l'incertitude et répartit cette évaluation selon les différents scénarios envisageables.

Pour le vendeur de *puts*, cette notion possède une importance pratique évidente. Elle permet de mieux comprendre pourquoi certaines options offrent des primes plus élevées que d'autres et d'interpréter ces différences à la lumière des anticipations de marché. Les primes cessent alors d'apparaître comme de simples chiffres pour devenir l'expression d'un équilibre complexe entre risque, protection et comportement collectif.

Cette compréhension de la *surface de volatilité* clôt une étape importante de notre étude de la *volatilité implicite*. Nous disposons désormais des principaux outils conceptuels permettant d'analyser la manière dont les marchés valorisent l'incertitude. La partie suivante nous permettra de passer progressivement de cette compréhension théorique à son utilisation concrète dans la construction et la gestion d'une stratégie de vente de *puts*.

Illustration 4.4 – Surface de volatilité implicite : influence du strike et de l'échéance

La volatilité implicite dépend simultanément :

- du strike (K)
- de l'échéance (T)

Chaque option possède donc sa propre volatilité implicite.

S : Prix du sous-jacent | **K** : Prix d'exercice (strike) | σ_{imp} : Volatilité implicite

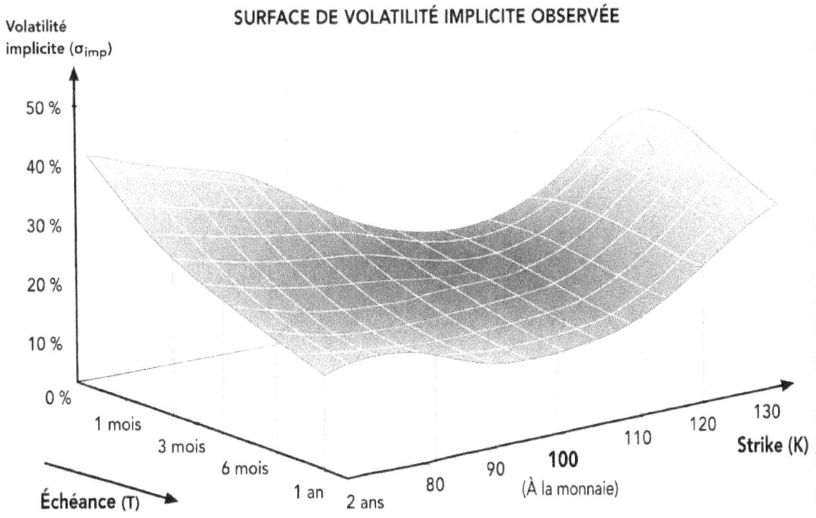

LECTURE DE LA SURFACE

À échéance constante

- la volatilité implicite varie selon le strike.

À strike constant

- la volatilité implicite varie selon la maturité.

CONSÉQUENCE

Une surface est nécessaire pour représenter simultanément ces deux effets.

POURQUOI UNE SURFACE ?

PROTECTION

Les investisseurs recherchent davantage certaines options (puts OTM) pour se protéger contre les risques.

ANTICIPATIONS

Les scénarios futurs et les incertitudes attendues influencent les prix des options.

OFFRE / DEMANDE

Les déséquilibres entre l'offre et la demande modifient les volatilités implicites.

ÉVÉNEMENTS

Résultats d'entreprises, banques centrales, crises ou événements majeurs impactent certaines échéances et strikes.

Chapitre 4.5
La structure de la *volatilité implicite*

À ce stade de notre progression, nous avons étudié la manière dont la *volatilité implicite* se répartit selon les *prix d'exercice* et selon les échéances. Cette analyse nous a conduits à la notion de *surface* de volatilité, véritable cartographie des anticipations du marché à un instant donné. Une question demeure toutefois ouverte. Cette *surface* est-elle stable dans le temps ? L'expérience des marchés apporte une réponse sans ambiguïté.

La *volatilité implicite* est une grandeur profondément dynamique. Elle évolue continuellement sous l'influence des événements économiques, des publications financières, des décisions de politique monétaire et, plus largement, des variations de perception du risque. Une *surface de volatilité* observée aujourd'hui peut présenter une apparence sensiblement différente quelques semaines plus tard. Certaines zones peuvent se tendre, d'autres se détendre, tandis que la structure générale du marché se transforme progressivement.

Cette dimension temporelle revêt une importance particulière pour les investisseurs en options. Contrairement au prix du sous-jacent, dont les variations sont immédiatement visibles, les mouvements de *volatilité implicite* sont parfois plus subtils. Ils n'en sont pas moins déterminants. Une option peut perdre de la valeur alors même que le sous-jacent évolue dans la direction anticipée, simplement parce que la *volatilité implicite* s'est contractée. À l'inverse, certaines positions peuvent bénéficier d'une hausse de volatilité alors même que les mouvements du sous-jacent demeurent limités.

Comprendre la structure de la *volatilité implicite* revient donc à comprendre comment le marché organise et réorganise en permanence sa perception de l'incertitude. Cette analyse nous conduira à étudier plusieurs phénomènes fondamentaux : les phases d'expansion et de compression de volatilité, les mécanismes de retour vers la moyenne ainsi que les différents régimes de marché qui influencent durablement le comportement des options.

Car si la *volatilité implicite* constitue le prix de l'incertitude, elle possède elle-même un comportement qui mérite d'être étudié. Et ce comportement recèle certaines des informations les plus précieuses pour les investisseurs utilisant les options de manière régulière.

4.5.a - La *volatilité implicite* est-elle prévisible ?

L'une des questions les plus fréquemment posées par les investisseurs concerne la capacité à anticiper l'évolution future de la *volatilité implicite*. Cette interrogation est parfaitement légitime. Si la *volatilité implicite* influence directement le prix des options, pouvoir prévoir ses mouvements constituerait un avantage considérable pour toute stratégie utilisant ces instruments. La réalité est cependant plus nuancée.

Comme toute variable de marché, la *volatilité implicite* est influencée par une multitude de facteurs dont beaucoup demeurent imprévisibles. Les annonces économiques, les publications de résultats, les décisions des banques centrales, les crises géopolitiques ou encore les changements soudains de sentiment des investisseurs peuvent provoquer des mouvements parfois rapides et difficiles à anticiper avec précision. Sous cet angle, la *volatilité implicite* échappe aux tentatives de prévision systématique. Cette observation ne signifie toutefois pas que son comportement soit totalement aléatoire.

Au fil des décennies, les praticiens ont constaté que la *volatilité implicite* possède certaines caractéristiques récurrentes qui la distinguent de nombreux autres indicateurs financiers. Contrairement aux cours des actions, qui peuvent suivre des tendances prolongées sur plusieurs années, la volatilité tend généralement à évoluer par cycles. Des périodes de calme relatif alternent avec des épisodes de tension plus marqués, avant qu'un nouvel équilibre ne finisse par s'établir. Cette dynamique trouve son origine dans la nature même de la *volatilité implicite*.

Nous avons vu précédemment qu'elle représente le prix que les investisseurs acceptent de payer pour transférer une partie de leurs risques. Lorsque l'incertitude augmente brutalement, la demande de protection progresse et les *volatilités implicites* s'élèvent. Mais cette situation ne peut généralement pas se maintenir indéfiniment. Les événements redoutés finissent par se produire ou par disparaître, les inquiétudes s'estompent progressivement et la demande de couverture retrouve des niveaux plus normaux.

À l'inverse, les longues périodes de sérénité ne sont pas éternelles. Lorsque les marchés connaissent une phase prolongée de stabilité, les investisseurs ont souvent tendance à sous-estimer certains risques. La demande de protection diminue alors progressivement jusqu'à ce qu'un événement inattendu vienne rappeler l'existence de l'incertitude. La *volatilité implicite* peut alors remonter avec vigueur.

Cette alternance entre phases de tension et phases d'apaisement explique pourquoi les professionnels s'intéressent davantage aux comportements de la volatilité qu'à la prévision de ses niveaux exacts. L'objectif n'est pas de déterminer précisément où se situera la volatilité dans plusieurs semaines. Il consiste plutôt à comprendre dans quel environnement elle évolue actuellement et quelles forces sont susceptibles d'influencer son évolution future.

Cette approche est particulièrement importante pour le vendeur de *puts*.

Son activité ne dépend pas uniquement du niveau absolu de la *volatilité implicite* mais également de sa dynamique. Une option vendue dans un contexte de forte incertitude ne réagira pas de la même manière qu'une option vendue dans un environnement de volatilité déjà très comprimée. Comprendre les mécanismes qui gouvernent ces transitions devient donc un élément essentiel de l'analyse.

C'est précisément cette dynamique que nous allons maintenant examiner à travers deux phénomènes fondamentaux : les phases d'expansion et les phases de compression de la *volatilité implicite*.

4.5.b - Expansion et compression de volatilité

Les marchés financiers alternent constamment entre des périodes de confiance relative et des épisodes d'incertitude plus prononcée. Cette alternance se retrouve naturellement dans le comportement de la *volatilité implicite*. Celle-ci ne demeure jamais parfaitement stable. Elle se dilate et se contracte au rythme des préoccupations des investisseurs, donnant naissance à ce que les professionnels désignent généralement sous les termes d'expansion et de compression de volatilité.

Les phases d'expansion apparaissent lorsque les investisseurs attribuent progressivement davantage de valeur à la protection. Une montée des inquiétudes économiques, des tensions géopolitiques, des résultats d'entreprise décevants ou encore l'approche d'événements jugés sensibles peuvent contribuer à renforcer la demande d'options. Cette pression acheteuse se traduit par une augmentation des primes et, par conséquent, par une hausse de la *volatilité implicite*. Ces mouvements peuvent parfois être particulièrement rapides.

Les marchés financiers ont tendance à réagir plus violemment à la montée des risques qu'à leur disparition progressive. Une information inattendue peut modifier brutalement la perception du risque et provoquer une augmentation significative de la demande de couverture. La *volatilité implicite* reflète alors cette réévaluation soudaine des scénarios futurs.

Les phases de compression suivent une logique inverse. Lorsque les incertitudes se dissipent ou que les événements redoutés ne produisent finalement pas les conséquences attendues, le besoin de protection diminue. Les investisseurs deviennent moins enclins à payer des primes élevées pour se couvrir contre des risques qu'ils jugent désormais moins menaçants. Les prix des options se détendent progressivement et la *volatilité implicite* recule. Cette contraction est souvent plus graduelle que les épisodes d'expansion.

Alors que la peur peut apparaître brusquement, la confiance tend généralement à se reconstruire plus lentement. Les investisseurs réduisent progressivement leurs couvertures, réévaluent leurs anticipations et acceptent peu à peu des niveaux de protection moins importants. Ce processus contribue à ramener la *volatilité implicite* vers des niveaux plus compatibles avec un environnement perçu comme normal.

L'observation de ces cycles constitue l'une des clés de compréhension des marchés d'options. Les variations de *volatilité implicite* ne sont pas uniquement des phénomènes techniques. Elles traduisent les changements de perception du risque qui traversent les marchés financiers. Chaque phase d'expansion ou de compression raconte ainsi une histoire sur la manière dont les investisseurs appréhendent l'incertitude.

Cette dynamique conduit naturellement à une question fondamentale. Si les épisodes de forte volatilité finissent généralement par se calmer et si les longues périodes de sérénité ne durent pas éternellement, existe-t-il une tendance naturelle de la volatilité à revenir vers un niveau plus équilibré ? Cette interrogation nous amène à l'un des concepts les plus importants de l'analyse de volatilité : le retour vers la moyenne.

4.5.c - Le retour vers la moyenne

Parmi les caractéristiques les plus remarquables de la *volatilité implicite* figure sa tendance à ne jamais demeurer durablement à des niveaux extrêmes. Cette observation, connue sous le nom de retour vers la moyenne, occupe une place centrale dans l'analyse des marchés d'options. Bien qu'elle ne constitue pas une loi immuable, elle représente l'un des comportements les plus régulièrement observés par les praticiens au cours des dernières décennies.

Pour comprendre ce phénomène, il convient de revenir à la nature même de la *volatilité implicite*. Contrairement au cours d'une action, qui peut progresser ou reculer durablement sous l'effet de facteurs économiques fondamentaux, la *volatilité implicite* mesure avant tout une perception du risque. Or les perceptions extrêmes ont rarement vocation à se maintenir indéfiniment. Une forte inquiétude finit généralement par se dissiper, soit parce que l'événement redouté s'est produit, soit parce qu'il ne s'est finalement pas matérialisé. De la même manière, les longues périodes d'optimisme tendent progressivement à laisser place à une réévaluation des risques lorsque de nouvelles incertitudes apparaissent. Cette alternance contribue à ramener la *volatilité implicite* vers des niveaux plus proches de son comportement historique.

L'histoire des marchés financiers fournit de nombreux exemples de ce mécanisme. Les périodes de crise s'accompagnent souvent d'envolées spectaculaires de *volatilité implicite*. Les investisseurs recherchent alors massivement de la protection, les primes augmentent fortement et les niveaux de volatilité atteignent parfois des sommets rarement observés en temps normal. Pourtant, même les épisodes les plus violents finissent par s'apaiser. À mesure que l'incertitude recule, la demande de couverture diminue et la *volatilité implicite* se détend progressivement. Le mouvement inverse peut également être observé après de longues périodes de stabilité. Lorsque le marché devient excessivement confiant, les niveaux de *volatilité implicite* peuvent atteindre des planchers historiques avant qu'un événement inattendu ne provoque une remontée parfois brutale.

Cette dynamique ne signifie évidemment pas qu'il existe un niveau magique vers lequel la volatilité reviendrait systématiquement. Chaque actif possède ses propres caractéristiques, chaque période économique présente ses spécificités et les régimes de marché peuvent évoluer dans le temps. Le retour vers la moyenne doit donc être compris comme une tendance comportementale plutôt que comme une règle mécanique. Il exprime l'idée que les excès de pessimisme comme les excès d'optimisme ont rarement vocation à devenir permanents.

Pour le vendeur de *puts*, cette propriété revêt une importance particulière. Une part significative de nombreuses stratégies optionnelles repose implicitement sur l'hypothèse que les périodes de forte tension ne dureront pas éternellement. Lorsque la *volatilité implicite* atteint des niveaux exceptionnellement élevés, les primes offertes par le marché deviennent souvent plus importantes. Si les inquiétudes se dissipent ensuite et que la volatilité revient vers des niveaux plus habituels, les options peuvent perdre de la valeur même en l'absence de mouvement significatif du sous-jacent. Le vendeur bénéficie alors non seulement de l'écoulement du temps, mais également de la contraction de la *volatilité implicite*.

Cette perspective doit néanmoins être abordée avec prudence. Les investisseurs expérimentés savent que les marchés peuvent demeurer plus longtemps que prévu dans des situations exceptionnelles. Une volatilité élevée peut persister plusieurs semaines ou plusieurs mois lorsque les incertitudes restent importantes. De même, des niveaux de *volatilité historique*ment faibles peuvent parfois se prolonger bien au-delà de ce que suggèrent les moyennes passées. Le retour vers la moyenne ne fournit donc pas un calendrier. Il décrit une tendance de fond dont le rythme demeure largement imprévisible.

C'est précisément pour cette raison que les professionnels cherchent souvent à identifier les différents régimes de volatilité dans lesquels évoluent les marchés. Comprendre si l'on se trouve dans une phase de calme durable, dans une période de transition ou dans un environnement de forte incertitude permet de mieux interpréter les mouvements observés et d'apprécier plus finement la signification des niveaux de *volatilité implicite*.

4.5.d - Les régimes de volatilité

L'une des erreurs les plus fréquentes dans l'analyse des marchés consiste à considérer la volatilité comme une variable évoluant de manière régulière autour d'un niveau d'équilibre unique. Une telle représentation est séduisante par sa simplicité, mais elle ne correspond que partiellement à la réalité observée. L'expérience montre au contraire que les marchés traversent successivement différents régimes de volatilité, chacun possédant ses propres caractéristiques, ses propres dynamiques et sa propre perception du risque.

Cette notion de régime est particulièrement importante car elle permet de comprendre pourquoi deux périodes affichant un même niveau de *volatilité implicite* peuvent en réalité correspondre à des environnements de marché très différents. Une volatilité de 25 % observée au sortir d'une crise financière n'a pas nécessairement la même signification qu'une volatilité identique enregistrée après plusieurs années de stabilité. Dans le premier cas, elle peut traduire une normalisation progressive des anticipations. Dans le second, elle peut signaler une montée des inquiétudes. Le chiffre est identique, mais le contexte dans lequel il s'inscrit modifie profondément son interprétation.

Les périodes de faible volatilité se caractérisent généralement par un environnement dans lequel les investisseurs perçoivent les risques comme relativement maîtrisés. Les marchés évoluent alors dans un climat de confiance, les fluctuations demeurent contenues et la demande de protection reste limitée. Dans ce contexte, les primes des options tendent à diminuer progressivement. Les investisseurs accordent moins de valeur aux mécanismes de couverture, convaincus que les scénarios extrêmes présentent une probabilité relativement faible. Ces périodes peuvent parfois se prolonger pendant plusieurs mois, voire plusieurs années, donnant l'impression que la stabilité constitue l'état naturel des marchés.

L'histoire financière montre pourtant que cette stabilité est souvent plus fragile qu'elle n'y paraît. À mesure que la confiance s'installe, les investisseurs ont parfois tendance à sous-estimer certains risques. Les stratégies de couverture deviennent moins populaires, les primes se contractent et la *volatilité implicite* atteint des niveaux particulièrement faibles. Cette situation crée paradoxalement les conditions propices à un changement de régime. Il suffit alors d'un événement inattendu, d'un choc économique ou d'une modification brutale des anticipations pour que la demande de protection se réveille soudainement.

Lorsque cette transition se produit, le marché entre progressivement dans un régime de volatilité plus élevé. Les investisseurs réévaluent les risques, recherchent davantage de couverture et acceptent de payer des primes plus importantes afin de protéger leurs portefeuilles. Les fluctuations de marché deviennent souvent plus marquées et la *volatilité implicite* s'élève en conséquence. Cette phase peut être alimentée par des facteurs très divers : ralentissement économique, tensions géopolitiques, difficultés sectorielles, incertitudes monétaires ou simplement changement général du sentiment de marché.

Ces régimes ne possèdent pas de frontières parfaitement définies. Les transitions sont parfois progressives, parfois brutales. Il existe également des phases intermédiaires durant lesquelles plusieurs forces contradictoires coexistent. C'est précisément cette complexité qui rend l'analyse de la volatilité si riche. Le marché ne bascule pas mécaniquement d'un état à un autre. Il évolue au gré des anticipations collectives, des événements économiques et des comportements des investisseurs.

Pour le vendeur de *puts*, la compréhension de ces régimes constitue un avantage considérable. Une même stratégie peut produire des résultats très différents selon l'environnement de volatilité dans lequel elle est déployée.

Les niveaux de primes disponibles, la vitesse d'évolution des options et la perception générale du risque dépendent largement du régime en cours. Comprendre cette réalité permet d'éviter l'une des erreurs les plus fréquentes des investisseurs débutants : croire que les marchés se comportent toujours de la même manière.

Cette observation conduit à une conclusion importante. La *volatilité implicite* ne doit pas être considérée comme une simple variable technique intervenant dans les modèles de valorisation. Elle possède sa propre dynamique, ses propres cycles et ses propres comportements. À bien des égards, elle se comporte comme une classe d'actifs à part entière, capable de connaître des phases d'expansion, de contraction et de transition. C'est cette singularité qui explique l'attention particulière que lui accordent les professionnels des marchés.

4.5.e - La volatilité : une variable qui possède sa propre dynamique

Au fil de notre progression, la *volatilité implicite* a progressivement changé de statut. Initialement introduite comme un simple paramètre du modèle de *Black-Scholes-Merton*, elle est apparue ensuite comme un indicateur des anticipations du marché, puis comme un reflet de la demande de protection des investisseurs. L'étude du *smile*, du *skew*, de la structure par terme et de la *surface de volatilité* a finalement révélé une réalité plus profonde encore : la *volatilité implicite* possède une dynamique propre qui mérite d'être analysée pour elle-même.

Cette évolution du regard est essentielle. L'investisseur débutant considère souvent la volatilité comme une donnée parmi d'autres, comparable à un taux d'intérêt ou à un dividende. Les professionnels adoptent généralement une perspective différente. Pour eux, la volatilité constitue un objet d'analyse autonome, dont les mouvements fournissent des informations précieuses sur l'état du marché, l'évolution des anticipations et la perception collective du risque.

Cette approche s'est développée progressivement au cours des dernières décennies. À mesure que les marchés dérivés gagnaient en importance, les praticiens ont constaté que les variations de volatilité pouvaient parfois avoir davantage d'influence sur le prix d'une option que les mouvements du sous-jacent lui-même. Certaines périodes ont même montré que des actifs relativement stables pouvaient être accompagnés de variations significatives de *volatilité implicite*, révélant ainsi des changements profonds dans la psychologie des investisseurs.

Cette observation a conduit les professionnels à suivre la volatilité avec la même attention que les cours boursiers. Les niveaux absolus de volatilité, leurs évolutions dans le temps, leurs écarts entre échéances ou encore les modifications de la structure de volatilité sont devenus autant d'éléments permettant d'apprécier l'état du marché. La volatilité n'est plus seulement un outil servant à valoriser les options. Elle devient une source d'information à part entière.

L'intérêt de cette démarche apparaît particulièrement clairement lors des périodes de transition entre différents régimes de marché. Les mouvements de volatilité révèlent souvent des changements de perception qui demeurent encore peu visibles dans les cours des actifs financiers. Une hausse progressive de la demande de protection peut par exemple signaler une montée des inquiétudes alors même que les indices boursiers continuent d'évoluer dans une tendance relativement stable. À l'inverse, une détente rapide de la volatilité peut témoigner d'un retour de la confiance bien avant que celui-ci ne se reflète pleinement dans les valorisations.

Cette capacité à révéler des informations parfois invisibles dans les prix traditionnels explique pourquoi la volatilité occupe aujourd'hui une place centrale dans l'analyse des marchés financiers. Les banques d'investissement, les *hedge funds*, les gestionnaires d'actifs et les spécialistes des produits dérivés lui consacrent une attention permanente. Derrière les chiffres se trouvent des indications précieuses sur la manière dont le risque est évalué, transféré et rémunéré.

Pour le vendeur de *puts*, cette réalité possède une portée pratique évidente. Les primes qu'il encaisse dépendent directement de la *volatilité implicite*. Comprendre les forces qui influencent cette variable revient donc à mieux comprendre l'origine même de sa rémunération. Plus encore, cette connaissance lui permet d'interpréter les mouvements du marché avec davantage de recul. Une hausse ou une baisse de volatilité cesse alors d'apparaître comme un simple phénomène technique. Elle devient le symptôme d'une évolution plus profonde des anticipations collectives.

Cette perspective marque une étape importante dans la maîtrise des options. L'investisseur ne se contente plus d'observer les prix. Il apprend progressivement à observer la manière dont le marché valorise l'incertitude elle-même. Cette capacité d'analyse constitue l'un des fondements les plus solides de toute approche rigoureuse de la vente d'options.

4.5.f - Ce que le vendeur de *puts* doit comprendre

L'ensemble des notions étudiées dans ce chapitre converge vers une idée fondamentale : la *volatilité implicite* n'est pas une donnée statique. Elle évolue en permanence sous l'effet des anticipations, des comportements de couverture et des changements de perception du risque. Cette réalité peut sembler évidente une fois formulée, mais ses implications sont considérables pour l'investisseur qui vend des *puts*.

Pendant longtemps, de nombreux intervenants ont considéré les options essentiellement sous l'angle de leur prix. Les primes étaient observées comme des montants à encaisser ou à payer, sans toujours chercher à comprendre les mécanismes qui expliquaient leur niveau. Une telle approche demeure incomplète. Le prix d'une option n'est jamais qu'une conséquence. Derrière lui se trouvent des anticipations, des besoins de protection et des arbitrages collectifs qui façonnent la *volatilité implicite*.

Pour le vendeur de *puts*, cette distinction est essentielle car son activité consiste précisément à accepter certains risques que d'autres investisseurs souhaitent transférer. Les primes qu'il reçoit ne constituent pas une rémunération arbitraire. Elles représentent le prix que le marché accepte de payer pour déléguer une partie de son incertitude. Comprendre cette logique permet de porter un regard différent sur les opportunités offertes par les options.

Cette compréhension conduit également à davantage de prudence. Une prime élevée ne doit jamais être interprétée comme un cadeau offert par le marché. Elle reflète généralement l'existence d'un risque que les investisseurs jugent suffisamment important pour accepter de payer davantage afin de s'en protéger. Le rôle du vendeur de *puts* n'est pas de nier cette réalité, mais de l'évaluer avec discernement. Son avantage ne provient pas de sa capacité à ignorer le risque. Il réside dans sa capacité à apprécier la relation entre le risque assumé et la rémunération proposée.

L'analyse de la *volatilité implicite* fournit précisément les outils nécessaires à cette réflexion. Elle permet de comprendre pourquoi certaines options sont plus chères que d'autres, pourquoi les primes évoluent au fil du temps et pourquoi certaines périodes offrent des rémunérations sensiblement différentes. Plus l'investisseur maîtrise ces mécanismes, plus il est en mesure d'aborder la vente de *puts* comme une activité de gestion du risque plutôt que comme une simple recherche de rendement.

Cette idée constitue probablement l'un des enseignements les plus importants de toute la *Partie IV*. Derrière les modèles, les graphiques et les structures de volatilité se trouve toujours la même réalité économique : des investisseurs cherchent à transférer des risques, tandis que d'autres acceptent de les porter en échange d'une compensation financière. La *volatilité implicite* est le langage à travers lequel ce transfert s'organise.

Comprendre ce langage ne garantit évidemment aucun succès. En revanche, cela permet de mieux comprendre le fonctionnement des marchés d'options et d'aborder les décisions d'investissement avec une profondeur d'analyse supérieure. C'est précisément cette compréhension qui servira de fondement aux développements plus opérationnels qui suivront dans la suite de l'ouvrage.

CE QU'IL FAUT RETENIR

L'étude de la *volatilité implicite* ne peut se limiter à l'observation d'un chiffre isolé. Si les modèles de valorisation l'utilisent comme un paramètre essentiel, l'expérience des marchés montre qu'elle possède une dynamique propre qui reflète en permanence l'évolution des anticipations collectives. La *volatilité implicite* est avant tout le prix de l'incertitude tel qu'il est évalué par les investisseurs à un instant donné.

Cette caractéristique explique pourquoi la *volatilité implicite* évolue continuellement au fil du temps. Les périodes d'inquiétude s'accompagnent généralement d'une augmentation de la demande de protection, provoquant une expansion de la volatilité. À l'inverse, lorsque les craintes s'estompent et que les investisseurs accordent moins de valeur aux mécanismes de couverture, une phase de compression tend à s'installer. Ces mouvements traduisent moins les fluctuations immédiates des marchés que les changements de perception du risque qui les accompagnent.

L'observation des marchés financiers met également en évidence une propriété particulièrement importante : la *volatilité implicite* tend à présenter un comportement de retour vers la moyenne. Les épisodes de tension extrême ne durent généralement pas indéfiniment et les longues périodes de sérénité finissent souvent par laisser place à de nouvelles incertitudes. Cette tendance ne constitue ni une règle absolue ni un mécanisme parfaitement prévisible, mais elle représente l'un des comportements les plus fréquemment observés dans l'univers des options.

Cette dynamique s'inscrit plus largement dans l'existence de différents régimes de volatilité. Les marchés alternent entre des phases de calme relatif, des périodes de transition et des environnements marqués par une forte aversion au risque. Chacun de ces régimes influence le comportement des investisseurs, la demande de protection et, par conséquent, le niveau des primes observées sur les options. Comprendre le régime dans lequel évolue le marché constitue souvent un élément aussi important que l'observation du niveau absolu de volatilité lui-même.

Au fil de cette analyse, la *volatilité implicite* apparaît progressivement comme bien davantage qu'un simple paramètre de valorisation. Elle devient un indicateur privilégié de la psychologie des marchés, un révélateur des anticipations collectives et un outil de lecture du risque. Les professionnels ne l'observent pas uniquement pour calculer le prix des options. Ils l'utilisent également pour comprendre comment les investisseurs perçoivent l'environnement économique et quelles menaces ils considèrent comme les plus importantes.

CE QU'IL FAUT RETENIR (suite)

Pour le vendeur de *puts*, cette compréhension revêt une importance particulière. Les primes qu'il encaisse trouvent directement leur origine dans cette perception du risque. Une volatilité élevée traduit généralement une demande importante de protection et donc une rémunération plus généreuse pour ceux qui acceptent de porter une partie de ce risque. Inversement, une volatilité faible reflète souvent un environnement dans lequel les investisseurs accordent moins de valeur aux mécanismes de couverture.

L'enseignement fondamental de ce chapitre est peut-être le suivant : la vente de *puts* ne consiste pas uniquement à encaisser des primes. Elle consiste avant tout à comprendre comment le marché valorise l'incertitude. Plus l'investisseur maîtrise les mécanismes qui gouvernent la *volatilité implicite*, plus il est en mesure d'apprécier la véritable nature du risque qu'il accepte de porter et la pertinence de la rémunération qui lui est proposée.

Avec cette compréhension de la *volatilité implicite*, de sa structure et de sa dynamique, nous disposons désormais des fondements nécessaires pour aborder la suite de l'ouvrage. Les chapitres suivants permettront de transformer ces connaissances théoriques en outils opérationnels au service d'une approche disciplinée et réfléchie de la vente de *puts*.

Illustration 4.5 – Structure par terme de volatilité implicite

Deux options identiques, mais d'échéances différentes, peuvent présenter des volatilités implicites différentes.

STRUCTURE PAR TERME

La volatilité implicite n'est pas nécessairement identique pour toutes les maturités.
Pour un même strike :

- une option courte peut avoir une volatilité élevée ;
- une option longue peut avoir une volatilité plus faible ;
- ou inversement selon les anticipations du marché.

S : Prix du sous-jacent | **K** : Prix d'exercice (strike) | **σ_{imp}** : Volatilité implicite

EXEMPLE DE STRUCTURE PAR TERME DÉCROISSANTE

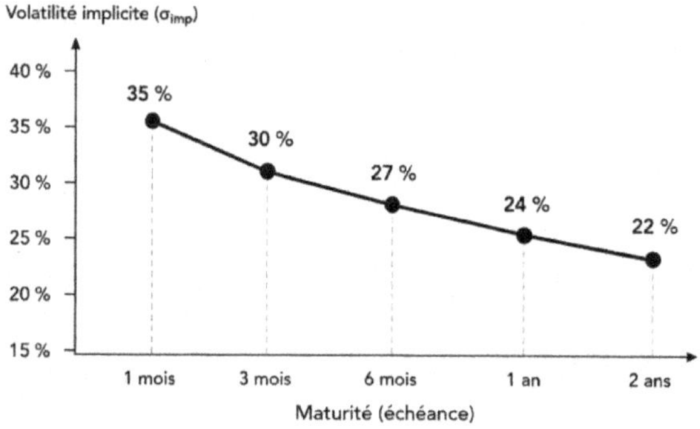

Maturité	1 mois	3 mois	6 mois	1 an	2 ans
Volatilité implicite (%)	35 %	30 %	27 %	24 %	22 %

EXEMPLE DE MARCHÉ

Publication des résultats dans 3 semaines.

CONSÉQUENCES

- ✓ Les échéances courtes (1 mois, 3 mois) sont fortement impactées : volatilités élevées.
- ✓ L'échéance 1 an est beaucoup moins impactée.
- ✓ Les échéances longues intègrent des événements plus lointains : impact dilué dans le temps.

COMMENT INTERPRÉTER CETTE COURBE ?

Échéances proches

- Plus sensibles aux événements imminents (résultats, décisions de banques centrales, etc.).
- Incertitude élevée sur le court terme : volatilité souvent plus élevée.

Échéances éloignées

- Les chocs ponctuels sont dilués dans le temps.
- Meilleure visibilité sur le long terme : volatilité souvent plus faible.

FORMES POSSIBLES DE STRUCTURE PAR TERME

Structure décroissante

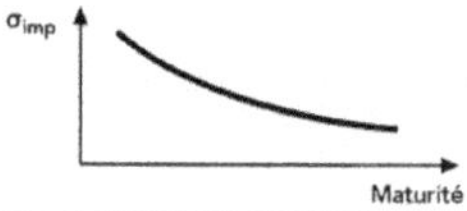

Marché calme
L'incertitude diminue avec le temps.
Les événements proches dominent.

Structure plate

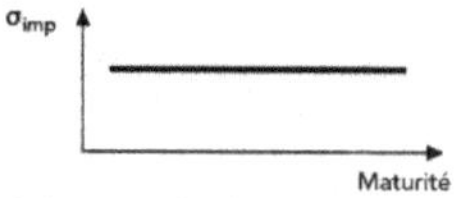

Marché neutre
L'incertitude est similaire sur toutes les maturités.

Structure croissante

Anticipation d'incertitude future
Les marchés anticipent davantage de risques à long terme.

Chapitre 4.6
Pourquoi la *volatilité implicite* varie-t-elle ?

Après avoir étudié la nature de la *volatilité implicite*, sa structure et sa dynamique, une question demeure naturellement en suspens. Pourquoi la *volatilité implicite* varie-t-elle d'un jour à l'autre ? Quels mécanismes expliquent ses hausses parfois spectaculaires ou ses phases de détente prolongées ?

Cette interrogation est essentielle car la *volatilité implicite* occupe une place particulière dans les marchés financiers. Contrairement à une variable physique dont les mouvements seraient déterminés par des lois immuables, elle résulte directement des comportements des investisseurs. Elle reflète une perception collective du risque et cette perception évolue constamment sous l'influence des informations nouvelles, des événements économiques et des anticipations de marché.

Comprendre les variations de *volatilité implicite* revient donc à comprendre comment les investisseurs modifient leur appréciation de l'incertitude.

Lorsqu'un marché traverse une période de stabilité, les opérateurs tendent généralement à attribuer une probabilité plus faible aux scénarios extrêmes. La demande de protection demeure modérée et les primes des options restent relativement contenues. À l'inverse, lorsque l'environnement devient plus incertain, les investisseurs cherchent davantage à protéger leurs portefeuilles. Cette demande supplémentaire se traduit par une hausse des prix des options et, par conséquent, par une augmentation de la *volatilité implicite*.

Cette logique explique pourquoi la *volatilité implicite* est souvent décrite comme un baromètre du risque perçu. Elle ne mesure pas directement les événements eux-mêmes. Elle mesure la réaction des investisseurs face à ces événements et la valeur qu'ils accordent à la protection contre leurs conséquences potentielles.

Toutefois, cette explication générale mérite d'être approfondie. Dans la pratique, plusieurs catégories de facteurs influencent simultanément la *volatilité implicite*. Certaines variations trouvent leur origine dans l'actualité économique ou financière. D'autres résultent de modifications de l'offre et de la demande sur les marchés d'options. D'autres encore proviennent de phénomènes comportementaux liés à la psychologie des investisseurs.

L'analyse de ces différents mécanismes permet de mieux comprendre pourquoi la *volatilité implicite* évolue parfois indépendamment du sous-jacent lui-même et pourquoi elle constitue souvent une source d'information précieuse sur l'état réel du marché.

Avant d'examiner les situations particulières susceptibles de provoquer ces variations, il convient de commencer par le facteur le plus évident : l'incertitude associée aux événements futurs.

4.6.a - L'impact des événements attendus

L'une des principales raisons expliquant les variations de la *volatilité implicite* réside dans l'existence d'événements dont les conséquences demeurent incertaines. Les marchés financiers sont constamment confrontés à des échéances susceptibles de modifier les anticipations des investisseurs. Qu'il s'agisse d'une publication de résultats, d'une décision de banque centrale, d'une élection ou d'une annonce réglementaire majeure, chacun de ces événements introduit une part d'incertitude dont les marchés cherchent à évaluer les conséquences potentielles.

Cette situation est intimement liée à la fonction même des options. Les investisseurs n'utilisent pas uniquement ces instruments pour spéculer sur les mouvements futurs des prix. Ils les utilisent également pour se protéger contre les conséquences d'événements susceptibles de provoquer des fluctuations importantes. Lorsque l'attention du marché se concentre sur une échéance particulière, la demande de couverture tend naturellement à augmenter. Les primes des options progressent alors et la *volatilité implicite* s'élève en conséquence.

Il est important de comprendre que cette hausse intervient souvent avant l'événement lui-même. Les marchés ne réagissent pas uniquement aux informations connues. Ils cherchent en permanence à anticiper les conséquences possibles des informations à venir. À mesure que l'échéance approche, les investisseurs réévaluent leurs scénarios, ajustent leurs positions et modifient leurs besoins de protection. Cette activité se reflète directement dans les prix des options.

Les publications de résultats constituent probablement l'exemple le plus emblématique de ce mécanisme. Quelques semaines avant l'annonce des comptes d'une entreprise, les investisseurs savent qu'une surprise positive ou négative pourrait provoquer un mouvement significatif du cours de l'action. Même lorsqu'ils sont incapables de prédire précisément l'issue de cette publication, ils reconnaissent l'existence d'une incertitude accrue. Les options intègrent progressivement cette réalité à travers une hausse de la *volatilité implicite*.

Ce phénomène ne se limite évidemment pas aux entreprises. Les marchés obligataires, les devises, les matières premières ou les indices boursiers réagissent de manière comparable lorsqu'un événement susceptible de modifier les anticipations se rapproche. Les réunions des banques centrales en constituent une illustration particulièrement frappante. Une modification inattendue des taux d'intérêt peut avoir des conséquences importantes sur de nombreux actifs financiers. À mesure que la date de la décision approche, les investisseurs cherchent souvent à ajuster leurs expositions ou à renforcer leurs couvertures.

La *volatilité implicite* agit alors comme un révélateur de l'importance accordée à ces événements. Plus l'incertitude est perçue comme importante, plus la demande de protection tend à augmenter. Inversement, lorsqu'un événement est considéré comme largement anticipé ou lorsque son impact potentiel paraît limité, les variations de *volatilité implicite* demeurent généralement plus modérées.

Cette relation explique pourquoi les marchés d'options sont souvent considérés comme des laboratoires d'anticipation. Les variations de *volatilité implicite* permettent parfois d'observer l'évolution des préoccupations des investisseurs avant même que les conséquences des événements concernés ne deviennent visibles dans les cours des actifs sous-jacents. À travers les primes qu'ils acceptent de payer, les investisseurs révèlent indirectement la valeur qu'ils attribuent à la protection contre l'incertitude.

Toutefois, les événements programmés ne constituent pas la seule source de variation de la *volatilité implicite*. Les marchés sont également influencés par des phénomènes plus diffus, liés à la psychologie collective et à l'évolution de l'aversion au risque. Ces mécanismes jouent souvent un rôle tout aussi important dans la formation des prix des options.

4.6.b - La peur et l'aversion au risque

Si les événements attendus constituent l'une des causes les plus visibles des variations de *volatilité implicite*, ils ne suffisent pas à expliquer l'ensemble des mouvements observés sur les marchés d'options. Une part importante de ces variations trouve son origine dans un phénomène plus difficile à mesurer mais omniprésent dans les marchés financiers : l'évolution de l'aversion au risque des investisseurs.

Les marchés ne sont pas uniquement gouvernés par des données économiques ou des résultats financiers. Ils sont également influencés par la manière dont les investisseurs interprètent ces informations. Deux événements objectivement similaires peuvent provoquer des réactions très différentes selon le contexte psychologique dans lequel ils surviennent. Cette réalité explique pourquoi la *volatilité implicite* peut parfois varier de manière significative alors même qu'aucune information majeure n'a été publiée.

Lorsque les investisseurs se montrent confiants, ils accordent généralement moins de valeur aux mécanismes de protection. Les risques leur paraissent maîtrisés, les scénarios défavorables semblent moins probables et la demande d'options demeure relativement limitée. Dans un tel environnement, les primes tendent naturellement à diminuer. La *volatilité implicite* reflète alors cette perception relativement sereine de l'avenir.

La situation change rapidement lorsque le climat de marché se détériore. Il n'est pas nécessaire qu'une crise soit déjà en cours pour que les comportements évoluent. Il suffit souvent que les investisseurs commencent à douter de leurs anticipations ou à remettre en question certains scénarios jusque-là considérés comme acquis. Dans ce contexte, la recherche de protection s'intensifie progressivement. Les portefeuilles sont réévalués, les couvertures renforcées et les options deviennent plus recherchées.

Cette évolution de l'aversion au risque exerce une influence directe sur les prix des options. Plus les investisseurs souhaitent se protéger, plus les primes augmentent. La *volatilité implicite* s'élève alors non pas parce qu'un événement particulier s'est produit, mais parce que le marché accorde davantage de valeur à la possibilité de se prémunir contre des scénarios défavorables. La *volatilité implicite* apparaît ainsi comme une mesure indirecte du niveau de préoccupation présent au sein du marché.

L'histoire financière fournit de nombreux exemples de ce phénomène. Les périodes de tensions géopolitiques, les inquiétudes relatives à la croissance économique ou les interrogations concernant la stabilité du système financier s'accompagnent fréquemment d'une hausse de la *volatilité implicite*. Dans de nombreux cas, cette augmentation intervient bien avant que des conséquences économiques concrètes ne deviennent visibles. Les investisseurs réagissent alors moins aux faits observés qu'à la possibilité de voir certains risques se matérialiser.

Cette caractéristique confère à la *volatilité implicite* une dimension particulièrement intéressante. Alors que les cours des actifs financiers reflètent principalement les transactions réalisées sur les marchés, les options permettent également d'observer les inquiétudes sous-jacentes qui animent les investisseurs. Une hausse de *volatilité implicite* traduit souvent une augmentation de la demande de protection, même lorsque les marchés actions demeurent relativement stables. À l'inverse, une détente de la volatilité peut révéler un retour progressif de la confiance avant même que celui-ci ne soit pleinement visible dans les prix des actifs.

Pour cette raison, de nombreux professionnels considèrent la *volatilité implicite* comme un indicateur privilégié du sentiment de marché. Elle ne mesure pas directement la peur, mais elle reflète le prix que les investisseurs sont prêts à payer pour s'en protéger. Plus ce prix augmente, plus il est raisonnable de penser que les préoccupations occupent une place importante dans les décisions d'investissement.

Cette dimension psychologique explique une partie significative des mouvements de *volatilité implicite*. Elle ne constitue toutefois pas l'unique mécanisme à l'œuvre. Les marchés d'options obéissent également à des logiques plus directement liées à leur fonctionnement interne. L'équilibre entre acheteurs et vendeurs de contrats influence lui aussi les prix des options et contribue à expliquer certaines variations de volatilité observées au quotidien.

4.6.c - L'offre et la demande sur le marché des options

Les investisseurs découvrant les options ont souvent tendance à considérer la *volatilité implicite* comme une variable exclusivement liée à l'évolution du sous-jacent ou à l'environnement économique. Cette vision contient une part de vérité mais elle demeure incomplète. Les options sont avant tout des instruments financiers négociés sur un marché. À ce titre, leur prix est également influencé par les mécanismes classiques de l'offre et de la demande.

Cette réalité peut sembler évidente, mais ses conséquences sont parfois sous-estimées. Dans la pratique, la *volatilité implicite* peut évoluer sans qu'aucun événement majeur n'affecte directement le sous-jacent. Il suffit qu'un déséquilibre apparaisse entre les acheteurs et les vendeurs d'options pour que les prix des contrats se modifient et que la *volatilité implicite* calculée à partir de ces prix évolue à son tour.

Ce phénomène est particulièrement visible lorsque de nombreux investisseurs cherchent simultanément à obtenir une protection. Même en l'absence de nouvelles économiques significatives, une augmentation de la demande de *puts* peut suffire à faire progresser les primes. Les vendeurs de protection constatent que les acheteurs sont plus nombreux et exigent alors une rémunération plus importante pour accepter le risque correspondant. Les prix des options augmentent et la *volatilité implicite* s'élève mécaniquement.

Le mécanisme inverse peut également se produire. Lorsque la demande de couverture diminue ou que davantage d'intervenants sont disposés à vendre des options, les primes tendent à se contracter. Les niveaux de *volatilité implicite* reculent alors, parfois de manière significative, sans qu'aucun changement fondamental n'affecte le sous-jacent lui-même. Les marchés d'options possèdent ainsi une dynamique propre qui ne se réduit pas aux seules fluctuations des actifs financiers auxquels ils sont adossés.

Cette caractéristique est particulièrement importante sur les marchés modernes où les acteurs institutionnels occupent une place prépondérante. Les fonds d'investissement, les compagnies d'assurance, les fonds de pension ou encore les teneurs de marché réalisent quotidiennement d'importants ajustements de portefeuille. Ces opérations peuvent modifier temporairement l'équilibre entre l'offre et la demande de certaines catégories d'options. Les variations de *volatilité implicite* qui en résultent reflètent alors davantage des flux de marché que des changements dans les perspectives économiques.

Les échéances proches des publications de résultats offrent souvent une illustration intéressante de ce phénomène. À mesure que l'événement approche, la demande d'options augmente fréquemment de manière significative. Les investisseurs cherchent à se protéger ou à se positionner sur un mouvement potentiel du sous-jacent. Cette concentration d'ordres provoque une hausse des primes qui dépasse parfois ce que justifierait une simple analyse statistique du risque. La *volatilité implicite* devient alors le reflet de l'intensité de cette demande.

Cette dimension microéconomique complète utilement les explications fondées sur la psychologie des investisseurs. La *volatilité implicite* ne dépend pas uniquement de ce que le marché pense. Elle dépend également de ce que le marché fait. Les anticipations influencent les comportements, les comportements influencent les flux d'ordres et ces flux influencent à leur tour les prix des options. La *volatilité implicite* apparaît ainsi comme le résultat final d'un processus dans lequel se combinent perceptions du risque, besoins de couverture et mécanismes de marché.

Pour le vendeur de *puts*, cette compréhension est particulièrement précieuse. Elle permet de ne pas interpréter systématiquement une hausse de *volatilité implicite* comme le signe d'une dégradation imminente de la situation économique ou financière. Dans certains cas, cette hausse reflète avant tout une augmentation temporaire de la demande de protection. Dans d'autres, elle traduit une modification plus profonde du sentiment de marché. La difficulté consiste précisément à distinguer ces différentes situations.

Cette distinction devient encore plus importante lorsque certains événements concentrent simultanément l'attention des investisseurs et les flux d'ordres sur les marchés d'options. Les publications de résultats des entreprises constituent probablement l'exemple le plus emblématique de cette interaction entre incertitude, demande de protection et évolution de la *volatilité implicite*.

4.6.d - Les publications de résultats et les annonces majeures

Parmi les nombreux facteurs susceptibles d'influencer la *volatilité implicite*, les publications de résultats occupent une place particulière. Peu d'événements illustrent avec autant de clarté la manière dont les marchés intègrent l'incertitude dans le prix des options. Chaque trimestre, des milliers d'entreprises publient leurs comptes et présentent leurs perspectives. Ces rendez-vous sont suivis avec attention par les investisseurs car ils peuvent modifier sensiblement les anticipations relatives à la valeur future de l'entreprise.

L'intérêt de ces publications ne réside pas uniquement dans les chiffres annoncés. Ce qui importe véritablement aux marchés est l'écart éventuel entre les attentes des investisseurs et la réalité révélée par l'entreprise. Une société peut afficher des résultats en progression tout en décevant le marché si les performances étaient inférieures aux anticipations. À l'inverse, des résultats apparemment modestes peuvent être accueillis favorablement lorsqu'ils dépassent les prévisions les plus pessimistes. Cette incertitude rend particulièrement difficile l'évaluation des réactions futures du marché.

Face à cette situation, de nombreux investisseurs cherchent à se protéger ou à spéculer sur l'ampleur du mouvement susceptible de suivre l'annonce. Les options deviennent alors un outil privilégié. À mesure que la date de publication approche, la demande de contrats augmente souvent de manière significative. Les primes progressent et la *volatilité implicite* s'élève progressivement. Cette hausse ne reflète pas nécessairement une augmentation du risque fondamental de l'entreprise. Elle traduit avant tout la valeur accordée à la protection contre un événement dont l'issue demeure inconnue.

Cette dynamique est souvent particulièrement visible sur les échéances les plus proches de la publication. Les investisseurs savent que l'information sera bientôt connue et que son impact se concentrera sur une période relativement courte. Les options couvrant cette fenêtre temporelle voient alors leur *volatilité implicite* augmenter davantage que les échéances plus éloignées. La structure de volatilité elle-même se déforme pour intégrer cette concentration de l'incertitude.

L'aspect le plus intéressant de ce phénomène apparaît toutefois une fois l'événement passé. Dès que les résultats sont publiés, une grande partie de l'incertitude disparaît. Les investisseurs disposent désormais des informations qu'ils attendaient et peuvent réévaluer leurs anticipations sur des bases plus concrètes. Même si le cours de l'action réagit fortement, le besoin de protection lié à l'événement s'estompe brutalement. Les primes des options tendent alors à se contracter et la *volatilité implicite* recule souvent de manière rapide.

Ce phénomène est si fréquent qu'il est devenu un sujet d'étude à part entière dans l'univers des options. Les investisseurs expérimentés savent qu'une forte *volatilité implicite* observée avant une publication de résultats n'a pas vocation à se maintenir une fois l'événement passé. Une partie Importante de cette volatilité représente en réalité la valeur attribuée à l'incertitude temporaire associée à l'annonce.

Les publications de résultats ne constituent évidemment qu'un exemple parmi d'autres. Les réunions de banques centrales, les référendums, les élections, les décisions réglementaires majeures ou encore certaines annonces géopolitiques peuvent produire des effets comparables. Dans tous les cas, le mécanisme reste fondamentalement le même : plus l'incertitude est élevée avant l'événement, plus les investisseurs sont susceptibles de rechercher une protection. Une fois l'information connue, cette incertitude se réduit et la *volatilité implicite* tend à refluer.

Cette observation illustre parfaitement la différence entre le risque et l'incertitude. Les marchés ne rémunèrent pas uniquement les événements eux-mêmes. Ils rémunèrent également l'attente de ces événements. C'est souvent durant cette période d'attente que la *volatilité implicite* révèle toute sa sensibilité aux anticipations des investisseurs.

Toutefois, certains épisodes dépassent largement le cadre d'un événement isolé. Les crises financières, les chocs économiques ou les périodes de forte instabilité peuvent provoquer des modifications beaucoup plus profondes de la perception du risque. Dans ces situations, les variations de *volatilité implicite* prennent une ampleur particulière et deviennent parfois l'un des indicateurs les plus révélateurs de l'état réel des marchés.

4.6.e - Les crises et les chocs de marché

Si les publications de résultats ou les décisions de politique monétaire provoquent régulièrement des variations de *volatilité implicite*, certains événements produisent des effets d'une ampleur bien supérieure. Les crises financières, les chocs économiques majeurs et les épisodes d'instabilité systémique constituent des périodes particulières durant lesquelles la perception du risque peut être profondément bouleversée. Dans ces circonstances, la *volatilité implicite* cesse d'évoluer de manière graduelle pour devenir l'un des indicateurs les plus sensibles de la tension qui traverse les marchés.

L'histoire financière est jalonnée d'épisodes de ce type. Le krach boursier d'octobre 1987, la crise financière mondiale de 2008, la crise des dettes souveraines *européennes* ou encore le choc provoqué par la pandémie de Covid-19 ont tous été accompagnés d'une hausse spectaculaire de la *volatilité implicite*. Bien que les causes de ces événements soient très différentes, leurs conséquences sur les marchés d'options présentent des similitudes frappantes. Chaque fois, les investisseurs ont cherché à renforcer leurs protections, provoquant une augmentation brutale de la demande d'options et une envolée des primes.

Cette réaction s'explique par la nature même des crises. Contrairement aux événements programmés, dont la date est généralement connue à l'avance, les crises apparaissent souvent de manière inattendue ou se développent beaucoup plus rapidement que prévu. Les investisseurs disposent alors de peu de temps pour adapter leurs positions. La recherche de protection devient urgente. Les options de vente, en particulier, sont fortement sollicitées car elles offrent un moyen direct de limiter les conséquences d'une baisse des marchés.

Dans un tel environnement, la *volatilité implicite* reflète moins une prévision précise des mouvements futurs qu'une réévaluation générale de l'incertitude. Les investisseurs ne savent pas nécessairement ce qui va se produire, mais ils savent qu'ils évoluent désormais dans un univers beaucoup plus imprévisible. Cette prise de conscience modifie profondément la valeur accordée aux mécanismes de couverture. Les primes augmentent parfois dans des proportions considérables, bien au-delà de ce qui est observé dans des conditions de marché normales.

Les crises révèlent également une caractéristique essentielle de la *volatilité implicite* : son évolution est rarement linéaire. Lorsque la confiance disparaît brutalement, la demande de protection peut s'intensifier en quelques heures seulement. Les mouvements qui en résultent sont souvent disproportionnés par rapport à ceux observés durant les périodes de calme. Cette asymétrie explique pourquoi les épisodes de hausse de volatilité sont généralement plus rapides que les phases de détente qui leur succèdent.

À mesure que les marchés commencent à retrouver une forme de stabilité, la *volatilité implicite* tend progressivement à se normaliser. Ce processus est toutefois rarement immédiat. Les investisseurs conservent souvent une certaine prudence après une crise importante. Les besoins de couverture demeurent élevés pendant un certain temps et la perception du risque reste marquée par les événements récents. La *volatilité implicite* reflue alors progressivement à mesure que les incertitudes se dissipent et que la confiance se reconstruit.

Pour le vendeur de *puts*, ces périodes constituent à la fois des opportunités et des sources de risque particulièrement importantes. Les primes disponibles sur le marché atteignent souvent des niveaux exceptionnellement élevés, mais cette rémunération supplémentaire correspond également à un environnement beaucoup plus incertain. L'expérience montre que les meilleures opportunités de rémunération apparaissent souvent lorsque la peur domine les marchés. Elle montre également que ces périodes exigent un niveau de discipline et de gestion du risque particulièrement élevé.

Les crises offrent ainsi une illustration spectaculaire du rôle de la *volatilité implicite*. Celle-ci n'est pas seulement un paramètre de valorisation. Elle agit comme un véritable sismographe du marché, enregistrant en temps réel l'intensité des inquiétudes des investisseurs. Plus l'incertitude augmente, plus la valeur de la protection tend à s'élever. À travers les variations de *volatilité implicite*, il devient alors possible d'observer la manière dont les marchés réagissent face aux périodes de stress les plus intenses.

Cependant, aussi impressionnantes que soient ces envolées de volatilité, elles ne constituent qu'une partie de l'histoire. Tout comme la *volatilité implicite* peut augmenter rapidement sous l'effet de la peur, elle peut également diminuer avec une remarquable rapidité lorsque certaines incertitudes disparaissent. Comprendre ce phénomène est essentiel car il explique une grande partie du comportement des options après les événements majeurs.

4.6.f - Pourquoi la *volatilité implicite* peut baisser brutalement

Les investisseurs découvrant les marchés d'options sont souvent surpris par la rapidité avec laquelle la *volatilité implicite* peut parfois diminuer. Après avoir observé des hausses progressives durant plusieurs jours ou plusieurs semaines, ils s'attendent naturellement à ce que le mouvement inverse se produise avec la même lenteur. L'expérience montre pourtant qu'il n'en est rien. Dans certaines circonstances, la *volatilité implicite* peut se contracter en quelques heures seulement, provoquant des variations importantes du prix des options.

Cette apparente brutalité trouve son origine dans la nature même de la *volatilité implicite*. Nous avons vu qu'elle représente avant tout le prix de l'incertitude. Or l'incertitude possède une caractéristique particulière : elle peut disparaître beaucoup plus rapidement qu'elle ne se construit. Pendant plusieurs semaines, les investisseurs peuvent s'interroger sur les conséquences d'une publication de résultats, d'une réunion de banque centrale ou d'un événement politique majeur. Les scénarios se multiplient, les anticipations divergent et la demande de protection augmente progressivement. Une fois l'événement passé, cette incertitude cesse soudainement d'exister. Le marché dispose désormais d'une information qui lui manquait auparavant.

Cette disparition de l'incertitude modifie immédiatement la valeur accordée aux options. Les investisseurs n'ont plus besoin de payer le même prix pour se protéger contre un risque qui n'existe plus sous la même forme. La demande de couverture diminue alors rapidement, les primes se contractent et la *volatilité implicite* reflue. Le mouvement peut parfois être particulièrement spectaculaire lorsque les niveaux de volatilité observés avant l'événement étaient exceptionnellement élevés.

Ce phénomène est fréquemment observé autour des publications de résultats d'entreprises. Les semaines précédant l'annonce sont souvent marquées par une hausse progressive de la *volatilité implicite*, alimentée par les interrogations concernant les performances futures de la société. Le jour où les résultats sont publiés, cette source d'incertitude disparaît brutalement. Même lorsque le cours de l'action enregistre un mouvement significatif, les options peuvent perdre une partie importante de leur valeur en raison de la contraction simultanée de la *volatilité implicite*.

Les réunions de banques centrales offrent des exemples comparables. Les investisseurs peuvent consacrer plusieurs semaines à tenter d'anticiper une décision de politique monétaire. Une fois cette décision connue, le marché cesse de valoriser l'incertitude associée à cet événement spécifique. La *volatilité implicite* peut alors se détendre rapidement, indépendamment de la réaction immédiate des actifs financiers concernés.

Cette dynamique illustre une réalité fondamentale des marchés d'options : les investisseurs ne paient pas uniquement pour un risque objectif. Ils paient également pour l'absence d'information. Tant que certaines données demeurent inconnues, la protection possède une valeur élevée. Lorsque l'information devient disponible, cette valeur peut diminuer très rapidement. La *volatilité implicite* agit ainsi comme une mesure du prix de l'incertitude résiduelle présente dans le marché.

Les épisodes de détente qui suivent les crises répondent à une logique similaire, même si leur rythme est généralement moins brutal. À mesure que les marchés retrouvent de la visibilité et que les scénarios les plus extrêmes paraissent moins probables, la demande de protection diminue progressivement. La *volatilité implicite* reflète alors ce retour de la confiance par une contraction graduelle de ses niveaux.

Pour le vendeur de *puts*, cette caractéristique possède une importance considérable. Une position optionnelle ne bénéficie pas uniquement de l'écoulement du temps. Elle peut également profiter d'une diminution de la *volatilité implicite* lorsque certaines sources d'incertitude disparaissent. Comprendre ce mécanisme permet de mieux interpréter les variations du prix des options et d'éviter l'erreur consistant à attribuer tous les mouvements observés aux seules fluctuations du sous-jacent.

L'étude des facteurs influençant la *volatilité implicite* met ainsi en évidence une réalité essentielle. Les options ne réagissent pas uniquement aux événements eux-mêmes. Elles réagissent également à la manière dont les investisseurs perçoivent ces événements, les anticipent et cherchent à s'en protéger. Cette dimension comportementale explique une grande partie de la richesse et de la complexité des marchés d'options.

CE QU'IL FAUT RETENIR

La *volatilité implicite* n'évolue pas de manière aléatoire. Ses variations résultent de l'interaction permanente entre les anticipations des investisseurs, leur perception du risque et l'équilibre entre l'offre et la demande sur les marchés d'options. Comprendre ces mécanismes permet de mieux interpréter les mouvements observés et de dépasser une lecture purement technique des primes optionnelles.

Les événements attendus constituent l'une des principales sources de variation de la *volatilité implicite*. Les publications de résultats, les décisions de banques centrales, les élections ou les annonces réglementaires introduisent une incertitude que les investisseurs cherchent à intégrer dans leurs stratégies. À mesure que ces échéances approchent, la demande de protection tend à augmenter, provoquant une hausse des primes et de la *volatilité implicite*.

La psychologie des marchés joue également un rôle déterminant. Les variations de l'aversion au risque influencent directement la valeur accordée aux mécanismes de couverture. Lorsque les investisseurs deviennent plus prudents, la demande d'options progresse et la *volatilité implicite* augmente. À l'inverse, le retour de la confiance favorise généralement une détente des niveaux de volatilité.

Les marchés d'options obéissent par ailleurs aux mécanismes classiques de l'offre et de la demande. Les flux d'achat ou de vente de contrats peuvent modifier les primes indépendamment de toute évolution fondamentale du sous-jacent. Cette dimension explique pourquoi certaines variations de *volatilité implicite* trouvent leur origine dans le fonctionnement même du marché des options.

Les crises financières et les chocs économiques constituent des situations particulières durant lesquelles la perception du risque peut être profondément modifiée. Ces épisodes s'accompagnent souvent d'une augmentation spectaculaire de la demande de protection et d'une envolée de la *volatilité implicite*. Ils illustrent le rôle de cette dernière comme indicateur privilégié de l'incertitude et du stress présents sur les marchés.

Enfin, la *volatilité implicite* peut parfois diminuer avec une grande rapidité lorsque certaines sources d'incertitude disparaissent. Les publications de résultats ou les décisions de politique monétaire en fournissent des exemples fréquents. Une fois l'information connue, le marché cesse de valoriser l'attente de l'événement et les primes des options tendent à se contracter.

L'enseignement fondamental de ce chapitre est que la *volatilité implicite* ne mesure pas uniquement les fluctuations potentielles d'un actif financier. Elle mesure également la manière dont les investisseurs perçoivent, évaluent et valorisent l'incertitude. À travers elle s'expriment les anticipations collectives, les besoins de couverture et les changements de sentiment qui façonnent quotidiennement les marchés d'options.

Illustration 4.6 – Pourquoi la volatilité implicite varie-t-elle ?

La volatilité implicite reflète les anticipations et les perceptions de risque des investisseurs.

IDÉE CLÉ

La volatilité implicite n'est pas constante.

Elle évolue dans le temps car le marché anticipe en permanence de nouveaux risques et réévalue leur probabilité.

Plus les investisseurs anticipent d'incertitudes, plus la volatilité implicite augmente.

PRINCIPALES SOURCES DE VARIATION DE LA VOLATILITÉ IMPLICITE

1. **Anticipations économiques** — Le marché anticipe en permanence l'évolution de la croissance, de l'inflation, de l'emploi, de la consommation, etc.
2. **Publications de résultats** — Les entreprises publient leurs résultats trimestriels. Le marché anticipe des écarts par rapport aux attentes.
3. **Décisions des banques centrales** — Les décisions de taux directeurs et les discours des banques centrales influencent fortement les anticipations.
4. **Événements géopolitiques** — Les tensions géopolitiques, conflits, sanctions ou élections créent de l'incertitude sur les perspectives futures.
5. **Événements exceptionnels** — Les crises financières, pandémies ou catastrophes naturelles provoquent des réévaluations brutales du risque.

IMPACT SUR LA VOLATILITÉ IMPLICITE

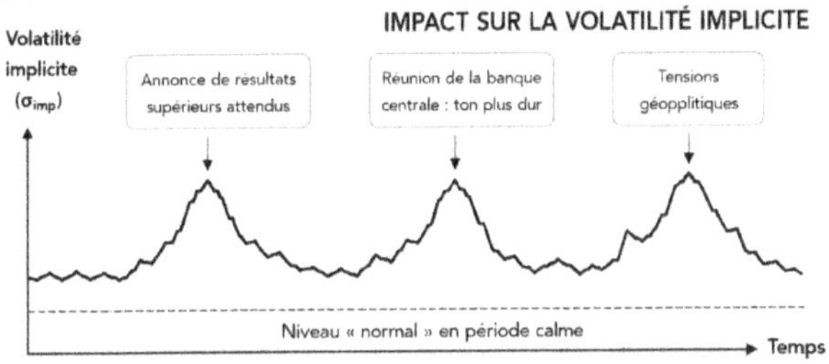

Lecture du graphique :

- La volatilité implicite augmente avant ou au moment d'un événement incertain.
- Une fois l'événement passé ou mieux compris, elle diminue.

La volatilité implicite est donc essentiellement prospective et réactive.
Elle reflète la perception actuelle du risque, qui change en fonction des nouvelles informations disponibles.

PREMIER FILTRE DE DÉCISION

Volatilité implicite élevée ?

- NON → **Attendre** — Les conditions ne sont pas favorables.
- OUI → **Étudier la vente de put** — Analyser les autres critères avant d'agir.

PARTIE 5 - Mettre en œuvre la stratégie *Short-Put*

Chapitre 5.1
La *volatilité implicite* : premier filtre de sélection

5.1.a - Pourquoi commencer par la *volatilité implicite* ?

Après avoir étudié les mécanismes de formation des prix des options ainsi que les différents facteurs influençant la *volatilité implicite*, il est désormais possible d'aborder la dimension pratique de la stratégie de vente de *puts*. Une question fondamentale se pose alors à tout investisseur : comment identifier une opportunité méritant réellement une analyse approfondie ?

L'erreur la plus fréquente consiste à rechercher directement une option offrant une prime attractive. Une telle approche peut sembler logique puisqu'elle conduit naturellement l'investisseur vers les contrats les plus rémunérateurs. Pourtant, elle présente un défaut majeur. Une prime élevée n'est jamais une information suffisante pour prendre une décision. Elle constitue seulement la conséquence visible d'un ensemble de facteurs que l'investisseur doit comprendre avant d'engager son capital.

Parmi ces facteurs, la *volatilité implicite* occupe une place centrale. Nous avons vu tout au long de la partie précédente qu'elle représente la perception du risque par le marché. Plus les investisseurs considèrent qu'un actif est susceptible de connaître des variations importantes, plus ils sont prêts à payer cher les options permettant de se protéger contre ces mouvements. Cette demande accrue se traduit mécaniquement par une hausse des primes proposées aux vendeurs d'options.

Pour cette raison, de nombreux praticiens utilisent la *volatilité implicite* comme premier filtre de sélection. L'objectif n'est pas de rechercher systématiquement les niveaux de volatilité les plus élevés, mais d'identifier les situations dans lesquelles le marché rémunère généreusement l'incertitude. Une *volatilité implicite* relativement importante signifie généralement que les primes disponibles sont plus élevées et que le vendeur de *puts* est davantage rémunéré pour accepter son engagement potentiel d'achat.

L'*illustration 5.1* met clairement en évidence cette relation. À mesure que la *volatilité implicite* augmente, la prime de l'option progresse également. Toutes choses égales par ailleurs, une option portant sur le même sous-jacent, avec le même *strike* et la même échéance, offrira une rémunération supérieure lorsque la *volatilité implicite* est élevée. Cette caractéristique constitue l'un des fondements économiques de la stratégie de vente de *puts*.

Toutefois, il serait dangereux d'interpréter cette relation comme une invitation à rechercher aveuglément les primes les plus importantes. Une *volatilité implicite* élevée traduit souvent l'existence d'un risque que le marché considère comme significatif. La hausse de la rémunération constitue précisément la contrepartie de cette perception du risque. Le rôle de l'investisseur consiste donc à analyser si cette rémunération lui paraît suffisante au regard de l'exposition qu'il accepte d'assumer.

La *volatilité implicite* ne doit donc pas être envisagée comme un critère de décision autonome. Elle représente avant tout un filtre préliminaire permettant de concentrer son attention sur certaines opportunités plutôt que sur d'autres. Ce premier niveau d'analyse devra ensuite être complété par l'étude du sous-jacent, de la qualité de l'entreprise, du contexte de marché et des caractéristiques spécifiques de l'option envisagée.

En pratique, la *volatilité implicite* joue ainsi le rôle d'une porte d'entrée dans le processus de sélection. Elle permet d'identifier les situations dans lesquelles le marché valorise fortement l'incertitude et offre, en conséquence, des primes potentiellement plus attractives. C'est la raison pour laquelle elle constitue souvent le point de départ de nombreuses démarches de vente de *puts*.

5.1.b - Une prime élevée n'est jamais gratuite

L'une des erreurs les plus fréquentes chez les investisseurs débutants consiste à assimiler une prime élevée à une opportunité automatiquement attractive. Cette réaction est parfaitement compréhensible. Lorsqu'une option offre une rémunération sensiblement supérieure à celle observée sur des contrats comparables, il est naturel d'y voir une occasion particulièrement intéressante. Pourtant, les marchés financiers fonctionnent rarement de cette manière.

Toute rémunération supplémentaire trouve généralement son origine dans un risque supplémentaire. Cette règle, omniprésente en finance, s'applique avec une force particulière aux marchés d'options. Les primes ne sont pas fixées arbitrairement. Elles résultent de la confrontation entre des investisseurs souhaitant transférer un risque et d'autres acceptant de le porter en échange d'une compensation financière. Plus le marché attribue de valeur à cette protection, plus la prime augmente.

Cette réalité explique pourquoi les options affichant les rémunérations les plus importantes sont souvent associées à des situations particulières. Une entreprise confrontée à une publication de résultats sensible, un secteur d'activité traversant une période d'incertitude ou encore un contexte économique dégradé peuvent provoquer une hausse significative de la *volatilité implicite*. Les investisseurs recherchent alors davantage de protection, ce qui fait progresser les primes disponibles sur les options.

Pour le vendeur de *puts*, cette situation crée un paradoxe apparent. Les opportunités les plus rémunératrices sont souvent celles qui suscitent le plus d'inquiétudes chez les autres intervenants du marché. La prime élevée constitue précisément la compensation financière proposée pour accepter une partie de ce risque. L'investisseur doit donc éviter de considérer cette rémunération comme un avantage isolé. Elle doit toujours être analysée en parallèle des raisons qui expliquent son existence.

Cette réflexion est essentielle car elle permet de distinguer la recherche de rendement de la gestion du risque. Une stratégie de vente de *puts* rigoureuse ne consiste pas à sélectionner systématiquement les options offrant les primes les plus élevées. Elle consiste à identifier les situations dans lesquelles la rémunération proposée paraît cohérente avec le risque assumé. Cette différence peut sembler subtile, mais elle constitue l'un des fondements de toute approche disciplinée des options.

L'expérience montre d'ailleurs que les meilleures opportunités ne correspondent pas nécessairement aux primes les plus spectaculaires. Dans certains cas, des niveaux de rémunération plus modestes peuvent être associés à des sous-jacents de meilleure qualité ou à des environnements de marché plus favorables. À l'inverse, certaines primes particulièrement élevées peuvent refléter des incertitudes dont les conséquences potentielles méritent une attention particulière.

Cette observation conduit à une conclusion importante. La *volatilité implicite* et le niveau des primes doivent être interprétés comme des indicateurs de la manière dont le marché valorise le risque. Ils fournissent une information précieuse, mais ils ne dispensent jamais l'investisseur de son propre travail d'analyse. Une prime élevée attire l'attention. Elle ne constitue pas une recommandation.

Le vendeur de *puts* expérimenté apprend progressivement à considérer les primes comme le résultat d'un arbitrage permanent entre risque et rémunération. Son objectif n'est pas de rechercher le rendement maximal à tout prix, mais de déterminer si la compensation offerte par le marché lui paraît suffisante au regard des engagements qu'il accepte de prendre. C'est précisément cette réflexion qui donne tout son sens à la notion de rémunération du risque.

5.1.c - La rémunération du risque

L'attrait principal de la vente de *puts* réside dans la perception immédiate d'une prime. Dès l'ouverture de la position, le vendeur reçoit une somme d'argent qui vient créditer son compte. Cette caractéristique distingue les options de nombreuses autres stratégies d'investissement et explique en partie l'intérêt qu'elles suscitent auprès des investisseurs en quête de revenus complémentaires.

Cette apparente simplicité peut toutefois conduire à certaines erreurs d'interprétation. La prime encaissée ne constitue pas un gain acquis dès son versement. Elle représente avant tout la rémunération d'un engagement. En vendant un *put*, l'investisseur accepte l'obligation potentielle d'acheter un actif à un prix déterminé si l'acheteur de l'option décide d'exercer son droit ou si les conditions de marché conduisent à une assignation à l'échéance.

Cette distinction est fondamentale car elle replace la prime dans sa véritable fonction économique. Le vendeur n'est pas rémunéré parce qu'il a réalisé une opération particulièrement ingénieuse ou parce qu'il a découvert une anomalie de marché. Il est rémunéré parce qu'il accepte de prendre en charge un risque que d'autres investisseurs préfèrent transférer. La prime constitue donc le prix de ce transfert de risque.

Cette logique se retrouve dans de nombreux domaines de la vie économique. Une compagnie d'assurance perçoit des cotisations parce qu'elle accepte de couvrir certains risques. Une banque facture un taux d'intérêt parce qu'elle accepte de prêter des capitaux. De manière comparable, le vendeur d'options reçoit une prime parce qu'il accepte une obligation potentielle dont d'autres investisseurs ne souhaitent pas assumer les conséquences.

La valeur de cette rémunération dépend naturellement de l'importance du risque concerné. Plus l'incertitude est élevée, plus les investisseurs sont généralement disposés à payer cher pour s'en protéger. La *volatilité implicite* joue ici un rôle essentiel puisqu'elle influence directement le montant des primes disponibles sur le marché. Lorsque les inquiétudes augmentent, la rémunération proposée au vendeur tend à progresser. Cette hausse reflète moins une opportunité exceptionnelle qu'une réévaluation collective du risque.

L'investisseur doit donc apprendre à considérer la prime sous un angle différent. La question pertinente n'est pas seulement de savoir combien rapporte une option, mais également pourquoi elle rapporte autant. Cette interrogation conduit naturellement à une analyse plus approfondie du sous-jacent, du contexte de marché et des événements susceptibles d'affecter l'évolution future du titre concerné.

Cette approche présente un avantage considérable. Elle permet de sortir d'une logique purement centrée sur le rendement pour adopter une démarche davantage orientée vers la gestion du risque. Les investisseurs les plus expérimentés savent que la pérennité d'une stratégie dépend rarement de la recherche systématique des primes les plus élevées. Elle repose davantage sur la capacité à sélectionner des situations dans lesquelles la rémunération paraît raisonnablement proportionnée au risque accepté.

Cette réflexion constitue l'un des fondements intellectuels de la vente de *puts*. L'objectif n'est pas de percevoir une prime à n'importe quel prix. Il consiste à accepter certains risques lorsque le marché offre une compensation jugée satisfaisante. Toute la difficulté réside précisément dans l'appréciation de cet équilibre.

La *volatilité implicite* joue alors un rôle déterminant. En influençant directement le niveau des primes, elle modifie en permanence la relation entre risque et rémunération. Comprendre cette relation est indispensable pour identifier les situations dans lesquelles les conditions de marché deviennent particulièrement intéressantes pour un vendeur de *puts*.

5.1.d - Quand la volatilité devient une opportunité

Les chapitres précédents ont montré que la *volatilité implicite* représente avant tout une mesure de l'incertitude perçue par le marché. Cette caractéristique conduit naturellement de nombreux investisseurs à l'associer exclusivement au risque. Une hausse de volatilité est alors interprétée comme un signal d'alerte tandis qu'une baisse de volatilité est perçue comme un retour à la normale. Cette lecture n'est pas totalement erronée, mais elle demeure incomplète lorsqu'elle est appliquée à la vente de *puts*.

Pour le vendeur d'options, une augmentation de la *volatilité implicite* produit en effet un effet paradoxal. Certes, elle traduit généralement une hausse des inquiétudes des investisseurs et une perception accrue du risque. Mais elle s'accompagne également d'une augmentation des primes disponibles sur le marché. Cette rémunération supplémentaire constitue précisément la raison pour laquelle de nombreux vendeurs de *puts* accordent une attention particulière aux périodes de volatilité élevée.

Cette logique peut sembler contre-intuitive. Dans la plupart des domaines de l'investissement, les périodes d'incertitude sont souvent synonymes de prudence accrue. Sur les marchés d'options, elles peuvent également devenir des périodes durant lesquelles le marché rémunère plus généreusement certains engagements. La hausse de la *volatilité implicite* agit alors comme un mécanisme d'ajustement. Plus les investisseurs souhaitent transférer leur risque, plus ils doivent accepter de payer cher ceux qui acceptent de le porter.

Cette situation ne transforme évidemment pas le risque en opportunité sans contrepartie. Une *volatilité implicite* élevée ne signifie pas que les risques ont disparu. Elle indique au contraire qu'ils sont davantage pris en considération par le marché. L'opportunité ne réside donc pas dans l'absence de danger, mais dans la possibilité d'obtenir une rémunération supérieure pour accepter un niveau de risque donné.

L'investisseur expérimenté ne cherche pas à profiter de toutes les hausses de *volatilité implicite*. Il cherche à identifier les situations dans lesquelles le marché lui semble rémunérer l'incertitude de manière particulièrement attractive. Cette nuance est essentielle. Une forte volatilité peut parfois refléter des difficultés structurelles affectant durablement une entreprise. Dans d'autres cas, elle peut résulter d'un événement ponctuel ou d'une inquiétude temporaire dont les conséquences réelles apparaissent plus limitées. La qualité de l'analyse consiste précisément à distinguer ces différentes situations.

Cette approche explique pourquoi de nombreux vendeurs de *puts* considèrent les périodes de tension comme des environnements particulièrement intéressants. Là où certains investisseurs ne voient qu'une montée du risque, ils observent également une hausse de la rémunération offerte par le marché. Cette capacité à analyser simultanément les deux dimensions constitue l'un des fondements de la stratégie.

L'objectif n'est pas de rechercher systématiquement les périodes les plus agitées ni de se réjouir des épisodes de stress financier. Il consiste plutôt à comprendre que les marchés rémunèrent généralement davantage les risques lorsqu'ils sont perçus comme plus importants. Cette relation entre risque et rémunération constitue l'un des principes les plus constants de la finance.

La *volatilité implicite* apparaît ainsi comme un indicateur particulièrement précieux. Elle renseigne non seulement sur le niveau d'incertitude présent dans le marché, mais également sur la rémunération potentielle proposée à ceux qui acceptent de prendre certains engagements. Pour le vendeur de *puts*, cette double fonction explique pourquoi elle occupe une place centrale dans le processus de sélection des opportunités.

Toutefois, la *volatilité implicite* ne saurait être considérée comme un critère unique de décision. Aussi utile soit-elle, elle présente certaines limites qu'il convient de comprendre avant de lui accorder une importance excessive dans la construction d'une stratégie.

5.1.e - Les limites de la *volatilité implicite* comme critère de sélection

La *volatilité implicite* constitue un outil particulièrement utile pour identifier des opportunités potentielles de vente de *puts*. Son influence directe sur le niveau des primes explique pourquoi elle occupe une place importante dans le processus de sélection de nombreux investisseurs. Toutefois, aussi pertinente soit-elle, cette information ne saurait être utilisée isolément.

La première limite de la *volatilité implicite* tient à sa nature même. Elle ne mesure pas une réalité objective mais une perception collective du risque. Cette distinction est essentielle. Une volatilité élevée indique que le marché accorde une grande importance à certains scénarios futurs, mais elle ne permet pas de déterminer si cette perception est justifiée, exagérée ou insuffisante. Les investisseurs peuvent parfois surestimer certains risques comme ils peuvent en sous-estimer d'autres.

Cette caractéristique implique qu'une *volatilité implicite* importante ne constitue jamais, à elle seule, un signal d'achat ou de vente. Une prime élevée peut refléter une opportunité intéressante, mais elle peut également traduire l'existence de difficultés réelles affectant durablement une entreprise ou un secteur d'activité. La *volatilité implicite* attire l'attention sur une situation particulière. Elle ne fournit pas automatiquement une conclusion sur la qualité de cette situation.

Une seconde limite réside dans l'absence d'information sur la nature du risque concerné. Deux entreprises peuvent afficher des niveaux de *volatilité implicite* similaires tout en étant confrontées à des problématiques très différentes. Dans un cas, l'incertitude peut être liée à une publication de résultats imminente. Dans l'autre, elle peut provenir de difficultés financières plus profondes. Les primes observées peuvent sembler comparables alors que les enjeux sous-jacents sont radicalement différents.

La *volatilité implicite* ne permet pas davantage d'évaluer la qualité fondamentale du sous-jacent. Une entreprise solide, rentable et disposant d'avantages concurrentiels durables peut parfois présenter une *volatilité implicite* relativement faible. À l'inverse, une société confrontée à des difficultés importantes peut afficher des primes particulièrement généreuses. Le vendeur de *puts* doit donc veiller à ne jamais substituer l'analyse de la volatilité à l'analyse de l'entreprise elle-même.

Enfin, la *volatilité implicite* évolue en permanence. Une opportunité identifiée aujourd'hui peut disparaître quelques jours plus tard à la suite d'un changement de sentiment de marché ou de la publication d'une information nouvelle. Cette dynamique impose une certaine prudence. Une décision d'investissement ne devrait jamais reposer exclusivement sur une photographie instantanée de la *volatilité implicite.*

Ces différentes limites ne remettent nullement en cause l'intérêt de cet indicateur. Elles rappellent simplement qu'il doit être intégré dans une réflexion plus large. La *volatilité implicite* constitue un excellent point de départ pour orienter les recherches de l'investisseur. Elle ne remplace ni l'analyse fondamentale, ni l'étude du contexte de marché, ni l'évaluation personnelle du risque.

C'est précisément pour cette raison qu'elle doit être considérée comme une porte d'entrée dans le processus de sélection plutôt que comme un outil de décision autonome.

5.1.f - Une porte d'entrée, pas une décision d'investissement

L'étude de la *volatilité implicite* conduit à une conclusion simple mais essentielle. Cet indicateur possède une valeur considérable pour le vendeur de *puts*, mais son rôle doit être clairement compris. Il ne fournit pas une décision d'investissement. Il fournit une information permettant d'orienter l'analyse.

Dans la pratique, la *volatilité implicite* joue souvent le rôle d'un premier filtre. Elle permet d'identifier les situations dans lesquelles le marché rémunère plus généreusement l'incertitude. Cette capacité constitue un avantage évident pour l'investisseur cherchant à optimiser la relation entre risque et rémunération. En attirant l'attention sur certaines opportunités, elle contribue à rendre le processus de sélection plus efficace.

Toutefois, une opportunité potentielle n'est pas nécessairement une opportunité réelle. Une *volatilité implicite* élevée ne dispense jamais d'un examen approfondi du sous-jacent. L'investisseur doit toujours chercher à comprendre les raisons qui expliquent cette situation. La hausse des primes résulte-t-elle d'une inquiétude temporaire ? D'un événement ponctuel ? D'une difficulté plus profonde ? La réponse à ces questions est souvent plus importante que le niveau de volatilité lui-même.

Cette démarche reflète une philosophie plus générale de la vente de *puts.* L'objectif n'est pas de collectionner les primes les plus élevées ni de rechercher systématiquement les situations les plus rémunératrices en apparence. Il consiste à construire un processus de décision cohérent permettant d'identifier des engagements dont le niveau de risque paraît acceptable au regard de la rémunération proposée.

La *volatilité implicite* contribue directement à cette réflexion en fournissant une mesure du prix que le marché attribue à l'incertitude. Elle aide l'investisseur à comprendre comment les autres intervenants perçoivent le risque et quelle compensation ils sont prêts à offrir à ceux qui acceptent de le porter. Cette information est précieuse, mais elle n'a de sens que lorsqu'elle est replacée dans un cadre d'analyse plus large.

Le vendeur de *puts* expérimenté apprend progressivement à considérer la *volatilité implicite* comme un outil de présélection plutôt que comme un arbitre définitif. Elle lui permet de repérer certaines situations méritant une attention particulière, sans jamais se substituer à son jugement. Cette approche contribue à maintenir une discipline indispensable dans une activité où la recherche de rendement peut parfois conduire à sous-estimer les risques réellement encourus.

Ainsi, la *volatilité implicite* constitue souvent le premier filtre de sélection, mais rarement le dernier. Elle ouvre la porte à l'analyse. Elle ne la remplace pas.

CE QU'IL FAUT RETENIR

La *volatilité implicite* constitue l'un des éléments les plus importants dans l'analyse d'une opportunité de vente de *puts*. Parce qu'elle influence directement le niveau des primes proposées sur le marché, elle permet d'identifier rapidement les situations dans lesquelles la rémunération offerte aux vendeurs d'options est susceptible d'être plus attractive.

L'augmentation de la *volatilité implicite* s'accompagne généralement d'une hausse des primes. Cette relation explique pourquoi de nombreux investisseurs utilisent cet indicateur comme un premier filtre de sélection. Une *volatilité implicite* élevée traduit souvent une demande accrue de protection et, par conséquent, une rémunération plus importante pour ceux qui acceptent de porter une partie du risque transféré par le marché.

Cette caractéristique ne doit toutefois pas conduire à une interprétation simpliste. Une prime élevée n'est jamais gratuite. Elle reflète généralement l'existence d'une incertitude, d'un événement particulier ou d'un risque que les investisseurs considèrent comme suffisamment important pour justifier le paiement d'une protection plus coûteuse. La rémunération supplémentaire constitue donc la contrepartie directe d'un risque perçu comme plus élevé.

Le vendeur de *puts* ne doit jamais considérer la prime comme un revenu garanti. Celle-ci représente avant tout la rémunération d'un engagement potentiel. En acceptant de vendre une option, l'investisseur accepte également la possibilité d'acquérir le sous-jacent au *prix d'exercice* convenu. La qualité de l'entreprise et l'analyse du risque demeurent donc des éléments essentiels de la décision.

Les périodes de volatilité élevée peuvent créer des opportunités particulièrement intéressantes. Elles permettent parfois d'obtenir une rémunération plus généreuse pour un niveau de risque que l'investisseur estime acceptable. Toutefois, ces situations exigent une analyse rigoureuse afin de comprendre les raisons qui expliquent cette hausse de volatilité et d'éviter de confondre opportunité et danger.

Enfin, la *volatilité implicite* possède des limites qu'il convient de garder à l'esprit. Elle mesure une perception du risque et non une réalité objective. Elle ne renseigne ni sur la qualité fondamentale du sous-jacent ni sur la pertinence globale d'un investissement. Son rôle est d'attirer l'attention sur certaines situations de marché, non de fournir à elle seule une décision d'investissement.

L'enseignement essentiel de ce chapitre est donc le suivant : la *volatilité implicite* constitue un excellent outil de présélection. Elle permet de repérer les opportunités potentielles et d'apprécier le niveau de rémunération offert par le marché. Elle doit cependant être considérée comme le point de départ d'une analyse plus approfondie et non comme un critère unique de décision.

CE QU'IL FAUT RETENIR (suite)

L'étape suivante consiste précisément à mettre cette *volatilité implicite* en perspective. Car une volatilité de 30 %, 40 % ou 50 % ne possède que peu de signification si elle n'est pas comparée à son comportement historique. C'est cette problématique qui conduit naturellement aux notions d'*IV Rank* et d'*IV Percentile*.

Illustration 5.1 – La volatilité implicite comme déclencheur de vente de put

Une volatilité implicite élevée augmente les primes encaissées par le vendeur de put.

DEUX SITUATIONS

CAS 1 : VOLATILITÉ IMPLICITE FAIBLE

- Prime encaissée faible
- Rémunération du risque limitée
- Vente de put peu attractive

CAS 2 : VOLATILITÉ IMPLICITE ÉLEVÉE

- Prime encaissée élevée
- Meilleure rémunération du risque
- Vente de put potentiellement attractive

RELATION ENTRE VOLATILITÉ IMPLICITE ET PRIME DU PUT

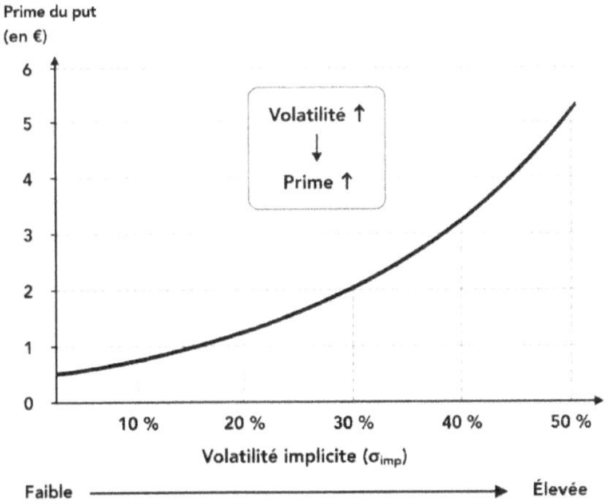

EXEMPLE

Action : 100 €

Strike : 90 €

Échéance : 3 mois

Volatilité implicite 15 %
↓
Prime : **1,00 €**

Volatilité implicite 40 %
↓
Prime : **5,00 €**

Même strike.
Même échéance.
Prime très différente.

POURQUOI ? Plus la volatilité anticipée est élevée : plus les mouvements futurs sont jugés probables ; plus le risque du vendeur augmente ; plus la prime exigée est importante.

PREMIER FILTRE DE DÉCISION

Volatilité implicite élevée ?

- **NON** → **Attendre** Les conditions ne sont pas favorables.
- **OUI** → **Étudier la vente de put** Analyser les autres critères avant d'agir.

À RETENIR

- Le vendeur de put préfère généralement une volatilité implicite élevée.
- Une volatilité élevée augmente les primes encaissées.
- Une prime plus élevée améliore le rendement potentiel.
- La volatilité implicite devient donc un premier critère de sélection.

Chapitre 5.2
IV Rank et *IV Percentile* : mettre la *volatilité implicite* en perspective

5.2.a - Pourquoi comparer la volatilité à son historique ?

La *volatilité implicite* constitue un outil précieux pour le vendeur de *puts*. Elle permet d'apprécier le niveau de rémunération proposé par le marché et d'identifier certaines situations potentiellement intéressantes. Toutefois, son interprétation soulève rapidement une difficulté pratique. Comment savoir si une *volatilité implicite* de 25 %, 35 % ou 50 % est réellement élevée ?

Cette question peut paraître élémentaire, mais elle se situe au cœur de l'analyse des options. Un niveau de volatilité n'a en réalité que peu de signification lorsqu'il est observé isolément. Sa véritable valeur informative apparaît uniquement lorsqu'il est replacé dans son contexte.

Cette situation est comparable à celle d'un investisseur observant le cours d'une action sans disposer d'aucune information sur son historique. Un prix de 100 euros peut sembler élevé ou faible selon que le titre évoluait à 50 euros quelques mois auparavant ou qu'il valait 200 euros dans un passé récent. Le chiffre lui-même ne suffit pas. C'est sa comparaison avec une référence pertinente qui lui donne du sens.

La *volatilité implicite* obéit exactement à la même logique. Chaque actif possède son propre comportement. Certaines entreprises évoluent naturellement dans des environnements relativement stables et présentent des niveaux de volatilité généralement modestes. D'autres, en raison de leur secteur d'activité, de leur taille ou de leur profil de croissance, affichent habituellement des volatilités beaucoup plus importantes. Une *volatilité implicite* de 30 % peut ainsi être considérée comme élevée pour un titre et relativement faible pour un autre.

Cette diversité rend les comparaisons directes particulièrement délicates. Un investisseur ne peut pas se contenter d'observer une valeur absolue pour déterminer si les conditions sont favorables à une vente de *puts*. Il doit également comprendre où se situe cette volatilité par rapport à son propre historique.

C'est précisément pour répondre à cette problématique que différents indicateurs ont été développés. Leur objectif n'est pas de prévoir l'évolution future de la *volatilité implicite* mais de fournir un cadre d'interprétation permettant d'évaluer si le niveau actuellement observé est faible, moyen ou élevé relativement au comportement passé du sous-jacent.

Parmi ces outils, deux indicateurs occupent une place particulière dans l'univers des options : l'*IV Rank* et l'*IV Percentile*. Tous deux cherchent à répondre à une question simple mais fondamentale. La *volatilité implicite* observée aujourd'hui se situe-t-elle dans une zone historiquement basse, moyenne ou élevée ?

Cette information peut sembler modeste. Pourtant, elle apporte un éclairage particulièrement utile au vendeur de *puts*. Comprendre si le marché rémunère actuellement l'incertitude à un niveau historiquement élevé ou non permet de replacer chaque opportunité dans un contexte beaucoup plus large que la simple observation d'une prime.

Avant d'examiner les différences entre ces deux indicateurs, il convient toutefois de comprendre le fonctionnement du plus connu d'entre eux : l'*IV Rank*.

5.2.b - Comprendre l'*IV Rank*

Parmi les outils utilisés pour évaluer le niveau relatif de la *volatilité implicite*, l'*IV Rank* est probablement le plus répandu. Sa popularité s'explique en grande partie par sa simplicité. Là où la *volatilité implicite* exprimée en pourcentage peut parfois être difficile à interpréter, l'*IV Rank* fournit une information immédiatement compréhensible : il indique où se situe le niveau actuel de *volatilité implicite* par rapport aux niveaux extrêmes observés au cours d'une période de référence.

Le principe est relativement simple. L'*IV Rank* compare la *volatilité implicite* actuelle à la *volatilité implicite* la plus faible et à la plus élevée observées sur une période donnée, généralement les cinquante-deux dernières semaines. Le résultat est ensuite exprimé sous la forme d'un pourcentage compris entre 0 et 100.

Un *IV Rank* proche de 0 indique que la *volatilité implicite* actuelle se situe à proximité de son niveau le plus faible observé sur la période étudiée. À l'inverse, un *IV Rank* proche de 100 signifie que la *volatilité implicite* actuelle évolue près de son niveau le plus élevé. Entre ces deux extrêmes, l'indicateur permet de situer rapidement le contexte dans lequel se trouve le marché.

L'intérêt de cette approche apparaît immédiatement lorsqu'on cherche à comparer différentes situations. Une *volatilité implicite* de 35 % peut sembler élevée lorsqu'elle est observée isolément. Pourtant, si le titre concerné évolue habituellement entre 30 % et 60 % de *volatilité implicite*, ce niveau apparaît finalement relativement modéré. À l'inverse, une volatilité de 20 % pourrait sembler faible alors qu'elle représente un niveau exceptionnellement élevé pour une entreprise dont la volatilité habituelle oscille entre 10 % et 22 %.

L'*IV Rank* permet précisément d'effectuer cette mise en perspective. Il transforme une donnée brute parfois difficile à interpréter en une information relative beaucoup plus intuitive. Le vendeur de *puts* peut ainsi apprécier rapidement si la *volatilité implicite* actuelle se situe dans une zone historiquement favorable ou non.

Cette caractéristique explique l'intérêt que lui portent de nombreux utilisateurs d'options. Une *volatilité implicite* élevée tend généralement à s'accompagner de primes plus importantes. Lorsqu'un *IV Rank* élevé indique que cette volatilité se situe également dans la partie supérieure de son historique récent, certains investisseurs considèrent que les conditions deviennent potentiellement plus intéressantes pour la vente d'options.

Il convient toutefois de faire preuve de prudence dans l'interprétation de cet indicateur. Un *IV Rank* élevé ne signifie pas que la *volatilité implicite* va nécessairement diminuer dans les jours ou les semaines qui suivent. De la même manière, un *IV Rank* faible n'implique pas qu'une remontée soit imminente. L'indicateur décrit une situation relative. Il ne fournit aucune certitude concernant l'évolution future du marché.

Cette distinction est fondamentale car elle rappelle la véritable fonction de l'*IV Rank*. Son rôle n'est pas de prédire l'avenir mais de fournir un cadre d'analyse. Il aide l'investisseur à comprendre où se situe actuellement la *volatilité implicite* par rapport à son historique récent et lui permet ainsi de mieux apprécier le niveau de rémunération proposé par le marché.

Cette approche présente néanmoins une limite importante. Deux actifs peuvent afficher un *IV Rank* identique tout en ayant connu des comportements historiques très différents. Cette observation a conduit au développement d'un second indicateur destiné à compléter l'analyse : l'*IV Percentile*.

5.2.c - Comprendre l'*IV Percentile*

À première vue, l'*IV Percentile* semble très proche de l'*IV Rank*. Les deux indicateurs cherchent en effet à répondre à une question similaire : la *volatilité implicite* actuellement observée est-elle faible ou élevée par rapport à son historique récent ? Cette proximité explique pourquoi ils sont souvent confondus par les investisseurs découvrant les marchés d'options.

Pourtant, leur logique de calcul est sensiblement différente.

Alors que l'*IV Rank* compare la *volatilité implicite* actuelle aux niveaux extrêmes observés sur une période donnée, l'*IV Percentile* adopte une approche statistique différente. Son objectif consiste à mesurer la fréquence à laquelle la *volatilité implicite* a été inférieure au niveau actuel au cours de la période étudiée.

Concrètement, un *IV Percentile* de 80 signifie que la *volatilité implicite* actuelle est supérieure à celle observée pendant 80 % du temps sur la période de référence. À l'inverse, un *IV Percentile* de 20 indique que la *volatilité implicite* a été supérieure au niveau actuel pendant la majeure partie de la période considérée.

Cette nuance peut sembler subtile, mais elle apporte une information complémentaire particulièrement intéressante.

L'*IV Rank* s'intéresse principalement à la position actuelle de la *volatilité implicite* entre ses bornes historiques. L'*IV Percentile* s'intéresse davantage à la fréquence d'apparition des différents niveaux de volatilité. Autrement dit, il cherche à déterminer si la situation actuelle est courante ou relativement exceptionnelle au regard du comportement passé du sous-jacent.

Cette distinction devient plus facile à comprendre à travers un exemple. Imaginons une entreprise ayant connu une seule période de volatilité extrêmement élevée à la suite d'un événement exceptionnel. Cette pointe de volatilité peut fortement influencer le calcul de l'*IV Rank* pendant plusieurs mois. L'*IV Percentile*, quant à lui, sera généralement moins sensible à ce phénomène puisqu'il prend en compte la distribution globale des observations plutôt que les seuls extrêmes historiques.

Pour cette raison, certains investisseurs considèrent l'*IV Percentile* comme un indicateur plus représentatif du comportement habituel de la *volatilité implicite*. Là où l'*IV Rank* répond à la question : « Où se situe la volatilité actuelle entre son minimum et son maximum ? », l'*IV Percentile* répond davantage à la question : « À quelle fréquence observe-t-on une volatilité inférieure à celle d'aujourd'hui ? ».

Cette approche permet parfois de mieux apprécier le caractère exceptionnel ou non de la situation présente. Une *volatilité implicite* peut se situer relativement loin de ses plus hauts historiques tout en demeurant élevée par rapport à la majorité des observations enregistrées au cours de l'année. Dans un tel cas, l'*IV Percentile* peut fournir une information différente de celle donnée par l'*IV Rank*.

Il convient toutefois de rappeler que, comme tout indicateur statistique, l'*IV Percentile* repose exclusivement sur des données historiques. Il ne possède aucun pouvoir prédictif. Il ne permet pas d'affirmer que la *volatilité implicite* va augmenter ou diminuer dans le futur. Son rôle consiste simplement à replacer le niveau actuel dans son contexte historique afin d'en faciliter l'interprétation.

L'intérêt de l'*IV Percentile* ne réside donc pas dans sa capacité à prévoir les mouvements futurs du marché, mais dans sa faculté à enrichir l'analyse du vendeur de *puts*. Utilisé conjointement avec l'*IV Rank*, il permet d'obtenir une vision plus nuancée de la situation actuelle et d'apprécier plus finement le niveau relatif de *volatilité implicite* observé sur un sous-jacent donné.

Cette complémentarité explique pourquoi de nombreux investisseurs consultent simultanément les deux indicateurs. Chacun apporte un éclairage différent sur une même réalité. Comprendre leurs spécificités respectives permet alors d'éviter certaines interprétations simplistes et de mieux exploiter les informations fournies par la *volatilité implicite*.

5.2.d - Les différences entre l'*IV Rank* et l'*IV Percentile*

L'*IV Rank* et l'*IV Percentile* poursuivent un objectif commun : aider l'investisseur à situer la *volatilité implicite* actuelle dans son contexte historique. Cette proximité explique pourquoi ces deux indicateurs sont fréquemment utilisés conjointement et parfois même considérés comme interchangeables. Pourtant, une analyse plus attentive montre qu'ils apportent des informations distinctes et répondent à des questions différentes.

L'*IV Rank* cherche avant tout à mesurer la position actuelle de la *volatilité implicite* par rapport aux niveaux extrêmes observés sur une période de référence. Son calcul repose sur l'écart entre la *volatilité implicite* actuelle, son plus bas historique et son plus haut historique. Il fournit ainsi une indication de la place occupée par la volatilité actuelle à l'intérieur de cette plage d'évolution.

L'*IV Percentile* adopte une logique différente. Il ne s'intéresse pas prioritairement aux extrêmes mais à la fréquence des observations passées. Son objectif consiste à déterminer pendant quelle proportion du temps la *volatilité implicite* a été inférieure au niveau observé aujourd'hui. Là où l'*IV Rank* mesure une position relative, l'*IV Percentile* mesure une fréquence relative.

Cette distinction peut conduire à des résultats sensiblement différents. Une seule période exceptionnelle de forte volatilité peut influencer durablement le calcul de l'*IV Rank*, même si cet épisode n'a duré que quelques jours. L'*IV Percentile* tend généralement à être moins sensible à ce type de phénomène puisqu'il prend en compte l'ensemble des observations disponibles et non uniquement les valeurs extrêmes.

Aucun de ces indicateurs ne doit être considéré comme supérieur à l'autre. Chacun met en évidence une facette particulière du comportement historique de la *volatilité implicite*. L'*IV Rank* permet de savoir si le niveau actuel se situe près des plus hauts ou des plus bas observés récemment. L'*IV Percentile* permet de déterminer si ce niveau est fréquent ou relativement rare dans l'historique du sous-jacent.

Cette complémentarité explique pourquoi de nombreux investisseurs choisissent de consulter simultanément les deux mesures. Lorsqu'elles convergent vers une conclusion similaire, l'interprétation devient généralement plus simple. Lorsque leurs résultats diffèrent sensiblement, cette divergence peut au contraire constituer une information intéressante méritant une analyse plus approfondie.

Il convient néanmoins de rappeler que ces indicateurs ne constituent que des outils d'aide à la décision. Ils ne remplacent ni l'analyse du sous-jacent ni l'étude du contexte de marché. Une *volatilité implicite* historiquement élevée ne garantit pas qu'une vente de *put* soit pertinente. De la même manière, une *volatilité historique*ment faible ne signifie pas qu'une opportunité doit être automatiquement écartée.

L'intérêt principal de ces indicateurs réside dans leur capacité à apporter du contexte. Ils permettent à l'investisseur de mieux comprendre la situation actuelle en la comparant à l'expérience passée du marché. Cette mise en perspective contribue à éviter certaines décisions prises sur la base d'une simple observation ponctuelle de la *volatilité implicite*.

Pour le vendeur de *puts*, l'enjeu n'est donc pas de rechercher un niveau précis d'*IV Rank* ou d'*IV Percentile*, mais de comprendre ce que ces indicateurs révèlent sur la perception actuelle du risque. Ils constituent des outils d'analyse utiles, à condition d'être utilisés comme des éléments d'un processus de réflexion plus large et non comme des déclencheurs automatiques de prise de position.

5.2.e - Comment utiliser concrètement ces indicateurs

Après avoir compris la logique de l'*IV Rank* et de l'*IV Percentile*, une question pratique se pose naturellement : comment intégrer ces indicateurs dans le processus de sélection d'une opportunité de vente de *put* ?

La première réponse consiste à rappeler ce qu'ils ne sont pas. Ni l'*IV Rank* ni l'*IV Percentile* ne constituent des outils de prédiction. Ils ne permettent pas d'anticiper avec certitude l'évolution future de la *volatilité implicite* et ne fournissent aucun signal d'achat ou de vente automatique. Leur rôle est beaucoup plus modeste, mais également plus utile : ils permettent de mettre en perspective le niveau actuel de *volatilité implicite* afin d'en faciliter l'interprétation.

Dans la pratique, de nombreux investisseurs utilisent ces indicateurs comme des outils de présélection. Lorsqu'un sous-jacent présente une *volatilité implicite* relativement élevée par rapport à son historique récent, il attire davantage l'attention. La rémunération proposée par le marché est alors potentiellement plus importante, ce qui peut justifier une analyse plus approfondie du dossier. À l'inverse, lorsque la *volatilité implicite* évolue dans la partie basse de son historique, certains investisseurs préfèrent concentrer leurs recherches sur d'autres opportunités offrant des primes plus substantielles.

Cette approche présente l'avantage d'introduire une forme de discipline dans le processus de sélection. Au lieu d'examiner indistinctement un grand nombre de sous-jacents, l'investisseur peut orienter son attention vers les situations dans lesquelles les conditions de marché apparaissent potentiellement plus favorables à la vente d'options. Les indicateurs deviennent alors des outils d'organisation et non des outils de décision.

Il est toutefois important de conserver une certaine prudence. Une *volatilité implicite* historiquement élevée ne constitue pas nécessairement une opportunité attractive. Elle peut parfois refléter des inquiétudes parfaitement justifiées concernant l'avenir d'une entreprise ou d'un secteur. De même, une volatilité relativement faible n'implique pas automatiquement l'absence d'intérêt. Certaines entreprises de grande qualité peuvent offrir des opportunités pertinentes même lorsque leur *volatilité implicite* demeure modérée.

Cette réalité explique pourquoi les investisseurs expérimentés utilisent généralement ces indicateurs comme un élément parmi d'autres dans leur analyse. Ils permettent de repérer certaines situations, mais ils ne remplacent jamais l'étude du sous-jacent, l'analyse fondamentale ou l'évaluation du risque global de l'opération. Une *volatilité implicite* attractive ne transforme pas une mauvaise entreprise en bon investissement.

Il convient également de garder à l'esprit que les seuils d'interprétation peuvent varier selon les investisseurs et selon les marchés concernés. Certains accordent davantage d'importance aux situations présentant des niveaux historiquement élevés de *volatilité implicite*. D'autres privilégient une approche plus nuancée et tiennent compte d'un ensemble plus large de critères. Il n'existe pas de règle universelle applicable à toutes les situations.

Cette diversité d'approches constitue d'ailleurs l'une des caractéristiques des marchés financiers. Les indicateurs fournissent des informations. Chaque investisseur reste libre de décider de la manière dont il souhaite les intégrer dans son propre processus de réflexion. L'essentiel consiste à comprendre ce qu'ils mesurent réellement et les limites inhérentes à leur utilisation.

Pour le vendeur de *puts*, l'*IV Rank* et l'*IV Percentile* représentent donc avant tout des outils de contextualisation. Ils permettent de répondre à une question simple mais fondamentale : la *volatilité implicite* actuellement observée est-elle exceptionnelle ou relativement banale au regard de son historique ? Cette information contribue à améliorer la qualité de l'analyse, sans jamais se substituer au jugement de l'investisseur.

Utilisés avec discernement, ces indicateurs deviennent ainsi de précieux alliés dans le processus de sélection des opportunités. Ils permettent d'aborder la *volatilité implicite* non plus comme un simple chiffre, mais comme une donnée qu'il convient d'interpréter dans son contexte historique afin d'en apprécier pleinement la signification.

5.2.f - Les limites des indicateurs historiques

L'*IV Rank* et l'*IV Percentile* constituent des outils particulièrement utiles pour replacer la *volatilité implicite* dans son contexte historique. Ils permettent de répondre rapidement à une question essentielle : le niveau actuel de volatilité est-il faible ou élevé par rapport aux observations passées ? Cette capacité explique leur popularité auprès des investisseurs utilisant les options. Toutefois, comme tout indicateur statistique, ils possèdent certaines limites qu'il est indispensable de comprendre.

La première limite tient à leur nature rétrospective. L'*IV Rank* comme l'*IV Percentile* reposent exclusivement sur des données historiques. Ils décrivent le passé mais ne fournissent aucune garantie concernant l'avenir. Une *volatilité implicite* historiquement élevée peut parfaitement continuer à augmenter si de nouvelles incertitudes apparaissent. À l'inverse, une *volatilité implicite* historiquement faible peut demeurer durablement à des niveaux réduits sans qu'aucun retour vers la moyenne ne se produise dans l'immédiat.

Cette observation est particulièrement importante car les marchés financiers évoluent dans des environnements en perpétuelle transformation. Une entreprise peut changer de modèle économique, un secteur peut connaître des bouleversements structurels ou un contexte économique inédit peut modifier durablement la perception du risque. Dans ces situations, les références historiques deviennent parfois moins pertinentes. Les comparaisons avec le passé doivent alors être interprétées avec davantage de prudence.

Une autre limite provient du choix de la période d'observation utilisée pour le calcul de ces indicateurs. Dans la plupart des cas, les plateformes retiennent les cinquante-deux dernières semaines. Cette convention est largement répandue, mais elle demeure arbitraire. Une période marquée par un événement exceptionnel peut influencer fortement les résultats obtenus. Un épisode de volatilité extrême enregistré durant quelques jours peut ainsi continuer à affecter les calculs pendant plusieurs mois.

L'investisseur doit également garder à l'esprit que ces indicateurs ne fournissent aucune information sur les causes de la volatilité observée. Ils indiquent qu'une situation est inhabituelle ou fréquente au regard du passé, mais ils n'expliquent pas pourquoi. Or cette compréhension est souvent essentielle. Une volatilité élevée liée à un événement ponctuel n'appelle pas nécessairement la même analyse qu'une volatilité élevée résultant de difficultés structurelles affectant durablement une entreprise.

Ces indicateurs présentent enfin une limite plus subtile. Leur simplicité constitue à la fois leur principale force et leur principal danger. Parce qu'ils sont faciles à interpréter, ils peuvent parfois donner l'illusion qu'une décision d'investissement peut être résumée à quelques chiffres. Or les marchés financiers sont rarement aussi simples. La qualité du sous-jacent, la situation économique, les perspectives de l'entreprise et les objectifs propres à l'investisseur demeurent des éléments tout aussi importants.

Cette réalité ne diminue en rien l'intérêt de l'*IV Rank* et de l'*IV Percentile*. Elle rappelle simplement qu'ils doivent être utilisés pour ce qu'ils sont réellement : des outils d'aide à l'analyse. Ils apportent un éclairage utile sur le niveau relatif de la *volatilité implicite*, mais ils ne remplacent ni le jugement ni la réflexion de l'investisseur.

Pour le vendeur de *puts*, la meilleure approche consiste sans doute à considérer ces indicateurs comme des instruments de contextualisation. Ils permettent de mieux comprendre le marché, de repérer certaines situations méritant une attention particulière et d'enrichir le processus de décision. Ils ne constituent toutefois qu'une pièce du puzzle. La qualité d'une opération dépendra toujours de la capacité à intégrer cette information dans une analyse plus globale.

C'est précisément cette logique qui nous conduit à l'étape suivante du processus de sélection. Une fois la *volatilité implicite* replacée dans son contexte historique, il devient nécessaire de l'intégrer à une démarche plus structurée permettant d'identifier les opportunités compatibles avec les objectifs de l'investisseur.

CE QU'IL FAUT RETENIR

L'*IV Rank* et l'*IV Percentile* ont été développés pour répondre à une difficulté fondamentale de l'analyse des options : un niveau de *volatilité implicite* n'a que peu de signification lorsqu'il est observé isolément. Pour être correctement interprété, il doit être replacé dans son contexte historique.

L'*IV Rank* mesure la position de la *volatilité implicite* actuelle entre les niveaux les plus faibles et les plus élevés observés au cours d'une période de référence. Il permet ainsi de déterminer rapidement si la volatilité actuelle se situe dans une zone historiquement basse ou élevée.

L'*IV Percentile* adopte une approche différente. Il indique la proportion du temps pendant laquelle la *volatilité implicite* a été inférieure au niveau observé aujourd'hui. Son objectif est d'apprécier le caractère fréquent ou exceptionnel de la situation actuelle par rapport à l'historique du sous-jacent.

Ces deux indicateurs poursuivent donc un objectif commun mais apportent des éclairages complémentaires. L'un s'intéresse principalement à la position relative de la *volatilité implicite* dans sa plage d'évolution historique, tandis que l'autre s'intéresse davantage à la fréquence d'apparition des différents niveaux de volatilité.

Pour le vendeur de *puts*, leur principal intérêt réside dans leur capacité à contextualiser les primes proposées par le marché. Une *volatilité implicite* élevée devient plus facile à interpréter lorsqu'il est possible de déterminer si elle correspond à une situation exceptionnelle ou au contraire relativement habituelle pour le sous-jacent concerné.

Toutefois, l'*IV Rank* et l'*IV Percentile* ne doivent jamais être considérés comme des outils de prédiction. Ils reposent exclusivement sur des données historiques et ne fournissent aucune certitude concernant l'évolution future de la *volatilité implicite*. Leur rôle consiste à enrichir l'analyse et non à remplacer le jugement de l'investisseur.

L'enseignement essentiel de ce chapitre est donc le suivant : la *volatilité implicite* ne doit jamais être analysée seule. Sa véritable valeur informative apparaît lorsqu'elle est comparée à son propre historique. L'*IV Rank* et l'*IV Percentile* constituent précisément deux outils permettant d'effectuer cette mise en perspective et d'améliorer la compréhension du niveau de risque actuellement valorisé par le marché.

Une fois cette étape réalisée, l'investisseur dispose d'une information supplémentaire lui permettant d'affiner son processus de sélection. La question suivante devient alors naturelle : comment intégrer cette information dans une démarche structurée de recherche d'opportunités ? C'est l'objet du chapitre suivant consacré à la sélection d'un titre à vendre en *put* et à la mise en place d'une méthode de filtrage.

Illustration 5.2 – IV Rank et IV Percentile : mesurer si la volatilité implicite est réellement élevée

Une volatilité implicite doit être comparée à son historique pour être interprétée correctement.

IV RANK ET IV PERCENTILE

Une volatilité implicite de 30 % peut être :

- élevée pour une action ;
- faible pour une autre.

D'où l'utilisation de :

- IV Rank
- IV Percentile

HISTORIQUE DE VOLATILITÉ IMPLICITE (12 MOIS)

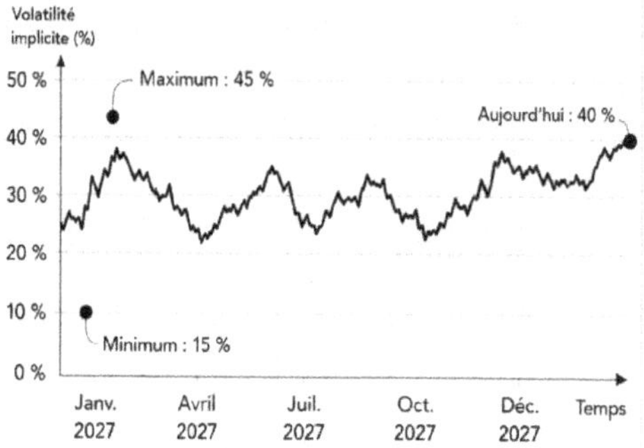

IV RANK

Mesure la position de la volatilité actuelle entre son minimum et son maximum.

Formule simplifiée :

$$\text{IV Rank} = \frac{\text{IV actuelle} - \text{IV min}}{\text{IV max} - \text{IV min}}$$

Exemple :

- IV actuelle : 40 %
- IV min : 15 %
- IV max : 45 %

IV Rank = 83 %

IV Rank élevé
⇒ volatilité proche de son maximum historique.

IV PERCENTILE

Mesure le pourcentage de séances ayant présenté une volatilité inférieure à celle d'aujourd'hui.

Question posée :

Combien de séances ont présenté une volatilité inférieure à celle d'aujourd'hui ?

Exemple :

- 250 séances observées
- 200 séances sous le niveau actuel

IV Percentile = 80 %

80 % des séances
ont présenté une volatilité inférieure à celle d'aujourd'hui.

FILTRE DE SÉLECTION DU VENDEUR DE PUT

IV Rank > 50 % ?

NON

Attendre
La volatilité n'est pas assez élevée.

OUI

Étudier le trade
Analyser les autres critères avant d'agir :

- qualité du sous-jacent
- niveau de risque accepté
- liquidité des options
- autres critères d'investissement

COMMENT INTERPRÉTER L'IV RANK ?

IV Rank	Niveau
0 % – 20 %	Faible
20 % – 50 %	Moyen
50 % – 80 %	Élevé
> 80 %	Très élevé

Chapitre 5.3
Sélection d'un titre à vendre en *put* : méthode de filtrage

5.3.a - Pourquoi mettre en place une méthode de sélection ?

La vente de *puts* est souvent présentée comme une stratégie permettant de générer des revenus réguliers grâce à l'encaissement de primes. Cette présentation, bien qu'exacte dans son principe, peut conduire à une vision incomplète de la réalité. Derrière chaque prime perçue se trouve en effet une décision d'investissement qui mérite d'être examinée avec rigueur.

Lorsqu'un investisseur vend un *put*, il accepte potentiellement d'acquérir le sous-jacent au *prix d'exercice* convenu. Cette éventualité constitue le fondement même de la stratégie. Dès lors, la qualité de la décision ne dépend pas uniquement du montant de la prime encaissée. Elle dépend également de la pertinence du sous-jacent sélectionné, des conditions de marché et du niveau de risque réellement accepté.

Cette réalité explique pourquoi les investisseurs expérimentés consacrent souvent davantage de temps à la sélection des opportunités qu'à l'exécution des transactions elles-mêmes. Une option attractive sur un sous-jacent médiocre reste une option portant sur un sous-jacent médiocre. À l'inverse, une entreprise de qualité acquise dans des conditions raisonnables peut transformer une éventuelle assignation en opportunité d'investissement de long terme.

Face à cette complexité, la mise en place d'un processus de sélection apparaît comme une nécessité. Son objectif n'est pas d'éliminer totalement le risque, ce qui serait impossible, mais d'introduire une démarche cohérente et reproductible dans la prise de décision. Une méthode structurée permet de limiter l'influence des émotions, de réduire les décisions impulsives et de concentrer l'attention sur les situations les plus compatibles avec les objectifs poursuivis.

L'*illustration 5.3* présente un exemple de démarche fondée sur plusieurs filtres successifs. Cette représentation permet de visualiser le cheminement intellectuel conduisant progressivement d'un univers très large de titres potentiellement éligibles vers un nombre beaucoup plus restreint d'opportunités répondant à certains critères. Chaque étape agit comme un mécanisme de sélection destiné à écarter les situations jugées moins intéressantes ou insuffisamment compatibles avec la stratégie envisagée.

Il convient toutefois de souligner qu'il n'existe pas de méthode universelle applicable à tous les investisseurs. Les critères retenus peuvent varier selon l'expérience, les objectifs patrimoniaux, l'horizon d'investissement ou encore la tolérance au risque de chacun. Certains privilégieront l'analyse fondamentale, d'autres accorderont davantage d'importance à la *volatilité implicite* ou à des considérations techniques propres au marché des options.

Les approches diffèrent, mais la logique demeure identique : établir un cadre de réflexion permettant d'améliorer la qualité des décisions.

Cette démarche présente un avantage essentiel. Elle permet de déplacer l'attention de la prime vers le processus de sélection lui-même. L'investisseur cesse alors de rechercher uniquement les contrats les plus rémunérateurs pour s'interroger sur les raisons qui rendent une opportunité potentiellement intéressante. Cette évolution du raisonnement constitue souvent une étape importante dans la progression d'un vendeur de *puts*.

La qualité des résultats obtenus sur le long terme dépend rarement d'une opération exceptionnelle. Elle repose davantage sur la capacité à appliquer avec discipline une méthode cohérente au fil du temps. C'est précisément cette logique que nous allons maintenant approfondir en examinant les principaux filtres pouvant intervenir dans le processus de sélection d'une opportunité de vente de *put*.

5.3.b - Le sous-jacent : la première décision d'investissement

La première étape de toute démarche de sélection consiste à s'intéresser au sous-jacent lui-même. Cette affirmation peut sembler évidente, mais elle est pourtant souvent négligée par les investisseurs attirés avant tout par le niveau des primes disponibles sur le marché des options.

Cette erreur trouve son origine dans une confusion fréquente entre la vente d'une option et l'achat d'une action. Dans l'esprit de nombreux débutants, la prime constitue l'élément central de l'opération. Le sous-jacent apparaît alors comme un simple support permettant de générer un revenu. En réalité, la logique devrait être inversée. Le sous-jacent constitue l'élément fondamental de la décision tandis que la prime n'en représente que la conséquence financière.

Cette distinction découle directement du mécanisme même de la vente de *puts*. Si l'option arrive à échéance *dans la monnaie* ou si une assignation intervient avant cette échéance, le vendeur devient propriétaire des actions concernées. Dès lors, la question essentielle n'est plus de savoir combien rapporte la prime, mais si l'investisseur est réellement disposé à détenir ce titre dans son portefeuille.

Cette réflexion conduit naturellement à privilégier les entreprises dont les caractéristiques sont compatibles avec les objectifs poursuivis. La qualité du modèle économique, la solidité financière, la rentabilité, la position concurrentielle ou encore les perspectives de développement peuvent constituer des éléments d'appréciation importants. Les critères précis varieront naturellement d'un investisseur à l'autre, mais le principe demeure identique : une vente de *put* ne devrait jamais être envisagée sur un actif que l'on refuserait de posséder directement.

Cette approche présente un avantage majeur. Elle transforme l'assignation potentielle d'un événement redouté en une éventualité acceptable. Lorsque le sous-jacent a été sélectionné avec soin, l'acquisition des actions peut être perçue comme l'aboutissement normal de la stratégie plutôt que comme une sanction imposée par le marché. Cette différence de perception joue un rôle essentiel dans la gestion émotionnelle de la position.

L'expérience montre d'ailleurs que de nombreuses difficultés rencontrées par les vendeurs de *puts* trouvent leur origine dans une sélection insuffisamment rigoureuse des sous-jacents. Une prime élevée peut temporairement masquer certaines faiblesses, mais elle ne modifie jamais la qualité intrinsèque de l'entreprise concernée. À long terme, la qualité du sous-jacent demeure généralement plus importante que quelques points de rendement supplémentaires obtenus sur une option particulière.

Pour cette raison, de nombreux investisseurs considèrent que la sélection du sous-jacent constitue le filtre le plus important de l'ensemble du processus. Avant même d'étudier la *volatilité implicite*, le *strike* ou l'échéance, il convient de s'assurer que l'actif concerné mérite réellement d'être examiné.

Une fois cette première sélection effectuée, l'investisseur peut alors s'intéresser à la seconde étape du processus : l'analyse de la *volatilité implicite*. Car une entreprise de qualité ne constitue pas nécessairement une opportunité attractive de vente de *puts* à n'importe quel moment. Les conditions de marché jouent également un rôle déterminant dans la rémunération proposée.

5.3.c - La *volatilité implicite* : un filtre complémentaire

Une fois le sous-jacent sélectionné, la question suivante concerne les conditions dans lesquelles le marché rémunère le risque associé à ce titre. C'est à ce stade que la *volatilité implicite* retrouve toute son importance dans le processus de sélection.

Nous avons vu dans les chapitres précédents que la *volatilité implicite* influence directement le montant des primes proposées sur les options. À caractéristiques identiques, une hausse de la *volatilité implicite* entraîne généralement une augmentation de la rémunération offerte au vendeur de *puts*. Cette relation explique pourquoi de nombreux investisseurs intègrent cet indicateur dans leur démarche de présélection.

L'objectif n'est toutefois pas de rechercher systématiquement les niveaux de volatilité les plus élevés. Une telle approche reviendrait à privilégier les situations perçues comme les plus risquées par le marché sans nécessairement comprendre les raisons de cette perception. La *volatilité implicite* doit être envisagée comme un outil d'analyse et non comme un objectif en soi.

Dans la pratique, certains investisseurs considèrent qu'une *volatilité implicite* relativement élevée peut justifier un examen plus approfondi du dossier. Les primes disponibles étant plus importantes, le rapport entre risque et rémunération peut devenir plus intéressant. Cette situation mérite alors une attention particulière, à condition que le sous-jacent lui-même ait déjà satisfait aux critères de qualité définis précédemment.

Cette articulation entre qualité du sous-jacent et niveau de *volatilité implicite* constitue l'un des fondements du processus de filtrage. Une volatilité élevée sur une entreprise que l'investisseur refuse de posséder n'apporte aucune valeur particulière. À l'inverse, une entreprise jugée attractive peut devenir encore plus intéressante lorsque le marché offre temporairement une rémunération supérieure à travers des primes plus généreuses.

La *volatilité implicite* agit ainsi comme un filtre complémentaire. Elle ne remplace pas l'analyse du sous-jacent mais permet d'apprécier les conditions dans lesquelles le marché propose de rémunérer le risque associé à ce dernier. Son rôle consiste à enrichir la réflexion de l'investisseur et à l'aider à identifier les situations méritant une analyse plus approfondie.

Une fois ces deux premières étapes franchies, il devient possible de s'intéresser à la construction concrète de l'opération. La question n'est alors plus de savoir quel titre sélectionner, mais à quel niveau de prix l'investisseur serait prêt à devenir actionnaire. Cette réflexion conduit naturellement au choix du *strike*, élément central de toute stratégie de vente de *puts*.

5.3.d - Tous les critères ne se valent pas

Lorsqu'un investisseur met en place un processus de sélection, une tentation apparaît rapidement : attribuer la même importance à l'ensemble des critères retenus. Cette approche présente l'avantage de la simplicité, mais elle ne reflète pas toujours la réalité de la prise de décision.

Dans la pratique, certains critères jouent un rôle fondamental tandis que d'autres interviennent davantage comme des éléments de confirmation. La qualité du sous-jacent, par exemple, constitue souvent un filtre majeur. Une entreprise qui ne répond pas aux exigences minimales de l'investisseur est généralement écartée, quelle que soit l'attractivité de la prime proposée. À l'inverse, certains critères secondaires peuvent être appréciés avec davantage de souplesse lorsqu'une opportunité présente par ailleurs de nombreuses qualités.

Cette hiérarchisation est importante car elle permet d'éviter une forme de rigidité excessive. Les marchés financiers offrent rarement des situations parfaites. Chercher à réunir simultanément toutes les conditions idéales conduit souvent à réduire considérablement le nombre d'opportunités disponibles. Une démarche plus pragmatique consiste à distinguer les critères réellement indispensables de ceux qui contribuent simplement à renforcer la conviction de l'investisseur.

L'expérience montre également que l'importance relative de certains critères peut évoluer avec le temps. Les conditions de marché, l'environnement économique ou encore les objectifs personnels de l'investisseur peuvent conduire à accorder davantage d'attention à certains éléments à certaines périodes. Cette capacité d'adaptation constitue souvent une qualité précieuse dans l'univers des options.

Cela ne signifie pas pour autant qu'il faille modifier constamment son processus de sélection. La cohérence demeure essentielle. Toutefois, un processus efficace n'est pas nécessairement un processus rigide. Il doit être suffisamment structuré pour favoriser la discipline, tout en conservant une certaine flexibilité permettant de s'adapter aux réalités du marché.

L'*illustration 5.3* met en évidence cette logique de filtrage progressif. Chaque étape contribue à réduire l'univers des opportunités potentielles jusqu'à parvenir à un nombre limité de situations jugées compatibles avec les objectifs de l'investisseur. Ce cheminement ne constitue pas une formule mathématique produisant automatiquement une décision. Il s'agit avant tout d'une méthode d'organisation de la réflexion.

Cette nuance est importante. Une bonne méthode ne remplace jamais le jugement. Elle lui fournit simplement un cadre lui permettant de s'exercer de manière plus cohérente. C'est précisément cette combinaison entre discipline et discernement qui constitue souvent la véritable force d'un processus de sélection bien construit.

Une fois cette phase de filtrage achevée, l'investisseur dispose généralement d'un nombre restreint de sous-jacents répondant à ses critères. Il peut alors passer à une étape plus technique mais tout aussi importante : la détermination du prix auquel il accepterait effectivement de devenir actionnaire.

5.3.e - Une méthode au service de la discipline

Au-delà des critères eux-mêmes, l'intérêt principal d'une méthode de filtrage réside dans la discipline qu'elle apporte au processus de décision. Les marchés financiers sont des environnements où les émotions occupent une place considérable. La peur de manquer une opportunité, l'attrait d'une prime élevée ou encore la volonté de compenser rapidement une perte récente peuvent parfois conduire à des décisions insuffisamment réfléchies.

Un processus structuré permet précisément de limiter l'influence de ces biais comportementaux. En imposant une succession d'étapes d'analyse, il oblige l'investisseur à justifier progressivement sa décision plutôt qu'à agir sous l'effet d'une impression immédiate. Cette approche favorise une réflexion plus rationnelle et contribue à maintenir une cohérence dans l'application de la stratégie.

La discipline présente également un avantage important sur le long terme. Une opération isolée peut parfois produire un excellent résultat malgré une analyse imparfaite. À l'inverse, une décision rigoureuse peut occasionnellement déboucher sur une perte. La qualité d'une méthode ne doit donc pas être jugée à l'aune d'une seule transaction mais à travers sa capacité à produire des décisions cohérentes au fil du temps.

Cette perspective est particulièrement pertinente dans le cadre de la vente de *puts*. Les résultats de la stratégie dépendent moins de quelques opérations exceptionnelles que de l'accumulation d'un grand nombre de décisions prises selon des critères homogènes. Plus le processus est reproductible, plus il devient possible d'évaluer objectivement son efficacité et d'en améliorer progressivement certains aspects.

Il convient toutefois d'éviter un écueil fréquent : confondre discipline et automatisme. Une méthode de sélection ne doit jamais être utilisée comme un système mécanique produisant des décisions sans réflexion. Les marchés évoluent, les entreprises changent et les contextes économiques se transforment. Le jugement de l'investisseur demeure indispensable pour interpréter les informations disponibles et apprécier les particularités de chaque situation.

La véritable utilité d'une méthode réside donc dans sa capacité à structurer la réflexion plutôt qu'à la remplacer. Elle agit comme un cadre permettant d'organiser l'analyse, de limiter les décisions impulsives et de maintenir une cohérence dans l'application de la stratégie. Cette fonction peut paraître modeste, mais elle constitue souvent l'une des principales sources de différence entre une approche occasionnelle et une démarche véritablement professionnelle.

Pour le vendeur de *puts*, le processus de sélection représente ainsi bien davantage qu'une simple étape préparatoire. Il constitue le fondement même de la stratégie. Avant de déterminer quelle option vendre, il convient d'abord de savoir sur quel sous-jacent intervenir et dans quelles conditions. Ce n'est qu'après cette phase de sélection qu'il devient pertinent de s'intéresser au choix du *strike*, c'est-à-dire au prix auquel l'investisseur accepterait éventuellement d'acquérir les actions concernées.

5.3.f - Du filtrage à la décision d'investissement

La mise en place d'un processus de sélection constitue une étape essentielle dans la construction d'une stratégie de vente de *puts*. Pourtant, il serait erroné de considérer ce processus comme une fin en soi. Son objectif n'est pas de produire une liste de titres répondant à certains critères. Son véritable rôle consiste à préparer une décision d'investissement réfléchie et cohérente.

Cette nuance est importante car elle rappelle que le filtrage n'est qu'un moyen. Même après avoir franchi avec succès les différentes étapes d'un processus de sélection, l'investisseur conserve l'entière responsabilité de sa décision. Aucun indicateur, aucun critère et aucune méthode ne peuvent se substituer à son jugement. Les outils d'analyse permettent d'organiser l'information. Ils ne prennent jamais la décision à sa place.

Cette réalité apparaît particulièrement clairement dans l'univers des options. Deux investisseurs appliquant les mêmes critères peuvent parfaitement parvenir à des conclusions différentes concernant une même opportunité. L'un pourra considérer que la rémunération proposée compense suffisamment le risque encouru. L'autre pourra juger que les incertitudes demeurent trop importantes. Les deux analyses peuvent être légitimes dès lors qu'elles s'inscrivent dans des objectifs et des contraintes différentes.

Le processus de filtrage doit donc être envisagé comme un cadre de réflexion destiné à améliorer la qualité des décisions plutôt que comme un mécanisme produisant automatiquement une réponse. Son intérêt réside précisément dans sa capacité à structurer l'analyse et à réduire le risque d'erreurs liées à la précipitation ou à l'émotion. Plus la réflexion est organisée, plus les décisions tendent à être cohérentes avec la stratégie poursuivie.

Cette approche présente également un avantage souvent sous-estimé. Elle permet de distinguer clairement les opportunités qui méritent une attention approfondie de celles qui peuvent être écartées rapidement. Dans un univers d'investissement comprenant des milliers de titres et des dizaines de milliers d'options, cette capacité de sélection constitue un gain de temps considérable. L'investisseur peut ainsi concentrer son énergie sur un nombre limité de situations présentant les caractéristiques qu'il recherche.

Au terme de ce processus, une question demeure néanmoins sans réponse. Même lorsqu'un sous-jacent a été retenu et que les conditions générales apparaissent favorables, il reste à déterminer le niveau de prix auquel l'investisseur accepterait réellement d'acquérir les actions concernées. Cette réflexion est fondamentale car elle conditionne directement le profil de risque et de rendement de l'opération.

En effet, toutes les ventes de *puts* portant sur un même sous-jacent ne présentent pas les mêmes caractéristiques. Le choix du *prix d'exercice* influence à la fois le montant de la prime encaissée, la probabilité d'assignation et le niveau de protection dont bénéficie le vendeur. Ce paramètre occupe donc une place centrale dans la construction de la stratégie.

La sélection du sous-jacent constitue ainsi le point de départ de la réflexion. Le choix du *strike* en constitue le prolongement naturel. C'est à travers cette décision que l'investisseur transforme une opportunité potentielle en une opération concrète répondant à ses objectifs et à sa perception du risque.

CE QU'IL FAUT RETENIR

La vente de *puts* ne se résume pas à la recherche d'une prime attractive. Derrière chaque option se trouve un sous-jacent susceptible d'intégrer le portefeuille de l'investisseur en cas d'assignation. Cette réalité justifie la mise en place d'un processus de sélection rigoureux permettant d'identifier les opportunités compatibles avec les objectifs poursuivis.

La première étape de ce processus consiste généralement à examiner le sous-jacent lui-même. La qualité de l'entreprise demeure un élément essentiel puisque le vendeur de *put* doit être prêt à devenir actionnaire dans les conditions prévues par le contrat. Une prime élevée ne saurait compenser durablement une sélection insuffisamment rigoureuse du titre concerné.

La *volatilité implicite* intervient ensuite comme un filtre complémentaire. En influençant directement le niveau des primes, elle permet d'identifier les situations dans lesquelles le marché rémunère davantage l'incertitude. Son rôle est d'orienter l'analyse et non de fournir à elle seule une décision d'investissement.

L'efficacité d'un processus de sélection repose également sur la capacité à hiérarchiser les critères utilisés. Tous les éléments d'analyse n'ont pas nécessairement la même importance et chaque investisseur peut développer progressivement une approche adaptée à ses propres objectifs, à son expérience et à sa tolérance au risque.

L'intérêt principal d'une méthode de filtrage réside dans la discipline qu'elle apporte au processus de décision. En imposant une réflexion structurée, elle contribue à limiter les biais émotionnels et favorise des choix plus cohérents dans la durée. Son objectif n'est pas de remplacer le jugement de l'investisseur mais de lui fournir un cadre permettant de l'exercer de manière plus rigoureuse.

Enfin, il convient de rappeler qu'aucune méthode ne produit automatiquement une décision d'investissement. Les critères de sélection permettent d'identifier des opportunités potentielles. La décision finale demeure toujours le résultat d'une appréciation personnelle du rapport entre risque et rémunération.

Une fois cette phase de sélection achevée, une nouvelle question apparaît naturellement. À quel prix l'investisseur accepterait-il réellement de devenir actionnaire du sous-jacent retenu ? La réponse à cette interrogation conduit directement au choix du *strike*, étape fondamentale de toute stratégie de vente de *puts*.

Illustration 5.3 – Sélection d'un titre à vendre en put : méthode de filtrage

Une volatilité implicite élevée ne suffit pas.
Le vendeur de puts applique plusieurs filtres avant d'entrer en position.

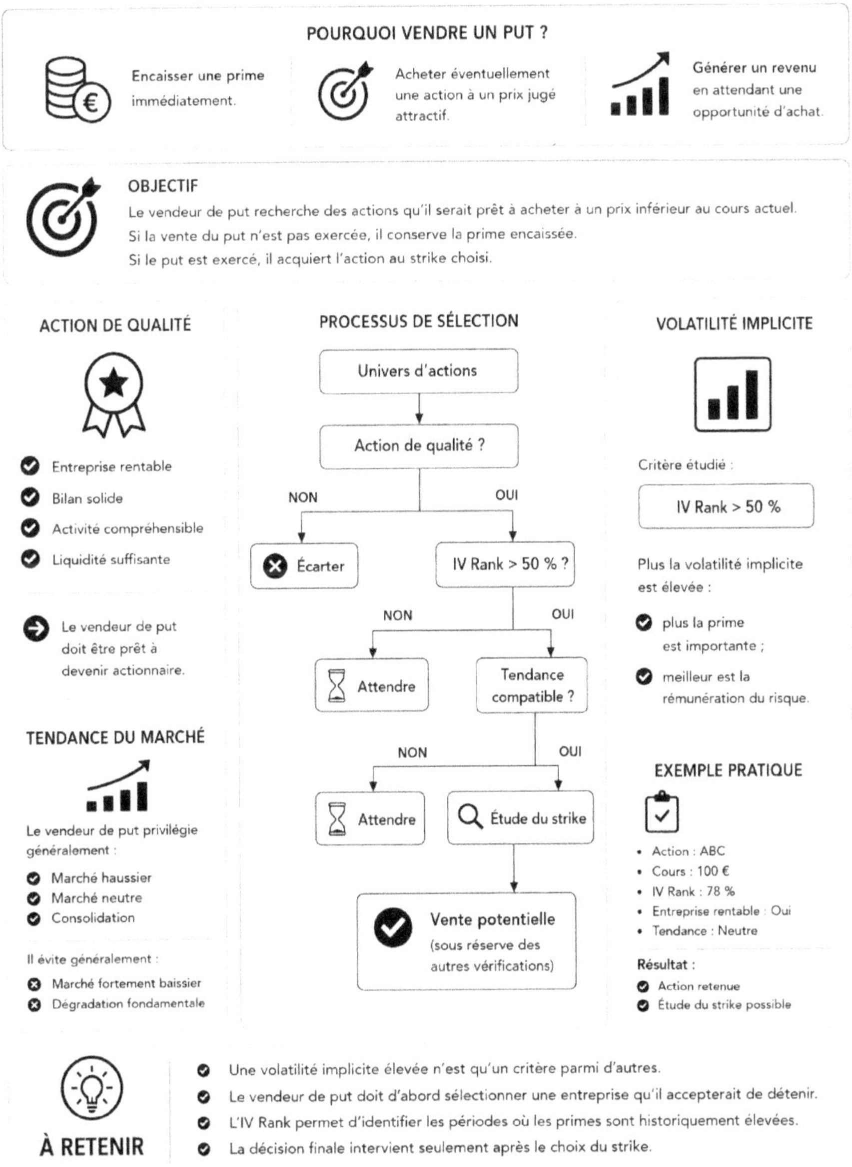

Chapitre 5.4
Le choix du *strike* : trouver le bon équilibre entre risque et rémunération

5.4.a - Pourquoi le *strike* est-il si important ?

Une fois le sous-jacent sélectionné et les conditions générales jugées favorables, l'investisseur doit encore prendre une décision essentielle : choisir le *prix d'exercice* de l'option qu'il souhaite vendre. Cette étape peut paraître technique à première vue, mais elle constitue en réalité l'un des éléments les plus importants de toute stratégie de vente de *puts*.

Le *strike* détermine en effet le prix auquel le vendeur de l'option accepte potentiellement d'acquérir les actions sous-jacentes. Il ne s'agit donc pas simplement d'un paramètre contractuel. Il représente concrètement le niveau de prix auquel l'investisseur est prêt à devenir actionnaire si une assignation intervient.

Cette caractéristique confère au choix du *strike* une importance particulière. Une même entreprise peut donner lieu à plusieurs ventes de *puts* très différentes selon le *prix d'exercice* retenu. Plus le *strike* se rapproche du cours actuel de l'action, plus la prime encaissée est généralement importante. En contrepartie, la probabilité d'assignation augmente également. À l'inverse, un *strike* plus éloigné du cours de marché tend à offrir une rémunération plus faible mais procure une marge de sécurité plus importante.

Le vendeur de *puts* se trouve ainsi confronté à un arbitrage permanent entre risque et rémunération. Cette réalité apparaît clairement dans l'*illustration 5.4.* Les différents *strike*s disponibles ne représentent pas simplement des niveaux de prix différents. Ils correspondent à des profils de risque distincts et à des attentes différentes concernant l'évolution future du sous-jacent.

Cette réflexion dépasse largement la simple recherche de rendement. Choisir un *strike* revient à répondre à une question fondamentale : à quel prix serais-je réellement satisfait de devenir propriétaire de cette entreprise ? Plus cette réponse est précise, plus la construction de la stratégie devient cohérente.

Il est d'ailleurs intéressant de constater que les investisseurs les plus expérimentés commencent souvent leur réflexion par le prix auquel ils souhaiteraient acheter l'action, avant même d'examiner la prime proposée par le marché. Cette démarche inverse la logique habituelle du débutant, qui tend à partir de la rémunération disponible pour ensuite justifier son choix. Dans une approche rigoureuse, c'est le niveau de prix acceptable qui constitue le point de départ de l'analyse.

Le *strike* agit ainsi comme un véritable point de rencontre entre l'analyse fondamentale et la stratégie optionnelle. D'un côté, il traduit une opinion sur la valeur de l'entreprise. De l'autre, il influence directement la rémunération offerte par le marché. Toute la difficulté consiste à trouver un équilibre satisfaisant entre ces deux dimensions.

Comprendre cette relation constitue la première étape d'un choix de *strike* réfléchi. Encore faut-il ensuite mesurer précisément les conséquences qu'entraîne un *strike* plus proche ou plus éloigné du cours actuel du sous-jacent.

5.4.b - Plus de prime signifie généralement plus de risque

L'une des premières observations que réalise tout vendeur de *puts* concerne la relation existante entre le *strike* et le montant de la prime. À mesure que le *prix d'exercice* se rapproche du cours actuel du sous-jacent, la rémunération proposée par le marché tend à augmenter. Cette situation peut sembler particulièrement attractive puisqu'elle permet d'encaisser davantage de revenus dès l'ouverture de la position.

Comme souvent en finance, cette rémunération supplémentaire n'est toutefois jamais gratuite. Un *strike* proche du cours actuel de l'action présente une probabilité plus importante de terminer *dans la monnaie* à l'échéance. Autrement dit, les chances de devoir acquérir les actions au *prix d'exercice* convenu augmentent. La prime plus élevée constitue précisément la compensation financière de ce risque supplémentaire.

À l'inverse, un *strike* plus éloigné du cours de marché procure généralement une marge de sécurité plus importante. Le sous-jacent dispose alors d'une plus grande latitude pour évoluer défavorablement sans provoquer d'assignation. Cette protection supplémentaire a naturellement un coût : la prime encaissée est généralement plus faible.

Cette relation entre rémunération et risque se retrouve dans pratiquement tous les marchés financiers. Les options ne font pas exception. Une prime importante ne doit jamais être interprétée comme une opportunité isolée. Elle constitue avant tout la contrepartie d'un engagement que le marché considère comme plus exigeant.

Pour le vendeur de *puts*, l'enjeu consiste donc à déterminer quel niveau de risque lui paraît acceptable. Certains privilégient des *strike*s relativement éloignés afin de maximiser leur marge de sécurité. D'autres acceptent des *strike*s plus proches du cours de marché afin d'obtenir une rémunération supérieure ou parce qu'ils souhaitent réellement acquérir les actions concernées à un prix voisin du cours actuel.

Aucune de ces approches n'est intrinsèquement meilleure que l'autre. Leur pertinence dépend avant tout des objectifs poursuivis et de la perception du risque propre à chaque investisseur. Ce qui importe, en revanche, est de comprendre clairement la relation existante entre le niveau de prime encaissée et le niveau d'engagement accepté.

L'*illustration 5.4* montre précisément cette logique. À mesure que l'on se déplace le long de l'échelle des *strike*s, l'équilibre entre prime, risque d'assignation et marge de sécurité évolue progressivement. Le choix du *strike* devient alors moins une question de rendement maximal qu'une question d'adéquation entre la stratégie et les objectifs de l'investisseur.

Cette recherche d'équilibre constitue le cœur même de la décision. Car au-delà du montant de la prime, le *strike* détermine surtout la distance séparant le cours actuel du niveau auquel l'investisseur s'engage potentiellement à acheter les actions.

5.4.c - La marge de sécurité : un concept central

Dans l'univers de la vente de *puts*, peu de notions sont aussi importantes que celle de marge de sécurité. Bien que ce concept soit souvent associé à l'investissement fondamental, il trouve également une application particulièrement pertinente dans le choix du *strike*. En réalité, le *prix d'exercice* sélectionné détermine directement le niveau de protection dont bénéficie le vendeur face à une évolution défavorable du sous-jacent.

Pour comprendre cette idée, il convient de rappeler qu'un *put* vendu ne sera assigné qu'à condition que le cours du sous-jacent se situe sous le *strike* à l'échéance. Plus le *strike* est éloigné du cours actuel, plus le titre dispose d'une marge de baisse avant que cette situation ne se produise. Cette distance représente précisément ce que l'on peut considérer comme une forme de marge de sécurité.

L'intérêt de cette approche apparaît immédiatement dans les périodes de volatilité accrue. Les marchés financiers évoluent rarement en ligne droite. Même les entreprises les plus solides connaissent régulièrement des fluctuations parfois importantes sans que leurs perspectives fondamentales soient réellement remises en cause. Un *strike* suffisamment éloigné permet d'absorber une partie de ces mouvements tout en conservant la possibilité d'encaisser intégralement la prime.

Cette protection supplémentaire possède évidemment un coût. Plus l'investisseur recherche une marge de sécurité importante, plus il doit généralement accepter une réduction de la rémunération immédiate. Le marché ne rémunère pas de la même manière un engagement pris très près du cours actuel et un engagement situé beaucoup plus bas. Le vendeur de *puts* se trouve ainsi confronté à un arbitrage permanent entre sécurité et rendement.

Cette réalité explique pourquoi le choix du *strike* ne devrait jamais être guidé exclusivement par le montant de la prime. Une rémunération légèrement inférieure peut parfois être largement compensée par un niveau de protection plus confortable. Inversement, quelques euros supplémentaires de prime peuvent s'avérer insuffisants pour justifier une augmentation significative du risque d'assignation.

La notion de marge de sécurité permet également d'aborder la vente de *puts* avec une perspective plus sereine. Lorsque le *strike* correspond à un niveau de prix que l'investisseur considère déjà attractif pour acquérir l'entreprise, les fluctuations de court terme deviennent souvent plus faciles à accepter. L'attention se déplace progressivement de la peur de l'assignation vers l'évaluation de la qualité du prix obtenu.

Cette évolution du raisonnement constitue souvent une étape importante dans la maturation d'un vendeur de *puts*. L'objectif n'est plus simplement d'éviter toute assignation, mais de s'assurer que celle-ci se produirait dans des conditions compatibles avec sa stratégie d'investissement. Le *strike* cesse alors d'être perçu comme un simple paramètre technique pour devenir un véritable outil de gestion du risque.

La recherche d'une marge de sécurité satisfaisante conduit naturellement à une autre question essentielle : comment apprécier concrètement la probabilité qu'une assignation se produise ? Cette interrogation nous amène à examiner la relation existante entre le *strike* choisi et les chances réelles de devenir actionnaire du sous-jacent.

5.4.d - La probabilité d'assignation : un élément à ne jamais négliger

Lorsqu'un investisseur vend un *put*, il accepte la possibilité de devoir acheter les actions sous-jacentes au *prix d'exercice* convenu. Cette éventualité ne constitue pas un accident de parcours ni un dysfonctionnement de la stratégie. Elle fait partie intégrante du contrat conclu entre l'acheteur et le vendeur de l'option. Pourtant, sa probabilité varie considérablement selon le *strike* retenu.

Cette relation est l'une des conséquences directes du choix effectué lors de la construction de la position. Un *strike* situé à proximité du cours actuel possède mécaniquement davantage de chances d'être atteint qu'un *strike* plus éloigné. Le marché en tient naturellement compte dans la détermination des primes. Plus la probabilité d'assignation est importante, plus la rémunération proposée au vendeur tend à augmenter.

Cette logique est parfaitement cohérente. Un investisseur acceptant un niveau d'engagement plus élevé exige légitimement une compensation financière supérieure. Le marché ajuste donc les primes afin d'équilibrer les intérêts des acheteurs et des vendeurs d'options. Le montant de la rémunération reflète ainsi en partie la probabilité perçue que l'engagement doive effectivement être honoré.

Il est toutefois important de ne pas interpréter cette probabilité comme une certitude. Les marchés financiers demeurent fondamentalement incertains. Une option présentant une faible probabilité d'assignation peut parfaitement être exercée à l'échéance, tandis qu'une option jugée risquée peut finalement expirer sans valeur. Les probabilités permettent d'apprécier le risque relatif d'une position, mais elles ne prédisent jamais avec certitude son issue.

Cette observation explique pourquoi de nombreux vendeurs de *puts* accordent une attention particulière à la relation entre la prime encaissée et la probabilité d'assignation associée. L'objectif n'est pas nécessairement de minimiser cette probabilité à tout prix. Il consiste plutôt à s'assurer que le niveau de rémunération proposé apparaît cohérent avec l'engagement accepté.

La perception de l'assignation joue également un rôle psychologique important. Certains investisseurs considèrent celle-ci comme un événement qu'il convient d'éviter autant que possible. D'autres l'envisagent comme une conséquence naturelle de la stratégie dès lors que le sous-jacent a été correctement sélectionné. Ces deux approches conduisent souvent à des choix de *strike* différents, reflétant des objectifs et des préférences distincts.

L'essentiel demeure toutefois de conserver une parfaite cohérence entre le *strike* retenu et la stratégie poursuivie. Une position ne devrait jamais être ouverte si son éventuelle assignation apparaît inacceptable pour l'investisseur. À l'inverse, lorsqu'un prix d'acquisition est considéré comme attractif, la probabilité d'assignation devient simplement l'un des paramètres à intégrer dans l'analyse globale de l'opération.

Cette réflexion montre que le choix du *strike* ne peut être réduit à une simple recherche de rendement. Il s'agit d'un arbitrage plus complexe impliquant simultanément la rémunération, le risque, la marge de sécurité et la probabilité de devenir actionnaire. C'est précisément cet équilibre que chaque vendeur de *puts* doit apprendre à construire en fonction de ses propres objectifs.

5.4.e - Trouver son propre équilibre entre rendement et sécurité

Après avoir étudié l'influence du *strike* sur la prime, la marge de sécurité et la probabilité d'assignation, une conclusion s'impose naturellement : il n'existe pas de *strike* universellement idéal. Le meilleur choix dépend avant tout des objectifs poursuivis par l'investisseur et de sa manière personnelle d'appréhender le risque.

Cette réalité explique pourquoi deux investisseurs analysant exactement le même sous-jacent peuvent retenir des *strikes* très différents. L'un privilégiera un niveau éloigné du cours actuel afin de bénéficier d'une marge de sécurité importante. L'autre acceptera un *strike* plus proche afin d'obtenir une rémunération supérieure ou parce qu'il considère déjà le prix actuel comme attractif. Ces décisions peuvent paraître opposées, mais elles restent parfaitement cohérentes dès lors qu'elles répondent à des objectifs distincts.

Cette diversité d'approches reflète l'une des caractéristiques fondamentales des marchés financiers. Les stratégies ne sont pas uniquement déterminées par les données de marché. Elles sont également influencées par les préférences, les contraintes et l'horizon d'investissement de chaque intervenant. Un investisseur recherchant avant tout la préservation du capital ne construira pas nécessairement ses positions de la même manière qu'un investisseur davantage orienté vers la maximisation des revenus.

Pour cette raison, la recherche du « meilleur *strike* » constitue souvent une fausse question. L'enjeu n'est pas de découvrir un niveau optimal applicable dans toutes les situations. Il consiste plutôt à identifier le *strike* qui correspond le mieux à l'équilibre recherché entre rendement potentiel et niveau de sécurité.

Cette réflexion conduit à adopter une approche particulièrement utile : considérer le *strike* comme l'expression d'un compromis. Plus l'investisseur souhaite accroître sa marge de sécurité, plus il devra généralement accepter une réduction de la prime encaissée. À l'inverse, une recherche de rémunération plus importante implique souvent un engagement plus proche du cours actuel du sous-jacent. Aucun de ces choix n'est intrinsèquement bon ou mauvais. Ils traduisent simplement des préférences différentes face au risque.

L'expérience montre que les investisseurs les plus réguliers sont souvent ceux qui parviennent à maintenir une cohérence durable entre leurs objectifs et leurs décisions. Ils ne cherchent pas systématiquement à maximiser leurs primes ni à minimiser à l'extrême toute probabilité d'assignation. Ils construisent progressivement une approche compatible avec leur tempérament et leur vision de l'investissement.

Cette cohérence présente un avantage important. Elle permet de limiter les remises en question permanentes liées aux fluctuations de marché. Lorsque le *strike* retenu résulte d'une réflexion structurée et correspond à un niveau de prix réellement accepté par l'investisseur, les variations de court terme deviennent plus faciles à gérer. La stratégie gagne alors en stabilité et en discipline.

Le choix du *strike* apparaît ainsi comme une décision profondément personnelle. Les outils d'analyse permettent d'éclairer cette décision, mais ils ne peuvent jamais la remplacer. Chaque investisseur doit définir le niveau de risque qu'il accepte d'assumer et la rémunération qu'il considère suffisante en contrepartie. C'est précisément cette recherche d'équilibre qui donne tout son sens à la stratégie de vente de *puts*.

5.4.f - Le *strike* comme outil de gestion du risque

Il est fréquent que les investisseurs perçoivent le *strike* principalement comme un paramètre influençant le montant de la prime encaissée. Cette vision est compréhensible puisque la rémunération varie directement en fonction du *prix d'exercice* choisi. Pourtant, limiter le rôle du *strike* à cette seule dimension reviendrait à négliger sa fonction la plus importante : la gestion du risque.

En réalité, le *strike* constitue l'un des principaux leviers dont dispose le vendeur de *puts* pour adapter une position à ses objectifs et à sa tolérance au risque. Bien avant l'échéance ou les mouvements futurs du sous-jacent, c'est le choix du *prix d'exercice* qui détermine le profil général de l'opération. Il influence simultanément le niveau de rémunération, la probabilité d'assignation et la marge de sécurité dont bénéficie l'investisseur.

Cette observation mérite d'être soulignée car elle modifie profondément la manière d'aborder la stratégie. L'investisseur ne choisit plus un *strike* dans le seul but de maximiser une prime. Il utilise ce paramètre pour construire une exposition correspondant à sa propre perception du risque. Le *strike* devient alors un véritable outil de pilotage de la position.

Cette approche présente un intérêt particulier dans les périodes de forte volatilité. Lorsque les primes augmentent significativement, la tentation peut être grande de privilégier les *strike*s offrant les rémunérations les plus élevées. Pourtant, le rôle du vendeur de *puts* ne consiste pas uniquement à profiter des opportunités offertes par le marché. Il consiste également à contrôler le niveau d'engagement accepté. Le choix du *strike* permet précisément d'exercer ce contrôle.

Cette capacité d'ajustement constitue l'une des grandes forces de la stratégie. Contrairement à un achat direct d'actions, la vente de *puts* offre la possibilité de définir à l'avance le niveau de prix auquel l'investisseur accepte d'intervenir. Le *strike* devient ainsi un outil permettant d'intégrer simultanément une vision du marché, une appréciation du risque et un objectif d'investissement.

Cette dimension explique pourquoi le choix du *strike* occupe une place centrale dans la construction d'une position. Il ne s'agit pas d'une décision secondaire prise après la sélection du sous-jacent. Il s'agit au contraire d'un élément déterminant de la stratégie, au même titre que le choix de l'entreprise elle-même.

Pour le vendeur de *puts* discipliné, le *strike* représente donc bien davantage qu'un simple chiffre inscrit dans un contrat d'option. Il constitue l'expression concrète de sa gestion du risque. Chaque niveau retenu traduit un équilibre particulier entre rendement attendu, protection recherchée et probabilité d'acquisition du sous-jacent.

Cette réflexion clôt naturellement l'étude du choix du *strike*. Une fois le sous-jacent sélectionné et le *prix d'exercice* déterminé, une nouvelle dimension devient essentielle : le facteur temps. Car la valeur d'une option n'évolue pas uniquement sous l'influence du sous-jacent ou de la *volatilité implicite*. Elle est également affectée par l'écoulement inexorable du temps, phénomène au cœur de la notion de *Theta*.

CE QU'IL FAUT RETENIR

Le choix du *strike* constitue l'une des décisions les plus importantes dans la construction d'une stratégie de vente de *puts*. Bien plus qu'un simple paramètre contractuel, il détermine le prix auquel l'investisseur accepte potentiellement de devenir actionnaire du sous-jacent. À ce titre, il influence directement le profil de risque de l'opération.

Une relation étroite existe entre le niveau du *strike* et la prime proposée par le marché. Plus le *prix d'exercice* se rapproche du cours actuel du sous-jacent, plus la rémunération tend à être importante. Cette prime supplémentaire constitue toutefois la contrepartie d'une probabilité d'assignation plus élevée. À l'inverse, un *strike* plus éloigné procure généralement une marge de sécurité plus confortable mais s'accompagne d'une rémunération plus modeste.

La notion de marge de sécurité occupe une place centrale dans cette réflexion. Le *strike* détermine la distance séparant le cours actuel du niveau auquel l'investisseur s'engage potentiellement à acheter les actions. Cette distance représente une forme de protection contre les fluctuations normales du marché et contribue à la gestion globale du risque.

Le choix du *strike* influence également la probabilité d'assignation. Plus le *prix d'exercice* est proche du cours de marché, plus les chances de devenir actionnaire augmentent. Cette éventualité ne doit jamais être considérée comme un échec de la stratégie. Elle constitue au contraire l'une de ses conséquences naturelles et doit être pleinement acceptée avant l'ouverture de la position.

Il n'existe toutefois aucun *strike* universellement idéal. Le choix dépend avant tout des objectifs poursuivis, de la perception du risque et de l'horizon d'investissement de chacun. Certains investisseurs privilégient des marges de sécurité importantes tandis que d'autres recherchent davantage de rendement. Ces approches différentes traduisent simplement des équilibres différents entre rémunération et risque.

L'enseignement fondamental de ce chapitre est que le *strike* représente avant tout un outil de gestion du risque. Son rôle ne se limite pas à influencer le montant de la prime encaissée. Il permet de construire une position cohérente avec les objectifs de l'investisseur et avec le niveau d'engagement qu'il accepte d'assumer.

Une fois le sous-jacent sélectionné et le *strike* déterminé, la stratégie semble presque complète. Pourtant, un élément essentiel reste encore à prendre en compte : le temps. Car chaque jour qui passe modifie la valeur de l'option. Cette érosion progressive constitue l'un des principaux alliés du vendeur de *puts* et trouve son expression dans une *grecque* particulièrement importante : le *Theta*.

Illustration 5.4 – Choisir le strike : arbitrage entre prime encaissée et probabilité d'assignation

Un strike OTM proche de l'ATM procure une prime plus élevée mais augmente la probabilité d'assignation.

Un strike OTM éloigné de l'ATM réduit la prime mais diminue la probabilité d'assignation.

LE CHOIX DU STRIKE

Lors d'une vente de put, le choix du strike détermine :

- la prime encaissée ;
- la probabilité d'assignation ;
- le rendement potentiel ;
- la marge de sécurité en cas d'assignation.

À échéance donnée, pour un put OTM, plus le strike est éloigné du cours actuel, plus la probabilité d'assignation diminue, mais plus la prime encaissée est faible.

EXEMPLE DE DÉPART

Action : 100 €

Échéance : 45 jours (hypothèse)

DEUX TYPES DE STRIKES OTM POSSIBLES

PUT OTM PROCHE DE L'ATM

Cours actuel : 100 €

Strike : **95 €**

80 € 90 € 100 € 110 € 120 €

Distance : 5 % sous le cours (proche de l'ATM)

VS

PUT OTM ÉLOIGNÉ DE L'ATM

Cours actuel : 100 €

Strike : **85 €**

80 € 90 € 100 € 110 € 120 €

Distance : 15 % sous le cours (éloigné de l'ATM)

COMPARAISON DES CONSÉQUENCES POUR LE VENDEUR DE PUT

Critère	PUT OTM PROCHE DE L'ATM	PUT OTM ÉLOIGNÉ DE L'ATM
Prime encaissée	Élevée ★★★	Faible ★
Probabilité d'assignation	Plus élevée ★★★	Plus faible ★
Rendement potentiel (si non assigné)	Plus élevé ★★★	Plus faible ★

COMPARAISON DIRECTE

PUT OTM PROCHE DE L'ATM

- Exemple : Strike 95 €
- Prime encaissée : élevée
- Probabilité d'assignation : plus élevée

PUT OTM ÉLOIGNÉ DE L'ATM

- Exemple : Strike 85 €
- Prime encaissée : plus faible
- Probabilité d'assignation : plus faible

LE DILEMME DU VENDEUR DE PUT

PUT OTM PROCHE DE L'ATM

Prime plus élevée ↓ Probabilité d'assignation plus élevée

PUT OTM ÉLOIGNÉ DE L'ATM

Prime plus faible ↓ Probabilité d'assignation plus faible

Trouver le bon équilibre entre prime encaissée et probabilité d'assignation.

Risque principal du vendeur de put : être assigné.
En cas d'assignation, vous devez acheter l'action au strike choisi et disposer des liquidités nécessaires.

EXEMPLE CHIFFRÉ – PUT OTM PROCHE DE L'ATM

Cours actuel	100 €
Put vendu – Strike 95 €	95 €
Prime encaissée	4 €
Prix d'acquisition réel si assignation	95 € – 4 € = 91 €
Marge de sécurité réelle	100 € – 91 € = 9 %

Chapitre 5.5
L'érosion du temps : comprendre et exploiter le *Theta*

5.5.a - Le temps : un allié naturel du vendeur de *puts*

Parmi les nombreuses caractéristiques qui distinguent les options des autres instruments financiers, l'une des plus remarquables est sans doute leur relation au temps. Contrairement à une action, qui peut théoriquement être conservée indéfiniment, une option possède une durée de vie limitée. Chaque contrat est associé à une échéance précise au-delà de laquelle il cesse définitivement d'exister.

Cette particularité produit une conséquence fondamentale : la *valeur temps* de l'option diminue progressivement à mesure que l'échéance approche. Chaque jour qui passe réduit légèrement la durée restante du contrat et, par conséquent, une partie de sa valeur. Ce phénomène est connu sous le nom de décroissance temporelle ou érosion du temps.

Pour l'acheteur d'une option, cette réalité constitue généralement un handicap. Même en l'absence de mouvement défavorable du sous-jacent, le simple passage du temps tend à réduire la valeur du contrat. L'acheteur doit donc non seulement avoir raison sur la direction du marché, mais également sur la vitesse à laquelle cette évolution se produira.

La situation est exactement inverse pour le vendeur de *puts*. En vendant une option, l'investisseur se place du côté qui bénéficie naturellement de l'écoulement du temps. Chaque journée qui passe rapproche l'option de son échéance et contribue à réduire une partie de sa valeur. Toutes choses égales par ailleurs, le vendeur voit progressivement diminuer le coût qu'il devrait supporter pour racheter son contrat sur le marché.

Cette caractéristique constitue l'un des fondements économiques de la stratégie. Le vendeur de *puts* n'attend pas nécessairement une hausse du sous-jacent pour obtenir un résultat favorable. Dans de nombreuses situations, une simple stabilité du marché peut suffire. L'érosion naturelle de la *valeur temps* travaille alors progressivement en sa faveur.

Cette dynamique est illustrée par la notion de *Theta*, l'une des *grecques* les plus importantes pour les vendeurs d'options. Le *Theta* mesure précisément l'impact du passage du temps sur la valeur d'un contrat. Il permet de quantifier la perte de valeur quotidienne liée à l'approche de l'échéance.

Comprendre ce mécanisme est essentiel car il modifie profondément la logique de l'investissement. Alors que de nombreuses stratégies reposent principalement sur l'anticipation d'un mouvement de marché, la vente de *puts* bénéficie également d'un phénomène structurel et prévisible : la disparition progressive de la *valeur temps*.

Cette caractéristique explique pourquoi de nombreux investisseurs considèrent le temps comme l'un des principaux alliés du vendeur d'options. Encore faut-il comprendre comment cette érosion se manifeste concrètement et pourquoi elle ne se produit pas de manière uniforme tout au long de la vie du contrat.

5.5.b - Comprendre la *valeur temps* d'une option

Pour comprendre pourquoi le temps constitue un allié naturel du vendeur de *puts*, il est nécessaire de s'intéresser à la notion de *valeur temps*. Cette composante du prix d'une option est souvent moins intuitive que sa valeur intrinsèque, mais elle joue un rôle fondamental dans le fonctionnement des marchés d'options.

Lorsqu'un investisseur achète une option, il acquiert bien davantage qu'un simple droit d'achat ou de vente. Il acquiert également du temps. Ce temps représente la possibilité que certains événements se produisent avant l'échéance du contrat. Plus la durée restante est importante, plus les probabilités d'évolution du sous-jacent sont nombreuses. Cette incertitude possède une valeur qui se retrouve intégrée dans le prix de l'option.

À l'inverse, lorsque l'échéance se rapproche, le nombre de scénarios encore possibles diminue progressivement. Le marché dispose de moins en moins de temps pour voir apparaître des mouvements significatifs du sous-jacent. Cette réduction progressive des possibilités futures se traduit naturellement par une diminution de la *valeur temps* de l'option.

Il est important de comprendre que ce phénomène est inévitable. Contrairement aux variations du sous-jacent ou aux fluctuations de la *volatilité implicite*, qui demeurent largement imprévisibles, l'écoulement du temps suit une trajectoire parfaitement certaine. Chaque jour qui passe rapproche inexorablement l'option de son échéance et réduit la quantité de temps encore disponible.

Cette caractéristique explique pourquoi le vendeur d'options bénéficie d'un avantage structurel particulier. Même lorsque le marché demeure relativement stable, la *valeur temps* continue de diminuer. Cette érosion progressive agit alors dans le sens de la position vendeuse. Plus l'échéance approche, plus la valeur de l'option tend à se contracter, toutes choses égales par ailleurs.

L'*illustration 5.5* met en évidence un aspect particulièrement important de ce phénomène. La décroissance de la *valeur temps* ne s'effectue pas de manière linéaire. Durant les premiers mois de vie d'une option, l'érosion reste relativement progressive. En revanche, à mesure que l'échéance se rapproche, cette diminution tend à s'accélérer. Les dernières semaines de vie du contrat concentrent souvent une part importante de la disparition de la *valeur temps*.

Cette accélération possède des conséquences pratiques importantes pour le vendeur de *puts*. Elle signifie que tous les jours n'ont pas la même valeur. Une journée écoulée plusieurs mois avant l'échéance n'a généralement pas le même impact qu'une journée écoulée dans les dernières semaines précédant l'expiration du contrat. Le rythme de décroissance s'intensifie progressivement à mesure que le temps disponible se réduit.

Cette dynamique constitue l'une des raisons pour lesquelles la gestion du temps occupe une place centrale dans les stratégies optionnelles. Le vendeur de *puts* ne se contente pas d'analyser un sous-jacent ou de sélectionner un *strike*. Il choisit également une durée d'engagement et doit comprendre les conséquences de ce choix sur l'évolution future de sa position.

La *valeur temps* apparaît ainsi comme une ressource qui se consume progressivement jusqu'à disparaître totalement à l'échéance. Pour l'acheteur d'options, cette disparition constitue un coût permanent. Pour le vendeur, elle représente au contraire un mécanisme favorable qui contribue à la rentabilité potentielle de la stratégie. C'est précisément cette évolution que mesure le *Theta*, indicateur essentiel permettant de quantifier l'effet du temps sur la valeur d'une option.

5.5.c - Le *Theta* : mesurer l'effet du temps

Parmi les différentes *grecques* utilisées dans l'analyse des options, le *Theta* occupe une place particulière pour le vendeur de *puts*. Alors que certaines *grecques* mesurent l'impact des variations du sous-jacent ou de la *volatilité implicite*, le *Theta* s'intéresse à un phénomène beaucoup plus simple : l'écoulement du temps.

Le *Theta* mesure la sensibilité du prix d'une option au passage d'une journée supplémentaire. Autrement dit, il cherche à quantifier la perte de valeur que subit théoriquement l'option lorsque toutes les autres variables demeurent inchangées. Cette précision est importante car, dans la réalité, le prix d'une option est influencé simultanément par de nombreux facteurs. Le *Theta* permet simplement d'isoler la contribution spécifique du temps.

Pour l'acheteur d'une option, le *Theta* est généralement perçu comme un adversaire. Chaque journée qui passe réduit une partie de la valeur du contrat. Cette érosion intervient même lorsque le sous-jacent reste parfaitement stable. L'acheteur doit donc composer avec un phénomène qui agit constamment contre lui.

La situation est inverse pour le vendeur de *puts*. Puisqu'il a encaissé une prime lors de l'ouverture de la position, la diminution progressive de la valeur de l'option joue naturellement en sa faveur. Plus le temps passe, plus le coût théorique nécessaire pour racheter la position tend à diminuer, toutes choses égales par ailleurs. Le *Theta* représente ainsi l'un des rares phénomènes prévisibles dont peut bénéficier le vendeur d'options.

Cette caractéristique explique pourquoi le *Theta* est souvent considéré comme un allié naturel du vendeur de *puts*. Contrairement à l'évolution future du marché, qui demeure incertaine, le passage du temps est parfaitement prévisible. Chaque journée écoulée rapproche inexorablement l'option de son échéance et contribue à la disparition progressive de sa *valeur temps*.

Il convient toutefois de ne pas surestimer cette influence. Le *Theta* n'agit jamais seul. Une baisse importante du sous-jacent ou une hausse brutale de la *volatilité implicite* peuvent largement compenser les effets favorables de l'érosion temporelle. Le temps constitue un soutien pour le vendeur, mais il ne constitue pas une garantie de succès. Les autres risques associés à la position demeurent pleinement présents.

L'intérêt du *Theta* réside surtout dans sa capacité à modifier la dynamique générale de la stratégie. Un investisseur achetant des options doit souvent anticiper des mouvements significatifs pour compenser la perte quotidienne liée au temps. Le vendeur de *puts* bénéficie quant à lui d'une situation plus confortable. Dans de nombreux cas, l'absence de mouvement important du marché peut suffire à produire une évolution favorable de la position.

Cette différence explique en partie l'attrait exercé par la vente d'options sur de nombreux investisseurs. Le temps cesse d'être un facteur neutre. Il devient un élément participant activement à la création de valeur potentielle. Plus l'échéance approche, plus cet effet tend à se manifester.

Il est toutefois essentiel de comprendre que le *Theta* n'évolue pas de manière constante. Son impact varie au cours de la vie de l'option et tend généralement à s'intensifier lorsque l'échéance se rapproche. Cette accélération constitue l'une des caractéristiques les plus importantes de la décroissance temporelle et influence directement la manière dont de nombreux vendeurs de *puts* gèrent leurs positions.

5.5.d - Pourquoi l'érosion du temps s'accélère à l'approche de l'échéance

L'étude de la *valeur temps* pourrait laisser penser que celle-ci disparaît de manière régulière tout au long de la vie d'une option. Une telle représentation serait intuitive : si une option perd progressivement sa *valeur temps*, il semblerait logique que cette perte soit répartie uniformément entre la date d'ouverture et la date d'échéance. Pourtant, la réalité est sensiblement différente.

Comme le montre l'*illustration 5.5*, la décroissance temporelle suit généralement une trajectoire courbe et non linéaire. Durant une grande partie de la vie du contrat, la *valeur temps* diminue relativement lentement. En revanche, à mesure que l'échéance se rapproche, la vitesse de cette érosion tend à s'accélérer. Les dernières semaines, et parfois les derniers jours, concentrent souvent une part importante de la disparition de la *valeur temps*.

Cette caractéristique trouve son origine dans la manière dont le marché valorise les possibilités futures. Lorsqu'une option dispose encore de plusieurs mois avant son expiration, de nombreux scénarios demeurent envisageables. Le sous-jacent a le temps de connaître des mouvements importants susceptibles de modifier profondément la situation de l'option. Cette flexibilité possède une valeur que le marché intègre dans le prix du contrat.

À l'inverse, lorsque l'échéance approche, les possibilités d'évolution deviennent progressivement plus limitées. Chaque jour qui passe réduit davantage le nombre de scénarios encore réalisables. À quelques jours seulement de l'expiration, il devient beaucoup plus difficile pour le sous-jacent de connaître des variations suffisamment importantes pour transformer radicalement le profil de l'option. La *valeur temps* restante tend alors à disparaître rapidement.

Cette accélération de l'érosion temporelle constitue l'une des caractéristiques les plus importantes du *Theta*. Le passage d'une journée n'a pas le même impact selon que l'option dispose encore de six mois ou de quelques jours avant son échéance. Plus la durée restante diminue, plus la contribution du temps à la valeur de l'option tend à devenir sensible.

Pour le vendeur de *puts*, cette dynamique présente un intérêt particulier. Elle signifie que la décroissance temporelle devient généralement plus favorable dans la seconde partie de la vie du contrat. Une proportion importante de la *valeur temps* peut disparaître alors même que le sous-jacent ne connaît pas de mouvement significatif. Cette évolution contribue à expliquer pourquoi de nombreux vendeurs accordent une attention particulière à la gestion des positions lorsque l'échéance commence à se rapprocher.

Il convient toutefois de rappeler que cette accélération ne transforme pas automatiquement une position en succès. Les variations du sous-jacent et de la *volatilité implicite* continuent d'exercer une influence importante sur le prix de l'option. Une forte baisse de l'action ou une hausse brutale de la volatilité peut largement contrebalancer les effets favorables du *Theta*. L'érosion temporelle agit comme un soutien, mais elle ne neutralise jamais les autres risques présents dans la position.

Cette observation souligne l'importance d'une approche équilibrée. Le vendeur de *puts* ne doit pas considérer le *Theta* comme une source de profit indépendante, mais comme l'un des facteurs contribuant à l'évolution globale de l'option. Son véritable intérêt réside dans le fait qu'il constitue l'un des rares éléments dont la direction est connue à l'avance : chaque jour rapproche inévitablement le contrat de son échéance.

Cette caractéristique explique pourquoi le temps est souvent présenté comme un allié du vendeur d'options. Encore faut-il savoir comment exploiter cet avantage dans la gestion concrète d'une position. Car l'objectif n'est pas nécessairement de conserver systématiquement une option jusqu'à son expiration. Dans de nombreux cas, une gestion active permet de tirer parti de l'érosion temporelle bien avant l'échéance finale.

5.5.e - Comment exploiter le *Theta* dans une stratégie de vente de *puts*

Comprendre le fonctionnement du *Theta* constitue une première étape importante. Encore faut-il savoir comment intégrer cette connaissance dans la gestion concrète d'une position. En effet, l'intérêt du *Theta* ne réside pas uniquement dans sa définition théorique. Son véritable apport se manifeste dans la manière dont le vendeur de *puts* organise sa stratégie afin de tirer parti de l'érosion du temps.

La première conséquence pratique concerne le choix même de la vente d'options comme stratégie d'investissement. En se positionnant du côté vendeur du contrat, l'investisseur bénéficie naturellement de la disparition progressive de la *valeur temps*. Contrairement à l'acheteur d'options, il n'a pas besoin que le marché évolue rapidement dans une direction précise pour que le temps travaille en sa faveur. Cette asymétrie constitue l'un des fondements économiques de la stratégie.

Toutefois, exploiter le *Theta* ne signifie pas simplement attendre passivement l'échéance. Une approche plus nuancée consiste à observer comment la valeur de l'option évolue au fil du temps et à évaluer régulièrement le rapport entre le gain restant à obtenir et le risque encore supporté.

Cette réflexion devient particulièrement pertinente lorsque la position a déjà capturé une part importante de la prime initialement encaissée. À mesure que le temps passe, la valeur de l'option diminue progressivement. Le vendeur peut alors constater qu'une grande partie du profit potentiel est déjà acquise alors même que plusieurs semaines subsistent avant l'échéance.

Dans une telle situation, le maintien de la position mérite parfois d'être réexaminé. Le risque associé à une variation défavorable du marché demeure présent, tandis que le gain supplémentaire encore disponible devient progressivement plus limité. Le rapport entre risque et rendement potentiel évolue donc au fil du temps et peut justifier certaines décisions de gestion.

Cette logique illustre une réalité souvent méconnue des investisseurs débutants. Le succès d'une stratégie de vente de *puts* ne dépend pas uniquement de la qualité de la sélection initiale. Il dépend également de la manière dont la position est suivie et gérée au cours de sa vie. Le *Theta* contribue à cette réflexion en modifiant progressivement les caractéristiques économiques de l'opération.

L'érosion temporelle peut ainsi être considérée comme une ressource qui se consomme progressivement. Au début de la position, la *valeur temps* disponible est importante. À mesure que les semaines passent, cette réserve diminue. Une partie du travail du vendeur consiste alors à déterminer dans quelles circonstances il est préférable de continuer à attendre et dans quelles situations il devient pertinent d'agir.

Cette approche ne conduit pas nécessairement à une règle unique applicable à toutes les positions. Les décisions dépendront de nombreux facteurs tels que l'évolution du sous-jacent, le niveau de *volatilité implicite*, la durée restante avant l'échéance ou encore les objectifs propres à l'investisseur. L'essentiel consiste à comprendre que le *Theta* n'est pas seulement un concept théorique. Il constitue un élément concret de gestion permettant d'évaluer l'évolution du rapport entre risque et rendement tout au long de la vie de l'option.

Cette réflexion nous conduit naturellement à une question particulièrement importante pour les vendeurs de *puts* : faut-il systématiquement attendre l'échéance ou existe-t-il des situations dans lesquelles un rachat anticipé de la position peut présenter un intérêt ? C'est précisément cette problématique que nous allons examiner dans le chapitre suivant.

5.5.f - Le temps ne fait pas tout

L'étude du *Theta* pourrait conduire à une conclusion simpliste : puisqu'une option perd naturellement de sa valeur avec le temps, il suffirait de vendre des *puts* et d'attendre patiemment leur échéance. Cette vision contient une part de vérité, mais elle ne reflète pas toute la complexité de la gestion des options.

Le temps constitue effectivement un facteur favorable au vendeur. Chaque journée écoulée contribue à réduire la *valeur temps* du contrat et rapproche l'option de son expiration. Cet avantage structurel est réel et représente l'une des principales raisons pour lesquelles de nombreux investisseurs s'intéressent à la vente d'options.

Toutefois, le *Theta* n'agit jamais isolément. Le prix d'une option demeure influencé par plusieurs variables qui peuvent parfois produire des effets beaucoup plus importants que l'érosion temporelle elle-même. Une baisse significative du sous-jacent, une augmentation de la *volatilité implicite* ou l'apparition d'un événement imprévu peuvent modifier profondément l'équilibre de la position.

Cette réalité impose une certaine prudence. Le vendeur de *puts* ne doit pas considérer le *Theta* comme une protection absolue contre les mouvements de marché. Le temps travaille certes dans son sens, mais il ne supprime ni le risque ni l'incertitude. Une position correctement construite demeure avant tout une position dont le niveau de risque est compatible avec les objectifs de l'investisseur.

Cette observation explique pourquoi les investisseurs expérimentés accordent généralement autant d'importance à la gestion du risque qu'à l'exploitation du *Theta*. La qualité du sous-jacent, le choix du *strike*, la *volatilité implicite* ou encore la taille de la position demeurent des éléments tout aussi déterminants que l'écoulement du temps.

Le *Theta* doit donc être envisagé comme un avantage supplémentaire et non comme le fondement exclusif de la stratégie. Il améliore les conditions dans lesquelles le vendeur opère, mais il ne remplace jamais une analyse rigoureuse ni une gestion disciplinée des positions. Cette distinction est essentielle pour éviter de développer un sentiment de sécurité excessif.

En pratique, la vente de *puts* repose sur la combinaison de plusieurs facteurs favorables. Le temps en fait partie, mais il s'inscrit dans un ensemble plus large comprenant la sélection du sous-jacent, l'analyse de la *volatilité implicite* et la construction du profil de risque. C'est la cohérence de l'ensemble qui détermine la qualité de la stratégie.

L'enseignement fondamental de ce chapitre est donc que le *Theta* constitue un allié précieux, mais qu'il ne saurait être considéré comme une solution universelle. Le vendeur de *puts* bénéficie d'un avantage structurel lié à l'écoulement du temps, tout en restant exposé aux réalités du marché. Cette combinaison de facteurs explique à la fois l'intérêt et la complexité de la stratégie.

Une fois ce principe assimilé, il devient possible d'aborder une question pratique particulièrement importante : à quel moment convient-il de clôturer une position profitable ? La réponse à cette interrogation conduit directement à l'étude du rachat anticipé des options et de l'optimisation du rapport entre gain réalisé et risque restant à courir.

CE QU'IL FAUT RETENIR

Le temps constitue l'une des caractéristiques les plus singulières des options financières. Contrairement aux actions, qui peuvent être conservées sans limite de durée, les options possèdent une échéance déterminée. Cette contrainte entraîne une diminution progressive de leur *valeur temps* à mesure que l'expiration du contrat se rapproche.

Cette érosion temporelle agit généralement en défaveur de l'acheteur d'options et en faveur du vendeur. Chaque jour qui passe réduit une partie de la valeur du contrat, toutes choses égales par ailleurs. Le vendeur de *puts* bénéficie ainsi d'un avantage structurel lié à l'écoulement du temps.

La *valeur temps* représente la possibilité que le sous-jacent évolue favorablement pour l'acheteur avant l'échéance. Plus la durée restante est importante, plus cette possibilité possède de valeur. À l'inverse, lorsque l'échéance approche, les scénarios encore envisageables se réduisent progressivement, ce qui entraîne une diminution de la valeur de l'option.

Le *Theta* permet de mesurer cet effet. Cette *grecque* quantifie l'impact théorique du passage du temps sur le prix d'une option. Pour le vendeur de *puts*, elle constitue un indicateur particulièrement important puisqu'elle traduit l'un des principaux moteurs de rentabilité de la stratégie.

L'érosion du temps ne se produit toutefois pas de manière uniforme. La décroissance de la *valeur temps* tend généralement à s'accélérer à mesure que l'échéance se rapproche. Les dernières semaines de vie d'une option concentrent souvent une part importante de cette diminution, phénomène qui influence directement la gestion des positions.

Le *Theta* ne doit cependant jamais être considéré isolément. Les variations du sous-jacent, les évolutions de la *volatilité implicite* et les événements de marché continuent d'exercer une influence importante sur le prix des options. Le temps constitue un allié du vendeur, mais il ne supprime ni le risque ni l'incertitude.

L'enseignement essentiel de ce chapitre est que la vente de *puts* bénéficie d'un avantage structurel lié à la disparition progressive de la *valeur temps*. Cet avantage explique une partie de l'intérêt de la stratégie, mais il doit toujours être intégré dans une approche globale associant sélection rigoureuse des sous-jacents, gestion du risque et discipline d'exécution.

Une fois ce mécanisme compris, une question pratique se pose naturellement : faut-il systématiquement conserver une option jusqu'à son échéance afin de profiter pleinement du *Theta* ? Ou existe-t-il des situations dans lesquelles un rachat anticipé permet d'améliorer le rapport entre rendement obtenu et risque restant ? C'est cette problématique que nous allons désormais examiner.

Illustration 5.5 – Comprendre l'érosion du temps sur un put vendu

Le theta n'est pas linéaire : la majorité de l'érosion temporelle se produit dans les dernières semaines.

LE THETA : L'ALLIÉ DU VENDEUR

En tant que vendeur de put, vous gagnez de l'argent chaque jour grâce à l'érosion du temps (theta).

Mais cette érosion s'accélère à l'approche de l'échéance (convexité du theta).

L'ÉROSION DU TEMPS N'EST PAS LINÉAIRE

Exemple : put vendu, prime initiale = 2,00 € (100 %)

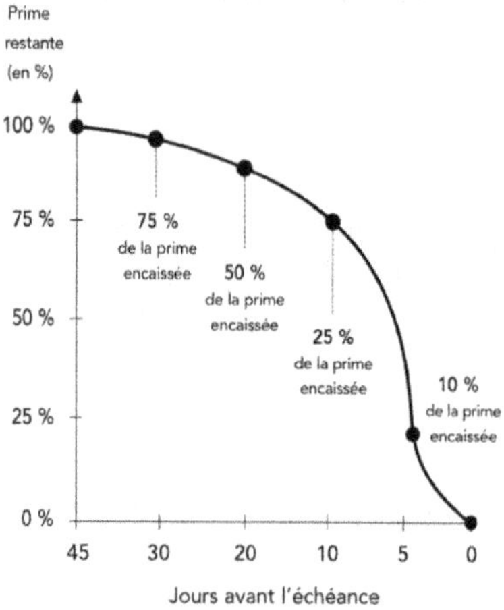

→ La plus grande partie du theta est capturée dans les dernières semaines.

CONVEXITÉ DU THETA

La pente de la courbe s'accentue : plus le temps passe, plus chaque jour fait diminuer rapidement la valeur temps de l'option.

RÈGLE PRATIQUE

De nombreux vendeurs de puts rachètent leur position lorsqu'ils ont capturé :

- **50 % à 75 %** de la prime pour un profil prudent ;
- **75 % à 90 %** pour un profil équilibré ;
- **90 %** ou plus pour un profil plus agressif.

POURQUOI LE THETA EST IMPORTANT ?

Attendre jusqu'au dernier jour n'apporte généralement qu'un gain marginal supplémentaire, alors que le risque d'assignation augmente fortement à l'approche de l'échéance.

Cours actuel	100 €
Put vendu (strike 90 €)	90 €
Prime initiale encaissée	2,00 €
Échéance dans	45 jours

EXEMPLE CHIFFRÉ

JOURS AVANT L'ÉCHÉANCE	% DE PRIME DÉJÀ GAGNÉE	PRIME RESTANTE (en €)	GAIN DÉJÀ RÉALISÉ (en €)	ACTION POSSIBLE
45 jours	0 %	2,00 €	0,00 €	Entrée de position
30 jours	~ 25 %	1,50 €	0,50 €	—
20 jours	~ 50 %	1,00 €	1,00 €	Rachat possible (gain 50 %)
10 jours	~ 75 %	0,50 €	1,50 €	Rachat possible (gain 75 %)
5 jours	~ 90 %	0,20 €	1,80 €	Rachat possible (gain 90 %)
0 jour (échéance)	~ 100 %	0,00 €	2,00 €	Risque d'assignation à l'échéance

INDICATEURS POUR GUIDER VOTRE DÉCISION

POURCENTAGE DE PRIME CAPTURÉE

Objectif courant : 50 % à 90 % de la prime initiale selon votre stratégie.

TEMPS RESTANT JUSQU'À L'ÉCHÉANCE

Moins il reste de temps, moins le gain potentiel supplémentaire est important.

RISQUE D'ASSIGNATION (DB / DELTA)

Si le put devient ITM ou si le delta augmente fortement, le risque d'assignation s'accroît.

ÉVOLUTION DE LA VOLATILITÉ IMPLICITE (IV)

Une baisse de l'IV réduit la prime : c'est souvent un bon moment pour racheter.

Chapitre 5.6
Le moment optimal de rachat : savoir sécuriser ses gains

5.6.a - Faut-il toujours attendre l'échéance ?

L'investisseur qui découvre la vente de *puts* est souvent tenté d'adopter un raisonnement simple. Puisque la stratégie consiste à encaisser une prime et que le temps agit naturellement en faveur du vendeur, il paraît logique de conserver la position jusqu'à son expiration afin de percevoir l'intégralité du gain potentiel. Cette approche présente une certaine cohérence théorique. Pourtant, la pratique conduit souvent à une réflexion plus nuancée.

Une option n'évolue pas de manière linéaire au cours de sa vie. À mesure que le temps passe, une partie croissante de la prime initialement encaissée disparaît. Le vendeur peut ainsi constater que le contrat ne vaut plus qu'une fraction de son prix d'origine alors même que plusieurs semaines subsistent avant l'échéance. Dans ce contexte, la question n'est plus uniquement de savoir combien il reste à gagner, mais également quel risque demeure associé à la position.

Cette réflexion est au cœur de la gestion des options. Une grande partie du profit potentiel peut parfois être réalisée relativement tôt dans la vie du contrat. Le maintien de la position expose alors l'investisseur à des événements futurs dont l'impact pourrait être significatif alors que le gain supplémentaire espéré devient progressivement limité.

Cette situation illustre l'importance du rapport entre rendement résiduel et risque résiduel. Lorsque l'essentiel de la prime a déjà été capturé, chaque journée supplémentaire passée en position doit être évaluée à l'aune de ce qu'elle permet encore de gagner comparativement à ce qu'elle expose encore à perdre. Cette logique conduit de nombreux vendeurs de *puts* à envisager le rachat anticipé comme un outil de gestion plutôt que comme une renonciation à une partie du profit.

Il est important de souligner qu'il n'existe pas de réponse universelle à cette question. Certains investisseurs privilégient systématiquement la conservation jusqu'à l'échéance. D'autres préfèrent sécuriser leurs gains avant l'expiration lorsque certaines conditions sont réunies. Ces approches différentes reflètent avant tout des sensibilités différentes à la gestion du risque.

L'intérêt du rachat anticipé ne réside pas dans la recherche d'une performance maximale sur chaque opération. Il s'inscrit davantage dans une logique de préservation du capital et de gestion efficace des positions. Dans certains cas, accepter de renoncer à une faible partie du gain potentiel peut permettre de réduire sensiblement l'exposition à des risques devenus peu rémunérateurs.

Cette problématique est particulièrement pertinente dans le cadre de la vente de *puts*. Plus la position devient profitable, plus l'investisseur est confronté à un arbitrage délicat entre la poursuite du gain et la sécurisation du résultat déjà obtenu. Comprendre cet arbitrage constitue une étape essentielle dans la maîtrise de la stratégie.

Le vendeur de *puts* ne se contente donc pas de choisir un sous-jacent, une échéance et un *strike*. Il doit également réfléchir aux conditions dans lesquelles il pourrait être pertinent de clôturer sa position avant son terme naturel. Cette réflexion nous conduit directement à la notion de gain capturé, élément central de nombreuses approches de gestion des options.

5.6.b - Le concept de gain capturé

Lorsque l'on évoque la gestion d'une position optionnelle, une notion revient fréquemment chez les vendeurs d'options : celle de gain capturé. Derrière cette expression se cache une idée relativement simple. Il s'agit d'évaluer quelle proportion de la prime initialement encaissée a déjà été conservée grâce à la diminution de la valeur de l'option.

Cette approche repose sur un constat fondamental. Une option vendue ne conserve généralement pas la même valeur tout au long de sa vie. Sous l'effet combiné du temps, de l'évolution du sous-jacent et des variations de *volatilité implicite*, son prix tend à évoluer progressivement. Lorsque cette valeur diminue, le vendeur se rapproche de la réalisation effective de son profit potentiel.

Prenons un exemple simple. Un investisseur vend un *put* et encaisse une prime de 100 euros. Quelques semaines plus tard, l'option ne vaut plus que 20 euros sur le marché. Théoriquement, le vendeur pourrait alors racheter sa position pour ce montant et clôturer l'opération. Il aurait ainsi conservé 80 euros sur les 100 euros initialement encaissés. On dira alors qu'il a capturé 80 % de la prime.

Cette manière de raisonner présente un intérêt considérable. Elle permet de déplacer l'attention du gain maximal théorique vers le gain déjà sécurisé. Au lieu de se demander combien il reste à gagner, l'investisseur s'interroge sur la part du profit qu'il a effectivement transformée en résultat tangible.

Cette distinction est particulièrement importante dans la gestion du risque. Une position ayant déjà capturé une large partie de son profit potentiel peut continuer à être exposée à des événements défavorables susceptibles d'affecter sa valeur. Le vendeur se retrouve alors dans une situation où une fraction relativement modeste du gain reste à conquérir alors qu'une partie significative du risque demeure présente.

L'*illustration 5.6* met précisément en évidence cette réflexion. À mesure que la valeur de l'option diminue, le gain capturé augmente progressivement. Dans le même temps, le potentiel de profit restant se réduit. Cette évolution modifie progressivement le rapport entre la rémunération encore espérée et le risque encore supporté.

Cette observation conduit de nombreux investisseurs à considérer le gain capturé comme un indicateur utile dans la gestion des positions. Non pas parce qu'il fournirait une règle universelle de sortie, mais parce qu'il permet d'apprécier concrètement l'évolution de la position au fil du temps. Il devient alors possible de comparer le profit déjà sécurisé avec le profit encore disponible.

Il convient toutefois de rappeler qu'aucun niveau de gain capturé ne possède une signification absolue. Les décisions de gestion dépendent de nombreux paramètres : la volatilité du sous-jacent, la durée restante avant l'échéance, les conditions de marché ou encore les objectifs de l'investisseur. Le gain capturé constitue un outil d'analyse et non une formule automatique.

Son principal mérite réside dans sa capacité à apporter une perspective différente sur la gestion des options. Au lieu de considérer uniquement le résultat final potentiel, il invite à réfléchir à la manière dont ce résultat se construit progressivement au fil du temps. Cette approche favorise souvent une gestion plus disciplinée et plus rationnelle des positions.

La question devient alors naturelle : à partir de quel moment le gain déjà sécurisé justifie-t-il d'envisager une clôture anticipée ? C'est précisément cette réflexion qui conduit à s'interroger sur la notion de rendement marginal et sur l'intérêt réel de conserver une position dont une grande partie du potentiel a déjà été réalisée.

5.6.c - Quand le risque devient plus important que le gain restant

La gestion d'une position optionnelle conduit progressivement à une question fondamentale : est-il toujours pertinent de conserver une position simplement parce qu'elle n'a pas encore atteint son échéance ? Cette interrogation apparaît généralement lorsque la majeure partie du profit potentiel a déjà été réalisée et que le gain supplémentaire encore accessible devient relativement limité.

À première vue, la réponse semble évidente. Si une option a été vendue pour encaisser une prime, pourquoi renoncer volontairement à la fraction restante de cette rémunération ? Pourtant, cette approche ne tient pas compte d'un élément essentiel : le risque ne disparaît pas nécessairement au même rythme que le potentiel de gain.

Cette asymétrie constitue l'un des aspects les plus intéressants de la gestion des options. Lorsqu'une position a déjà capturé une part importante de la prime initiale, le vendeur peut parfois constater que le profit supplémentaire encore disponible devient relativement faible. Dans le même temps, certains risques demeurent présents. Une annonce inattendue, une publication de résultats, une dégradation soudaine du contexte économique ou une hausse brutale de la *volatilité implicite* peuvent encore affecter significativement la valeur de l'option.

Le rapport entre ce qu'il reste à gagner et ce qu'il reste à risquer évolue donc progressivement au cours de la vie du contrat. Cette évolution est souvent plus importante que la simple question du profit maximal théorique. En effet, une stratégie performante ne consiste pas uniquement à rechercher le gain le plus élevé possible. Elle consiste également à gérer efficacement les risques assumés pour obtenir ce gain.

L'investisseur expérimenté apprend ainsi à observer la position sous un angle différent. Au lieu de raisonner uniquement en termes de profit potentiel restant, il s'interroge sur la qualité de la rémunération encore offerte par la position. Si quelques unités de gain supplémentaires nécessitent de supporter plusieurs semaines d'exposition au marché, la pertinence de ce maintien mérite parfois d'être réévaluée.

Cette réflexion ne signifie évidemment pas qu'il faille systématiquement clôturer une position dès qu'elle devient profitable. Les marchés financiers ne se prêtent pas à des règles universelles. Certaines situations justifient pleinement une conservation jusqu'à l'échéance tandis que d'autres peuvent conduire à privilégier une sortie anticipée. L'essentiel réside dans la capacité à comparer objectivement le gain restant et le risque restant.

Cette logique apparaît clairement dans l'*illustration 5.6*. À mesure que le gain capturé augmente, le potentiel de profit encore disponible diminue. Le vendeur est alors confronté à une décision de gestion consistant à déterminer si le maintien de l'exposition demeure justifié au regard de la rémunération encore espérée.

Cette manière de raisonner présente un avantage important. Elle permet de sortir d'une logique émotionnelle fondée sur la volonté de « récupérer jusqu'au dernier centime » de la prime. L'attention se déplace vers une évaluation plus rationnelle du rapport entre risque et rendement. Cette évolution du raisonnement constitue souvent une étape importante dans la progression d'un investisseur utilisant les options.

La question devient alors non plus « combien puis-je encore gagner ? », mais plutôt « le gain supplémentaire justifie-t-il encore le risque que j'accepte de supporter ? ». C'est précisément cette réflexion qui conduit de nombreux vendeurs de *puts* à envisager le rachat anticipé comme un outil de gestion du risque autant que comme un outil de gestion de la performance.

5.6.d - Le rachat anticipé comme outil de gestion

Le rachat anticipé d'une option est parfois perçu par les investisseurs débutants comme une forme de renoncement. En clôturant une position avant son échéance, le vendeur accepte en effet de ne pas percevoir l'intégralité de la prime théoriquement disponible. Cette décision peut sembler contre-intuitive puisque le temps continue de travailler en sa faveur.

Pourtant, les investisseurs expérimentés envisagent souvent cette opération sous un angle très différent. Le rachat anticipé n'est pas nécessairement un abandon de profit potentiel. Il constitue avant tout un outil de gestion permettant de modifier le profil de risque du portefeuille.

Cette distinction est essentielle. Une fois qu'une grande partie du profit potentiel a été réalisée, l'objectif principal n'est plus toujours de maximiser le rendement de la position. Il peut devenir plus pertinent de protéger le résultat déjà obtenu et de réduire l'exposition à certains événements futurs. Le rachat anticipé permet précisément d'atteindre cet objectif.

Cette démarche repose sur une logique relativement simple. En clôturant une position devenue fortement profitable, l'investisseur transforme un gain latent en gain réalisé. Il élimine simultanément les risques associés à la poursuite de l'opération. Le résultat obtenu cesse alors de dépendre des fluctuations futures du marché ou de la *volatilité implicite*.

Cette sécurisation du résultat présente également un avantage psychologique non négligeable. Une position clôturée ne nécessite plus de surveillance particulière et ne génère plus d'incertitude. Le capital ainsi libéré peut-être réalloué à d'autres opportunités répondant davantage aux critères de sélection définis par l'investisseur.

Le rachat anticipé permet ainsi de considérer les positions optionnelles comme des ressources dynamiques plutôt que comme des contrats devant nécessairement être conservés jusqu'à leur expiration. Cette approche favorise une gestion plus active du portefeuille et permet d'adapter en permanence l'exposition au risque aux conditions de marché.

Il convient néanmoins de rappeler qu'aucune méthode unique ne s'impose à tous les investisseurs. Certains privilégient systématiquement la conservation jusqu'à l'échéance. D'autres accordent davantage d'importance à la sécurisation progressive des gains. Ces approches reflètent des sensibilités différentes face au risque et peuvent toutes deux produire des résultats satisfaisants lorsqu'elles sont appliquées avec discipline.

L'enseignement principal est que le rachat anticipé ne doit pas être analysé comme une simple opération technique. Il constitue un véritable choix de gestion. Son intérêt ne dépend pas uniquement du profit déjà réalisé mais également de l'évolution du rapport entre rendement potentiel et risque résiduel.

Cette réflexion conduit à une question plus large : comment intégrer ces décisions de gestion dans une stratégie cohérente de vente de *puts* ? La réponse passe par une compréhension globale du cycle de vie d'une position, depuis son ouverture jusqu'à sa clôture éventuelle.

5.6.e - La gestion active d'une position de vente de *put*

L'étude du gain capturé et du rachat anticipé met en évidence une réalité importante : la vente de *puts* ne se limite pas à l'ouverture d'une position suivie d'une attente passive jusqu'à l'échéance. Même si certains investisseurs privilégient cette approche, les options offrent également la possibilité d'une gestion plus dynamique adaptée à l'évolution des conditions de marché.

Cette gestion active repose sur une idée simple. Une position n'est pas figée une fois ouverte. Son profil de risque évolue continuellement sous l'effet des variations du sous-jacent, de la *volatilité implicite* et de l'écoulement du temps. Les caractéristiques qui justifiaient l'ouverture de l'opération peuvent ainsi être différentes plusieurs semaines plus tard.

Dans ce contexte, le rôle de l'investisseur ne consiste pas uniquement à surveiller le résultat latent de la position. Il consiste également à évaluer régulièrement si les conditions ayant motivé l'ouverture demeurent toujours présentes. Cette démarche favorise une approche plus réfléchie de la gestion du risque.

L'un des principaux avantages de cette philosophie réside dans sa flexibilité. Une position devenue fortement profitable peut être clôturée afin de sécuriser le résultat obtenu. À l'inverse, certaines situations peuvent conduire à conserver l'option plus longtemps lorsque les conditions de marché continuent d'apparaître favorables. L'objectif n'est pas d'appliquer mécaniquement une règle prédéfinie mais d'adapter les décisions à l'évolution de la situation.

Cette approche exige naturellement davantage de suivi qu'une stratégie consistant à attendre systématiquement l'échéance. Elle impose à l'investisseur d'observer régulièrement ses positions et d'accepter l'idée que la gestion du risque ne s'arrête pas au moment de l'ouverture de l'opération. Cette implication supplémentaire constitue le prix à payer pour bénéficier d'une plus grande souplesse dans la conduite de la stratégie.

La gestion active présente également un intérêt en matière d'allocation du capital. Une position devenue peu rémunératrice au regard du risque encore supporté immobilise des ressources qui pourraient éventuellement être utilisées ailleurs. Le rachat anticipé permet alors non seulement de sécuriser un résultat mais également de redéployer le capital vers d'autres opportunités jugées plus attractives.

Cette logique s'inscrit dans une vision globale du portefeuille. Chaque position doit être évaluée non seulement individuellement mais également en fonction de sa contribution à l'ensemble de la stratégie. Une décision pertinente sur une option particulière peut parfois résulter davantage de considérations liées au portefeuille global que de la seule analyse du contrat concerné.

Il convient toutefois de rappeler qu'une gestion active ne signifie pas une intervention permanente. La multiplication des décisions peut parfois générer davantage de complexité que de valeur. L'objectif demeure de prendre des décisions réfléchies lorsque les circonstances le justifient et non de réagir à chaque fluctuation de marché.

La véritable question devient alors celle de l'objectif poursuivi. L'investisseur cherche-t-il avant tout à maximiser le profit potentiel de chaque position ou préfère-t-il sécuriser progressivement les résultats obtenus ? Cette interrogation se situe au cœur de nombreuses décisions de gestion et mérite d'être examinée plus en détail.

5.6.f - Sécuriser un résultat ou rechercher le gain maximal ?

Toute stratégie d'investissement implique des arbitrages. La vente de *puts* n'échappe pas à cette règle. Lorsqu'une position évolue favorablement, l'investisseur est souvent confronté à un choix délicat : conserver l'option afin d'espérer capter l'intégralité du gain potentiel ou clôturer la position pour sécuriser le résultat déjà obtenu.

Cette décision illustre parfaitement la différence entre rendement théorique et rendement réalisé. Tant que l'option demeure ouverte, le profit reste en partie dépendant de l'évolution future du marché. Une position très profitable aujourd'hui peut voir sa situation se modifier sous l'effet d'événements inattendus. À l'inverse, une fois la position clôturée, le résultat cesse d'être soumis à cette incertitude.

La recherche du gain maximal possède naturellement un certain attrait. Après avoir correctement sélectionné un sous-jacent, choisi un *strike* pertinent et attendu plusieurs semaines, il peut sembler logique de vouloir profiter pleinement de l'intégralité de la prime disponible. Cette approche repose sur une vision cohérente de la stratégie et peut parfaitement convenir à certains investisseurs.

Toutefois, la recherche systématique du dernier euro de profit potentiel n'est pas toujours synonyme d'optimisation du rapport entre rendement et risque. À mesure que le gain capturé augmente, le profit restant à obtenir devient progressivement plus limité. Dans certaines situations, l'exposition résiduelle au marché peut alors apparaître disproportionnée par rapport à la rémunération encore espérée.

Cette observation explique pourquoi de nombreux investisseurs accordent une grande importance à la notion de résultat sécurisé. Ils considèrent qu'une partie importante de la performance d'une stratégie repose non seulement sur la capacité à générer des opportunités mais également sur la capacité à préserver les gains obtenus. Cette philosophie privilégie souvent la régularité à la recherche systématique du rendement maximal.

Il serait toutefois excessif d'opposer ces deux approches. Dans la pratique, elles correspondent davantage à deux sensibilités différentes face au risque qu'à deux écoles irréconciliables. Certains investisseurs privilégient une gestion plus prudente tandis que d'autres acceptent davantage d'incertitude en échange d'un potentiel de gain supérieur. Les deux démarches peuvent être légitimes dès lors qu'elles sont cohérentes avec les objectifs poursuivis.

L'élément essentiel réside dans la cohérence de la méthode employée. Une décision de clôture anticipée ne devrait jamais être dictée par une émotion passagère ou par la peur de perdre un gain latent. Elle devrait résulter d'une réflexion structurée portant sur le rapport entre le rendement encore disponible et le risque encore encouru.

Cette réflexion marque souvent une étape importante dans l'évolution d'un vendeur de *puts*. Avec l'expérience, l'attention se porte moins sur la recherche de la performance maximale sur chaque opération et davantage sur la qualité globale du processus de gestion. L'objectif devient alors de construire une stratégie capable de produire des résultats cohérents et reproductibles dans la durée.

L'étude du rachat anticipé nous conduit ainsi à une vision plus complète de la vente de *puts*. Une position ne se résume pas à son ouverture ou à son échéance. Elle s'inscrit dans un cycle de vie plus large comprenant la sélection du sous-jacent, le choix du *strike*, l'exploitation du temps et la gestion progressive du risque. Cette perspective permet désormais d'aborder l'ensemble de la stratégie comme un processus cohérent allant de la création de l'opportunité jusqu'à sa conclusion.

CE QU'IL FAUT RETENIR

La vente de *puts* ne s'arrête pas au moment de l'ouverture de la position. Une fois la prime encaissée, l'investisseur doit continuer à gérer son exposition au risque en tenant compte de l'évolution du sous-jacent, de la *volatilité implicite* et de l'écoulement du temps.

Le *Theta* joue un rôle central dans cette dynamique. À mesure que l'échéance approche, la *valeur temps* de l'option diminue progressivement, ce qui contribue généralement à réduire le prix du contrat. Cette érosion naturelle agit en faveur du vendeur et constitue l'un des principaux avantages structurels de la stratégie.

Toutefois, le maintien systématique d'une position jusqu'à l'échéance n'est pas toujours la seule approche possible. Lorsque l'essentiel de la prime a déjà été capturé, le gain potentiel restant peut devenir relativement faible au regard du risque encore supporté. Dans ce contexte, le rachat anticipé constitue une option de gestion qu'il peut être pertinent d'envisager.

La notion de gain capturé permet précisément d'apprécier cette évolution. Elle consiste à mesurer la part de la prime initialement encaissée qui a déjà été conservée grâce à la diminution de la valeur de l'option. Cette approche favorise une analyse plus objective du rapport entre rendement potentiel restant et risque résiduel.

Le rachat anticipé ne doit pas être perçu comme un abandon de profit mais comme un outil de gestion du risque. Il permet de transformer un gain latent en gain réalisé, de réduire l'exposition aux événements futurs et de libérer du capital pouvant être réalloué à d'autres opportunités.

Il n'existe toutefois aucune règle universelle concernant le moment idéal pour clôturer une position. Certains investisseurs privilégient la conservation jusqu'à l'échéance tandis que d'autres accordent davantage d'importance à la sécurisation progressive des résultats. Ces approches reflètent des sensibilités différentes face au risque et peuvent toutes deux être cohérentes lorsqu'elles sont appliquées avec discipline.

L'enseignement fondamental de ce chapitre est que la gestion d'une vente de *put* repose sur une évaluation permanente du rapport entre risque et rendement. Plus le profit potentiel restant diminue, plus il devient important de s'interroger sur la pertinence du maintien de la position. Cette réflexion constitue l'un des fondements d'une gestion rigoureuse des options.

La vente de *puts* apparaît ainsi comme un processus complet allant bien au-delà du simple encaissement d'une prime. Depuis la sélection du sous-jacent jusqu'à la clôture éventuelle de la position, chaque étape participe à la construction du résultat final. C'est précisément cette vision d'ensemble que nous allons maintenant examiner à travers le cycle complet d'une vente de *put*.

Illustration 5.6 – Quand racheter son put vendu ?

Racheter son put trop tôt réduit inutilement le gain potentiel, trop tard (à l'échéance du put) augmente le risque d'assignation sans gain supplémentaire significatif.

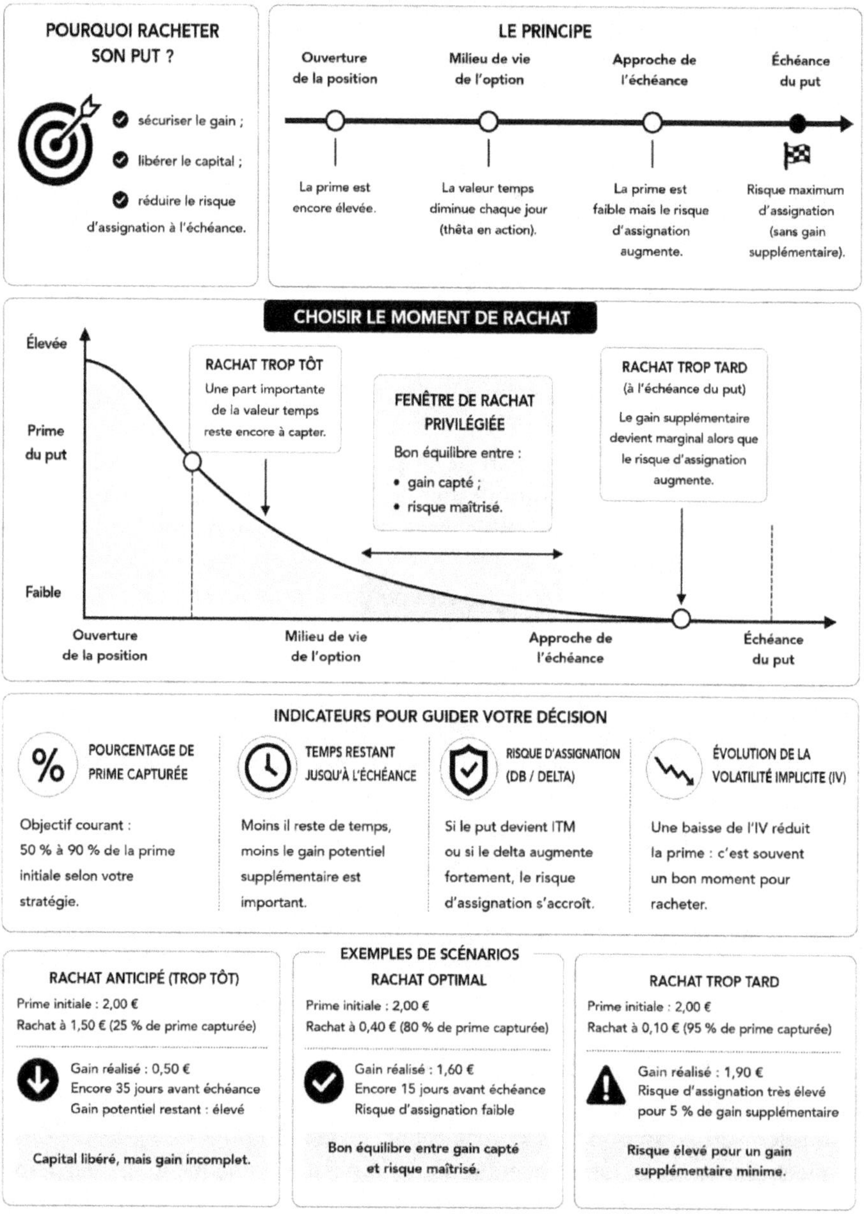

Chapitre 5.7
Le cycle complet d'une vente de *put*

5.7.a - Une stratégie qui s'inscrit dans un processus

Après avoir étudié séparément la sélection du sous-jacent, l'analyse de la *volatilité implicite*, le choix du *strike*, l'influence du temps et la gestion des positions, il est désormais utile de replacer ces différents éléments dans une perspective globale. En effet, la vente de *puts* ne doit pas être envisagée comme une succession de décisions indépendantes mais comme un processus cohérent dont chaque étape influence les suivantes.

Cette vision d'ensemble est importante car elle permet de comprendre que la performance d'une stratégie ne repose généralement pas sur un seul facteur. Un excellent sous-jacent ne compensera pas nécessairement un *strike* inadapté. Une forte *volatilité implicite* ne suffira pas à elle seule à transformer une mauvaise sélection en bonne opportunité. De la même manière, une gestion rigoureuse ne peut corriger totalement les conséquences d'une analyse initiale insuffisante.

Le succès d'une vente de *put* résulte souvent de la cohérence de l'ensemble du processus. Chaque décision contribue à construire progressivement le profil de risque et de rendement de la position. Plus ces décisions sont alignées avec les objectifs de l'investisseur, plus la stratégie gagne en robustesse.

L'*illustration 5.7* représente cette logique sous la forme d'un cycle complet. Elle montre comment une opportunité est progressivement analysée, sélectionnée, mise en œuvre puis gérée jusqu'à sa conclusion. Cette représentation permet de visualiser la continuité existante entre les différentes étapes étudiées dans les chapitres précédents.

La première phase consiste naturellement à identifier un sous-jacent répondant aux critères de sélection retenus. Cette étape constitue le point de départ de la réflexion puisqu'elle détermine l'actif sur lequel portera l'engagement potentiel d'achat. Une fois ce choix effectué, l'analyse de la *volatilité implicite* permet d'évaluer les conditions de rémunération proposées par le marché.

Vient ensuite le choix du *strike*, qui transforme cette réflexion générale en une opération concrète. L'investisseur détermine alors le niveau de prix auquel il accepterait de devenir actionnaire et construit ainsi le profil de risque de sa future position.

Une fois la vente réalisée, la position entre dans une phase de gestion au cours de laquelle le temps, les variations du sous-jacent et l'évolution de la *volatilité implicite* modifient progressivement ses caractéristiques. Le vendeur doit alors surveiller l'évolution du rapport entre risque et rendement afin de déterminer si le maintien de la position demeure pertinent.

Enfin, la stratégie se conclut soit par l'expiration de l'option, soit par son rachat anticipé, soit encore par une éventuelle assignation conduisant à l'acquisition des actions. Chacune de ces issues constitue l'aboutissement normal du processus et doit être envisagée dès l'origine comme une possibilité légitime.

Cette représentation globale permet de mieux comprendre la véritable nature de la vente de *puts*. Il ne s'agit pas simplement d'une transaction isolée mais d'une démarche structurée reposant sur une succession de décisions cohérentes. C'est précisément cette cohérence qui contribue à transformer une opération ponctuelle en une véritable stratégie d'investissement.

5.7.b - De la sélection du titre à l'ouverture de la position

Toute stratégie de vente de *puts* débute bien avant l'ouverture effective de la position. Contrairement à certaines idées reçues, la décision la plus importante n'est souvent pas le moment où l'ordre est transmis au marché, mais l'ensemble des réflexions qui précèdent cette étape.

Le processus commence généralement par la recherche d'un sous-jacent répondant aux critères définis par l'investisseur. Cette phase de sélection constitue le socle de toute la stratégie. Le vendeur de *puts* doit en effet garder à l'esprit qu'il pourrait devenir propriétaire des actions concernées. Le choix de l'entreprise ne peut donc jamais être dissocié de la possibilité d'une assignation future.

Une fois le sous-jacent identifié, l'attention se porte sur les conditions de marché. La *volatilité implicite* joue ici un rôle important puisqu'elle influence directement le niveau des primes proposées. L'investisseur cherche alors à déterminer si la rémunération offerte lui paraît suffisante au regard du risque qu'il envisage d'assumer.

Cette étape ne consiste pas à rechercher systématiquement les primes les plus élevées. Elle vise plutôt à apprécier la manière dont le marché valorise l'incertitude à un instant donné. Une *volatilité implicite* relativement élevée peut parfois créer des conditions particulièrement intéressantes, à condition que cette situation demeure compatible avec les critères de qualité retenus pour le sous-jacent.

Lorsque cette analyse est jugée satisfaisante, l'investisseur peut alors s'intéresser au choix du *strike*. Cette décision est fondamentale puisqu'elle détermine le prix auquel il accepterait potentiellement de devenir actionnaire. Le *strike* traduit ainsi de manière concrète la combinaison entre la perception du risque, l'analyse du titre et les objectifs personnels de l'investisseur.

Le choix de l'échéance vient ensuite compléter la construction de la position. La durée retenue influence à la fois le montant de la prime, la sensibilité au temps et la période pendant laquelle l'investisseur demeure exposé aux fluctuations du marché. *Strike* et échéance forment ainsi les deux paramètres essentiels permettant de transformer une idée d'investissement en une opération optionnelle concrète.

Ce n'est qu'à l'issue de cette phase préparatoire que la vente du *put* intervient véritablement. L'investisseur encaisse alors la prime et entre dans une nouvelle étape du cycle de vie de la position. À partir de ce moment, son attention se déplace progressivement de la sélection vers la gestion.

Cette transition est importante. Tant que l'option n'est pas vendue, le travail consiste principalement à analyser et à sélectionner. Une fois la position ouverte, il s'agit désormais d'observer son évolution et de gérer les différents facteurs susceptibles d'influencer son résultat final.

L'ouverture de la position ne marque donc pas l'aboutissement du processus. Elle constitue au contraire le point de départ d'une nouvelle phase au cours de laquelle le temps, le sous-jacent et la *volatilité implicite* vont progressivement remodeler les caractéristiques de l'option vendue.

5.7.c - La vie de l'option : temps, volatilité et évolution du sous-jacent

Une fois la position ouverte, une nouvelle phase débute. L'investisseur a sélectionné son sous-jacent, choisi son *strike*, déterminé son échéance et encaissé sa prime. La stratégie entre alors dans sa phase la plus longue : celle durant laquelle l'option évolue sous l'influence des différents facteurs de marché.

Contrairement à une idée parfois répandue, la valeur d'une option ne suit pas une trajectoire simple ou prévisible. Trois forces principales agissent simultanément sur la position : l'évolution du sous-jacent, les variations de la *volatilité implicite* et l'écoulement du temps. Chacune de ces composantes peut influencer le résultat final et leur interaction explique une grande partie de la richesse des stratégies optionnelles.

L'évolution du sous-jacent constitue naturellement le facteur le plus visible. Une hausse du cours de l'action tend généralement à favoriser le vendeur de *puts* puisque l'option s'éloigne progressivement de son *prix d'exercice*. À l'inverse, une baisse rapproche le sous-jacent du *strike* et augmente potentiellement le risque d'assignation. Cette relation directe explique pourquoi l'analyse du titre demeure importante bien après l'ouverture de la position.

La *volatilité implicite* continue également d'exercer une influence significative. Une augmentation de la volatilité tend généralement à accroître la valeur de l'option, ce qui peut temporairement pénaliser le vendeur souhaitant racheter sa position. À l'inverse, une diminution de la volatilité contribue souvent à réduire le prix du contrat et favorise ainsi la rentabilité de l'opération. Les mouvements de volatilité peuvent parfois produire des effets importants même lorsque le cours du sous-jacent varie peu.

Enfin, le temps poursuit son œuvre de manière inexorable. Chaque journée écoulée réduit légèrement la *valeur temps* de l'option et contribue à l'érosion progressive de la prime. Cet effet, mesuré par le *Theta*, constitue l'un des rares éléments dont la direction est connue à l'avance. Quelle que soit l'évolution du marché, l'échéance se rapproche continuellement.

La combinaison de ces trois facteurs explique pourquoi la gestion d'une position optionnelle ne peut jamais être réduite à l'observation d'un seul indicateur. Une hausse du sous-jacent peut être compensée par une augmentation de la volatilité. Une diminution de la *valeur temps* peut être neutralisée par une baisse importante du marché. Chaque position évolue sous l'effet simultané de plusieurs influences parfois convergentes, parfois contradictoires.

Cette réalité souligne l'importance d'une vision globale. Le vendeur de *puts* ne cherche pas à contrôler chacun de ces paramètres individuellement. Il cherche plutôt à construire une position dont le profil général demeure compatible avec ses objectifs malgré les fluctuations normales du marché. Cette approche permet d'éviter une focalisation excessive sur les mouvements quotidiens et favorise une gestion plus sereine de la stratégie.

À mesure que les semaines passent, ces différents facteurs modifient progressivement la valeur de l'option. La prime diminue ou augmente, le risque évolue et le gain potentiel se transforme peu à peu en résultat concret. L'investisseur se rapproche alors du moment où il devra décider de la manière dont la position sera conclue.

Cette étape finale peut prendre plusieurs formes. L'option peut expirer sans valeur, être rachetée avant son échéance ou conduire à une assignation et à l'acquisition des actions sous-jacentes. Ces différentes issues ne constituent pas des événements exceptionnels mais les conclusions naturelles du cycle de vie d'une vente de *put*.

5.7.d - Les différentes issues possibles d'une vente de *put*

Toute position optionnelle possède une caractéristique commune : elle finit toujours par trouver une conclusion. Quelle que soit la qualité de l'analyse initiale ou la durée pendant laquelle la position est conservée, l'investisseur se dirige inévitablement vers l'une des différentes issues prévues par le contrat. Comprendre ces scénarios constitue une étape importante car ils font pleinement partie de la logique de la stratégie.

La première issue possible est l'expiration sans valeur de l'option. Cette situation se produit lorsque le sous-jacent demeure au-dessus du *strike* à l'échéance. Dans ce cas, l'acheteur du *put* n'a aucun intérêt à exercer son droit de vente et le contrat disparaît naturellement. Le vendeur conserve alors l'intégralité de la prime encaissée à l'ouverture de la position. Cette situation est souvent perçue comme le scénario idéal par de nombreux investisseurs puisqu'elle permet de réaliser le gain maximal prévu par l'opération.

La seconde possibilité est le rachat anticipé de l'option avant son échéance. Comme nous l'avons vu dans le chapitre précédent, cette décision relève d'un choix de gestion. L'investisseur décide alors de clôturer volontairement sa position en rachetant le contrat sur le marché. Cette opération permet de sécuriser tout ou partie du gain déjà réalisé et de supprimer immédiatement l'exposition aux risques futurs associés à la position. Le rachat anticipé ne constitue pas une anomalie de la stratégie. Il représente au contraire l'une des modalités normales de gestion d'une option vendue.

Enfin, la troisième issue correspond à l'assignation. Dans ce cas, le vendeur est amené à acquérir les actions sous-jacentes au *prix d'exercice* convenu. Cette situation survient généralement lorsque le cours du sous-jacent se situe sous le *strike* à l'échéance. Bien que certains investisseurs débutants perçoivent cette éventualité comme un échec, elle constitue en réalité l'une des conséquences naturelles de la vente de *puts*.

Cette précision est importante. Une assignation ne signifie pas nécessairement que l'opération est mauvaise. Tout dépend du prix auquel les actions sont acquises, de la qualité du sous-jacent et des objectifs poursuivis lors de l'ouverture de la position. Lorsque le titre a été sélectionné avec rigueur et que le *strike* correspond à un niveau de prix jugé attractif, l'assignation peut parfaitement s'intégrer dans une stratégie cohérente de constitution ou de renforcement d'une position action.

L'expérience montre d'ailleurs que les investisseurs les plus à l'aise avec la vente de *puts* sont souvent ceux qui ont pleinement accepté cette éventualité dès l'origine. Ils ne considèrent pas l'assignation comme un risque à éviter à tout prix mais comme l'une des conclusions possibles de leur démarche d'investissement. Cette acceptation contribue largement à la sérénité avec laquelle ils gèrent leurs positions.

Ces trois issues rappellent une réalité fondamentale : la vente de *puts* ne vise pas uniquement à encaisser des primes. Elle consiste à gérer un ensemble de scénarios potentiels dont chacun possède sa propre logique économique. L'expiration, le rachat anticipé et l'assignation ne sont pas des événements exceptionnels. Ils représentent simplement différentes manières pour la stratégie d'arriver à son terme.

Cette vision globale permet de mieux comprendre la cohérence du processus présenté dans l'*illustration 5.7*. Depuis la sélection initiale du sous-jacent jusqu'à la conclusion de la position, chaque étape participe à la construction d'un cadre décisionnel destiné à gérer rationnellement le risque et la rémunération. La véritable réussite de la stratégie ne réside pas dans l'obtention systématique d'une issue particulière, mais dans la capacité à rendre chacune d'elles acceptable au regard des objectifs poursuivis.

5.7.e - Une stratégie fondée sur la répétition et la discipline

Lorsqu'elle est observée isolément, une vente de *put* peut sembler relativement simple. Un investisseur sélectionne un sous-jacent, vend une option, encaisse une prime puis attend l'une des issues possibles du contrat. Cette description est exacte, mais elle ne reflète qu'une partie de la réalité.

La véritable nature de la stratégie apparaît lorsqu'elle est envisagée dans la durée. Une vente de *put* ne constitue généralement pas un événement unique destiné à produire un résultat exceptionnel. Elle s'inscrit davantage dans une logique de répétition au cours de laquelle un même processus est appliqué à de multiples reprises sur des opportunités différentes.

Cette perspective est essentielle car elle modifie profondément la manière d'évaluer les résultats. Une opération individuelle peut connaître une issue moins favorable que prévu malgré une analyse rigoureuse. À l'inverse, une décision imparfaite peut parfois produire un excellent résultat sous l'effet de circonstances favorables. La qualité de la stratégie ne se mesure donc pas à travers une seule transaction mais à travers la cohérence de l'ensemble du processus appliqué sur une longue période.

Cette observation conduit naturellement à accorder une importance particulière à la discipline. Plus le processus de sélection et de gestion est appliqué de manière constante, plus les résultats obtenus reflètent réellement la qualité de la méthode employée. À l'inverse, des décisions prises sous l'effet de l'émotion ou de l'improvisation rendent l'évaluation beaucoup plus difficile.

La discipline joue également un rôle important dans la gestion des différentes issues possibles de la stratégie. Une assignation occasionnelle, par exemple, ne remet pas nécessairement en cause la pertinence de l'approche. Elle constitue simplement l'une des conséquences prévues du contrat. Ce qui importe davantage est la manière dont cette situation s'intègre dans la logique globale du portefeuille et dans les objectifs poursuivis par l'investisseur.

Cette vision à long terme permet également de mieux comprendre le rôle de la gestion du risque. L'objectif n'est pas d'éviter toute perte ni de rechercher systématiquement la rentabilité maximale sur chaque position. Il consiste à construire une démarche capable de produire des résultats cohérents tout en maintenant une exposition au risque compatible avec les objectifs de l'investisseur.

Dans cette perspective, chaque vente de *put* devient une étape parmi d'autres dans un processus plus vaste. Le résultat individuel de l'opération conserve naturellement son importance, mais il ne constitue plus l'unique critère d'évaluation. L'attention se porte davantage sur la qualité des décisions prises et sur leur cohérence avec la stratégie globale.

Cette philosophie contribue à expliquer pourquoi la vente de *puts* est souvent présentée comme une activité reposant davantage sur la discipline que sur la prédiction. L'investisseur ne cherche pas à anticiper parfaitement les mouvements futurs du marché. Il cherche à appliquer méthodiquement un processus lui permettant d'intervenir dans des conditions qu'il estime favorables et de gérer ensuite les conséquences de ses décisions avec cohérence.

Le cycle complet présenté dans ce chapitre illustre précisément cette logique. Chaque étape possède sa propre importance, mais c'est leur articulation qui donne tout son sens à la stratégie. La vente de *puts* apparaît ainsi non comme une succession d'opérations indépendantes, mais comme une démarche structurée reposant sur la répétition disciplinée d'un même processus de décision.

5.7.f - Comprendre le cycle pour mieux maîtriser la stratégie

L'étude du cycle complet d'une vente de *put* permet de prendre du recul sur les différents mécanismes abordés dans cette partie de l'ouvrage. Pris isolément, chacun de ces éléments possède sa propre logique. La sélection du sous-jacent, l'analyse de la *volatilité implicite*, le choix du *strike* ou encore la gestion du temps peuvent être étudiés séparément. Pourtant, leur véritable intérêt apparaît lorsqu'ils sont envisagés comme les composantes d'un même processus.

Cette vision globale constitue l'un des principaux facteurs de progression pour l'investisseur utilisant les options. Les débutants ont souvent tendance à focaliser leur attention sur un élément particulier de la stratégie. Certains recherchent avant tout les primes les plus élevées. D'autres concentrent leurs efforts sur le choix du *strike* ou sur l'évolution du sous-jacent. Avec l'expérience, la compréhension devient généralement plus nuancée. L'attention se déplace progressivement vers la cohérence de l'ensemble du cycle.

Cette évolution est importante car elle permet de mieux appréhender la nature réelle de la vente de *puts*. La stratégie ne repose pas sur la capacité à prédire parfaitement les marchés. Elle repose davantage sur la capacité à construire des positions dont les différentes issues demeurent acceptables au regard des objectifs poursuivis. Cette approche réduit naturellement la dépendance à l'égard d'un scénario unique et favorise une gestion plus sereine de l'incertitude.

Comprendre le cycle complet permet également de mieux identifier le rôle joué par chaque décision. Le choix du sous-jacent influence la qualité potentielle de l'investissement. Le niveau de *volatilité implicite* conditionne en partie la rémunération proposée. Le *strike* détermine le profil de risque. Le temps contribue à l'évolution de la valeur de l'option. La gestion de la position permet enfin d'adapter la stratégie aux conditions de marché. Chacun de ces éléments agit sur le résultat final sans qu'aucun ne puisse être considéré isolément comme la clé unique du succès.

Cette perspective favorise également une approche plus disciplinée de l'investissement. Lorsqu'un processus est clairement défini, il devient plus facile de distinguer les décisions rationnelles des réactions émotionnelles. L'investisseur dispose alors d'un cadre de référence lui permettant d'évaluer ses choix avec davantage d'objectivité.

Le cycle présenté dans ce chapitre ne doit toutefois pas être interprété comme une procédure figée. Les marchés évoluent constamment et chaque investisseur développe progressivement ses propres habitudes, ses préférences et ses méthodes de travail. La valeur de ce schéma réside avant tout dans sa capacité à structurer la réflexion et à mettre en évidence les principales étapes qui jalonnent la vie d'une position.

L'enseignement essentiel est que la vente de *puts* constitue une stratégie complète dont chaque phase mérite une attention particulière. Une bonne sélection ne dispense pas d'une gestion rigoureuse. Une gestion efficace ne compense pas toujours une mauvaise sélection initiale. C'est l'enchaînement cohérent de l'ensemble des décisions qui contribue à la robustesse de la démarche.

À ce stade, nous avons étudié les principaux mécanismes pratiques de la vente de *puts*. Il reste toutefois à approfondir un sujet déjà évoqué à plusieurs reprises : celui des *grecques*. Ces indicateurs permettent de mesurer la sensibilité d'une option aux différentes variables qui influencent sa valeur. Bien qu'ils soient parfois perçus comme des outils techniques réservés aux spécialistes, ils apportent en réalité un éclairage particulièrement utile à tout vendeur de *puts* souhaitant mieux comprendre les risques associés à ses positions.

CE QU'IL FAUT RETENIR

La vente de *puts* doit être envisagée comme un processus complet et non comme une simple transaction isolée. Chaque position suit un cycle de vie comprenant plusieurs étapes successives, depuis la sélection du sous-jacent jusqu'à la conclusion finale de l'opération.

La première phase consiste à identifier un sous-jacent répondant aux critères de l'investisseur. Cette sélection est essentielle car le vendeur doit toujours envisager la possibilité de devenir actionnaire du titre concerné. L'analyse de la *volatilité implicite* permet ensuite d'évaluer les conditions de rémunération proposées par le marché.

Le choix du *strike* et de l'échéance transforme cette réflexion en une position concrète. Ces paramètres déterminent le profil de risque de l'opération ainsi que les conditions dans lesquelles une éventuelle assignation pourrait se produire.

Une fois la position ouverte, sa valeur évolue sous l'influence de trois facteurs principaux : le cours du sous-jacent, la *volatilité implicite* et l'écoulement du temps. L'interaction de ces éléments explique les variations du prix de l'option tout au long de sa vie.

La stratégie peut ensuite connaître différentes issues. L'option peut expirer sans valeur, être rachetée avant son échéance ou conduire à une assignation. Chacune de ces situations constitue un dénouement normal de la vente de *puts* et doit être envisagée dès l'ouverture de la position.

La qualité de la stratégie repose moins sur le résultat d'une opération isolée que sur la capacité à appliquer avec discipline un processus cohérent au fil du temps. La sélection des opportunités, la gestion du risque et la constance dans l'exécution jouent souvent un rôle plus important que la recherche d'une performance exceptionnelle sur une transaction particulière.

L'enseignement fondamental de ce chapitre est que la vente de *puts* constitue une démarche structurée associant analyse, sélection, gestion et discipline. C'est la cohérence de l'ensemble du processus qui contribue à la robustesse de la stratégie bien davantage qu'une décision individuelle prise à un moment donné.

Une fois cette vision globale acquise, il devient pertinent d'approfondir les outils permettant de mesurer les sensibilités d'une option aux différentes variables qui influencent sa valeur. Ces outils sont connus sous le nom de *grecques* et constituent un langage commun utilisé par les professionnels pour analyser et gérer les positions optionnelles.

Illustration 5.7 – Le cycle complet de la vente de put

De l'analyse initiale jusqu'à la sortie de position.

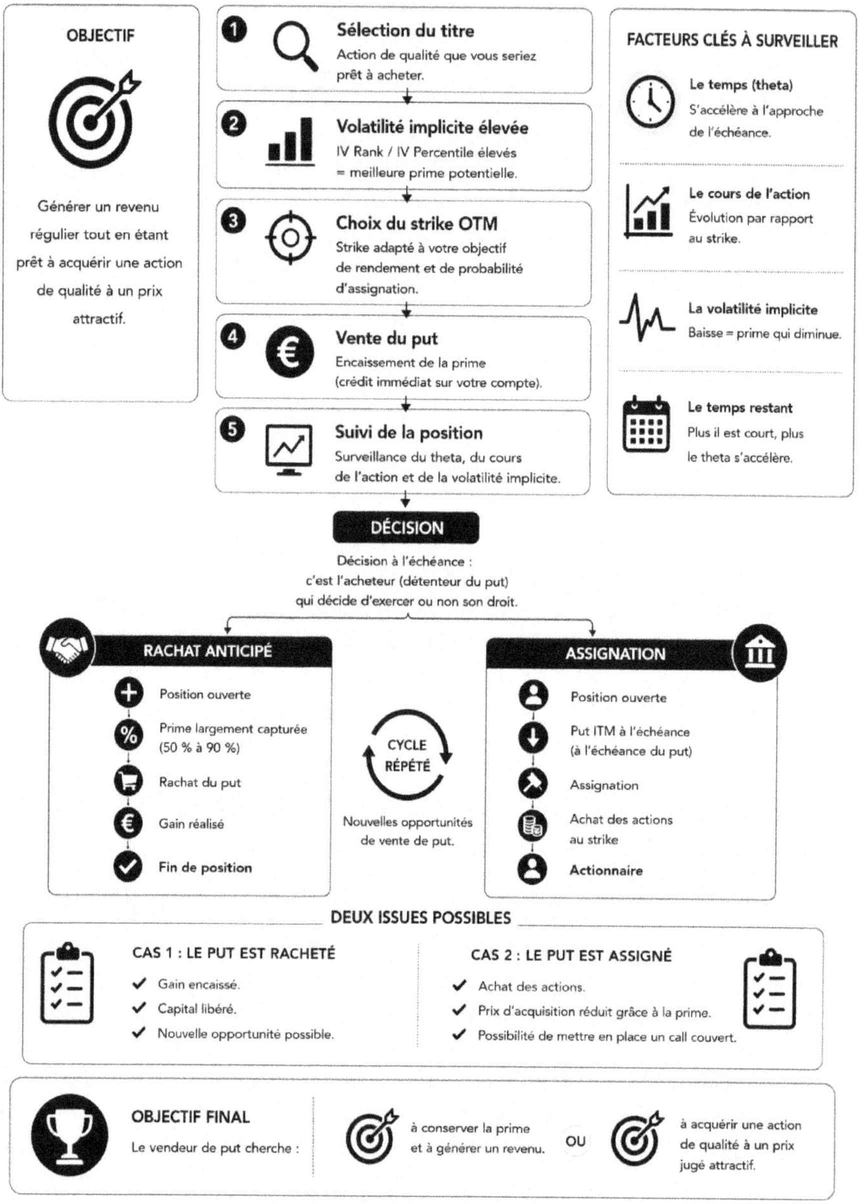

Chapitre 5.8
Les *grecques* : comprendre les sensibilités d'une option

5.8.a - Pourquoi les *grecques* existent-elles ?

Au cours des chapitres précédents, nous avons étudié plusieurs facteurs influençant la valeur d'une option. Nous avons vu que le prix du sous-jacent joue un rôle déterminant. Nous avons également constaté que la *volatilité implicite* peut modifier sensiblement la valeur d'un contrat, parfois même en l'absence de variation importante du marché. Enfin, nous avons analysé l'effet du temps et l'impact de l'érosion progressive de la *valeur temps* sur les positions optionnelles.

Ces différents éléments soulèvent naturellement une question. Comment mesurer précisément l'influence de chacun de ces facteurs sur le prix d'une option ?

C'est précisément pour répondre à cette problématique que les *grecques* ont été développées. Derrière cette appellation parfois intimidante se cache en réalité un ensemble d'indicateurs destinés à mesurer la sensibilité d'une option aux principales variables qui influencent sa valeur.

L'objectif des *grecques* n'est pas de prédire l'avenir. Elles ne permettent pas de savoir dans quelle direction évoluera le marché ni d'anticiper avec certitude la rentabilité future d'une position. Leur rôle est beaucoup plus concret. Elles permettent de comprendre comment une option réagit lorsqu'une variable particulière se modifie.

Cette approche présente un intérêt considérable pour l'investisseur. Au lieu d'observer uniquement le prix d'une option, il devient possible d'identifier les facteurs qui expliquent ses variations. Les *grecques* apportent ainsi une lecture plus fine du risque associé à une position.

Pour un vendeur de *puts*, cette compréhension est particulièrement utile. La valeur d'une option peut évoluer pour des raisons très différentes. Une hausse du sous-jacent, une diminution de la *volatilité implicite* ou simplement l'écoulement du temps peuvent toutes contribuer à une évolution favorable de la position. Les *grecques* permettent précisément de distinguer l'influence respective de ces différents phénomènes.

Cette capacité d'analyse explique pourquoi les *grecques* occupent une place centrale dans l'univers professionnel des options. Elles constituent un langage commun permettant de décrire les caractéristiques d'une position avec davantage de précision que la simple observation du gain ou de la perte latente.

Il convient toutefois de conserver une approche pragmatique. Les *grecques* peuvent rapidement devenir un sujet très technique lorsqu'elles sont abordées sous un angle mathématique. Or tel n'est pas l'objectif de cet ouvrage. Pour le vendeur de *puts*, l'enjeu n'est pas de maîtriser l'ensemble des subtilités théoriques de ces indicateurs. Il s'agit avant tout de comprendre ce qu'ils mesurent, comment ils influencent une position et dans quelles situations ils peuvent apporter une aide à la décision.

Dans cette perspective, cinq *grecques* occupent une place particulière : le *Delta*, le *Gamma*, le *Theta*, le *Vega* et le *Rhô*. Chacune mesure une sensibilité spécifique et apporte un éclairage complémentaire sur le comportement d'une option.

Parmi elles, certaines jouent un rôle quotidien dans la gestion d'une vente de *put* tandis que d'autres demeurent plus secondaires. Il est donc naturel de commencer par la plus connue et sans doute la plus utilisée de toutes : le *Delta*.

5.8.b - Le *Delta* : la sensibilité au mouvement du sous-jacent

Le *Delta* est généralement la première *grecque* étudiée par les investisseurs découvrant les marchés d'options. Cette importance s'explique facilement. Parmi tous les facteurs influençant la valeur d'une option, l'évolution du sous-jacent demeure souvent le plus visible et le plus intuitif.

Le *Delta* mesure la sensibilité du prix d'une option aux variations du cours du sous-jacent. Autrement dit, il cherche à estimer dans quelle proportion la valeur de l'option est susceptible de réagir lorsqu'une variation du cours de l'action se produit.

Cette définition peut paraître abstraite à première vue. Pourtant, son interprétation est relativement simple. Le *Delta* permet d'apprécier l'intensité avec laquelle une option réagit aux mouvements du marché. Plus sa valeur est élevée en valeur absolue, plus l'option est sensible aux variations du sous-jacent.

Pour le vendeur de *puts*, cette information présente un intérêt immédiat. Elle permet de comprendre dans quelle mesure la position est exposée aux fluctuations du titre concerné. Deux options portant sur la même action mais présentant des *strike*s ou des échéances différentes peuvent ainsi réagir très différemment à un même mouvement de marché.

Le *Delta* possède également une seconde utilité souvent appréciée des investisseurs. Il fournit une indication approximative de la probabilité que l'option termine *dans la monnaie* à l'échéance. Bien qu'il ne s'agisse pas de sa fonction première, cette interprétation pratique est largement utilisée dans l'univers des options pour apprécier le niveau relatif de risque associé à une position.

Cette caractéristique explique pourquoi le *Delta* intervient fréquemment dans le choix du *strike*. En observant cette *grecque*, l'investisseur obtient une indication supplémentaire concernant le degré d'exposition qu'il accepte d'assumer. Le *Delta* devient ainsi un outil d'aide à la construction du profil de risque de la position.

Il convient néanmoins de rappeler que le *Delta* n'est pas une valeur fixe. Il évolue continuellement au gré des mouvements du sous-jacent, de l'approche de l'échéance et des variations de *volatilité implicite*. Une option peut ainsi présenter aujourd'hui un *Delta* très différent de celui qu'elle affichera quelques semaines plus tard.

Cette évolution permanente constitue précisément l'une des limites d'une analyse reposant exclusivement sur le *Delta*. Une position optionnelle est dynamique par nature. Sa sensibilité aux mouvements du marché change constamment. Pour comprendre cette évolution, il est nécessaire d'introduire une seconde *grecque* : le *Gamma*.

Alors que le *Delta* mesure la sensibilité actuelle d'une option, le *Gamma* permet de comprendre à quelle vitesse cette sensibilité elle-même est susceptible de varier.

5.8.c - Le *Gamma* : comprendre l'évolution du *Delta*

Après avoir découvert le *Delta*, une question apparaît naturellement. Si cette *grecque* mesure la sensibilité d'une option aux mouvements du sous-jacent, cette sensibilité reste-t-elle constante au cours du temps ? La réponse est non.

Le *Delta* évolue en permanence. Une variation du cours de l'action, un rapprochement de l'échéance ou encore certaines modifications de la *volatilité implicite* peuvent entraîner des changements parfois significatifs dans la manière dont une option réagit aux mouvements du marché. C'est précisément cette évolution que mesure le *Gamma*.

Le *Gamma* indique la vitesse à laquelle le *Delta* est susceptible de varier. Alors que le *Delta* décrit la sensibilité actuelle de l'option, le *Gamma* permet d'apprécier la stabilité de cette sensibilité. Il apporte ainsi une dimension supplémentaire à l'analyse du risque.

Cette notion peut paraître abstraite lorsqu'elle est présentée sous un angle théorique. Pourtant, son utilité pratique est relativement simple à comprendre. Une option présentant un *Gamma* élevé verra généralement son *Delta* évoluer rapidement lorsque le sous-jacent se déplace. À l'inverse, un *Gamma* plus faible traduit souvent une sensibilité plus stable aux variations du marché.

Pour le vendeur de *puts*, cette information est particulièrement intéressante lorsque l'option se rapproche de son *prix d'exercice*. Dans cette zone, de faibles mouvements du sous-jacent peuvent parfois modifier sensiblement le comportement de la position. Le risque devient alors moins linéaire et nécessite une attention accrue.

Cette caractéristique explique pourquoi les options proches du *strike* et proches de l'échéance présentent souvent les comportements les plus dynamiques. À ce stade, le marché cherche constamment à réévaluer la probabilité que l'option termine *dans la monnaie* ou hors de la monnaie. De petites variations du sous-jacent peuvent alors produire des effets disproportionnés sur certaines sensibilités de l'option.

Heureusement, pour la majorité des vendeurs de *puts* orientés vers une approche patrimoniale ou de génération de revenus, le *Gamma* n'est généralement pas la *grecque* la plus importante à surveiller au quotidien. Son rôle consiste davantage à rappeler qu'une position optionnelle n'est jamais figée. Les sensibilités évoluent au fil du temps et les caractéristiques d'une option peuvent être très différentes entre son ouverture et son échéance.

Cette observation est particulièrement pertinente dans les dernières semaines de vie du contrat. À mesure que l'échéance approche, le *Gamma* tend à gagner en importance tandis que les réactions de l'option deviennent potentiellement plus marquées. Cette évolution explique pourquoi certains investisseurs renforcent leur vigilance lorsque leurs positions arrivent en fin de cycle.

Pour autant, le *Gamma* demeure souvent une *grecque* secondaire pour le vendeur de *puts* comparativement à d'autres indicateurs plus directement liés à la rentabilité de la stratégie. Son principal intérêt réside dans sa capacité à rappeler que les sensibilités d'une option évoluent continuellement et qu'aucune position n'est véritablement statique.

Parmi les facteurs qui influencent le plus directement la rentabilité d'une vente de *put* figure notamment l'écoulement du temps. Cette dimension est mesurée par le *Theta*, une *grecque* particulièrement importante pour les vendeurs d'options puisqu'elle permet de quantifier l'érosion progressive de la *valeur temps* au fil des jours.

5.8.d - Le *Theta* : l'influence du temps sur la valeur de l'option

Parmi toutes les *grecques* étudiées dans l'univers des options, le *Theta* occupe une place particulière pour le vendeur de *puts*. Alors que le *Delta* mesure l'impact des mouvements du sous-jacent et que le *Vega* s'intéresse aux variations de *volatilité implicite*, le *Theta* quantifie l'effet du temps sur la valeur d'une option.

Cette sensibilité est fondamentale car le temps constitue une ressource qui s'écoule de manière irréversible. Chaque journée qui passe rapproche l'option de son échéance et réduit progressivement la *valeur temps* intégrée dans son prix. Le *Theta* mesure précisément l'intensité de cette érosion.

Concrètement, le *Theta* indique la variation théorique de la valeur d'une option résultant du simple passage du temps, toutes choses égales par ailleurs. Autrement dit, il cherche à isoler l'effet du calendrier en supposant que le cours du sous-jacent, la *volatilité implicite* et les autres paramètres demeurent inchangés.

Pour le vendeur de *puts*, cette caractéristique présente un intérêt particulier. Contrairement à l'acheteur d'option, qui voit généralement la *valeur temps* jouer contre lui, le vendeur bénéficie le plus souvent de cette érosion progressive. Chaque jour écoulé réduit une partie de la valeur de l'option qu'il a vendue, ce qui contribue potentiellement à améliorer la rentabilité de sa position.

Cette réalité explique pourquoi le *Theta* est souvent considéré comme l'un des principaux alliés du vendeur d'options. Une position peut parfois devenir plus favorable sans qu'aucun mouvement significatif du sous-jacent ne se produise, simplement parce que le temps poursuit son cours naturel.

Il convient toutefois de souligner que l'érosion temporelle n'est pas linéaire. Comme nous l'avons étudié précédemment, la majeure partie de la *valeur temps* disparaît dans les dernières semaines précédant l'échéance. Le *Theta* tend ainsi à gagner en importance à mesure que l'option approche de sa date d'expiration.

Cette accélération produit plusieurs conséquences pratiques. D'une part, elle explique pourquoi certains vendeurs de *puts* choisissent de racheter leur position avant l'échéance après avoir capturé une part importante de la prime. D'autre part, elle contribue à justifier une surveillance accrue des contrats en fin de vie, période durant laquelle certaines sensibilités peuvent évoluer plus rapidement.

Le *Theta* ne doit cependant pas être considéré isolément. Une position peut bénéficier de l'érosion du temps tout en subissant simultanément l'effet défavorable d'une baisse du sous-jacent ou d'une hausse de la *volatilité implicite*. Comme toutes les *grecques*, il constitue un outil d'analyse parmi d'autres et non une garantie de performance.

Pour autant, son importance demeure considérable dans une stratégie de vente de *puts*. Là où certaines *grecques* représentent essentiellement des sources de risque à surveiller, le *Theta* traduit l'un des avantages structurels dont bénéficie le vendeur d'options. Comprendre son fonctionnement permet ainsi de mieux saisir pourquoi le temps constitue souvent un allié précieux dans ce type de stratégie.

Après avoir étudié l'influence du sous-jacent à travers le *Delta*, l'évolution de cette sensibilité avec le *Gamma* et l'effet du temps grâce au *Theta*, il convient désormais de nous intéresser à une autre variable majeure : la *volatilité implicite*, dont l'impact est mesuré par le *Vega*.

5.8.e - Le *Vega* : la sensibilité à la *volatilité implicite*

Parmi les différentes *grecques* utilisées dans l'univers des options, le *Vega* occupe une place particulière pour le vendeur de *puts*. Alors que le *Delta* s'intéresse aux variations du sous-jacent et que le *Theta* mesure l'effet du temps, le *Vega* permet d'évaluer l'impact des variations de *volatilité implicite* sur la valeur d'une option.

Cette *grecque* est particulièrement importante car la *volatilité implicite* constitue l'un des principaux moteurs de valorisation des options. Comme nous l'avons vu précédemment, une hausse de la *volatilité implicite* tend généralement à augmenter le prix des options, tandis qu'une baisse contribue à le réduire. Le *Vega* mesure précisément l'intensité de cette réaction.

Concrètement, le *Vega* indique dans quelle proportion la valeur d'une option est susceptible d'évoluer lorsqu'une variation de la *volatilité implicite* se produit. Plus le *Vega* est élevé, plus l'option est sensible aux changements de perception du risque par le marché. À l'inverse, un *Vega* plus faible traduit une moindre dépendance à l'égard des fluctuations de volatilité.

Pour le vendeur de *puts*, cette information revêt une importance particulière. Lorsqu'une option est vendue dans un environnement de forte *volatilité implicite*, une baisse ultérieure de cette volatilité peut devenir une source supplémentaire de profit. Dans ce cas, le vendeur bénéficie simultanément de l'érosion du temps et de la diminution de la valeur de l'option provoquée par le recul de la *volatilité implicite*.

Cette situation explique pourquoi de nombreux investisseurs accordent une attention particulière au niveau de *volatilité implicite* avant l'ouverture d'une position. Une option vendue lorsque le marché valorise fortement l'incertitude dispose parfois d'un potentiel supplémentaire si cette perception du risque se normalise par la suite.

Il convient toutefois de rappeler que l'évolution de la *volatilité implicite* demeure largement imprévisible. Contrairement au temps, qui s'écoule selon une trajectoire parfaitement connue, la volatilité peut augmenter ou diminuer brutalement en fonction de l'actualité économique, des résultats d'entreprise ou du sentiment général des investisseurs. Le *Vega* mesure une sensibilité, mais il ne permet pas d'anticiper la direction future de cette variable.

Cette caractéristique explique pourquoi les mouvements de *volatilité implicite* peuvent parfois surprendre les investisseurs débutants. Il arrive qu'une position évolue défavorablement malgré une stabilité relative du sous-jacent, simplement parce que le marché a brutalement réévalué son niveau d'incertitude. À l'inverse, certaines positions profitent d'une baisse rapide de la *volatilité implicite* même en l'absence d'un mouvement significatif de l'action.

Le *Vega* rappelle ainsi une réalité essentielle des marchés d'options : la valeur d'un contrat dépend non seulement de ce qui se produit sur le marché, mais également de la manière dont le marché perçoit les risques futurs. Cette distinction constitue l'une des spécificités majeures des produits optionnels par rapport aux investissements plus traditionnels.

Pour le vendeur de *puts*, le *Vega* représente donc une source potentielle d'opportunités mais également un facteur de risque supplémentaire. Comprendre cette sensibilité permet d'interpréter plus correctement certaines évolutions du prix des options et d'éviter d'attribuer systématiquement tous les mouvements observés aux seules variations du sous-jacent.

Après le *Delta*, le *Gamma*, le *Theta* et le *Vega*, il reste une dernière *grecque* traditionnellement présentée dans les modèles d'évaluation des options : le *Rhô*. Son influence est généralement plus discrète, mais elle mérite néanmoins d'être brièvement évoquée afin de compléter la compréhension des principales sensibilités optionnelles.

5.8.f - Le *Rhô* : l'influence des taux d'intérêt

Comparé au *Delta*, au *Theta* ou au *Vega*, le *Rhô* occupe souvent une place beaucoup plus discrète dans les discussions consacrées aux options. Cette relative discrétion s'explique par le fait que son impact est généralement moins visible dans la gestion quotidienne d'une position. Pourtant, comme les autres *grecques*, il mesure une sensibilité bien réelle.

Le *Rhô* indique l'effet théorique d'une variation des taux d'intérêt sur la valeur d'une option. Autrement dit, il cherche à mesurer dans quelle proportion le prix d'un contrat pourrait évoluer si les taux venaient à augmenter ou à diminuer.

Cette relation trouve son origine dans les modèles d'évaluation des options. Les taux d'intérêt influencent la valeur actualisée des flux financiers futurs et participent ainsi, parmi d'autres paramètres, à la détermination du prix théorique des contrats optionnels. Une modification des taux entraîne donc mécaniquement un ajustement de cette valorisation.

Dans la pratique, l'influence du *Rhô* est généralement beaucoup moins marquée que celle des autres *grecques* étudiées précédemment. Les mouvements quotidiens du sous-jacent, les variations de *volatilité implicite* ou encore l'érosion du temps produisent souvent des effets bien plus importants sur la valeur d'une option. Pour cette raison, de nombreux vendeurs de *puts* accordent relativement peu d'attention au *Rhô* dans leur gestion courante.

Cela ne signifie pas pour autant que cette *grecque* soit dénuée d'intérêt. Son influence tend à devenir plus visible dans certaines situations particulières, notamment lorsque les échéances sont longues ou lorsque les taux d'intérêt connaissent des variations importantes. Dans ces contextes, le *Rhô* peut contribuer de manière plus significative à l'évolution du prix des options.

Pour l'investisseur utilisant principalement des stratégies de vente de *puts* sur des échéances relativement courtes ou intermédiaires, le *Rhô* demeure cependant un facteur secondaire. Il est utile d'en connaître l'existence et la signification, mais il occupe généralement une place moins centrale dans le processus de décision que le *Delta*, le *Theta* ou le *Vega*.

Cette hiérarchie des sensibilités est importante. L'objectif n'est pas de suivre simultanément toutes les *grecques* avec la même intensité. Il consiste plutôt à identifier celles qui exercent l'influence la plus importante sur la stratégie mise en œuvre. Dans le cadre d'une vente de *puts*, certaines sensibilités méritent naturellement davantage d'attention que d'autres.

L'étude du *Rhô* complète ainsi le panorama des principales *grecques* utilisées dans l'univers des options. Chacune apporte un éclairage spécifique sur le comportement d'une position et contribue à une meilleure compréhension des mécanismes qui influencent sa valeur. Reste désormais à déterminer lesquelles de ces sensibilités méritent réellement l'attention du vendeur de *puts* dans sa pratique quotidienne.

5.8.g - Les *grecques* surveiller réellement lorsque l'on vend des *puts*

Après avoir découvert les principales *grecques* utilisées dans l'univers des options, une question pratique se pose naturellement. Le vendeur de *puts* doit-il suivre simultanément l'ensemble de ces indicateurs ou certaines sensibilités méritent-elles davantage d'attention que d'autres ?

D'un point de vue théorique, chaque *grecque* apporte une information utile. Chacune mesure une composante spécifique du risque et contribue à une meilleure compréhension du comportement d'une option. Toutefois, dans la pratique, toutes n'exercent pas la même influence sur une stratégie de vente de *puts*. Pour la plupart des investisseurs, trois *grecques* occupent une place centrale : le *Delta*, le *Theta* et le *Vega*.

Le *Delta* permet d'apprécier l'exposition de la position aux variations du sous-jacent. Comme la vente de *puts* demeure avant tout une stratégie liée à un actif sous-jacent, cette sensibilité constitue un élément essentiel de l'analyse du risque. Elle renseigne directement sur la manière dont la valeur de l'option est susceptible de réagir aux mouvements du marché.

Le *Theta* représente quant à lui l'un des principaux moteurs de rentabilité de la stratégie. Le vendeur de *puts* bénéficie généralement de l'érosion progressive de la *valeur temps* et le *Theta* permet de mesurer cet effet. Cette *grecque* joue donc un rôle particulier puisqu'elle traduit l'un des avantages structurels dont dispose le vendeur d'options par rapport à l'acheteur.

Le *Vega* complète cette analyse en mettant en évidence l'impact des variations de *volatilité implicite*. Cette sensibilité est particulièrement importante lorsque la stratégie repose en partie sur la vente d'options dans des périodes où le marché valorise fortement l'incertitude. Comprendre l'influence du *Vega* permet alors d'interpréter correctement certaines évolutions de prix qui ne s'expliquent pas uniquement par les mouvements du sous-jacent.

Le *Gamma* mérite également d'être connu, mais son importance est souvent plus limitée dans une approche classique de vente de *puts*. Son rôle principal consiste à rappeler que les sensibilités d'une option évoluent constamment et que le *Delta* lui-même n'est jamais figé. Cette information devient surtout pertinente lorsque l'échéance approche ou lorsque le sous-jacent se rapproche du *strike*.

Le *Rhô*, enfin, demeure généralement la *grecque* la moins suivie par les vendeurs de *puts* utilisant des échéances courantes. Son influence existe, mais elle reste souvent secondaire par rapport aux effets du sous-jacent, du temps et de la *volatilité implicite*.

Cette hiérarchisation présente un avantage important. Elle évite à l'investisseur de se perdre dans une accumulation excessive d'informations techniques. L'objectif n'est pas de surveiller en permanence une multitude d'indicateurs mais de comprendre les principaux facteurs qui influencent réellement la position.

Avec l'expérience, de nombreux investisseurs cessent d'ailleurs de considérer les *grecques* comme des outils isolés. Ils apprennent progressivement à les intégrer dans une vision globale de la stratégie. Le *Delta* devient alors une mesure de l'exposition au marché, le *Theta* une mesure de l'effet du temps et le *Vega* une mesure de la sensibilité à l'incertitude. Cette approche permet de relier directement les *grecques* aux mécanismes économiques étudiés dans les chapitres précédents.

L'important n'est donc pas de mémoriser chaque définition de manière académique. Il est davantage de comprendre quelles sont les forces qui influencent une position et comment ces forces interagissent entre elles. Les *grecques* fournissent simplement un langage permettant de décrire ces phénomènes avec davantage de précision.

Pour le vendeur de *puts*, elles constituent ainsi moins un outil de spéculation qu'un outil de compréhension et de gestion du risque. Leur véritable valeur réside dans leur capacité à éclairer les décisions plutôt qu'à les remplacer.

CE QU'IL FAUT RETENIR

Les *grecques* sont des indicateurs destinés à mesurer la sensibilité d'une option aux principales variables qui influencent sa valeur. Leur objectif n'est pas de prédire l'évolution future du marché mais d'aider l'investisseur à comprendre les mécanismes qui expliquent les variations du prix d'un contrat.

Le *Delta* mesure la sensibilité de l'option aux mouvements du sous-jacent. Il permet d'apprécier l'exposition de la position aux variations du marché et constitue souvent l'une des *grecques* les plus suivies par les vendeurs de *puts*.

Le *Gamma* mesure la vitesse à laquelle le *Delta* évolue. Il rappelle qu'une option est un instrument dynamique dont les sensibilités changent continuellement au fil du temps et des mouvements du sous-jacent.

Le *Theta* quantifie l'effet du temps sur la valeur de l'option. Pour le vendeur de *puts*, il représente l'un des principaux avantages structurels de la stratégie puisque l'érosion progressive de la *valeur temps* agit généralement en sa faveur.

Le *Vega* mesure l'impact des variations de *volatilité implicite*. Cette *grecque* joue un rôle particulièrement important dans les périodes où le marché modifie fortement sa perception du risque et de l'incertitude.

Le *Rhô* mesure la sensibilité aux taux d'intérêt. Bien que son influence soit réelle, elle demeure souvent plus limitée que celle des autres *grecques* dans le cadre des stratégies de vente de *puts* les plus couramment utilisées.

Dans la pratique, le vendeur de *puts* n'a pas nécessairement besoin de suivre toutes les *grecques* avec la même intensité. Le *Delta*, le *Theta* et le *Vega* constituent généralement les indicateurs les plus utiles pour comprendre l'évolution quotidienne d'une position et apprécier les principaux risques associés à la stratégie.

L'enseignement essentiel de ce chapitre est que les *grecques* ne doivent pas être perçues comme des outils mathématiques complexes réservés aux spécialistes. Elles constituent avant tout un langage permettant de mieux comprendre le comportement des options et les facteurs qui influencent leur valeur.

À ce stade, nous disposons désormais de l'ensemble des connaissances nécessaires pour comprendre le fonctionnement d'une vente de *put*, depuis la sélection du sous-jacent jusqu'à la gestion du risque. Il devient alors possible d'aborder la partie suivante de l'ouvrage, consacrée à la mise en œuvre concrète de la stratégie et à son intégration dans une démarche d'investissement cohérente.

Illustration 5.8 – Les grecques au service du vendeur de put

Comprendre quelles grecques influencent réellement une stratégie de vente de puts.

UNE MÊME POSITION, CINQ FORCES À SURVEILLER

Le prix d'une option évolue sous l'effet :

- du cours du sous-jacent
- du temps
- de la volatilité implicite
- de la sensibilité du delta
- des taux d'intérêt

Ces sensibilités sont mesurées par les grecques.

LES GRECQUES ET LE VENDEUR DE PUT

GRECQUE	CE QU'ELLE MESURE	IMPORTANCE POUR LE VENDEUR DE PUT
Θ Theta	Effet du temps (érosion de la valeur temps)	★★★★★
V Vega	Effet de la volatilité implicite	★★★★☆
Δ Delta	Effet du cours du sous-jacent (sensibilité directionnelle)	★★★☆☆
Γ Gamma	Variation du delta (sensibilité du delta)	★★☆☆☆
ρ Rho	Effet des taux d'intérêt	★☆☆☆☆

THETA – L'ALLIÉ DU VENDEUR

- Chaque jour qui passe réduit la valeur temps.
- Le vendeur bénéficie de cette érosion.
- Plus l'échéance approche, plus l'effet s'accélère.

VEGA – LA PRIME DÉPEND DE LA VOLATILITÉ

- Une IV élevée augmente la prime.
- Une baisse ultérieure de l'IV favorise souvent le vendeur.
- Le Vega est l'une des grecques les plus importantes avant l'ouverture de la position.

DELTA – LE CHOIX DU STRIKE

- Le delta aide à choisir un strike.
- Un delta élevé signifie avantage de risque d'assignation.
- Beaucoup de vendeurs utilisent le delta comme filtre de sélection.

GAMMA – LE RISQUE DE FIN DE VIE

- Le gamma augmente fortement près de l'échéance.
- Le delta devient plus instable.
- Cela explique pourquoi certains vendeurs rachètent leurs puts avant expiration.

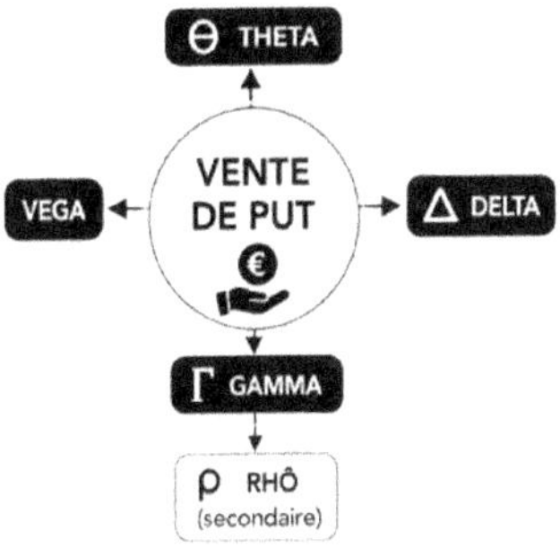

CE QUE LE VENDEUR DE PUT SURVEILLE EN PRIORITÉ

1. Theta
2. Vega
3. Delta
4. Gamma
5. Rho

Chapitre 5.9
Vers une approche systématique de la vente de *puts*

5.9.a - Pourquoi structurer la prise de décision ?

À mesure que l'investisseur progresse dans sa compréhension des options, une réalité s'impose progressivement. La difficulté ne réside pas uniquement dans la maîtrise des concepts techniques. Elle réside également dans la capacité à prendre des décisions cohérentes et reproductibles au fil du temps.

Cette observation est particulièrement importante dans le domaine de la vente de *puts*. Les marchés financiers génèrent en permanence de nouvelles opportunités, de nouvelles informations et de nouvelles incertitudes. Face à cette abondance de données, le risque est grand de modifier continuellement ses critères d'analyse ou de laisser les émotions influencer les décisions.

La peur, l'avidité, l'excès de confiance ou encore la volonté de compenser rapidement une perte récente peuvent parfois conduire à des choix insuffisamment réfléchis. Ces biais comportementaux ne concernent pas uniquement les investisseurs débutants. Ils accompagnent tous les acteurs des marchés financiers, quel que soit leur niveau d'expérience.

C'est précisément pour limiter l'influence de ces facteurs que de nombreux investisseurs mettent en place des cadres décisionnels structurés. L'objectif n'est pas de supprimer totalement la subjectivité ni de transformer l'investissement en activité mécanique. Il s'agit plutôt d'introduire une forme de discipline permettant d'améliorer la cohérence des décisions.

Cette démarche présente plusieurs avantages. Elle favorise la régularité dans l'application de la stratégie, facilite l'évaluation des résultats et réduit le risque de prendre des décisions impulsives sous l'effet des circonstances du moment. Elle permet également de mieux distinguer les situations répondant réellement aux critères recherchés de celles qui paraissent attractives uniquement en raison d'événements ponctuels.

Cette recherche de cohérence constitue souvent l'une des principales différences entre une approche occasionnelle des marchés et une démarche véritablement structurée. L'investisseur cesse alors de réagir aux événements au cas par cas pour s'appuyer sur un processus de réflexion préalablement défini.

Cette évolution ne conduit pas nécessairement à l'utilisation d'outils complexes. Pour certains investisseurs, une simple liste de contrôle suffit. D'autres préfèrent des méthodes plus élaborées intégrant plusieurs indicateurs ou critères d'analyse. Les formes peuvent varier, mais l'objectif demeure identique : améliorer la qualité et la cohérence de la prise de décision.

Cette réflexion conduit naturellement à une question essentielle. Lorsqu'il s'agit de sélectionner une opportunité de vente de *put*, est-il pertinent de se concentrer sur un seul indicateur ou convient-il au contraire d'adopter une vision plus globale ?

5.9.b - Du critère isolé à la vision d'ensemble

L'investisseur découvrant les options est souvent tenté de rechercher l'indicateur capable de résumer à lui seul la qualité d'une opportunité. Certains privilégient la *volatilité implicite*. D'autres accordent une importance particulière au *Delta*, au rendement potentiel ou à la qualité fondamentale du sous-jacent. Cette démarche est compréhensible car elle simplifie considérablement l'analyse.

La réalité des marchés financiers est toutefois rarement aussi simple. Aucun indicateur ne possède à lui seul la capacité de résumer l'ensemble des dimensions d'une opération. Chaque critère apporte un éclairage partiel sur la situation étudiée. Pris isolément, il risque de conduire à une vision incomplète de la réalité.

Une *volatilité implicite* élevée peut offrir des primes attractives tout en reflétant des inquiétudes légitimes concernant le sous-jacent. Une entreprise de grande qualité peut présenter une valorisation peu favorable à un instant donné. Un *Delta* faible peut réduire le risque d'assignation mais s'accompagner d'une rémunération limitée. Chaque indicateur possède ses avantages et ses limites.

Cette diversité explique pourquoi les investisseurs expérimentés adoptent généralement une approche plus globale. Au lieu de rechercher une réponse unique, ils cherchent à confronter plusieurs informations complémentaires afin de construire une vision plus équilibrée de la situation.

Cette démarche repose sur une logique relativement simple. Plus une décision s'appuie sur des éléments variés et cohérents entre eux, plus elle tend à être robuste face à l'incertitude. L'objectif n'est pas d'accumuler un nombre excessif d'indicateurs mais d'intégrer les informations les plus pertinentes dans un cadre de réflexion cohérent.

Cette approche présente également l'avantage de limiter certains biais d'analyse. Lorsqu'un investisseur se concentre exclusivement sur un seul critère, il risque de négliger des éléments importants susceptibles de modifier son appréciation de la situation. Une vision d'ensemble favorise au contraire une évaluation plus nuancée du rapport entre risque et rendement.

La vente de *puts* illustre particulièrement bien cette nécessité. Une opportunité intéressante résulte rarement d'un seul facteur favorable. Elle est généralement le produit de plusieurs éléments convergents : qualité du sous-jacent, niveau de *volatilité implicite*, choix du *strike*, durée d'engagement et cohérence avec les objectifs poursuivis.

Cette recherche d'une vision globale a conduit de nombreux investisseurs à développer des méthodes permettant de structurer et d'organiser leur analyse. Parmi celles-ci figurent notamment les systèmes de notation, dont le principe consiste à agréger plusieurs critères au sein d'un cadre décisionnel plus formalisé.

5.9.c - La logique des systèmes de notation

Face à la diversité des informations disponibles sur les marchés financiers, de nombreux investisseurs ont progressivement développé des méthodes destinées à structurer leur processus de sélection. Parmi ces approches figurent les systèmes de notation, dont l'objectif consiste à organiser l'analyse autour d'un ensemble de critères préalablement définis.

Le principe général est relativement simple. Au lieu d'évaluer chaque opportunité de manière entièrement subjective, l'investisseur identifie plusieurs éléments qu'il considère importants dans son processus de décision. Chaque critère est ensuite examiné afin de déterminer dans quelle mesure il contribue à la qualité globale de l'opportunité étudiée.

Cette démarche présente un avantage évident. Elle permet de réduire le risque de focalisation excessive sur un seul facteur. Une prime particulièrement attractive ou une *volatilité implicite* élevée peuvent parfois attirer l'attention au point de masquer certaines faiblesses. En intégrant plusieurs dimensions de l'analyse, le système de notation favorise une vision plus équilibrée de la situation.

Les critères retenus peuvent naturellement varier selon les objectifs de chacun. Certains investisseurs accordent une importance particulière à la qualité fondamentale du sous-jacent. D'autres privilégient davantage les caractéristiques propres au marché des options, telles que la *volatilité implicite*, la liquidité ou le niveau de rémunération proposé. Il n'existe pas de modèle unique applicable à toutes les situations.

Cette diversité constitue d'ailleurs l'une des principales forces de ces approches. Un système de notation n'a pas vocation à imposer une méthode universelle. Il sert avant tout à traduire de manière structurée les préférences, les objectifs et les contraintes de l'investisseur qui l'utilise.

Il convient toutefois de conserver une certaine prudence. La qualité d'un système de notation dépend moins de sa sophistication que de sa cohérence. Une accumulation excessive de critères ou de calculs complexes ne garantit pas nécessairement une meilleure prise de décision. Dans certains cas, elle peut même rendre l'analyse plus difficile à interpréter.

L'objectif n'est pas de transformer l'investissement en exercice bureaucratique. Il s'agit plutôt de disposer d'un cadre permettant de comparer les opportunités selon des critères homogènes et d'améliorer la régularité du processus de sélection.

Cette approche présente également un intérêt important en matière de discipline. Lorsque les règles d'analyse sont définies à l'avance, il devient plus facile de résister à certaines réactions émotionnelles. L'investisseur dispose alors d'un référentiel lui permettant d'évaluer une situation avec davantage d'objectivité.

Les systèmes de notation constituent ainsi une première étape vers une démarche plus systématique de la vente de *puts*. Ils permettent de structurer l'analyse sans pour autant prétendre éliminer totalement la subjectivité. Leur rôle est d'éclairer la décision, non de s'y substituer.

À mesure que les marchés financiers se sont développés et que les outils informatiques sont devenus plus accessibles, certains investisseurs sont allés plus loin encore dans cette logique. Ils ont cherché à automatiser une partie de leur analyse en s'appuyant sur des modèles quantitatifs et des approches algorithmiques destinés à agréger un grand nombre d'informations au sein d'un même cadre décisionnel.

5.9.d - Les approches quantitatives et algorithmiques

L'évolution des technologies et la disponibilité croissante des données financières ont profondément transformé les méthodes d'analyse utilisées par de nombreux investisseurs. Là où les décisions reposaient autrefois principalement sur une appréciation qualitative, il est désormais possible d'intégrer une quantité importante d'informations dans des outils d'aide à la décision plus élaborés.

Cette évolution a favorisé le développement d'approches quantitatives visant à structurer davantage le processus de sélection. Le principe général consiste à combiner plusieurs critères au sein d'un cadre d'analyse cohérent afin d'obtenir une vision synthétique d'une opportunité donnée.

Dans le domaine de la vente de *puts*, les informations susceptibles d'être intégrées dans ce type d'approche sont nombreuses. La *volatilité implicite*, l'*IV Rank*, l'*IV Percentile*, le *Delta*, la liquidité des contrats, le rendement potentiel ou encore certaines caractéristiques du sous-jacent peuvent constituer autant de variables entrant dans l'analyse.

L'objectif n'est pas nécessairement de produire une décision automatique. Dans la majorité des cas, ces outils servent davantage à organiser l'information qu'à remplacer le jugement humain. Ils permettent de comparer rapidement un grand nombre d'opportunités et d'identifier celles qui méritent une analyse plus approfondie.

Cette démarche présente un avantage particulièrement intéressant dans les univers d'investissement comprenant plusieurs centaines, voire plusieurs milliers de titres. Lorsqu'un investisseur souhaite examiner un nombre important de sous-jacents, un cadre quantitatif peut faciliter considérablement le travail de présélection en mettant en évidence certaines situations répondant aux critères recherchés.

Il convient toutefois de rappeler qu'un modèle, aussi sophistiqué soit-il, demeure une représentation simplifiée de la réalité. Les marchés financiers sont influencés par une multitude de facteurs dont certains sont difficilement quantifiables. La qualité du management d'une entreprise, l'évolution de son environnement concurrentiel ou certains événements exceptionnels échappent souvent à une modélisation purement numérique.

Cette limite explique pourquoi les approches quantitatives sont fréquemment utilisées comme des outils de filtrage plutôt que comme des systèmes de décision entièrement autonomes. Elles permettent de gagner en efficacité et en cohérence, mais elles ne dispensent généralement pas d'une analyse complémentaire.

La diversité des méthodes existantes illustre d'ailleurs cette réalité. Certains investisseurs privilégient des modèles relativement simples fondés sur quelques indicateurs clés. D'autres développent des cadres beaucoup plus complexes intégrant un grand nombre de variables. Les approches diffèrent, mais leur objectif demeure similaire : améliorer la qualité et la cohérence du processus décisionnel.

Cette recherche de structuration ne doit cependant jamais conduire à une confiance excessive dans les outils utilisés. Quelle que soit la sophistication du modèle retenu, celui-ci reste confronté à une caractéristique fondamentale des marchés financiers : l'incertitude. Cette réalité impose de reconnaître les limites inhérentes à toute méthode d'analyse, qu'elle soit qualitative, quantitative ou algorithmique.

5.9.e - Les limites de toute méthode

L'histoire des marchés financiers regorge d'exemples illustrant l'ingéniosité des investisseurs dans leur recherche de méthodes d'analyse toujours plus performantes. Modèles statistiques, systèmes de notation, approches quantitatives ou algorithmes sophistiqués ont tous été développés avec un objectif commun : améliorer la qualité des décisions et mieux maîtriser le risque.

Cette évolution a permis des progrès considérables dans la manière d'aborder les marchés. Pourtant, elle ne doit jamais faire oublier une réalité fondamentale : aucune méthode n'est capable d'éliminer totalement l'incertitude.

Cette limite ne constitue pas une faiblesse particulière des modèles ou des algorithmes. Elle découle de la nature même des marchés financiers. Ceux-ci sont influencés par une multitude de facteurs économiques, financiers, politiques, réglementaires et comportementaux dont certains sont imprévisibles par essence. Les investisseurs évoluent dans un environnement complexe où de nouveaux événements peuvent modifier brutalement les conditions de marché.

Cette réalité explique pourquoi les méthodes les plus efficaces ne cherchent généralement pas à prévoir l'avenir avec certitude. Elles visent plutôt à améliorer les probabilités de prendre des décisions cohérentes dans un contexte d'incertitude permanente. Cette distinction est essentielle.

Une méthode structurée peut aider à sélectionner des opportunités plus rigoureusement, à gérer le risque avec davantage de discipline et à éviter certaines erreurs fréquentes. En revanche, elle ne peut garantir qu'une position sera profitable ni empêcher l'apparition d'événements imprévus.

Cette observation mérite d'être soulignée car le succès d'un système peut parfois créer un sentiment excessif de confiance. Lorsqu'une méthode produit de bons résultats pendant une période prolongée, l'investisseur peut être tenté de croire que le risque a été totalement maîtrisé. Or c'est précisément dans ces situations que la prudence demeure indispensable.

L'expérience montre que les marchés possèdent une remarquable capacité à surprendre même les acteurs les plus expérimentés. Des événements rares, des changements de régime économique ou des crises inattendues peuvent remettre en question des hypothèses qui semblaient pourtant parfaitement raisonnables quelques semaines auparavant.

Cette constatation ne doit pas conduire à rejeter les méthodes structurées. Bien au contraire. Elle rappelle simplement que leur rôle consiste à améliorer le processus de décision et non à supprimer le risque. Une bonne méthode n'est pas celle qui évite systématiquement les pertes. C'est celle qui permet de prendre des décisions cohérentes quelles que soient les conditions de marché.

Cette distinction est particulièrement importante dans le cadre de la vente de *puts*. Même la meilleure sélection de sous-jacents, le meilleur choix de *strike* ou le modèle le plus élaboré ne peuvent empêcher certains scénarios défavorables de se produire. La gestion du risque conserve donc une place centrale dans toute démarche d'investissement.

Reconnaître les limites d'une méthode constitue d'ailleurs l'une des caractéristiques des investisseurs les plus expérimentés. Ils comprennent que les outils d'analyse sont précieux, mais qu'ils demeurent au service du jugement humain. Cette relation entre méthode et discernement constitue probablement l'un des fondements les plus solides d'une approche durable des marchés financiers.

C'est précisément cette idée qui nous conduit à la conclusion naturelle de ce chapitre : quelle que soit la sophistication des outils utilisés, la responsabilité finale de la décision appartient toujours à l'investisseur lui-même.

5.9.f - L'investisseur reste responsable de ses décisions

L'étude des systèmes de notation, des approches quantitatives et des outils algorithmiques pourrait laisser penser qu'il existe une manière objective de transformer l'investissement en processus entièrement automatisé. Une telle vision est séduisante. Elle suggère qu'il suffirait de construire un modèle suffisamment performant pour éliminer les erreurs humaines et produire des décisions optimales de manière systématique. La réalité est plus nuancée.

Aussi sophistiqué soit-il, un modèle demeure un outil conçu par un être humain. Les critères retenus, les hypothèses formulées et les paramètres utilisés résultent toujours de choix effectués à un moment donné. Derrière chaque système se trouve donc une vision particulière du marché et du risque.

Cette observation est importante car elle rappelle que la responsabilité de la décision ne peut jamais être transférée à un indicateur, à un algorithme ou à un modèle mathématique. Ces outils fournissent des informations, organisent l'analyse et facilitent la comparaison des opportunités. Ils ne portent cependant aucune responsabilité quant aux conséquences des décisions prises.

Cette réalité apparaît particulièrement clairement dans les périodes de marché les plus difficiles. Lorsque les conditions deviennent incertaines ou que des événements exceptionnels surviennent, les investisseurs sont souvent amenés à exercer leur jugement au-delà de ce que les modèles peuvent fournir. L'interprétation du contexte, l'évaluation du risque et la prise de décision demeurent fondamentalement des responsabilités humaines.

Pour cette raison, les outils les plus efficaces sont généralement ceux qui complètent le jugement de l'investisseur plutôt que ceux qui cherchent à le remplacer. Leur rôle consiste à structurer la réflexion, à améliorer la cohérence du processus décisionnel et à favoriser la discipline dans l'application de la stratégie.

Cette complémentarité est particulièrement pertinente dans le cadre de la vente de *puts*. La qualité du sous-jacent, l'acceptation d'une éventuelle assignation, la perception du risque ou encore les objectifs patrimoniaux sont autant d'éléments qui dépassent largement le simple traitement de données quantitatives. Ils nécessitent une appréciation personnelle que nul modèle ne peut entièrement reproduire.

L'investisseur conserve donc un rôle central à chaque étape du processus. C'est lui qui définit les critères de sélection, choisit les outils qu'il souhaite utiliser, interprète les informations disponibles et assume les conséquences des décisions prises. Cette responsabilité ne constitue pas une faiblesse de la démarche. Elle en est au contraire l'un des fondements.

L'objectif ultime d'une approche structurée n'est pas de supprimer le jugement humain. Il est de lui fournir un cadre plus rigoureux dans lequel s'exercer. Plus les outils sont utilisés avec discernement, plus ils contribuent à améliorer la qualité des décisions sans jamais prétendre se substituer à l'investisseur.

Cette réflexion clôt naturellement la partie consacrée aux fondements de la vente de *puts*. Nous avons étudié les mécanismes essentiels de la stratégie, les facteurs influençant la valeur des options, les méthodes de sélection des opportunités ainsi que les principes de gestion des positions. L'étape suivante consiste désormais à examiner comment ces connaissances peuvent être intégrées dans une démarche d'investissement cohérente et durable.

CE QU'IL FAUT RETENIR

La vente de *puts* repose sur un ensemble de décisions interdépendantes qui ne peuvent être réduites à un indicateur unique ou à une règle universelle. La qualité d'une opportunité résulte généralement de la combinaison de plusieurs facteurs : la qualité du sous-jacent, le niveau de *volatilité implicite*, le choix du *strike*, l'échéance retenue ainsi que les conditions générales de marché.

Face à cette complexité, de nombreux investisseurs choisissent de structurer leur processus de réflexion à l'aide de méthodes plus ou moins élaborées. Les listes de contrôle, les systèmes de notation, les approches quantitatives ou les outils algorithmiques poursuivent un objectif commun : améliorer la cohérence des décisions et réduire l'influence des biais émotionnels.

Ces outils permettent d'organiser l'analyse, de comparer les opportunités selon des critères homogènes et de favoriser une application plus disciplinée de la stratégie. Leur intérêt principal réside dans leur capacité à structurer la réflexion plutôt qu'à produire automatiquement une décision d'investissement.

Aucune méthode ne possède toutefois de caractère infaillible. Les marchés financiers demeurent soumis à l'incertitude et à l'apparition d'événements imprévisibles susceptibles de modifier rapidement les conditions de marché. Même les modèles les plus sophistiqués ne peuvent éliminer totalement le risque ni garantir un résultat futur.

Cette réalité rappelle qu'un système de sélection ou un algorithme ne constitue jamais qu'un outil d'aide à la décision. Sa fonction consiste à améliorer le processus d'analyse, non à remplacer le jugement de l'investisseur. La responsabilité finale demeure toujours entre les mains de celui qui engage son capital.

L'enseignement fondamental de ce chapitre est qu'une stratégie robuste repose généralement sur l'association de trois éléments complémentaires : une méthode cohérente, une gestion rigoureuse du risque et une discipline constante dans l'application des décisions. Aucun de ces éléments ne peut durablement se substituer aux deux autres.

Au terme de cette partie, le lecteur dispose désormais d'une vision complète des principaux mécanismes qui gouvernent la vente de *puts*. Depuis les fondements des options jusqu'à la gestion des positions, en passant par la *volatilité implicite*, le choix du *strike*, l'effet du temps et les *grecques*, chaque étape a contribué à construire une compréhension progressive de la stratégie.

La vente de *puts* apparaît ainsi non comme une simple technique d'encaissement de primes, mais comme une démarche d'investissement structurée reposant sur l'analyse, la discipline et la gestion du risque. Elle constitue le fil conducteur de l'ensemble des développements présentés dans cet ouvrage.

Illustration 5.9 – Algorithme de synthèse pour gérer une position short-put

Transformer l'analyse en décisions disciplinées.

CONCLUSION

Lorsqu'il referme un ouvrage consacré à la vente de *puts*, le lecteur pourrait légitimement espérer repartir avec une formule décisive, un indicateur infaillible ou une méthode capable d'éclairer avec certitude les mouvements futurs des marchés. La tentation est compréhensible. La finance moderne a souvent nourri l'espoir qu'une sophistication croissante des modèles finirait par réduire l'incertitude à une simple variable parmi d'autres, susceptible d'être mesurée, calibrée puis maîtrisée.

Pourtant, si les pages qui précèdent conduisent à une conviction, c'est peut-être précisément celle de la nécessité d'abandonner cette illusion.

L'histoire de la pensée financière montre que les avancées les plus importantes sont souvent nées de cette tension féconde entre la puissance des modèles et la résistance du réel. Les modèles d'évaluation des options en constituent sans doute l'une des illustrations les plus remarquables. En proposant une représentation cohérente du risque, du temps et de la volatilité, ils ont profondément transformé la manière dont plusieurs générations de praticiens ont appréhendé les marchés. Leur apport demeure immense. Mais c'est également parce que leurs limites sont apparues au grand jour qu'une réflexion nouvelle a pu émerger.

Les *sourires de volatilité*, les asymétries persistantes, les déformations des *surfaces* observées d'une échéance à l'autre n'ont pas invalidé la théorie. Ils ont simplement rappelé que les marchés ne sont pas des constructions abstraites évoluant dans un univers parfaitement rationnel. Ils sont habités par des investisseurs qui doutent, qui espèrent, qui redoutent les événements extrêmes et qui cherchent, chacun à leur manière, à donner une forme intelligible à un avenir qu'ils ne connaissent pas davantage que nous.

C'est précisément ce qui rend leur observation si fascinante.

Derrière chaque option se dessine une représentation implicite du futur. Derrière chaque *volatilité implicite* apparaissent des anticipations, des arbitrages, des préférences et parfois des inquiétudes diffuses. Les marchés ne se contentent pas d'agréger des informations ; ils condensent également des comportements humains, avec leurs excès, leurs contradictions et leurs fragilités. Comprendre les options revient alors, en partie, à apprendre à lire ce récit collectif que les chiffres écrivent sans jamais le formuler explicitement.

La vente de *puts* offre à cet égard une perspective particulièrement intéressante. Souvent présentée comme une simple stratégie d'encaissement de primes, elle révèle en pratique une réalité beaucoup plus riche. Vendre un *put*, c'est accepter de se positionner face à l'incertitude plutôt que de chercher à l'éviter. C'est consentir à un engagement futur dont l'issue exacte demeure inconnue. C'est reconnaître qu'aucune analyse, aussi rigoureuse soit-elle, ne permettra jamais d'éliminer totalement le risque, mais qu'il demeure possible de l'appréhender avec méthode, de le rémunérer et de le gérer avec discipline.

L'ambition de cet ouvrage n'était pas d'apporter une réponse définitive à cette complexité. Elle était plus modeste, mais peut-être plus utile : proposer au lecteur une manière différente d'observer les marchés. En passant des mécanismes fondamentaux des options à l'étude de la *volatilité implicite*, puis de la construction d'une position à la réflexion sur la gestion du risque et la prise de décision, nous avons cherché à montrer qu'il existe, entre la théorie pure et l'intuition désordonnée, un espace où peut se construire un jugement plus éclairé. Cet espace n'est jamais celui de la certitude.

L'investisseur, qu'il soit débutant ou expérimenté, décide toujours dans l'inconfort de l'incomplétude. Il agit sans disposer de toutes les informations ; il doit composer avec des scénarios concurrents ; il sait qu'une décision pertinente peut produire un résultat défavorable, tout comme une prise de risque inconsidérée peut parfois être récompensée. Cette dissociation entre la qualité d'une décision et l'issue qui lui est associée constitue sans doute l'une des leçons les plus exigeantes de la finance.

Elle impose une discipline particulière.

Observer avant d'agir. Accepter de patienter lorsque les conditions ne semblent pas réunies. Renoncer à certaines opportunités plutôt que d'abandonner ses critères d'exigence. Préserver son capital pour demeurer en mesure de saisir les occasions futures. Reconnaître ses erreurs sans remettre en cause la cohérence d'une démarche fondée sur des probabilités plutôt que sur des certitudes. Une telle attitude n'a rien de spectaculaire. Elle exige pourtant davantage de maîtrise que bien des démonstrations techniques.

Au fond, la pratique de la vente de *puts* enseigne peut-être moins l'art de prévoir que celui de se préparer. Elle rappelle qu'un *prix d'exercice* n'est pas une prédiction mais un engagement ; qu'une prime n'est jamais un cadeau du marché mais la contrepartie d'un risque accepté ; qu'une assignation n'est pas nécessairement un échec mais parfois l'aboutissement naturel d'une décision assumée dès son origine. Elle invite à réfléchir moins en termes de certitudes qu'en termes de scénarios, moins en termes de prévisions que de préparation, moins en termes d'opportunités exceptionnelles que de processus reproductibles.

La connaissance progresse souvent par approximations successives. Un modèle utile n'est pas nécessairement un modèle parfait. Une méthode robuste n'est pas une méthode infaillible. Il existe une différence essentielle entre comprendre davantage et prétendre tout expliquer. Plus l'on approfondit l'étude des marchés, plus l'on découvre l'étendue de ce qui demeure incertain.

Loin d'être décourageante, cette prise de conscience peut devenir une force. Elle incite à la curiosité plutôt qu'au dogmatisme, à la prudence plutôt qu'à la témérité, à la remise en question plutôt qu'à la recherche obstinée d'une confirmation de ses convictions. Elle rappelle enfin que les outils les plus sophistiqués ne dispensent jamais d'un regard critique ni d'une réflexion personnelle.

Peut-être est-ce là, en définitive, la véritable sophistication à laquelle peut aspirer le praticien : non pas l'accumulation de modèles toujours plus complexes, mais la capacité à articuler rigueur analytique, expérience et discernement ; non pas la prétention de dominer l'incertitude, mais l'aptitude à agir malgré elle avec cohérence et lucidité.

Les marchés continueront de surprendre ceux qui les fréquentent. De nouvelles crises surgiront, de nouvelles théories verront le jour, de nouveaux outils enrichiront les pratiques existantes. Les technologies transformeront les méthodes d'analyse et l'accès à l'information. Pourtant, la question fondamentale demeurera inchangée : comment prendre des décisions raisonnables dans un monde qui ne cesse de rappeler ses limites à notre désir de maîtrise ?

À cette interrogation, aucun ouvrage ne saurait apporter de réponse définitive.

Si les pages qui précèdent ont simplement contribué à aiguiser le regard du lecteur, à nourrir sa curiosité et à lui donner le goût d'observer les marchés avec davantage de méthode, de discipline et d'humilité, alors elles auront pleinement atteint leur objectif.

Car la compétence de l'investisseur ne se mesure pas à sa capacité d'avoir toujours raison. Elle se révèle plutôt dans sa manière de traverser l'incertitude sans renoncer à la rigueur, de reconnaître l'erreur sans perdre confiance dans sa démarche et de poursuivre inlassablement l'effort de compréhension que réclament des marchés dont la complexité constitue, peut-être, la plus grande richesse.

C'est dans cette exigence silencieuse, faite de patience, de discipline, de lucidité et de modestie, que réside sans doute la véritable sagesse du praticien.

POSTFACE

De la recherche du rendement à la maîtrise du risque

Au terme de cet ouvrage, une idée essentielle mérite d'être rappelée. Les marchés d'options ne constituent pas uniquement un ensemble d'instruments destinés à couvrir un portefeuille ou à spéculer sur l'évolution future d'un actif financier. Ils représentent avant tout un langage. Chaque prime, chaque *volatilité implicite*, chaque asymétrie observée dans un *volatility smile* ou un *volatility skew* traduit une perception collective du risque. Tout au long des chapitres précédents, nous avons cherché à montrer que cette information dépasse largement la seule valorisation des options. Elle peut également devenir un véritable outil d'aide à la décision pour l'investisseur qui accepte de l'observer avec méthode et discipline.

La stratégie de *Cash-Secured Put* s'inscrit pleinement dans cette logique. Elle ne consiste pas simplement à vendre une option afin d'encaisser une prime. Elle revient à transformer une intention d'achat en un processus d'investissement structuré. Lorsque la *volatilité implicite* atteint des niveaux élevés, les primes proposées par le marché deviennent plus importantes. Si l'investisseur souhaite acquérir le sous-jacent à un prix inférieur au cours actuel, vendre un *put* apparaît alors comme une manière rationnelle de monétiser cette attente. Si l'option expire sans valeur, la prime est définitivement acquise. Si le sous-jacent passe sous le *strike*, l'investisseur achète l'actif à un prix qu'il jugeait déjà acceptable lors de l'ouverture de la position. Cette philosophie explique pourquoi la vente systématique de *put*s demeure aujourd'hui l'une des stratégies les plus utilisées par les investisseurs de long terme.

Cette approche présente néanmoins une contrepartie qu'il serait imprudent d'ignorer. En contrepartie de la prime perçue, le vendeur accepte un engagement potentiellement important. Une chute brutale des marchés, même peu probable, peut conduire à une perte substantielle si le sous-jacent s'éloigne fortement du *strike* vendu. Certes, l'investisseur disposant des liquidités nécessaires pourra toujours acquérir les titres conformément à sa stratégie patrimoniale. Il n'en demeure pas moins que son exposition financière reste considérable tant que l'option demeure ouverte. La prime constitue une rémunération du risque, mais elle ne supprime jamais ce risque.

Cette observation conduit naturellement à une interrogation qui dépasse le cadre du *Cash-Secured Put* lui-même. Faut-il systématiquement rechercher la prime la plus élevée, quitte à accepter une exposition maximale, ou existe-t-il des situations dans lesquelles il devient préférable de renoncer volontairement à une partie de cette prime afin d'obtenir une meilleure maîtrise du risque ? Cette question marque souvent un tournant dans la manière d'aborder les marchés d'options. Elle traduit le passage d'une logique centrée sur le revenu immédiat vers une réflexion plus globale intégrant simultanément le rendement attendu, le capital engagé, la consommation de marge et la perte maximale susceptible d'être supportée. C'est précisément dans cette perspective que s'inscrit le *Put Credit Spread.*

À première vue, cette stratégie peut paraître surprenante. Pourquoi vendre un *put*, puis acheter immédiatement un second *put* plus éloigné de la monnaie, alors même que cette seconde option réduit mécaniquement la prime nette encaissée ? Beaucoup d'investisseurs découvrant les *spreads* de crédit considèrent spontanément cette construction comme une diminution inutile de leur rendement potentiel. Pourtant, cette perception disparaît rapidement dès lors que l'on cesse de raisonner uniquement en termes de prime encaissée pour s'intéresser au profil global de la position.

Le principe du *Put Credit Spread* est particulièrement simple. L'investisseur vend un premier *put hors de la monnaie* afin d'encaisser une prime, puis utilise une partie de cette prime pour acheter simultanément un second *put* situé sur un *strike* inférieur. Cette seconde option agit comme une véritable assurance. Elle limite définitivement la perte maximale de la stratégie, quelle que soit l'ampleur de la baisse du sous-jacent. Le risque cesse ainsi d'être théorique pour devenir une quantité parfaitement connue dès l'ouverture de la position. Contrairement au *Cash-Secured Put*, dont l'exposition peut rester très importante lors d'un choc de marché, le *Put Credit Spread* transforme cette exposition en une donnée contractuelle dont les limites sont fixées dès l'exécution des ordres.

Cette différence, souvent présentée comme un simple raffinement technique, modifie en réalité profondément la philosophie de gestion. L'objectif n'est plus de maximiser la prime encaissée, mais d'optimiser le couple rendement-risque. Renoncer volontairement à une fraction du revenu potentiel ne constitue plus une faiblesse ; il s'agit d'un arbitrage rationnel destiné à améliorer la qualité globale de la position. Cette logique est d'ailleurs largement adoptée par les professionnels des marchés dérivés. Les *desks* spécialisés, les *hedge funds* ou les gérants de portefeuilles optionnels raisonnent rarement en fonction de la seule prime perçue. Ils s'intéressent avant tout au rendement obtenu relativement au capital effectivement immobilisé et au risque réellement assumé.

Le premier intérêt du *Put Credit Spread* réside précisément dans cette optimisation du capital. Alors qu'un *Cash-Secured Put* impose généralement de disposer de liquidités suffisantes pour acquérir la totalité du sous-jacent en cas d'assignation, un *spread* de crédit présente un risque maximal limité à l'écart entre les deux *strike*s, diminué de la prime nette encaissée. Cette caractéristique réduit très sensiblement le capital économique mobilisé par la stratégie. L'investisseur peut ainsi répartir son exposition sur plusieurs sous-jacents, diversifier davantage son portefeuille et améliorer le rendement global obtenu pour une même quantité de capital disponible.

La limitation contractuelle de la perte maximale produit également un effet psychologique souvent sous-estimé. Les marchés connaissent régulièrement des phases de forte volatilité, durant lesquelles les variations quotidiennes deviennent particulièrement importantes. Dans ces périodes, la connaissance précise du risque maximal constitue un facteur essentiel de discipline. L'investisseur n'est plus conduit à réévaluer en permanence l'ampleur potentielle de ses pertes ; celles-ci sont connues dès l'origine et ne dépendront plus des mouvements extrêmes susceptibles d'affecter le marché. Cette sérénité contribue à limiter les décisions émotionnelles qui caractérisent souvent les périodes de tension financière.

Le *Put Credit Spread* ne remet pourtant nullement en cause les principes développés tout au long de cet ouvrage. La sélection des échéances, le choix des *strike*s, l'analyse du niveau de *volatilité implicite*, l'observation du volatility skew ou encore la recherche d'une normalisation progressive de la surface de volatilité demeurent exactement identiques. Les outils d'aide à la décision restent les mêmes. Seule la construction finale de la position évolue afin d'intégrer une protection supplémentaire. Cette continuité explique pourquoi le *Put Credit Spread* apparaît davantage comme une évolution naturelle du *Cash-Secured Put* que comme une stratégie entièrement différente.

L'illustration présentée à la fin de cette postface synthétise cette logique en trois étapes successives. Elle rappelle tout d'abord les fondements économiques de la stratégie et la manière dont le risque est réparti entre les deux options. Elle montre ensuite comment le choix des *strike*s peut être guidé par les *Deltas* des options, permettant de conserver une cohérence avec les critères de sélection développés précédemment. Enfin, elle présente le profil de résultat obtenu à l'échéance, mettant en évidence la relation directe entre le gain maximal, la perte maximale et la largeur du *spread*. Au-delà de son aspect pédagogique, cette synthèse illustre une idée plus générale : la vente d'options ne consiste pas uniquement à rechercher une prime, mais à construire un profil de risque compatible avec les objectifs poursuivis par l'investisseur.

Cette démarche conduit naturellement à s'interroger sur la gestion de la position une fois celle-ci ouverte. Là encore, le *Put Credit Spread* diffère sensiblement des habitudes souvent observées chez les investisseurs particuliers. Beaucoup considèrent encore que l'objectif d'une stratégie optionnelle consiste à attendre passivement son échéance afin de laisser les deux options expirer, en espérant conserver l'intégralité de la prime encaissée. Une telle approche peut naturellement produire des résultats satisfaisants lorsque le scénario anticipé se réalise. Elle présente cependant une limite importante : elle suppose que le temps restant jusqu'à l'échéance ne modifie pas l'équilibre entre le rendement encore espéré et le risque toujours supporté.

Les professionnels des marchés dérivés raisonnent généralement de manière différente. Une position n'est conservée que tant que le couple rendement-risque demeure favorable. Dès lors que la majeure partie du profit potentiel a déjà été réalisée, maintenir le *spread* jusqu'à son terme revient souvent à immobiliser inutilement du capital pour un gain supplémentaire devenu relativement faible. Cette observation est particulièrement vraie lorsque la *volatilité implicite* se contracte rapidement après l'ouverture de la position. La baisse simultanée de la valeur des deux options réduit alors fortement le coût de rachat du *spread*. Dans de nombreux cas, plus des trois-quarts du gain maximal peuvent être obtenus plusieurs semaines avant l'échéance. Continuer à conserver la position expose alors l'investisseur à un risque de marché qui n'est plus véritablement rémunéré.

La sortie anticipée d'un *Put Credit Spread* ne constitue donc pas un échec de la stratégie ; elle représente souvent son aboutissement logique. Dès lors que la prime résiduelle devient marginale, le maintien de la position ne répond plus à une logique économique satisfaisante. Les opérateurs professionnels préfèrent alors solder simultanément les deux jambes du *spread*, libérer le capital ainsi immobilisé et rechercher une nouvelle opportunité offrant un meilleur équilibre entre rendement potentiel et risque accepté. Cette rotation régulière des positions participe pleinement à une gestion systématique des options et explique en grande partie la différence de comportement observée entre les investisseurs occasionnels et les intervenants spécialisés.

Inversement, il peut arriver que le scénario de marché évolue défavorablement. Une augmentation rapide du *Delta* de l'option vendue traduit alors une probabilité croissante de voir le sous-jacent franchir le *strike*. Si cette évolution s'accompagne d'une détérioration de la structure de la *volatilité implicite* ou d'une rupture des hypothèses ayant conduit à l'ouverture du *spread*, il devient parfaitement légitime d'envisager une clôture anticipée de la position. L'intérêt majeur du *Put Credit Spread* réside précisément dans le fait que cette décision intervient dans un cadre parfaitement maîtrisé. La perte maximale étant connue dès l'origine, l'investisseur peut raisonner sereinement, sans être soumis à l'incertitude parfois associée à une position vendeuse isolée.

La proximité de l'échéance constitue également un élément déterminant. Les derniers jours de vie d'une option sont caractérisés par une accélération sensible des sensibilités, notamment du *Gamma*. De faibles variations du sous-jacent peuvent alors modifier très rapidement le *Delta* des options et provoquer des évolutions importantes de leur valeur. À cela s'ajoutent les risques opérationnels liés à une éventuelle assignation anticipée ainsi que l'incertitude pouvant résulter d'un mouvement brutal du marché entre deux séances. Pour ces raisons, de nombreux intervenants préfèrent clôturer leurs *spreads* avant les toutes dernières séances de cotation, même lorsque le scénario initial demeure favorable. L'objectif n'est pas de rechercher le gain maximal théorique, mais de préserver un résultat déjà largement acquis.

Ces considérations rappellent une idée fondamentale qui dépasse le seul cadre du *Put Credit Spread*. Une stratégie d'options ne se résume jamais à son point d'entrée. Sa qualité dépend tout autant des règles qui gouvernent sa sortie. Une méthode d'investissement rigoureuse ne consiste pas uniquement à sélectionner les meilleures opportunités ; elle impose également de définir à l'avance les circonstances dans lesquelles la position sera clôturée, qu'il s'agisse d'une réalisation rapide du scénario anticipé, d'une modification des conditions de marché ou, plus simplement, d'une gestion prudente du temps restant jusqu'à l'échéance. Cette discipline constitue sans doute l'une des caractéristiques les plus marquantes des approches professionnelles.

Il serait toutefois réducteur de considérer le *Put Credit Spread* comme une simple amélioration technique du *Cash-Secured Put*. Les deux stratégies répondent en réalité à des objectifs distincts. La première conserve toute sa pertinence lorsqu'un investisseur souhaite acquérir progressivement un actif qu'il estime sous-évalué, tout en percevant une rémunération dans l'attente d'une éventuelle assignation. La seconde privilégie une logique différente : elle recherche un rendement régulier, strictement encadré par une perte maximale connue dès l'ouverture de la position. L'une n'a donc pas vocation à remplacer l'autre. Elles constituent deux réponses complémentaires à des problématiques de gestion différentes.

Au fond, cette postface ne cherche pas à introduire une nouvelle stratégie destinée à compléter la précédente. Elle invite plutôt le lecteur à poursuivre la réflexion engagée tout au long de cet ouvrage. La *volatilité implicite*, les asymétries de la surface de volatilité, les *smiles*, les *skews* ou encore les écarts observés entre *volatilité historique* et *volatilité implicite* ne prennent véritablement leur sens que lorsqu'ils sont intégrés dans un processus de décision cohérent. Le choix d'une structure optionnelle, qu'il s'agisse d'un *Cash-Secured Put* ou d'un *Put Credit Spread*, ne constitue finalement que la conséquence logique de cette analyse préalable.

En définitive, les marchés d'options rappellent une réalité souvent oubliée. L'investisseur ne maîtrise jamais l'évolution future des cours. En revanche, il conserve toujours la possibilité de choisir la manière dont il souhaite organiser son exposition au risque. C'est probablement là que réside la véritable richesse des instruments dérivés. Ils ne permettent pas de prédire l'avenir ; ils offrent la possibilité de construire des positions dont les conséquences demeurent compatibles avec les objectifs poursuivis, quelles que soient les circonstances de marché.

Si les développements proposés dans cet ouvrage ont permis de montrer que la *volatilité implicite* ne doit plus être considérée comme un simple paramètre de valorisation issu du modèle de *Black-Scholes-Merton*, mais comme une source d'information capable d'éclairer les décisions d'investissement, alors son objectif aura été atteint. Le *Put Credit Spread*, présenté dans les pages qui suivent sous la forme d'une synthèse graphique, ne constitue pas un épilogue au sens strict. Il représente plutôt une ouverture vers une réflexion plus large : celle d'une gestion des options fondée sur un équilibre durable entre rentabilité, discipline et maîtrise du risque.

1 LE PUT CREDIT SPREAD : DEUX PUTS OTM POUR ENCADRER LE RISQUE

Vendre un put proche du marché et acheter un put plus éloigné.

Le Put Credit Spread (ou vertical spread de puts) consiste à vendre un put hors de la monnaie (OTM) proche du cours actuel et à acheter simultanément un put OTM plus éloigné. Cette combinaison permet d'encaisser immédiatement une prime nette (crédit) tout en limitant la perte maximale en cas de baisse du sous-jacent.

LE CONCEPT

Un Put Credit Spread consiste à vendre un put proche du cours et à acheter un put plus éloigné.

OBJECTIF

Encaisser immédiatement une prime nette (crédit).

AVANTAGE CLÉ

Le risque est limité à la différence entre les strikes, moins la prime nette encaissée.

POSITION DES STRIKES (EXEMPLE)

Sous-jacent = 8 000

7 500 — 7 700 — 8 000

Achat Put	Vente Put	Spot
7 500	**7 700**	8 000
(Delta 10)	(Delta 20)	
OTM	**OTM**	

Les deux options sont OTM (Out of the Money). Le put acheté est plus éloigné de la monnaie que le put vendu.

EXEMPLE CHIFFRÉ

Vente Put 7 700	+150 €
Achat Put 7 500	– 80 €
Prime nette encaissée	**+70 €**

PERTE MAXIMALE

(7 700 – 7 500 – 70) × 100

= 13 000 €

En vendant un put proche du marché, vous bénéficiez d'une prime plus élevée mais vous exposez à un risque plus important. En achetant un put plus éloigné, vous payez une prime pour vous protéger contre une baisse forte du sous-jacent. **La stratégie vise donc à équilibrer rendement et risque.**

CONVENTION 1 point = 1 € → 1 contrat = 100 unités de l'indice → D'où le facteur × 100.

À RETENIR

- Les deux puts sont OTM à l'ouverture.
- Le put vendu génère l'essentiel de la prime.
- Le put acheté sert d'assurance et limite la perte maximale.

INTUITION DE LA STRATÉGIE

Vous encaissez une prime pour accepter un risque modéré : si le marché baisse légèrement ou reste stable, vous conservez la prime.

Si le marché baisse fortement, le put acheté prend de la valeur et vient compenser les pertes du put vendu, ce qui limite votre perte maximale.

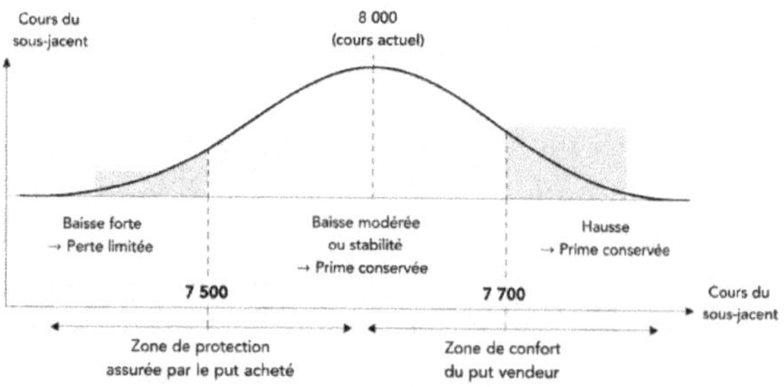

2 DELTA 20 ET DELTA 10 : COMMENT LES PROFESSIONNELS CHOISISSENT LEURS STRIKES

Le delta est souvent utilisé pour sélectionner les options à vendre ou à acheter.

COMPRENDRE LE DELTA

Le delta mesure la sensibilité de la prime d'une option à une variation de 1 € du sous-jacent.
Pour un put, le delta est négatif.

DELTA	PROBABILITÉ APPROX. D'EXPIRER ITM
Delta 10 (−0,10)	≈ 10 %
Delta 20 (−0,20)	≈ 20 %
Delta 30 (−0,30)	≈ 30 %

Cette règle constitue une approximation largement utilisée par les praticiens.

EXEMPLE DE PUT CREDIT SPREAD

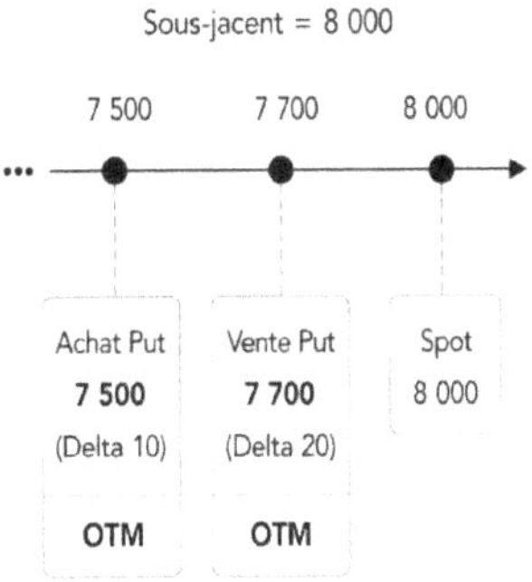

Le put vendu est plus proche de la monnaie et rapporte plus de prime.
Le put acheté est plus éloigné et coûte moins cher.

POURQUOI CETTE COMBINAISON ?

Le put delta 20 rapporte une prime attractive.

Le put delta 10 coûte moins cher.

Le put acheté limite la perte maximale.

Le risque est connu dès l'ouverture de la position.

3 P&L DU PUT CREDIT SPREAD À L'ÉCHÉANCE

Le résultat dépend du niveau du sous-jacent à l'échéance.

NIVEAU DU SOUS-JACENT À L'ÉCHÉANCE (S_T)	P&L PAR CONTRAT (EN €)
$S_T \geq 7\,700$	+ 7 000 = 70 × 100
$7\,500 \leq S_T < 7\,700$	$(S_T - 7\,700 + 70) \times 100$
$S_T < 7\,500$	− 13 000 = (7 500 − 7 700 + 70) × 100

P&L par contrat = valeur en points × 100.

PROFIL DE P&L À L'ÉCHÉANCE (PAR CONTRAT)

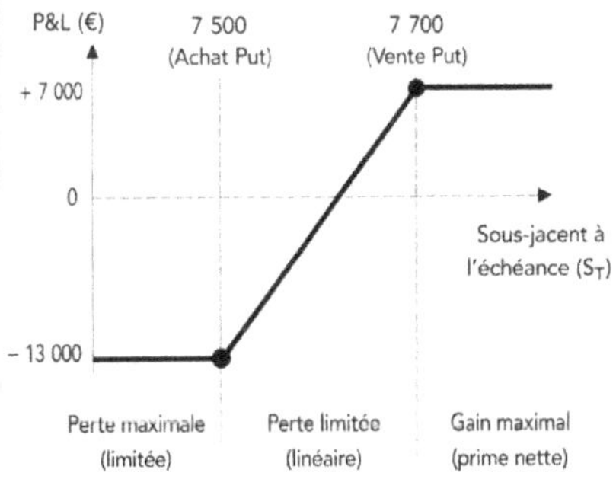

À RETENIR

Le put credit spread combine la vente d'un put proche du marché (pour encaisser une prime attractive) et l'achat d'un put plus éloigné (pour se protéger contre une baisse forte).

Une stratégie simple, maîtrisée et efficace pour équilibrer rendement et risque.

TABLE DES ILLUSTRATIONS

... à mon Père bien-aimé,

1926 - 2026

Revue « Marché et Organisations »

Promouvoir la recherche originale sur les relations de plus en plus étroites entre le marché et les organisations. Les acteurs économiques de taille, de puissance et de pouvoir différents dont les intérêts peuvent être convergents, complémentaires ou, le plus souvent, antagoniques, ont tendance à organiser les marchés. La raison du marché, pourtant, est la référence stratégique pour l'entreprise ainsi que pour les institutions publiques de décision économique.

N°6 : Entrepreneuriat et accompagnement. Outils, actions et paradigmes nouveaux, 2008
N°7 : Développement durable des territoires. Economie sociale, environnement et innovations, 2008
N°8 : Développement durable et responsabilité sociale des acteurs, 2009
N°9 : Gouvernance : exercices de pouvoir, 2009
N°10 : Le travail collaboratif. Une innovation générique, 2009
N°11 : Economie sociale et solidaire. Nouvelles trajectoires d'innovations, 2010
N°12 : Relations à la marque et marques de la relation. Regards croisés sur le management relationnel de la marque, 2010
N°13 : Les contrats au service de la recherche ?, 2011
N°14 : Le potentiel économique de l'Afrique subsaharienne, 2011
N°15 : Management de la distribution, 2012
N°16 : Territoire Vert. Entreprises, Institutions, Innovations, 2012
N°17 : Eco-conception, conception et innovation. Les nouveaux défis de l'entreprise, 2013
N°18 : Intelligence économique : entreprises et territoires, 2013
N°19 : La finance globale. Un monde fini, 2013
N°20 : La crise du « développement », 2014
N°21 : La Chine innove. Politiques publiques et stratégies d'entreprise, 2014
N°22 : Go East! Nouvelles Economies de Marché, 2015
N°23 : L'économie du changement, 2015
N°24 : Le temps des artisans. Permanences et mutations, 2015
N°25 : Innovations de proximité et esprit d'entreprise, 2016
N°26 : L'avenir des économies du Maghreb : entre inertie structurelle et envie de rupture, 2016/3 (n° 27)
N°27 : Le sport aux frontières du marché du travail, 2016
N°28 : Dynamiques internationales des entreprises, 2017
N°29 : L'univers du risque, 2017
N°30 : Les petites entreprises dans l'histoire industrielle, 2017
N°31 : Economie sociale et *social business* ? Au défi d'entreprendre et se financer, 2018
N°32 : Éducation et fertilisation des économies africaines, 2018
N°33 : L'entrepreneuriat innovant dans les pays du Maghreb, 2018
N°34 : L'entrepreneuriat scientifique : institutions et innovation, 2019
N°35 : Le champ économique de la culture, 2019
N°36 : Economie sociale et solidaire ? Modèles d'innovation et modes de gouvernance, 2019
N°37 : Rethinking Luxury Business, 2020
N°38 : La santé connectée. Nouvelles technologies et réorganisation des soins, 2020
N°39 : Options stratégiques et systèmes complexes d'innovation, 2020
N°40 : Les services : intégration des systèmes productifs et lien social, 2021
N°41 : Crise pandémique, crise globale. Réalité et controverses théoriques, 2021
N°42 : La crise de la covid-19. Le marché et les organisations en perspective, 2021
N°43 : (Re)faire système. *Bug & reset*, 2022
N°44 : Aléas du marché et management du risque, 2022
N°45 : Le renouveau du transport et de la logistique : les systèmes d'information, 2022
N°46 : Entrepreneuriat et innovation dans l'enseignement supérieur, 2023
N°47 : Le tourisme créatif. Culture, créativité, patrimoine, management, 2023
N°48 : L'Afrique : questions de performances, 2023
N°49 : *Fintech* en sciences du management, 2024

https://www.cairn.info/revue-marche-et-organisations.htm

Collection « L'esprit économique »
fondée par Sophie Boutillier et Dimitri Uzunidis en 1996

Dernières parutions

► ***Série Economie et Innovation***
M. TOMAS, *Gouvernance territoriale et développement économique au Maroc : l'opportunité d'une étude économétrique*, 2025.
R. GUILLET, *Le fruit du travail : inverser la logique*, 2026.
P. MOLEKA, *Au-delà du PIB : vers un indice de prospérité durable, inclusive, culturelle et spirituelle*, 2026.
T. MICHAUD, *La science-fiction : anticiper le présent, imaginer le futur… innover*, 2026.
► ***Série Le Monde en Question***
E. FAKABA SISSOKO, *L'État, le marché et la fragilité : dynamiques croisées de l'investissement public et privé dans l'Alliance des États du Sahel (AES)*, 2025.
Ch. PROVIDENCE, *Développement durable dans la Caraïbe francophone : économie, culture et politique sociales face aux enjeux territoriaux*, 2025.
J. O. IGUE, *L'économie du Bénin : de l'indépendance à l'ère de la rupture : 1960-2026*, 2026.
A. EL HAJRI, *Intelligence économique territoriale en Afrique : stratégies de résilience, d'entrepreneuriat et de développement international*, 2026.
J.-C. MATONDO, *Inflation post covid-19, guerres commerciales et chaîne alimentaire mondiale - TOME 1 Inflation alimentaire post covid-19 et zone euro*, 2026.
J.-C. MATONDO, *Inflation post covid-19, guerres commerciales et chaîne alimentaire mondiale - TOME 2 Guerres commerciales us et inflation alimentaire*, 2026.
► ***Série Krisis***
V. SOYER, *Critique de la théorie contemporaine de la valeur*, 2024.
E. CARREY, H. LANDIER, *De l'économie financière à l'économie du sens et du soin*, 2025.
J.-E. BRUNIE, *Faire le choixce : Une monnaie universelle pour réparer le capitalisme et protéger le vivant*, 2026.
H. MADOUCHE, *Le sous-développement durable : les pays en « voie de développement » se sont trompés de voie !*, 2026.
► ***Série Clichés***
B. S. BONBON, *Géométrie parabolique tridimensionnelle ou perspective parabolique*, 2023.
S. BOUTILLIER, B. LAPERCHE, S. T. K. LE, *Ports industriels en transition : De l'économie circulaire à la décarbonation*, 2024.
B. HAGIARIAN, *En route vers le capitalisme*. Suivi de *Qu'est-ce qu'un supermarché ?*, 2025.
► ***Série Cours Principaux***
Y. KEHO, F. B. DOUCOURE, *Économétrie des données de panel : rappels de cours et applications avec Stata*, 2025.
Z. T. M. VAHI, *Modélisation du risque de crédit bancaire/ Les enjeux de la norme IFRS 9*, 2025.
M. Y. EL ALAOUI ISMAILI, J. AYEGOU, B. GBAOUI, *Méthodologie de recherche en sciences économiques : réussir sa thèse et son mémoire de fin d'études*, 2026.
M. KUENGIENDA, *Qu'est-ce que l'économie ? Introduction aux théories économiques*, 2026.
► ***Série L'économie formelle***
J.-N. COTTIER, *Les financières de l'immobilier locatif : SCPI, OPCI (SPPICAV et FPI) et SIIC*, 2025.
O. S. AWAL, *Fiscalité, financement structuré et le rôle du leveraged buyout : théories financières, nouvelles approches de valorisation et application aux économies émergentes*, 2026.
Y. DOSQUET, *Monnaie et raison d'État : une histoire de l'argent dans les civilisations occidentales. Volume I. L'Antiquité*, 2026.
Y. DOSQUET, *Monnaie et raison d'État : une histoire de l'argent dans les civilisations occidentales. Volume II. Le Moyen Âge*, 2026.
Y. DOSQUET, *Monnaie et raison d'État : une histoire de l'argent dans les civilisations occidentales. Volume III. La Modernité*, 2026.
E. PAGET-BLANC, F. SOUISSI, S. SOUISSI, *La dette publique : monétisation, notation et restructuration ?*, 2026.

Structures éditoriales du groupe L'Harmattan

L'Harmattan Italie
Via degli Artisti, 15
10124 Torino
harmattan.italia@gmail.com

L'Harmattan Hongrie
Kossuth l. u. 14-16.
1053 Budapest
harmattan@harmattan.hu

L'Harmattan Sénégal
10 VDN SICAP AMITIE 3
BP 45034 Dakar-Fann
direction@senharmattan.com

L'Harmattan Cameroun
Tsinga/Derrière polyclinique FECAFOOT
BP 11486 Yaoundé
Jacques.koukam@harmattan.fr

L'Harmattan Burkina Faso
Villa 281, secteur 23 623, rue 14.32
Ouagadougou
zagbie@outlook.fr

L'Harmattan Guinée
Almamya, rue KA 028 OKB Agency
BP 3470 Conakry
harmattanguinee@yahoo.fr

L'Harmattan RDC
185, avenue Nyangwe
Commune de Lingwala - Kinshasa
matangilamusadila@yahoo.fr

L'Harmattan Congo
219, avenue Nelson Mandela
BP 2874 Brazzaville
deunovmikhael@gmail.com

L'Harmattan Mali
Immeuble Mgr Jean Marie Cissé
Aci Hamadallaye
BP 145 Bamako
syllaka@yahoo.fr

L'Harmattan Togo
Djidjole - Maison Amela
face EPP BATOME
02 BP 20680 Lomé
didieramela11@gmail.com

L'Harmattan Côte d'Ivoire
Résidence Karl - Cité des Arts
Abidjan-Cocody
03 BP 1588 Abidjan
harmattan.ivoire@gmail.com

L'Harmattan Bénin
Rue 604, (Immeuble à l'entrée
de la rue UCAO- Cite de Saint-Jean)
Cotonou
stepcorpus@gmail.com

Nos librairies en France

Librairie internationale
16, rue des Écoles
75005 Paris
librairie.internationale@harmattan.fr
01 40 46 79 11
www.librairieharmattan.com

Librairie des savoirs
21, rue des Écoles
75005 Paris
librairie.sh@harmattan.fr
01 46 34 13 71
www.librairieharmattansh.com

www.ingramcontent.com/pod-product-compliance
Lightning Source LLC
LaVergne TN
LVHW021742071126
851857LV00039B/598